モスクワ
ソビエト
アイルランド
オランダ
ベルギー
ドイツ
ケルン
アントワープ
ヨーロッパ
チェコ
フランス
オーストリア
リヨン
ハンガリー
ルーマニア
アヴィニョン
イタリア
ユーゴスラビア
ピレネー山脈
ブルガリア
黒海
アラル海
カスピ海
ポルトガル
リスボン
スペイン
イスタンブール
ギリシャ
トルコ
ドウバヤズット
タブリース
タソス島
ジブラルタル
セウタ
フェス
テヘラン
カブール
イラク
イラン
モロッコ
アルジェリア
エスファハーン
ラホール
アムリ
エルグシェビ
シーラーズ
ザーヘダン
シービ
サッカル
アグラ
リビア
エジプト
サウジアラビア
サハラ砂漠
ダフラ
ビルガンドゥーズ
アフリカ
モーリタニア
マリ
ヌアクショット
ニジェール
チャド
スーダン
ダカール
ケーズ
セネガル
ジボ
ニアメ
バマコ
ナイジェリア
ニジェール川
ワガドーグー
エチオピア
ゴア
コバラム
コロン
ロメ
バンギ
リグア
ガランバ国立公園
クリビ
ヤウンデ
ドゥング
ケニア
ルアンダ
カンパラ
ナイロビ
ザイール
(コンゴ民主共和国)
キリマンジャロ山
インド
セレンゲティ国立公園
ザンジバル
ダルエスサラーム
タンザニア
ルアンガワ国立公園
アンゴラ
マラウィ
ザンビア
ビクトリア滝
エプパ滝
ハラレ
ベイラ
マダガスカル
オカバンゴ湿地
スワコプムント
マカリカリ塩低地
モザンビーク
ナミビア
ボツワナ
ヨハネスブルグ
スワジランド
レソト
ダーバン
南アフリカ
ケープタウン
喜望峰

Abgefahren

さぁ、出発だ！

16年かかったバイク世界一周

クラウディア・メッツ＋クラウス・シューベルト［著］
スラニー京子［訳］

風雲舎

本書の執筆に際し、私たちを支え、世界漫遊者《グローブ・トロッター》の「ごちゃ混ぜことば」を判読可能にするために力を貸してくださったすべての方々に感謝します。――とりわけ、クラウディア・オバーラッシャーとパティ・メッツのふたりに感謝を込めて。

そしてふたりの娘、
アナ・クラウディアとモナ・シャルロッテへ

PLANET EARTH EXPEDITION

1981 – 1997

さぁ、出発だ！

16年かかったバイク世界一周

目次

1 出発 9
1981年8月 ケルン・オーストリア・ユーゴスラビア・ギリシャ・トルコ・イラン・パキスタン

2 インド亜大陸 51
1982年3月 スリランカ
9月 インド・ネパール・バングラデシュ

3 オセアニア 77
5月 オーストラリア・ニュージーランド

4 東南アジア 93
1983年9月 インドネシア・マレーシア・シンガポール

5 日本へ 142
1984年1月 ビルマ・インド・ネパール・タイ・フィリピン
10月 台湾・日本・韓国

6 中国 162
1986年5月 中国
8月 チベット
10月 中国・香港

7 北アメリカ 222
12月 アメリカ合衆国・カナダ・フロリダ
1988年5月 カナダ・アラスカ

8 中央アメリカ 262
1989年10月 メキシコ・ベリーズ
1990年4月 グアテマラ・エルサルバドル・ホンジュラス・ニカラグア・コスタリカ・パナマ

9 南アメリカ 310
1991年3月 ベネズエラ・コロンビア・エクアドル・ペルー
1992年5月 ボリビア・チリ・アルゼンチン・ウルグアイ・パラグアイ
1993年9月 ブラジル

10 アフリカ 387
1995年1月 南アフリカ・スワジランド・レソト・ナミビア・ボツワナ
9月 ジンバブエ・モザンビーク・マラウイ・ザンビア・

1996年4月　タンザニア・ケニア・ウガンダ・ルワンダ
ザイール・中央アフリカ・カメルーン
7月　ナイジェリア・ベニン・トーゴ・ブルキナファソ・
マリ・ニジェール・セネガル・モーリタニア・モロッコ

11 帰郷 450

1997年3月　スペイン・ポルトガル・フランス・ベルギー・
オランダ・ルクセンブルグ
9月　ケルン

*

エピローグ 461
訳者あとがき 471

カバー・本文装幀——山口真理子

（カバー写真）表・アルゼンチンのパタゴニアで
裏・ネパールでダウラギリ峰を望む

1　出発

1981年8月——1981年9月

ケルン・オーストリア・ユーゴスラビア・ギリシャ・トルコ・イラン・パキスタン

1981年8月。クラウス23歳、クラウディア20歳。ヤマハXT500に乗り、10ヵ月間の予定で日本に向かって出発。不安と期待——。クラウディアは不慣れなオートバイに四苦八苦。トルコでは人々から投石を受け、強盗未遂に遭う。パキスタンでクラウディアは体調を崩し、医師から帰国するよう忠告を受けるが、とりあえずインドまで突っ走る。

［クラウス］

エンジンがかかる。2台とも。シリンダーは規則正しく、ドッドッドッと安定したリズムを刻んでいる。とうとう、この日がやって来た。僕たちはアウトバーンに入り、120キロに加速する。さあ《アップ》、出発《ゲファーレン》だ——ついに！

ケルン北地区の高層ビルがうしろにぶっ飛んでいく。右側から追いついてきた車の運転手が窓を開けて叫ぶ。「お〜い、どこまで行くんだい？」

「日本《ヤーパン》！」僕はどなり返す。一瞬、男は笑い、もう一度僕を見て首を横に振る。なんとでも思うがい

モスクワ
ソビエト
オランダ
ドイツ
ヨーロッパ
ケルン
ベルギー
チェコ
キーム湖
オーストリア
ハンガリー
ルーマニア
アラル海
フランス
ロイブル峠
リュブリャーナ
イタリア
ユーゴスラビア
ザグレブ
黒海
ブルガリア
ボスポラス
海峡
カスピ海
テッサロニーキ
イスタンブール
アララト山
地
ドウバヤズット
ギリシャ
トルコ
タブリース
タソス島
中
海
テヘラン
カブール
カイバル峠
イラク
イラン
アフガニスタン
ラホール
エスファハーン
アムリッツアー
バム
パキスタン
シーラーズ
デリー
ザーヘダン
ノックンディ
アフリカ
シービ
アグラ
サッカル
エジプト
サウジアラビア
ベナレス
インド

い。スッキリした。やっと目的地を口にした。そうさ、僕らは本当に日本をめざしているんだ。

　出発の日の朝、僕は、自分が何をやっているのかさっぱりわからなくなっていた。一番目のカーブで鼻がキューンとして、舌にアドレナリンの味がするのを感じた。鉄のような血のような味。僕は自問した。ふだんあると思っているような勇気が、自分には本当にあるんだろうか？　クラウス、お前どうかしちまったのか！　誰もがそう言った。友人も、親戚も、同僚たちも。

　クラウディアは僕の横を走っている。彼女は旅について来るつもりだ。こっちのほうがよっぽどうかしている。このとき僕は不安で胸がしめつけられる思いだった。1キロ進むごとに故郷から遠ざかり、1キロ進むごとに冒険に踏みこんでいく。二番目のカーブでクラウディアがブレーキを踏んだ。出発前に母親がそっと持たせてくれたパンを急いで食べるという。興奮のあまり彼女はここ何日か食事がほとんど喉を通らなかった。今になって腹が減ってきたのだ。

　信号待ちでもう1台のバイクが横に並んだ。僕らと同じヤマハXT500・エンデューロ[*1]。3年ぐらいは乗ったのだろう。エンジンが最後のあがきのような音を立てている。ドライバーが、僕らの真新しいマシンを見ながら品定めするように言った。「お前たちのだって、すぐにこんな音を出すようになるんだぜ。4万キロで屑鉄《くずてつ》さ！」

　それだけエンジンがもってくれれば十分だったのに！　ケルンから南にたった300キロ走ったところでバイクはガクンと揺れ、エンジンが金切り声を上げた。とっさに僕はクラッチを引いた――しばしの沈黙。そしてバイクはひとりでに停止した。運よくアウトバーンの非常駐車帯で。

＊1　オフロードの耐久レースに用いられるバイクのこと。

僕は呆気にとられてシートから滑り降り、エンジンを見た。そりゃないぜ、新品だぜ！　なんとピストンが焼きつき[*1]を起こしていた。イライラ、失望、怒り――僕のなかで、そのすべてがひとかたまりになっていった。一瞬発狂しそうになったが、それより先にいろんなことが僕の脳裏を横切っていった。何ヵ月もの苦労は無駄となり、あらゆる計画や希望もすべて水の泡。これじゃあんまりだ。突然目的地が手の届かないところに遠のいてしまったじゃないか。バングラデシュまでのビザだって、もうすぐ切れてしまう。エンジントラブルなんか考えてもいなかった。さて、どうする？　戻るしかない。

親戚や友人にはすでに別れを告げていた。アパートの鍵を返し、家財道具も片づけて段ボール箱に詰めて物置にしまってきた。10ヵ月は帰らないつもりだったのに。たったの一日も家から離れることができなかったなんて！　すっかり頭がこんがらがったまま、僕はエンジンのボルトを取り外す作業にかかった。焼きついたピストンはうまく剝がれ、ゆっくりとなら走って帰ることができそうだ。

メーカーの製造ミスが原因だとわかり、欠陥部品は保証で交換することができた。長い待ち時間はいやだから、修理は自分でやった。おかげで4サイクルエンジンの内部が理解でき、工具入れに何本かスパナも補充した。

［クラウディア］

こんなに長い旅になるなんて、あのとき誰かが教えてくれたなら、きっと私は旅立たなかっただろう。すべてはクラウスの姉ライラをフランクフルト空港へ見送りに行ったことから始まった。ライラは日本人の夫とふたりの子供と共に、日本へ移住するところだった。別れ際、クラウスは姉にきっと日本へ会いに行くと言った。「それって、いつ？」と姉は聞き、とっさにクラウスは答えた。「一年したら……」そしてすかさず言い添えた。「だけど飛行機じゃないぜ。バイクでさ！」

　こうして約束は成立した。

　ケルンへ帰る車のなかでクラウスは、航空券を買うお金で新品のオートバイが1台買える、と断言した。ケルンへ着くなり、その足で本屋に立ち寄って大きな世界地図を購入した。そしてふたつの都市、ケルンと東京が載っているその地図をリビングの壁に貼りつけた。そのとき私にはまだ夢中になるクラウスを見て笑う余裕があった。なんとまあ、バカげたことを――日本へオートバイで行くなんて！

　1980年8月、クラウスとつき合い始めてから2年が経っていた。当時、私は家を出て彼のもとへ移り、それまで知らなかった自立というものを楽しんでいた。高校卒業後はさまざまな会社でアルバイトをし、初めて自分でお金を稼ぐことを学んだ。やがて私は大学に入り特殊教育学を勉強し始めた。その頃クラウスは、シビルサービス（兵役に代わる社会奉仕活動）を終えたばかりで、高校の卒業資格を取り直すために夜学へ通っていた。

　あるときクラウスは出発日を1981年8月1日と決め、旅の準備を開始した。初めのうちはさまざまな旅行社から色とりどりのパンフレットを郵便で取り寄せるだけだった。だが間もなく、彼は旅に向いたバイクのモデルを見てまわるようになり、それぞれの国のビザ規定を調べ始めた。クラウスは本気だ。ようやく私にもそれがわかりかけてきた。そしたら私はどうなるんだろう？

＊1　シリンダーとピストンの間にある油膜がなくなり、ピストンが熔着すること。

「ときどき飛行機で僕のいるところへ会いに来れば？」

クラウスはそう言うだけだった。私は頭を抱えた。正直いって中途退学は避けたい。だけどクラウスが見知らぬ土地を駆け抜けていく間、ひとりドイツに取り残されるなんて考えるのもイヤだ。そこで私は彼に訊ねた。ねぇ、私も一緒に行っていい？

それまで私は、クラウスのお供としてうしろに乗せてもらうことに慣れていた。2年前に免許は取ったものの自分で運転したことは一度もなかった。クラウスはそんな私の考えをすぐに見抜き、幻想を吹き飛ばした。後部席は装備を搭載するのに必要だし、なんたってこれは壮大な旅になるのだと。

「一緒に行きたかったら、自分のバイクに乗るんだな」

私が即座に首を横に振ると、彼はこう付け加えた。「君が本当に行きたいと思うのなら、それだってできるはずさ！」

いいわ、本当に行こうじゃないの。私は腹を決めた。

そのときから私は旅の準備にとりかかり、聞く耳を持ってくれる人にだけ自分もクラウスと一緒に旅に出るつもりだと話した。がっかりしたことに誰もこの話を信じていないようだった。たったひとり、ある晩、居酒屋で会った昔の同級生だけが、即座に「おい、それってスゴイよ！」と言ってくれた。彼は今でも知らないと思う。あのとき真剣に話を聞いてもらえたことで、どれだけ私が勇気づけられたか。ぼんやりしている場合ではないと、私は250ccの中古マシンを練習用に購入した。その2週間後、こっちのほうが優先だというのに、それを無視して突っ込んできたバイクと衝突してしまった。2サイクルマシンは修理後に売り払われ、悔しい思いはしたものの、幸いそれだけですんだ。

シビルサービスを終えたクラウスは、元の会社に戻りエンジニアとして働いていた。上司はクラウ

ケルンを出発。まさかこんなに長い旅になるとは……

スに、辞めるなどといわずに会社からの赴任として海外へ行ってはどうかとすすめてくれたが、最終的には、10ヵ月の無給特別休暇ということで落ち着いた。そのかたわら私は初老の主任教授のもとを訪れ、学籍を失うのではないかと相談した。教授はこう言うだけだった。「まず日本へ行ってみてはどうかね。そうすれば世界はまったく違うものに見えるはずだよ」

出発前の一ヵ月は嵐のようにバタバタと過ぎていった。つぎからつぎに私たちは必要な装備を買い込んだ。テント、寝袋、マット、「ッヘル、サイドバッグ、レザースーツ、ヘルメット、ブーツ、グローブ、そしてもちろん、まっさらの500cc単気筒エンデューロを2台。期末試験に追われながらアパートを引き払い、保健所で予防接種を済ませ、必要なビザを取りに2、3日おきにボンへ足を運んだ。不安と恐怖が私を襲い、食事がほとんど喉を通らなくなり、夜、ちゃんと眠ることができなくなった。自分を落ち着かせるために、皆にはとりあえずギリシャまで行ってみるつもりだと宣言した。オートバイ走行がうまくいかなかったら列車で帰るつもりだと。

出発の当日、私の姉妹は3人ともすでにバカンスに出かけていた。ごくわずかな友人が見送りに来てくれた。それから私の母とクラウスの両親。クラウスの両親は自分たちの8人の子供のひとりが、またもや遠くの世界へ消えてしまうのを見届けるためにやって来たのだった。長女のライラは日本に、クラウスの双子の姉ペトラはイリノイ州出身のアメリカ人と結婚し、妹のドリスからはつい最近、インドからの便りを受け取ったばかりだった。そうだ、ドリスのところへは途中で寄っていこう。

出発前夜、眠れたのかどうか私は覚えていない。最後の荷物を積み込み、それらに挟まれて笑顔で記念写真に収まり、見送りの人たちに別れを告げて、気づいたときには路上に飛び出していた。運転にすっかり気を取られ、ほかのことを考えている余裕などなかった気がする。荷物を満載したバイクの運転は初めてだったし、正直いって、それは私の手に負えるものではなかった。

フランクフルトの南でアウトバーンから下り、前を走っていたクラウスが左折禁止の場所で左に折れた。対向車に遮られた私は彼のあとについて行けず、そうかといってうしろに続く車を妨害するわけにもいかない。そうだ、歩道に上がって彼を待つことにしよう。まずウィンカーを出して、ギアを入れて前輪をグッと上に――「バタン!」

気づいたとき私はそこに横たわっていた。どうやら勢いが足りなかったらしい。後輪がついて来られずに足が宙に浮き、呆気なくひっくり返っていた。

バイクのうしろ半分が路上に横たわったまま、私は助けを求めてあたりを見まわした。うしろの車から男が飛び出して来て、私に向かって怒鳴りだした。「無責任にもほどがある！　こんな小娘がこんなデカいマシンに乗るなんて！　こりゃ禁止すべきだ！」

私はすっかりうろたえてしまい、駆けつけた誰かが重いバイクを車道から引き上げるのを手伝ってくれるまで、その男をただじっと睨みつけていた。その後、再びアウトバーンに戻り、例の焼きつきが起こってケルンに戻らざるをえなくなった。

その晩私たちが祖母の家に着いたとき、祖母はこんな言葉で私を迎えた。「ほらほら、やっぱり戻ってきなさった！」

祖母が亡くなって何年も経ってから聞いた話では、その晩のうちに彼女は親戚中に電話をかけ、「ちょっと日本まで行って来るのは取りやめだそうだよ」と触れまわったらしい。


ケルンに舞い戻って一週間後、１９８１年８月13日、僕たちは二度目のスタートを切った。この日を正式な出発日として記憶することにしよう。今日こそはきっとうまくいくはず。

クラウディアはギリシャまでついて来るという。この旅が彼女には向いていないと、それまでにきっと本人も気づくだろう。ギリシャで一緒にバカンスを過ごしたら、彼女をバイクと共に列車に乗せてケルンに帰そう。そのあと僕はボスポラス海峡に向かって走り、ヨーロッパにおさらばするんだ。一日走ればドイツを抜けられる。そうしたらドイツの厳しい法律だって効かなくなるし、何もかもがラクになる——せめて、そう願いたい。

オートバイは積みすぎた荷物でどうしようもない状態だった。とにかく荷物が多すぎる。もう少ししたらひとりにつき40キログラムでなんとかやっていけることだろう。だけど、なにが不必要でなにが必要なのか、まだ僕たちは知らない。おまけにこの巨大ガソリンタンク。これをＴÜＶ（技術検査協会・ドイツではここで車検を行なう）が許すわけがない。ファイバーグラス製のタンクはドイツで禁止されている。なぜ禁止なのかって、それはハゲタカのみが知るところだ。僕はドイツ連邦の鷹の国章をそう呼んでいた。ハゲタカは至るところ——国会、裁判所、税務署の建物の上から常に監視の目を光らせて僕たちを見下ろしている。8リットルタンクではさほど遠くへ行けないし、ましてや砂漠なんてとうてい無理。そんなことはハゲタカにとってどうでもいいのだ。長旅に備え、僕らが大荷物を抱えていることも彼らの知ったことじゃない。ハゲタカが知っているのは法律の条項だけ。毎日のように新法令が公布され、条項や基準やらが付加される。それを把握しきっている者など誰もいないんじゃないだろうか。これじゃ皆、片足を刑務所に突っ込んでいるようなもの。とにかく、とっ捕まらないほうがいい。

いかんせん、ドイツはもう、僕には窮屈すぎる。働いては何か買い、働いては年をとり、やがて死を迎える——僕の一生もそうなるんだろうか？　まだ両親が若かった頃、彼らはニュージーランドへ移住することを夢みていた。だがそうこうするうちに僕たちが生まれた。社会のレールから外れて大いなる自由をつかもうと夢みる人間は大勢いる。僕は自分の夢を実現したいんだ。

夜遅くまで走り続け、夜の10時になってやっとバイエルン州のキーム湖にあるキャンプ場にたどり着いた。初日、700キロ弱を走破。これはいずれ、一日に走った自分たち史上の最高記録となる。だけど、まだそんなことは知らない。というより、僕たちはまだなんにも知らない。幸いなことに。

翌朝、僕たちは寝袋にもぐったまま新居の住み心地を楽しんだ。なにせドーム型のテントは家賃の一ヵ月分もしたんだから。海水浴客たちが面白がってテントの外でうろうろしている。僕らがどこへ行くつもりなのか知りたいらしい。「寝坊していると、いつまでたっても着かないぞ！」

おっしゃるとおり。あれほど綿密な走行計画を立てていたというのに、最初の出発でつまずいた僕たちは予定より大幅に遅れをとっていた。そこには事故に費やしている余裕などなかったはず。とにかくまあ、これでなんとかドイツ脱出は成功だ。

昼過ぎに僕たちはまた走り出した。爽やかな夏空の下、オーストリアアルプスを走り、ユーゴスラビアめざしてロイブル峠を越え、リュブリャーナを通過してザグレブに向かうアウトプット（高速）に乗る。この通り抜け道路は排気ガスを吐き出す貨物トラックで溢れ、東に向かって流れ出る車の洪水のようだ。

5日後、ギリシャの国境に到着。太陽に照りつけられ、レザースーツに身を包んだ僕らは汗だくになる。テッサロニーキは町中が救いようのない渋滞で、走ってさえいれば当たる涼しい向かい風もここには吹いてこない。晩までかかってフェリーでタソス島へ渡り、最初の目的地に到着。ちょっとここでひと休みして、次の目標はネパールだ。ヒマラヤがあるさ。

最初の何日か、私はバイクの運転と道路だけに集中して走っていた。それなのに、タソス島に着いたところでまたもや重いマシンともども転倒してしまった。ドイツへ帰る列車のことはできるだけ触れずにいよう。このまますごすご帰ってたまるもんですか！　そんな私をクラウスは、「なんかあったらオレが手伝ってやるからさ」と励ましてくれた。このひと言が支えとなり、もしかしたら自分にもできるかもという思いが、私のなかにムクムクと湧くのを感じた。

タソス島で2、3日、静かなひとときを過ごしながら、僕たちは将来についていろいろ話し合った。

口には出さなかったが、僕はクラウディアの勇気と強い意思に頭が下がる思いがした。彼女と一緒になってはや3年。ここで別れるとなれば、僕もきっとつらかっただろう。それにしてもこの先の道のりはあまりにも困難で、本当に最後までたどり着けるかどうかわからない。

もともと僕はケルンから東京へ、ロシアを通り抜けてできるだけまっすぐに行こうと思っていた。部屋の壁に貼ったでっかい地図の両都市を定規で引いて結んでみると、その線はソ連と中国を突き抜けていた。さっそく僕はモスクワのインツーリスト（ソ連国営旅行社）に電話をかけた。交渉は3ヵ月にも及び、ソ連共産党のブレジネフ書記長宛に手紙を書いて特別許可を求めたものの、それも失敗に終わった。ソ連は、「キャンピングカーでならアラル海までの走行を許可するが、オートバイでは、我が国に一歩たりとも入ってはならぬ」という主張を変えなかった。手紙を書いたのは1981年のこと。まだゴルバチョフですらペレストロイカのことなど考えてはいなかった。それは「鉄のカーテン」が存在する冷戦時代のことだった。

そのようなわけで僕は地図上の線を南へとずらしてみた。トルコ、イラン、パキスタン。ここを走破するのもあまり見通しがいいとはいえない。トルコでは軍が治安維持に当たっていたが、そのためにどんな措置が取られているのかは僕にも想像がついた。イランでは狂信的な宗教指導者アヤトラ・ホメイニが混乱を引き起こそうとしていた。イラン人学生が何ヵ月もテヘランのアメリカ大使館を占拠し、アメリカ人を人質にしたばかりで、おまけにこの国は隣のイラクと戦争の真っ最中だった。テヘランから真っ直ぐアフガニスタンの首都カブールに抜ける道と、その先カイバル峠を越えてパキスタンのラホール、そしてインドのデリーに向かう陸路は途中で遮断されていた。アフガニスタンでは内乱が起こり、ソビエト軍が駐留し、国境は閉鎖されたままだった。なんとかアフガニスタンを避けて行けるといいのだけど。

とにかくまずはトルコだ。ドイツで知り合ったトルコ人が僕らに忠告した。「外国人にトルコは危険すぎるし、観光業だって発達していない」

さらには、アウトプットで長距離運転手が教えてくれた肝心の警告を僕はすっかり忘れていた。それはトルコ東端のドウバヤズットという町のことで、「その町では何があっても停車してはいけない」というのだ。それなのに、その警告を思い出したときには、もう手遅れ寸前だった。クルド人の追いはぎがアナトリアのこの地域を一手に掌握しているとも聞いていた。警察や軍隊もこの地域では手が出せない。運転手たちは集団でしか走らないし、どのトラックもキャビンに機関銃を装備し、いざというときには道をあけろと威嚇射撃するということも。

ドウバヤズット――なんだか楽しそうなこの響き。そのせいでこの地名は僕の記憶のなかの「陽気なところ」にまぎれこんでいたらしい。あるいはほかの旅行者たちがこの町の話をしていたからだろうか。町の背後には山に通じる砂利道があり、そこを上がると、崖っぷちに見事な修道院が聳《そび》えていて雪で覆われたアララト山の景色は最高だ。管理人は喜んで旅人たちにテントを張らせてくれる――そういった情報が世界漫遊者《グローブ・トロッター》たちの間で流れていた。だから僕らもそこへ行こうと思ったんだ。

今日はもう十分に走った。イランはもう目と鼻の先だし、国境での手続きは明日にしよう。すごく疲れたし腹も減った。ああ、それにしても腹が立つ。頭から湯気が出そうなくらいだ。今朝、対向車線ですれ違ったトラックの運転手ときたら、全速力で走行しながら僕らに砂利を投げつけてきた。クラウディアは向こうずねをやられ、僕は左の人差し指の関節に石をくらって内出血がひどく、指が動かない。おまけに道端の羊飼いたち。その子供たちは僕らに気づくや、しゃがんで石を探し始めた。

トルコっていいところだなと思っていた矢先だった。まずはイスタンブール。七つの丘の上につくられたこの都市は、ヨーロッパとアジアの地理上の境界・ボスポラス海峡にまたがって広がっている。至るところに高く聳えるモスクやブリキのスピーカーが設置された尖塔《ミナレット》。朝早くから祈禱時報係《ムアッジン》が礼拝を呼びかけ、聞きなれない僕の耳にはそれが喉慣らしのように聞こえる。あちこちのスピーカーの音がガーガーと入りまじり、その音は大きければ大きいほどいいらしい。ここからはイスラム教が大勢力を持つことになる。男たちは帽子をかぶり、裾の長い服を身にまとっている。街の狭い路地に入ると、なんだか中近東のど真ん中にいるような気にさえなってくる。白鬚の年寄りたちは、屋台のオヤジたちが働く様子を眺めながら、さもうまそうに大きな水パイプをくゆらしている。店先には茄子《なす》、羊や山羊の肉などの食料品が並び、うまそうな匂いが食欲をそそる。

何もかもが新しく珍しいことばかり。店のオヤジがモワッとする匂いをごまかそうと甘い香を焚《た》く。ここには人が欲しがるもののすべてが揃っている。絨毯、宝石、指輪にネックレス。これらを全部詰め込もうと思ったらトラックが1台あっても足りないほどだ。だが僕たちのバイクにそんなスペースはない。幸か不幸か、ちっぽけな土産だって乗っからない。それにしても、どの店員も話がうまくて妙に説得力がある。「こんなに急にうちの婆さんが逝ってしまわなかったら、葬式代だっていらなかったんです。そうでなければ五代にわたって受け継いできた骨董ものの絨毯を手放すわけがありませんよ。まあ見てください。この色といい柄といい、こんな逸品はよそにはありません。しかも値段はただ同然！」

わずか5分のうちに3人のばあさんが死んだ話を聞き、そのうちに僕はこの絨毯が機械織りだと気がついた。どうりで安いはずだ。

人との出会いは楽しかった。皆で一緒によく紅茶《チャイ》を飲んだ。このしきたりは旅する間、常に繰り返され、走っているバイクから引きずり下ろされそうにもなった。この国を旅する者ならば、バイクを停めてお茶の一杯ぐらいご馳走になるのが礼儀だとわかってはいた。だけどこれは、結構つらかった。なにせドイツでトルコ人がひどいあしらいを受けているのを僕たちは何度も見ていたのだから。それでも食堂のオヤジは、「ドイツ人からは金を取らぬ」と言い張った。そのオヤジも、ほかの多くのトルコ人と同じように流暢なドイツ語を話した。僕たちはこの国と人々にすっかり魅了され、次のバカンスはトルコにしようと話していた。残念だけど、今回はゆっくりと見てまわる暇がない。

よりにもよって、そんな一日の終わりに、あのバカ連中から投石を受けるとは……。おまけに熟したトマトまで飛んできてピシャリと僕の顔に命中した。トマトは荷車のうしろに乗っていた農民たちの仕業だった。ちょうど僕たちがアララト山[*1]の麓を走っていたときのこと。突然地から湧いたかのように聳える山に近づくにつれ、その雄大さに圧倒されて僕は自分が怒っていたことも忘れかけていた。そしてノアの箱舟がアララトの山頂に流れ着いた様子を想像しようとしたその矢先に、トマトの嵐が降ってきたのだった。

やりきれない気持ちでドウバヤズットに到着し、土壁の小屋の前でバイクを停めた。修道院に着く前に腹ごしらえをしておこうと思ったのだ。この町には誰も住んでいないのだろうか。そのとき突然、

＊1　トルコの東端にある標高5130メートルの山。旧約聖書によると、ノアの箱舟は大洪水のあと、この山の上にたどり着いたといわれている。

四方から黒い影が現れた。麻布をまとった、なんともガラの悪い奴ら。どうやらむき出した歯だけが奴らの武器ではないらしい。オンボロの拳銃、連発銃、短刀、銃剣に軍刀。僕らを取り囲み、そのうちのひとり、鋭い目をした鉤鼻男が、髭に埋もれた口を動かしながら片言の英語で僕に訊いた。「よう、このタイヤは売り物かい？」男はそう言いながら銃で僕のスペアタイヤを無造作に叩いた。

「いやぁ、申し訳ない」僕はとっさに答える。「コレ、インドで必要なんっす」

日本まで行くなんて言っちゃダメだ。大金を持っていると思われてしまう。奴の仲間たちはヘラヘラと笑いだした。黄ばんだ歯がのぞく。同時に奴らは、荷物がくくりつけてあるロープやベルト、それにゴムバンドをほどき始めた。今、僕が一番気になるのはクラウディアのことだ。レザースーツに身を隠しているのが女性だとバレたら……。彼女は僕の横に立っている。ラッキーなことにエンジンはかかったままだ。僕はクラウディアに向かって叫ぶ。「行け、クラウディア！　一気に逃げるぞ！」

一斉に発進。それに驚いて奴らはさっと脇へ逃げた。ところがただひとり、うしろのタイヤにしがみついたままの男がいる。放さないつもりだ。このとき僕はＸＴ５００の底力を知った。男はバイクに引きずられ、やっと手を放した。実はこの男こそ、僕らの命の恩人だ。彼がしがみついていてくれたおかげで僕らは銃を向けられずにすんだのだから。とにかくこのまま突っ走ろう。国境まであと40キロ。心臓をバクバクさせながら、僕らは国境に到着した。

クラウスは旅のすべてに、とりわけビザが切れてしまわないよう毎日何キロのペースで走るかについて綿密な計画を立てていた。それは朝早く寝床を抜け出して一日中走りに走り、夜はフラフラになって寝袋にもぐり込むことを意味していた。私は経験不足のうえに、すべてが目新しくワクワクハラハラの連続だった。まったく知らない文化にも即応していかなければならなかった。トルコがイスラムの国であるということは、私にとって男性から無視されることを意味した。市場で野菜を買ってもお釣りをもらうのはクラウスだったし、おしゃべりだってそばで聞くのは許されても会話には入れてもらえない。それでもトルコは楽しかった。初めて砂利だらけの山道を完走し、いよいよ冒険への道を歩み出した気になっていた。

それにしてもドウバヤズットに立ち寄ったあの日はツイていなかった。修道院での投宿を楽しみにしていたというのに、追いはぎに襲われ、国境まで一目散に駆けることになるなんて！　そこまで来て私は気がついた。自分が無知もいいところで、どこに足を踏み入れようとしているかさえわかっていないことを。

イランだ。バイクを転がしながら僕たちは要塞のように聳え立つ建物の門をくぐる。その背後で門扉がぴしゃりと閉まった。そこに首都テヘランからのニュースが入る。「大統領と首相、爆弾テロにより暗殺。国境は当分の間、閉鎖」

不幸中の幸いとはこのことだ。一日遅れていたら、通してもらえなかったのだから。

「ここだって安全とはいえないぞ」ドイツ語ペラペラのイラン人ふたり組。出会ったばかりのムスターファとアハメッドがそう教えてくれた。ベンツに乗ったふたりはドイツから里帰りの途中だという。次の町タブリースまで280キロ。そこでは彼らの友人がホテルを経営しているからと僕たちに同行してくれることになった。ガソリンの配給券も手に入れなくてはならない。表向き、ここでガソリンを買うことは禁止されている。なにせ戦争の真っ只中の国のこと。そこで彼らがガソリンを、そして落ち着いたら配給券も調達してくれることになった。両替はまだしないほうがいい、お金はあとでいいから、とも言ってくれる。とにかく言うとおりにしよう。彼らはここの事情を知っている。彼らは言った。「お前たち、なにがあってもパスポートを見せるんじゃないぞ。ドイツのパスポートは高価な代物だからな。それを使って国を逃げ出そうとするのがここにはうじゃうじゃいるんだ」

国境で手続きを終えた頃、外はもう暗かった。ホールにはホメイニ師の巨大な肖像画、道路には「次のキャンプ場まで786キロ」の看板。月のない澄んだ夜空が広がっている。黒々としたアスファルト道路は無数にきらめく星たちのおかげで、反射する砂漠の砂から浮き上がって見える。イラクとの国境は目と鼻の先。ここは一触即発の状況だ。

僕たちは、イラン人のふたりムスターファとアハメッドのあとを走った。彼らはスピードの出しすぎもいいところだ。僕は、どうにかこうにか彼らとクラウディアの中間を走りながら、どっちも見失わないよう必死に走る。イラン人ははるか先、クラウディアはずっとうしろ。クラウディアがついてこない。なんでもっとスピードを上げないんだろう？　ピピーッ——そのとき突然、警笛が鳴った。僕は急ブレーキをかけ、後輪をアスファルトにキーッと軋《きし》ませた。

「いいか、タイヤを軋ませて停車しろ。そうじゃないと撃たれるぞ」僕らはふたりからそう教わっていた。

クラウディアが追いつき僕の横にバイクを停めた。ワサワサッと何かが動く。道路の側溝から次々に人が姿を現した。彼らは自動小銃を構えながら半円になり、なんとこっちをめがけてやって来る。ホメイニ師の率いる民兵たちだ。まだ年のいかない熱狂的な農民兵たち。震える指が銃の引き金に伸び、どの銃口もこっちを向いている。彼らは身分証明書はないのかと僕たちの荷物をひっかき回し始めた。引き返してきたイラン人のふたりも、くまなく取り調べを受ける。そしてまた先に進む。といっても、それは次の警笛が鳴り響くまでのこと。あるとき、民兵たちがクラウディアのタンポンを発見した。そのうちのひとりがそれを導火線つき小型爆弾だと思い込んで用心深く解体し始めた。そしてそれがいったい何なのか僕の説明を聞くやいなや、男はそれをパッと手放した。まあ、確かに、これは男が触れるべきものではない。

そしてお次は可燃性エチルアルコール。イランで飲酒はご法度なのに、兵士がそれを飲もうとした。僕はビンをとり返そうと必死になって、エチルアルコールは有毒だと説明した。鍋を取りだし、目をパチクリさせている見物人にこれが燃料だということを実証してみせる。よかった、これは持っていてもいいそうだ。燃える液体が飲めないことは、彼らにも一目瞭然だったようだ。

再び先に進む。しばらくするとうしろのクラウディアが消えた。まさかさっきすれちがったトラックのせいじゃないだろうな？　焦りながら僕は先行するイラン人にパッパッとライトで合図して引き返す。クラウディアのバイクを発見。道端にほっぽり出され、タンクからはガソリンが漏れている。その横には羊飼いの老人が天に手を伸ばしながら突っ立っていた。クラウディアはそこにいた。砂に埋もれ、ぐるりと羊に囲まれて。

先を走る彼らは飛ばしすぎもいいところで、朝から走りっぱなしの私はヘトヘトに疲れていた。道路の真ん中に溜まった砂に突っ込んだとき、バイクがグラつき、さらに激しく揺れた。思わずハンドルから手を放したそのときだ。勢いでフットレストを蹴ってしまい、私はクルリと宙返りした。「5000キロ走って、はい、オシマイ！」そんな言葉が一瞬頭をよぎり、背中を打って着地した私は、ひっくり返ったまま目を開けた。漆黒の闇のなか、ターバンの髭男が羊の群れのなかにぬっと立っていた。

「ギャァー！」思わず私は大声で叫び、この哀れな羊飼いをさらに驚かせてしまった。彼はきっと私が空から降ってきたと思ったに違いない。レザースーツにヘルメットをかぶった奴が天から落ちてきたと。


反対方向からやってきたトラックは僕たちと同じようにライトを消して走っていたが、クラウディアに向かってヘッドライトでパッシングした。彼女はそれに目が眩んで砂だまりにはまったのだ。幸い命に別状はなかったが、左膝に傷を負って歩くのがつらそうだ。僕は彼女を抱きかかえ、イラン人のふたりがそれを引き離す。そうだった、ここでは公衆の面前で男女の抱擁はご法度なのだ。

バイクはちょっと傷がついただけだった。折れてしまったクラッチレバーは予備があるから大丈夫。クラウディアをベンツに乗せ、その代わりにムスターファがタブリースまでの残りの60キロを走ってくれることになった。ムスターファはバランスを崩さず走るのにかなり苦労している。タブリースに到着しても、彼はバイクをさっさとその辺に倒してブンブンと頭を振った。

「重量オーバーもいいところだ！　こんなマシンに乗るなんて、お前らバカじゃないか？」まったく、ムスターファの言うとおり。

ホテルで部屋を借りる。ここでは僕がクラウディアのために署名をしなければならない。イランでは20歳の彼女はまだ成人ではないというのだ。まして僕らは結婚していない。一緒の部屋に泊まっていることがバレないようにしなくては。急いでクラウディアの頭をスカーフで覆うようにとも忠告される。走行中は、ヘルメットがスカーフ代わりになっていた。

ホテルの部屋にムスターファとアハメッド、そしてオーナーのモハメッドが集まる。さあお祝いだと、彼らが取り出したのは、なんとウィスキーのボトルだった。信じられない。僕たちの護衛たちは、車に何十本もウィスキーボトルを隠し持っていたのだ。ここまで来て、なぜ途中で何度も停止させられたかも判明した。戒厳令が出ている間、大型バイクは禁止なのだそうだ。暗殺を謀るテロリストがこの手のバイクを利用しているからで、まして僕たちが埃よけにかぶっていた覆面。これはテロリストとお揃いだという。

イランを大型バイクで走るのがいかに目立つことか、それは翌々日、僕たちだけになって改めて思い知らされた。道路標識はどれもファルシ（ペルシャ文字）で書いてある。僕らには判読不可能な文字。その渦巻き模様と長い線のなかに、どこか見覚えのある文字が混ざっていた。「Teheran」――テヘラン。

ああよかった。僕たちみたいな外国人のためにわざわざ英語で書いてくれたんだ。それに従って走っていくと、また同じ字で書かれた標識板に出くわした。アレ、なんかおかしいぞ。優に一時間は走り、再びホテルに戻ってしまったとき、僕はあの標識はバカな外国人をからかう誰かのイタズラだと気がついた。そういうわけで今度は原始的な方位磁石、要するに太陽を使って自分たちの位置を確認し、東に向かう幹線道路を見つけ出すことにした。そうしてやっと街から抜け出せたと思った矢先のことだった。大型バイクに遮られ、僕たちはそのバイクの横腹に突っ込みそうになった。図体のデカいバイク親爺が僕らの前に立ちはだかり、つばを飛ばして雑言を浴びせかける。この男が、「パスポート」と言っているのだけはわかる。この親爺はデカだ。まずそっちの「パスポート」を見せてもらおうと僕は要求した。それを聞いた男は、口から泡を吐くほど激怒した。身振り手振りも激しくなるばかりで、今にも僕に殴りかかる勢いだ。

「ひゃ〜、助けてくれ〜！」思わず僕は大声で叫んだ。

僕たちは最終的に連行されることになった。原付に乗った民兵が何人もエスコートするなかを走る。小銃はこっちに向けられたままだ。うしろでガシャンと鉄の扉が閉まる音が響く。監視塔、サーチライト、有刺鉄線、至るところに兵士の姿。捕虜収容所だ。バイクから降り、ヘルメットを脱いで、手は頭のうしろへ。監視の男が念入りに僕を調査する。レザーパンツのなかにつっこんだ手がちょっと念入りすぎる気がしないでもない。次はクラウディアの番。ヘルメットをかぶったままだが、彼女が震えているのがわかる。僕たちを取り巻いていたうちのひとりが、クラウディアが女だと気がついた。

「そうです、彼女は僕の妻なんです」

「よし、わかった」ここの宗教はほかの男の妻に触れることを許していない。控え室に連行され、パスポートは所長室のドアの向こうへ消えた。

時間だけが過ぎていく。僕らは彼らのなすがまま。過激派の威力は、444日間監禁された52人のアメリカ人の例をみれば想像がつく。しばらくして、やっと所長との面会が許された。所長は僕たちに紅茶《チャイ》をすすめながら丁寧な口調で、どうやって僕たちがここの観光ビザを手に入れたのかと尋ねた。親切なことにボンのイラン大使が3週間の滞在許可を発行してくれたこと、本来ならイラン入国のビザを入手するのは不可能に近いのも知っていることなどを僕は彼に説明した。

数週間前、僕たちがボンでイラン大使を訪ねたとき、彼は憔悴しきっていた。ちょうどその前夜、反革命派たちが大使館を無残な廃墟にしてしまったのだった。「えっ、イランを旅行したい？　あの混乱の国にかい？　君たちがどうしてもっていうのなら、はいどうぞ！」そう言いながら大使は自らパスポートに判を押した。これほど敏速に対応してくれた大使館はどこにもなかった。——そういうわけで今、僕たちはここにいる。そして僕たちの前には、何が起こるかわからない３０００キロの道が広がっていた。

そんなこんなでやっと釈放——。道の説明が書かれた紙を片手に、僕たちは再びバイクに飛び乗った。道は高原へと続いている。殺風景もいいところで人影も通る車も見当たらない。その代わりに風がビュービュー吹きまくっている。僕たちは寄り添うようにして、風からお互いの身を守りながら走った。あたりに広がる地平線が僕らを夢の世界へ誘う。

もう何日も、昇る太陽に向かって一目散に、僕らは東へと走り続けてきた。来る日も来る日もケルンからハンブルク、ハンブルクからベルリンって感じで長い道のりを進んできた。その距離をつなげてできた線を、ひたすら東へ東へと引くようにして。しだいに高原がこちら向きに回転するベルトのように思え始め、その真ん中にいる僕たちは、一定のテンポで前進しているというのに、その動きがまるで止まっているような気になってくる。グルグル回っているのはむしろデカい地球のほうで、回転しながらこっちに迫ってきては足元をすり抜けていく。ちょっと何かを避けるのにも、しっかりとハンドルを握り、黒いアスファルト道を見失わないようにしなくては。立ち止まろうものなら回る地球にうしろへ引きずり戻されてしまう……。

あっ、先方左手に見えるのは竜巻じゃないか！　砂を巻き上げる姿は掃除機の巨大ホースそのものだ。ホースは空中でクネクネと腰を振りながら、身を屈めてこっちに全力疾走でやって来る。僕らはガンガンと揺さぶられ、鼻は埃まみれ、目は砂だらけ。やっと視野が開けたとき、僕は目の前の１台のバイクに気がついた。砂漠の真ん中に忽然と出現したバイク。その横に男がひとり立っている。黒と赤と金三色の派手な旗（ドイツ国旗）をかざし、新聞記事をこっちに向かって差し出して。その見出しには、「ドイツ南東部バーデンバーデン出身の若者、念願かなう！　バイクでオーストラリアまで単独行！」

男の名はオリー。彼は途中で僕たちのことを耳にしてトルコで待っていたが、とりあえず先にここまで来たのだという。テヘランでは警察にバイクを踏みつけたり蹴ったりされたらしい。オリーのマシンはＢＭＷのＲ８０ＧＳ。彼の大事なファンファーレはふたつとも没収されてしまったそうだ。この男はロード上では誰よりもけたたましく強いヤツでありたいと言う。それによって生き残るチャンスがあると信じているのだ。けれどもここに来て怖気づき、オリーは僕たちと一緒に行きたいと言い出した。やれやれ、どうなることやら……。

僕たちはテヘランを迂回して走っていた。争いが首都にも及んでいるのは一目瞭然だったし、砂漠にいれば戦争のことは聞こえてこない。

訪れたエスファハーンの町は、運よく平穏だった。それにしてもなんと美しい町だろう。とりわけ繊細な模様のモザイクで覆われたモスクの天井は素晴らしい。巧みな建築構造によって導師の声がドームで拡大され中庭まで届くという音響効果だ。

イラン人はとても親切で、見ず知らずの人が食堂で僕たちの勘定を払ってくれることもあった。若者たちにもよく話しかけられたが、通りで女性が歩く姿を見ることはほとんどなかった。彼女たちは全身を覆い隠し、いつもうしろのほうに隠れていた。少し前までは、こんなふうじゃなかったはず。あたかもここがパリのように、テヘランの女性は自由でのびのびしていたそうだ。観光客だって大勢いただろうに。今となっては僕たち以外、外国人の姿はもう見当たらない。若者たちからはドイツでの連絡先を求められた。この国を出てヨーロッパへ亡命を試みようとする者たち。「確かに国王《シャー》を追放したいと願ってはいたが、その代わりにホメイニ師のような指導者が出てくるとは予期していなかった。今となってはもう宗教上の争いでしかない」と彼らはこぼす。

なるべく早くこの国を出よう。情勢が変わればまた戻って来られるかもしれない。そしたら今度はゆっくりと、毎年駱駝市が開かれるシーラーズの町にも立ち寄ってみたい。イラン、すなわちペルシャという国は依然として謎に包まれたままだ。いつかこの国の素顔を覗ければいいのだが。

ここで一番きれいなのは夜景だ。特に郊外の高原からの眺めは格別で、天の川にこんなにたくさんの星があったなんて、僕はこれまで知らなかった。夜空いっぱいに星が広がっていて隙間を探すのがむずかしいほどだ。BMW男オリーのガイドブックにも、僕たちが泊まったサービスエリアのある砂漠町のことが記載されていた。このバムという町は、世界一の星空が見える場所で、新月のときでも星の光で新聞が読めるほどだと書いてある。本当だ！　僕はそれを自分の目で確かめた。

ここの砂漠についての情報は何も持ち合わせていない。アフガニスタンを迂回するにはどうすればいいのだろう。それにはオリーのガイドブックも役立ってはくれず、カブールを越えていくルートしか記されていなかった。それでもオリーは砂漠を抜けていく道があるはずだという。一緒に試すだけの価値はあるかもしれない。だけど僕たちはあまりにも違いすぎる。彼のバイクのほうが頑丈だし、ましてやあの傍若無人な走り方。キックの仕方もかなり傲慢だ。こういう彼の態度が僕たちを厄介なことに巻き込まないといいけど……。そう僕は気をもんだ。

翌日、案の定、僕たちはかなりきわどい状況に陥った。さびれたドライブインでホメイニ師の率いる革命軍兵士に襲われたのだ。過激派の兵士たちは神経を高ぶらせ、半自動小銃を振りかざして僕たちを追い立てた。彼らの目的は明らかにオリーのBMW。オリーはバイクのキーを取り出して彼らの目の前で飲みこもうとした。僕たちは必死になって止めにかかる。オリーは言った。「こういうときのためにスペアをあと10本持っているんだ」

僕は彼をさとす。あの様子からして奴らは良心など持ち合わせている相手じゃない。カギが欲しけりゃ腹をスッパリ切り裂くだろう。ここは話し合うほうがいい。だけどいかんせん英語が通じない。「道に出ろ!」と追い立てられ、3人ともジープのうしろを追うように命じられた。兵士がひとり、BMW後部に高々と積まれた荷物袋の上に座って、呆気にとられているオリーの首筋に銃口を当てた。このまま走れというのだ。僕たちはそのうしろにつく。

しばらくすると彼らの率いる車列は道路から離れ、砂漠の丘へと方向を変えた。そこから先は無の世界。これはまっすぐ走ったほうがいい。ズラかっちゃおう。そしたら助けも呼べる。「どこで呼ぶの?」と訊かれても、僕だって知らない。クラウディアも僕のあとを追う。この先にはザーヘダンという国境の町があり、そこで東へ向かう道は途切れていると聞いた。そのとき、ピーッと警笛が響きわたり、この先どうしようと考えこんでいた僕は、ハッと我に返った。戻るしかない。

無の世界のど真ん中に何かある——監獄だ。見るからに悲惨そうだが、僕はこの監獄に希望の光を感じ取った。再び検問を受け、データが無線で転送されるのをじっと待つ。緊迫した状況のもと、軍服の男たちはとても神経質になっている。それは僕たちも同じで、暑くもないのにレザースーツが汗でびっしょりだ。時間が果てしなく長く感じられる。ついに返答の無線が入る。笑顔がこぼれ、紅茶が出される。通過の許可が下りたのだ。

ザーヘダンは埃だらけの朽ち果てた町だった。ここには、今までに僕が会ったなかで最も危なっかしい奴らがたむろしていた。タフな砂漠の野郎たち。日焼けした顔には深いしわ、鋭く光る黒い目。ボロをまとい短刀で武装している。国境付近が一番危ない——そんな言葉を耳にする。密輸業者、奴隷商人、それに犯罪者。まさに暗黒街の住人が出会う場所とはここのことだろう。僕は闇市で10ドルだけ両替することにした。これだけあればバイクを満タンにし、20リットル用容器を3缶いっぱいにしても釣りが来る。ガソリンは嘘のように安く、その反面、ドルの換算率はとても高かった。

翌朝早く、15リットル用の水袋に新鮮な水を入れて再出発。オリーも一緒だ……。通りすがりの人が教えてくれた。「アスファルト道路を南に進んで、集落の最後の家まで来たら左に曲がり、そのあとは轍に沿ってずっとまっすぐ東に行けばいいよ。30キロも走ればタフターンという国境町に着くから。そしたらもうパキスタンさ！」それならカンタンだ。

最初僕たちはかなりの距離を南に走った。見事な舗装道路なのはいいのだが、集落が見えてこない。仕方がない、戻ろう。今度は道というより、どっちかっていうと砂の轍。ここを走らなくちゃいけないなんて、なんだかクラクラしてきたぞ。タイヤは両方とも砂に埋まっている。ギアをローに切り替えて足で砂を蹴りながら前に進もうとするのだが、ついつい倒れそうになる。クラウディアも立ち往生。バイクをまっすぐに保つのが精一杯って感じ。僕は彼女のところへ駆け寄り、立っていられる轍に出るまでバイクを押してやった。

そのずっと先をオリーが走っている。四苦八苦してはいるものの、なんとか彼は先に進んでいる。彼が白い靄《もや》のなかへ消え去ってしまうまで、僕たちはじっとその姿を見つめ続けた。この調子じゃすぐには会えないな。前に進めない僕たちにとって、30キロというのはかなりの距離だ。だけどなんとかして進まなくては。砂漠と戦いながら前進するにつれて、何本もの轍が目の前に現れる。僕は右に左に走りながら地盤のしっかりしているところを探す。ここは塩砂漠。何世紀にもわたって形成されたゴツゴツした波模様が続き、そうかと思えばところどころでサラサラの深砂が出現してはバイクを沈めてしまう。そしてまたもやゴチゴチの轍がハンドルを奪う。ギアをセカンドに切り替えてみるが、ガタガタと揺れてドリルで穴を掘っているみたいだ。そしてまたサラサラの砂。うしろのタイヤは擦り切れ、サイドバッグも落っこちる寸前。クラウディアは手首の関節が腫れて、マシンを支えるのもつらそうだ。クラッチの握りすぎで手がガクガク震えている。このままだとバイクがオーバーヒートするだろう。僕は彼女のバイクから予備のタンクを降ろし、どうにかこうにか自分の荷物の上にくくりつけ、まず自分のエンデューロで100メートル走り、戻ってきては最悪の道を彼女の代わりにエッチラオッチラと走る。

そうこうするうちに30キロを走破。きっと、もうすぐ国境に違いない。太陽は天頂に達し、僕たちは容赦なく照りつけられて喉が焼けつく寸前だ。さて、水でも飲むとするか。「あっ水がない！」

そのとき僕は水袋がブランと垂れ下がっているのに気がついた。途中のどこかで袋に穴を開けてしまったのだ。ふたりしてオロオロとあたりを見回してみるものの、虫一匹どころか国境だって見当たらない。そこに広がっているのは、荒涼とした月面のような風景だけ。

水がないとなると喉が渇いて、いても立ってもいられない。這うようにして僕たちは前に進む。力はすっかり尽きている。けれども生き残りたいという意思だけはますます強くなる。ゴツゴツした岩砂漠をふたりで飛び跳ねながら、進んでは次の深砂にはまって立ち往生。僕は砂から這い上がりクラウディアを助ける。倒れたマシンを起こすために、クラウディアが後輪に覆いかぶさって自分のほうへ引っ張るのに合わせて、僕は反対側から仰向けになって足で力いっぱいハンドルを立てる。何とも過酷な作業。2台目のバイクを立てかけようとしている最中にまた1台目がドテッとこける。スタンドが砂に埋もれてしまわないよう、その下にバイク用グローブを敷く。次の機会にスタンドに板を張って、重心のかかる面積を広げなくちゃ。だけど修理できるチャンスなど、果たして巡ってくるのだろうか？

70キロ――まだ国境は見えてこない。

「もうあきらめようよ」クラウディアがそう言い出した。そんな彼女を怒鳴りつけたものの、僕自身もまともに考えることはできなくなっている。荷台は壊れ、ショックアブソーバーもへたってしまった。それでもなんとか荷物をくくりつける。

90キロ――舌が軽石になったみたいだ。唾を呑み込むこともできない。暑さのせいで体の水分はすべて蒸発し、磨き砂のような砂塵にやられて目がシバシバ痛む。

飢渇という現象は、人の心と体に信じがたい影響を及ぼすものだ。僕たちは骨と皮になったラクダの死体の横にしゃがみこんだ。むき出た歯がニカッと笑ったまま固まっている。つられて僕もヒッヒッヒッと笑い出しそうになるが、ゼーゼーという音しか出てこない。僕の肺は叫びつかれてすっかり潰れてしまった。国境までは何キロっていったっけ？　30キロだよな。まっすぐ轍に沿って東へ行けばいいって。だけど轍はどこだ？　東はどっちだ？　ここにいたら誰も見つけてはくれないぞ。ラクダだってミイラになっているじゃないか。

干からびて死ぬ直前、世界は一瞬バラ色に見える。どこかでそう聞いた気がする。そのとき僕の体は羽のように軽くなり骨の痛みも消えていた。背中がビリビリして頭の中がムズムズとくすぐったい。

クラウディアは微笑んでいる。どこへ行くんだっけ？　日本？　姉ちゃんに会いに？　これってもしかして全部、夢？　――向こうに見えるターバン男も？　ちらちらする光の向こうから現れたと思ったら、男は突然、洗濯物を干し始めた。ひょっとして死ぬ前の幻覚ってやつ？

ところが、クラウディアも同じものが見えるという。僕たちは気を取り直し、走るというよりは這って進んだ。そこでつまずいたのは列車の線路。ターバン男は本物だ！　洗濯物から水がポタポタと落ちている。彼は黙ったまま、紐でつるした古い石油缶を地面の穴へ落とし、汲んだ水を僕たちの手に注いだ。水がこんなにうまかったとは！　おかげで僕たちは、少しずつ意識を取り戻した。

国境には日が暮れてから到着。この日メーターは１１０キロを刻んでいた。最後の20キロはもう道に迷うこともなかった。線路に沿って走っていけばよかったのだ。週に一度だけ国境駅とその付近の村のために、機関車がこの線路に沿って飲料水を配って走るのだという。僕たちが飲んだ地下の貯水庫の水は、機関車のための非常用貯水なのだそうだ。その夜、僕たちは乗り捨てられたトラックの荷台に横たわり、重いブーツを脱ごうともせず、誰が覗き込んでも、犬がまくしたてても、目をつぶったまま起きることはなかった。

そして翌朝、世界はまた違って見えた。クラウディアがコーヒーを沸かす間、何か食べるものを探そうと僕は国境付近をブラブラした。人々は皆、親切だ。遊牧民たちが砂の上に座り、つながれたラクダも横にしゃがんでいる。ここはバルチスタン砂漠のど真ん中。ここからパキスタンへとつながる道を探しださなくてはならない。イラン側の税関職員が、２００メートルにわたって砂の中に張りめぐらされた有刺鉄線を指しながら言った。「鉄線の真ん中あたりに一ヵ所だけ隙間があるから、そこを抜けて行きなさい」

だけど、その出口を通っていくのは僕たちだけらしい。ほかの者たちは皆、そろって鉄線の外にある小道を抜けていく。そっちは密輸業者と身分証明書を所持しない者の専用通行口とのこと。皆がそれぞれの秩序を守っているのは、まあよいことだ。

今日、正式な手続きを踏んでここを通るのは間違いなく僕たちだけだというのに、パキスタン側税関での手続きはうんざりするほど時間がかかった。親切にも受付係がすぐに冷えたコーラを出してくれる。それにしてもお役所仕事というのは、実に多くの書類を必要とするものだ。暑さが人生をより複雑にしようとさらに追い討ちをかける。

昼になり、ようやく自由の身になった僕たちはブルドーザーが通ったあとの轍を東に向かってたどることにした。轍には固く洗濯板模様がついていて振り落とされそうになるが、それでもなんとか先に進んでいける。15キロを一気に走破。この辺で休憩にしよう。

しまった！　クラウディアの寝袋がない。洗濯板道で揺さぶられているうちにどこかで落としてきたらしい。クラウディアに待つように言い、僕は寝袋を探しに戻ることにした。何キロか戻ったところで向こうからトラックがやって来た。僕は道の真ん中に立ちはだかり、彼らの行く手を塞ぐ。荷台には粗布をまとった浅黒い男たち。腕にはライフルを抱えている。僕が積荷を調べようとすると、英語が通じないというのに男たちはヘラヘラ笑いだした。そこで寝袋の代わりに僕が目にしたのは、箱に詰まった弾薬、対戦車砲、おまけに小型ミサイル。「アフガニスタンの反政府組織」という言葉がサッと頭をよぎる。そこからさらに僕は国境まで走って戻った。そして税関事務所のドアを開けてびっくり。こともあろうにあの親切な係員たちが乱交パーティを繰り広げていた。「もしかしてスタッフ全員がホモ？」

僕は急いでドアを閉め、バイクに飛び乗って一目散に来た道を戻った。そこで僕はクラウディアを発見。幸い彼女は例のアフガニスタン人たちに見つからずにいた。どうやら砂漠は寝袋だけでなくあのトラックも跡形なく呑み込んでしまったらしい。

一歩一歩、僕たちは前に進む。あまりにもタフな道で何度も休まずにはいられない。先方ではトラックが砂穴にはまって立ち往生している。ダンプカーが船舶用ロープを使ってそのトラックを引き上げようとするが、そのド太いロープすら切れる始末。僕たちはそこを避けようとして、代わりに砂の吹きだまりにはまってしまった。タンクのところまで砂に埋もれ、少しでも動こうものなら砂埃が立って視野も空気も遮ってしまう。助けを呼ぼうとする僕たちの前で、男たちは絨毯を広げメッカに向かって祈りだした。今まさに日が沈もうとしている。信じられないほど美しく安らいだ光景だ。

夜になりパキスタン側の最初の町ノックンディに到着。

日干し煉瓦の小屋のなかでは、灯油ランプの火が揺れている。人々は僕たちを親切に招き入れ、紅茶や食べ物を差し出してくれた。それにしてもこの肉は食べられた代物ではない。犬だって「そんなものは食わぬ」とそっぽを向いている。僕たちは、空いていた政府職員用のゲストハウスをあてがってもらった。バルチ人[*1]というのは生まれながらにして思いやりの心を持つ民族で、人々はよく笑い、僕たちを大切に扱ってくれた。子供たちは砂だまりでタイヤ遊びに夢中になっている。

ここから砂漠を抜ける舗装道路が伸びているとのこと。だが実際には、舗装された部分がかろうじて残っているだけで、道は穴ぼこのオンパレードだった。なかにはトラック1台がすっぽり隠れてしまうほどの穴もあった。舗装された地面をタイヤの下に感じ取れると、僕らはホッとしてスラロームを描きながら走った。

ちょうどひと休みしているところに、ＢＭＷ・エンデューロ[*2]に乗ったバイカーが追いついてきた。荷物らしきものは持たず、その代わりバイクには宣伝用のステッカーがびっしり貼ってある。彼の名はハンス・ソルストラップ。デンマーク生まれ、オーストラリア在住の冒険野郎。そのときハンスは、「ロンドン・シドニー間を18日で完走！」という世界新記録更新に挑戦中だった。朝も晩も走り続けなければならないところだが、ハンスは、「今回はあきらめるよ」と言い出した。アルミ製の特大タンクに亀裂が入ってしまったのだ。ガソリンがポタポタと漏れ、ハンスのズボンを伝ってブーツに溜まっている。これじゃまるで走る焼夷弾じゃないか。僕は強力接着剤を持っていることを思い出し、タンク修理のため、４時間ほど時間をくれるかどうか、彼に訊いた。

ポツンと一本だけある木の陰でハンスが休む間に、さっそく作業に取りかかった。接着剤が固まるまでに24時間はかかるところを、ライターの火を使ってスピードアップをはかった。炎が直接ガソリンの蒸気に触れないよう、まずタンクの裂け目に布テープを張る。やった、うまくいった！

「今度、シドニーの俺んちでビールでも飲もう！　オーストラリアなら、いい仕事も見つかるぜ」とハンスは僕たちを誘ってくれた。住所は知らなくてもいいそうだ。なにせ彼は国中に知られる有名人とのこと。それにしてもヘンなヤツとはこの男をいうのだろう。自分たちよりもっとヘンなヤツがいることを知って、僕らはなんだかちょっとトクした気分になった。

その３週間後、新聞でハンスが世界新記録を達成したと知った。その足で彼はさらに突き進み、た

＊1　パキスタン西部からイラン東部のバルチスタン地方に住む民族。

＊2　エンデューロという名称は、各メーカーで商品名としても使われている。

ったの24日間で地球を一周してしまったというではないか！　それについて、僕たちが羨ましいと思うことはない。だけどハンスとの出会いは、僕たちの心の奥深くに眠っている何か――それが何なのかまだ言い表すことのできない――憧憬のようなものを呼び起こしたことは確かだった。

砂漠を離れ、乾燥した石だらけの山岳地帯を越えたと思うや、あたりは急変した。モンスーンが吹き抜けた直後の鬱蒼とした緑の海に飛び込んでいた。水牛がくぼ地の水に首までどっぷりと浸かっている。蒸し返すような暑さが体にこたえる。

その頃クラウディアは砂漠の水に当たってしまい、ここ何日か何を食べても体に留めておくことができずにいた。下痢にやられ、衰弱していくのが目に見えてわかる。

シービという町に到着。道路は通行人や動物、自転車、バスに牛車が入り混じり、混雑ぶりもいいところだ。美しい庭つきの官庁らしき建物の前でバイクを停め、ここにテントを張らせてほしいと頼んでみたところ、客間をあてがってもらえた。あとになってわかったのだが、その建物は、なんとパキスタンの国家秘密情報機関事務局だった。彼らは、クラウディアになんだかよくわからない薬を与えてくれた。ところがクラウディアの容態はますますひどくなるばかり。皆と一緒にパキスタン風ピラフ、チキン・ビリヤニを食べ終わったところで、隊長が、「さて、ガソリンを調達してやろう」と言ってくれた。

その翌日、僕たちはパキスタン南部のサッカルまで走った。ここもまた大きな都市で人がひしめいていた。荷車や人力車、そして乗り合いタクシーも兼ねたド派手なトラックが押し合う雑踏にもまれながら、僕たちもなんとか中心街へ進んだ。広場の売店の前でバイクを停めてコーラでも買おうとした矢先だった。バイクから降りることもできないまま僕たちはあっという間に野次馬に取り囲まれ、わずか数分の間にあたりは大混乱。周りより少し高いところにいた僕は、広場中の人々がこぞってこっちを見ようと押し寄せるホラーそのものの光景を目の当たりにした。動けなくなってしまった車がクラクションの音出し競争を始める。そこに最初の悲鳴。このままだとパニックになる！　僕たちはバイクと一緒にもみくちゃにされ、ドサクサにまぎれてクラウディアに触る奴まで出る始末。そこに棍棒を振りかざし人の波をかきわけながら警官がやってきて僕たちを怒鳴りつけた。「直ちにここを去れ！」

そうしたいのはやまやまだ。だけどいったいどうやって？　そのとき幸い新聞記者だと名乗る男が現れて、すぐ先にホテルがあると教えてくれた。警官が道をあけよと棍棒を振りかざすなか、僕たちは人ごみのなかを突き進む。ホテルの門はかろうじて僕たちが中庭に入れるよう開かれた。追っかけてきた何人かがホテルに入り込んだ気配がする。僕たちは一目散に部屋に逃げ込んだ。

天井の扇風機は「最強」になっているというのに、着ているシャツから汗がしたたり落ちる。僕たちはシャツを脱いで扇風機の下に仰向けになり、何リットルもお茶を飲んで水分を補った。こんな調子じゃ、やっていけない。まったく世の中どうにかなっちまったんじゃないか？

その間もクラウディアの容態は悪化するばかり。僕はひとりで通りに出て薬を探すことにした。できれば医者とも話したい。通りでは、僕がどこから来て、何ていう名前なのかと、皆が知りたがった。ああドイツ、いい国じゃないか。ヒットラーのおかげでね。誰かがそう言う。僕は訊ねた。「ヒットラーのどこがいいんですか？」

「ユダヤ人をやっつけただろ。ついでにイギリス人もやっつけてくれたらもっとよかったのに」

彼らが植民地時代のご主人様を嫌う気持ちもわからなくはない。だけどなんでユダヤ人まで嫌うんだ？

通りではひどい光景を目の当たりにした。17歳ぐらいだろうか。痩せこけた若者がドブの横に寝転がって死に瀕している。彼はときおりブルッと身震いし、それに続いてドッと汗がふき出す。彼のことを気にかける者はいない。誰も彼を助けようとはしない。

僕は固形スープとバナナを見つけた。2日分のクラウディアの治療食だ。

そして夜明け前、僕はエンジンをかけたバイクに彼女を座らせた。うっすらと漂う靄《もや》がインダス河にかかる長い橋へ流れ、デコボコ道が北へ伸びている。インドへ入国するための国境通過地点は、ラホール・アムリッツアー間にしかない。そこまで行くしかないのだ。

そしてラホール到着直前のこと。またもやクラウディアがついて来ない。でも今度はすぐに見つかった。クラウディアの周りにぐるりと人だかりができていたのだ。原因はパンク。後輪に釘が刺さっていた。手製の釘。タイヤから引っこ抜いたこのパンク犯を、僕はワクワクしながら見守る見物客にジェスチャーをまじえて披露した。皆が、「そうだ、そいつだ」と言わんばかりにうなずく。さておき次は？　よし、前代未聞の手品をお見せしよう。「パンク修理用ムース接着剤・スプレーの巻」だ。シュッとひと吹きで十分。タイヤは元どおりに膨らみ、僕たちはさらに先へと出発。ワァーッと叫ぶ観衆を背後に、僕はこの大道芸が成功に終わったことを感じ取った。今日はもう越境には遅すぎる。その日は警察署に泊めてもらった。

翌日、バイクのカルネ（国境通過許可証）に問題があるらしく、越境は失敗に終わった。僕たちはドイツの自動車クラブで大枚をはたき、海外旅行保険やほかの一切合財と一緒にこのカルネを購入した。よそで税金を払わずにバイクを売ってしまわないよう、目が飛び出るような額の保証金も預けさせられた。それなのに、いざそれが必要となって提出してみると、これは無効だと言われる始末。どういうわけだか手帳には、「インドでは無効」と書いてあったのだ。国境係官が言った。「きっとなにかの間違いに違いないですよ。パキスタンの自動車クラブで訂正してもらうべきでしたね。パキスタンのほうはドイツ側からの許可さえあればいいのですから」

テレックスや電報をドイツに送る――だが、返事はない。

さしあたり僕たちはラホールに泊まることにした。ホテルの経営者一家が僕たちの面倒をみてくれる。とても親切な人たちで僕たちのために町を案内し、孫も曾おばあちゃんも一緒に大家族が住む母屋へ招待してくれた。地下には作業場があり、旋盤で親爺や息子がなにかのスペア部品をつくっている。女性たちは自分たちの部屋へクラウディアを連れて行ってしまった。彼女たちはクラウディアのためにと高価なプレゼント、伝統的なパキスタン・ドレスまで用意してくれた。どうやらここの女性たちには、クラウディアが男みたいなズボンでウロチョロしているのが見るに堪えないようだ。クラウディアは化粧までしてもらって、僕は一瞬、彼女が誰だかわからなかった。

そこの息子のひとりが薬局を経営していると聞いて、慢性化した下痢に効く薬を分けてもらえないか頼んでみた。ホテルを訪れた息子は妙に親身にクラウディアの脈を取りながら、僕が一日に何度、彼女を必要とするのかと訊ねた。この男はさっきも僕に、「奥さんをひと晩貸してくれませんか？」と訊いたばかりだ。まあ、僕に許可を求めるだけのマナーはあるようだ。だけどここでは女性がとやかく言う権利はない。

その間、僕はドイツからの電報を心待ちにして毎日電報局へ足を運んだ。しまいにはドイツ領事館を訪れ、自動車クラブがよくこうやってインドへの旅行者を妨害するのだと聞いた。領事はようやくのことで腰をあげ、電報を打つために受話器を取った。彼は主治医も紹介しようと言ってくれた。領事の主治医は、クラウディアにドイツへ帰るようにすすめた。

何はさておき、イランを出国できたことが私は嬉しかった。けれども次のパキスタンもかなりてごわい国だった。砂漠で感染した下痢のせいでみるみる体力が衰えていく一方、私はパキスタン人のメンタリティーを理解できずに苦しんだ。街を歩いているのは男性ばかり。女性といえば、目の部分だけ網状になったテントのような衣裳をスッポリまとっていて、その容姿からかろうじて女性だとわかる程度である。男たちは私が女性で、ましてやヨーロッパ人だと気づくと、人を尊重するという観念をすっかり忘れてしまったように振る舞った。日々私を襲う彼らの恥知らずな言動に慣れることはできなかったし、慣れようとも思わなかった。人ごみから伸びる男たちの手はきりがなく、クラウスが隣にいてもおかまいなしだった。私は意気消沈すると共に、だんだん自分が惨めに思えてきた。なんとかしてここを乗り越えなくては……。

女性が自転車に乗って走っていく姿。インドで私が初めて目にしたのがこの光景だった。風にひるがえるサリーがまるで自由の象徴のように見えた。きっとここからは何もかもがうまくいくはず！

インド——僕は深く息を吸い込む。神妙にあたりの匂いを嗅ぎ、それを味わう。僕は自分の呼吸でインドを感じたいと思った。

やっとのことでドイツから連絡が入った。これで国境が越えられる。そして今、僕たちはここでもう丸一日、いろんな人が通り過ぎていくのを眺めている。入国手続き。そう、これには時間がかかるのだ。心付け《バクシーシ》を握らせれば待ち時間を短縮することも可能だろう。さっき隣の小部屋のお偉方がほのめかしたように、カセットかカラーフィルムの一本でもあればいいのだ。だが、ゆっくりで結構。税関吏は、ことあるごとにシャツで拭うもんだから、広いひたいは磨きすぎでピカピカになっている。彼は自分の紅茶を僕たちに分け、僕たちは持参のビスケットを彼に分けた。

　このとき、僕たちの心はある種の静寂で満たされていた。外の喧騒のせいだろうか？　それともうしろから聞こえる誰かのつぶやきのせい？　あるいは自分たちが先に進んでいるという単なる確信から？　ともあれ、ここの国境では喜劇そのものが演じられていた。入場料はタダ。最初からバクシーシを払う気などなかったから、これはまさに見ものだった。

　大きな部屋のなかに30ほどの机が輪になって並んでいる。僕たちのパスポートが机から机へバトンタッチで渡されていく。どの机にも分厚い記録簿が置いてあり、そこにデータが記入されていく。書き込まれたデータはお隣さんと同じかどうかチェックされ、正しいと確認されたのちにパスポートは次の机に手渡される。ときどき僕はパスポートを見失いそうになる。真面目ひと筋って感じの係官が立ち上がり、僕たちのパスポートを片手に前列の同僚のもとへ走る。どこかでミスが起こったようだ。しばしの混乱。訴えるような視線が行き来する。そしてまた作業続行。パキスタン同様、インドも大英帝国の元植民地だ。どうやら両国とも、かの国から官僚主義という遺産まで相続してしまったらしい。それをもとに国境職員たちは、このような高度な芸術作品を生み出したってわけだ。

　だけど喜劇ももうおしまい。紅茶は飲み干され、ビスケットも食べてしまった。パスポートには入国スタンプが押され、うやうやしく僕らに手渡された。

夕日が塵《ちり》を燃やす炎と重なり合いながら揺れている。道路掃除夫が草箒で一日分の塵を集め、その箒が小鳥たちを追いやる姿を僕は目で追う。飛びまわる小鳥たちに国境はない。それなのに国境は僕たちの行く手を阻み、おかげでこの一週間、厄介続きもいいところだった。僕たちは、もっと早く、もっと先へと、追い立てられるように走ってきた。最初に出遅れた分も少しずつ取り戻しつつあったのに、この忌々しい国境が僕たちの足をうしろに引き戻した。インドの人たちは輪廻転生、つまり魂の生まれ変わりを信じているという。もしそれが本当なら、僕は今度、鳥に生まれ変わりたい。自由の身になり、ずっとずっとどこへでも飛んで行くんだ。そうしたら自分の人生をあるがままに受け止められるし、もう時間に追われて走ることもない。

僕はあたりを見まわした。国境の向こう側、パキスタンと同じように、こっち側も平坦な土地が続いている。そこに人間は、好き勝手に国境線を引いてしまった。だけど、こっち側のインドは何もかもが違う。なにかが匂うのだ。教会の乳香の匂いかな？　いや、これは線香だ！　髪を団子に結った男たち。木陰には聖なる牛たち。そのうしろにはボサボサの長い髪を垂らした修行者《サドゥ》。彼らは裸足で杖にすがり、僕たちが走り去るのをジッと見つめている。僕の目と彼らの目がぶつかる。不思議なパワーを秘めた目は輝いている。なんだか背筋がゾクゾクする。

その先にアムリッツアーの町があった。ここはシーク教の総本山で、聖なる池の小島には黄金寺院が建っている。僕たちは池のほとりの暖かい大理石に横になり、横笛やインドの伝統的な楽器タブラ太鼓のやさしい音色と溶け合うシタールの響きに耳を傾けた。なんて気持ちがいいんだろう。池に浮かぶ黄金の寺院。聖なる書物を頭上に掲げ、祭礼の行列が橋を渡って寺院のほうへ進んでいく。聖典には開祖の古い教えが書きこまれ、幾重にも布で巻かれている。その布を聖職者が一枚ずつ広げて

朗々と読み上げる。まわりに腰かけている信者が復唱し、それが朗唱へと変わる。体を揺り動かしながら伴奏に重なり合うように詠い上げる彼らの声が、押しては引く波のようにあたりに響きわたる。

いったい、どのぐらいの時間が過ぎたのだろう？　そもそも時間に何の価値があるというのだろうか？　生きていること。今、ここに。僕たちがあとにしたパキスタン、イラン、トルコ——目を閉じると、さまざまな場面の映像がフラッシュバックされていく。そして、それがグングンと速くなって何の意味も持たないまま嘘のように消え去っていく。ストレス、怒り、誤解。何も理解しないまま、これまで僕たちはずっと突っ走ってきた。さまざまな文化と出会いながら、それを受け止め、学び、消化する暇もなく。これじゃ何の意味もない。それですべてがオシマイだなんて！　今、ここに生きているというのに。そう、今、ここに！

あまり話し合う必要はなく、僕らの意見はすでに一致していた。ええい、そんな急ぐだけの旅なんかやめちまえ！　10ヵ月かかろうが、一年かかろうが、3年かかったってかまうもんか！　行く先だってどこでもいい。肝心なのは毎日、自分たちが意識して生きること。金がなくなれば働けばいい。ここだろうとどこだろうと人は皆、世界中で生きているのだから——肩の力がスッと抜け、僕らはホッと息をついた。やっとここにたどり着けた嬉しさ。日本には待ってもらおう。

こうして生まれた新たなる指標に、僕たちはインドで、「プラネット・アース・エクスペディション（地球探検）」という名を授けた。そうして、この旅は、16年に及ぶものとなる。

2 インド亜大陸

1981年9月——1982年5月

インド・ネパール・バングラデシュ・スリランカ

インドに来て、自分たちが何を求めて先を急ぐのかに疑問がわく。「今」「ここに」生きていることが何よりも大切だと気づき、10ヵ月という期間を区切って旅をする計画を放棄。ここで自由の身となり、大地を一歩一歩踏みしめるように走ろうと決心する。この頃からほとんど毎日テントで暮らす。クラウス、オートバイ事故を3回起こす。

インド、この国に僕たちは強い影響を受けた。とはいっても最初の頃、僕たちはインドをどう理解していいのかわからなかった。その理由は、危険な路上で日々繰り広げられる「生き残り戦争」にあったといえるだろう。インド人の人生がすべて路上で繰り広げられているかのように、何もかもが同時に動いているように見えたのだ。攻撃的な潜在的パワーと禁欲的な静寂、神の手のなかにあるという運命の定めまでもが路上でごっちゃまぜになっていた。

1981年11月。

ここで自分の特権的地位を把握しているのは聖なる牛だけのようだ。動きが予測できる道路使用者

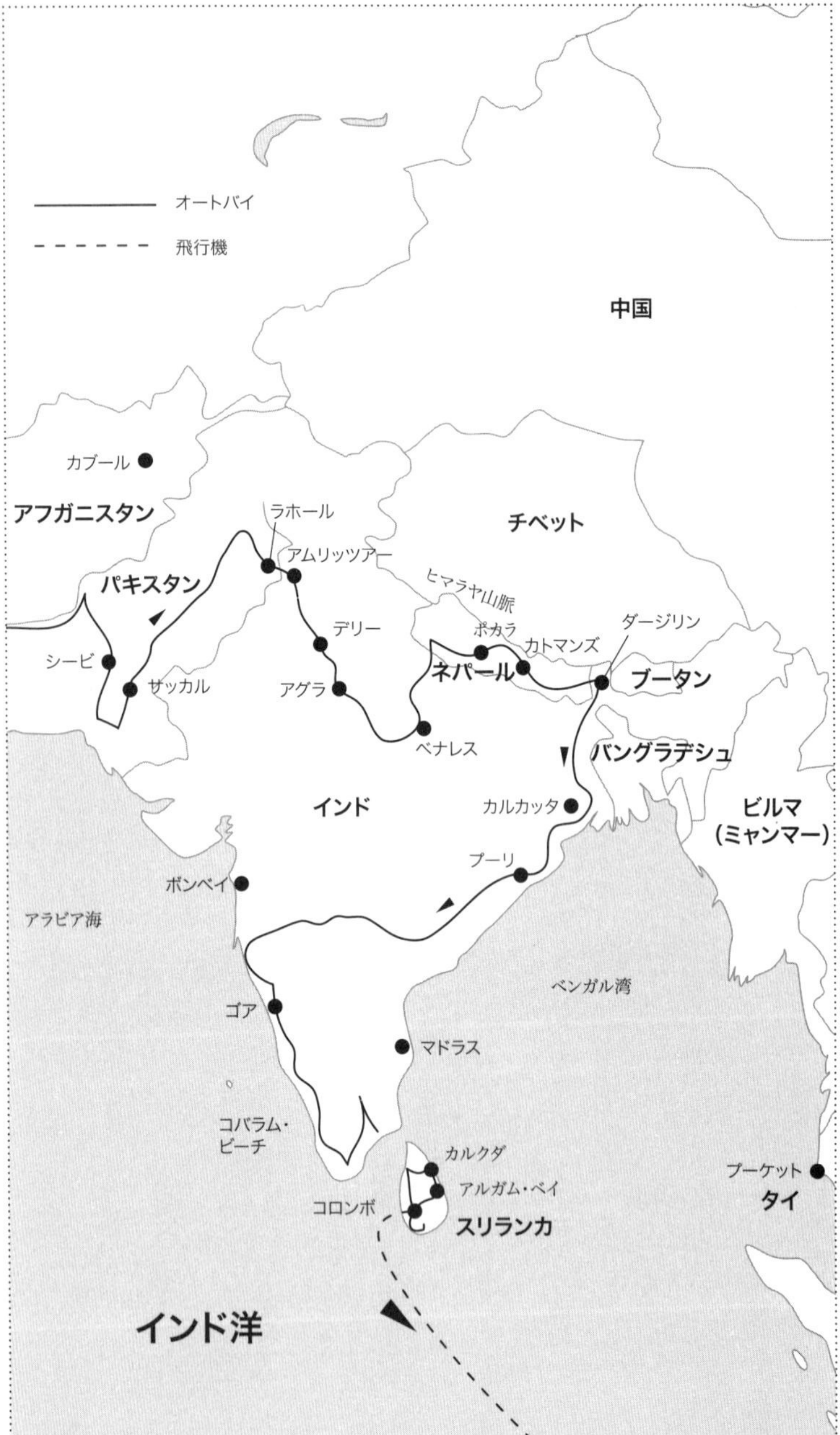

オートバイ
飛行機
中国
カブール
アフガニスタン
ラホール
チベット
アムリッツアー
パキスタン
ヒマラヤ山脈
デリー
ポカラ
ダージリン
カトマンズ
シービ
ネパール
ブータン
サッカル
アグラ
ベナレス
バングラデシュ
インド
カルカッタ
ビルマ
(ミャンマー)
プーリ
ボンベイ
アラビア海
ベンガル湾
ゴア
マドラス
コバラム・
ビーチ
カルクダ
プーケット
アルガム・ベイ
コロンボ
タイ
スリランカ
インド洋

も、この牛だけ。道を渡ろうと決めたら、牛たちは皆、視線を定め一定のテンポで歩き出す。ほかの通行者とは違って、その動き方には信頼を置くことができる。手押し車に牛車、人力車に自転車、歩行者にバイク、そして鶏や犬がごった返すなか、使い古しの玉軸受《ボールベアリング》を車輪にした板の上に座り、切断した腕の残りを杖にして、いざりながら進んでいく者もいる。そして何よりもこの路上階級制度の最高位を牛耳るのは、邪魔するものは轢き殺さんとばかりに威嚇して走る巨大バスやトラックだ。バスとトラックは弱者のことなどおかまいもせず、日々自分の強さを確かめる。自然の法則というのなら、ここはまさしく強い者勝ちの世界である。

道路といっても舗装されているのはその中央部分だけで、車が対向するだけの幅はない。トラック2台が対向するとなれば、両車が車道より若干低めの砂利道に車輛の半分を寄せて走ることになる。踏み固められた砂利道がアスファルト道路の路肩代わりになっているのだが、路上の王者たちはスレスレのところまで来て敵をかわす。対向するどっちのトラックにも向こう気が強いドライバーが乗っていたりすると、両者とも頑として道を譲らず、いつまでたってもブレーキを踏もうとしない。あちこちに転がるトラックの残骸は、真っ向から立ち向かった正面衝突の結末だ。それは、不可解きわまる運転マナーの悲惨な証拠でもある。

そういう彼らは、僕たちにだって容赦なしだ。カミカゼドライバーのなかにはバイカーを道路の溝に突っ込ませるのが趣味の奴もいて、まずライトをパッシングし「いざ！」と、バイカーに警告を発する。たとえ両車が通るのに十分なスペースがあっても、この「バイク落とし魔」たちは反対側の道にまで乗り出してくるのだから、僕らに勝ち目はない。ときにはこの溝が最後の逃げ場となる。

ここをすんなり通れるわけがなく、僕も正真正銘の事故に巻き込まれてしまった。それは、いつものテンポ、時速80キロでバングラデシュとの国境沿いを走っていたときのこと。左先方で自転車の男がひとり、アスファルト舗装の横の埃っぽい路肩を走っていた。アスファルト部分と路肩には5センチほどの段差があった。僕がふつうにクラクションを軽く鳴らし自転車を追い越そうとしたその瞬間だった。こともあろうに男が突然、「ガン！」とアスファルトに前輪を持ち上げたのだ。そのせいで僕は思いっきり自転車に突っ込んで宙返りし、膝をブレーキ代わりに滑走した。バイクの重さがのしかかって膝小僧が擦り切れ、膝の皿が下にズレた。やぶれたズボンの穴から血が流れている……。荷物は道に放り出され、トラベラーズチェックがヒラヒラ〜っと風に舞うなか、僕は世の中がさっぱりわからなくなった。自転車がバイクを襲うなんて！　男は捻じ曲がった自転車を投げ出したまま、足を引きずって逃げていく。「クラウディア、奴を捕まえろ！」だけど彼女には道に放り出された救急箱のほうが大事らしい。救急箱はすんでのところで路線バスに踏まれるところだった。バスからは、屋根に乗っていた客までもが降りてきて、総勢がここで下車してしまった。空っぽになったバスが去っていく。乗客たちが我も我もと詰め寄ってポカンと口を開けたまま、クラウディアが包帯を巻くのを覗き込む。

幸運なことに数キロほど戻ったところにカトリック教会の福祉団体・カリタスがあった。責任者のラ・フェルラ神父はマルタ騎士修道会の出身で、17歳のときカルカッタ（現コルカタ）にやって来たそうだ。今ではすっかり年老いた神父は現地の事情に通じていて、「総合病院はわんさと患者が入院していて数少ない医者はてんてこ舞いです。ほかにレントゲン設備を持つ開業医を知っています」と教えてくれた。

診療はさておき、まずはこの開業医に、「家族計画と放射線防護の関連性」を説明しなくてはなら

乗客で鈴なりのバス。

ない。「放射線を浴びると生殖細胞がおかしくなっちゃう！」と僕にうながされて彼がひっぱり出してきた放射線防護エプロンには、なんとまだ購入したときのカバーがかかっていた。レントゲン写真は4日後にできるとのこと。診断書には、「穴のあいた膝小僧、足は捻挫。肩の骨には罅《ひび》が一本」と書かれていた。

　僕たちは、ここの警察署長は汚職まみれだと忠告を受けていた。女性の強制不妊手術、灼熱した刀を用いての眼球のえぐり出しなど、この地では残酷な拷問が日常茶飯事となっているというのだ。僕のケースについては、「警察は、この事故のために自転車の運転手が命を落としたと主張するだろう」とのこと。そうなれば最低でも1000ドルの賠償金を要求されるという。さらに、そうとは知らず進入してしまったのだが、ここは外国人立ち入り禁止区域なので、滞在許可などないと言われてしまった。

　さしあたり僕たちは、カリタスの病室に泊めてもらうことになった。警察署長が、自信満々の笑顔を浮かべ、しめしめと揉み手で部屋に入ってきたとき、僕にはもう万全の心構えができていた。署長が口を開く前に、さぁ、こっちから悪口雑言の攻撃だ！「逃げた犯人はどこだ！」僕は、署長に質問の嵐を浴びせかける。署長はギクッとし、それまでの傲慢な笑顔がしかめっ面に豹変した。その目は懸念を隠しきれずにいる。しめた、うまくいったぞ！映画俳優にでもなったように、僕は大声で叫びわめいた。そして最後のとどめに、小声だがキッパリした口調で思いっきりハッタリをかました。

「ドイツのボンにいる僕の父親は一等書記官で発展途上国への援助関係担当者です。もしこの事故のことが父の耳に入れば、ここで僕たちの旅もオシマイになっちゃうし、それと同時に署長の出世街道もオシマイになるでしょう。父は政府官僚のなかでも有名な人物ですから、この事故のことが外に漏れるようなことがあっては絶対に困ります」

「誰ひとり、事故のことを耳にする者が出ないようにします」署長は即座に、僕に同意した。彼らは秘密厳守に慣れていた。その場で回復までの滞在許可も2週間と取り決められた。

腕は包帯で吊られ、膝は自然に治癒するのを待つしかない。元救急隊員だった僕は、メスで健康な部分の皮膚を剝がし、患部の真ん中に移植した。あとは気力で治すのみ！

そのかたわら、修道院では、いつもと変わらない生活が営まれていた。作業場では、若者たちがいずれ自分の村で職につけるようにと簡単な工具を用いた職業訓練を受けていた。彼らの村に電気は通っていない。マザー・テレサのもとで活動をするシスターたちが毎朝、患者たちに薬を与えていた。飢えを訴える者にはアメリカ産のブルグアという小麦を砕いて乾燥させたものが配られた。ラ・フェルラ神父自慢の設備の整った小さな眼科診療所では、多くの患者が手術を受けたとのこと。こういう

「ありがとう」「さようなら……」

貧しい地域では、至るところで白内障がはびこっていた。

腕を吊ったまま、僕はバイクの修理に取りかかった。修理が済んだら、また出発だ。

クラウディアにキックスターターを踏んでもらい、僕は傷の癒えていない腕をそうっとハンドルにのせた。別れのとき、友達になった人たちが大勢で見送ってくれた。司教までが、「クラウディアにレシピのお礼が言いたくてね」と出てきてくれた。これまで宣教師たちは、あの手この手で住民たちにアヒルの卵を食べさせようとしていた。だがインド人たちは、「卵は食わぬ」と撥ねつけていたのだそうだ。そういったなかクラウディアのクレープが大人気になり、これに卵が入っているのはかまわない、ということになったというのである。

路上での危険を避けるため、その後しばらくはイエズス会のバイク宣教師と一緒に走った。宣教師は野原を横切り、道路網から遠く離れた未開の村々を訪ねて走っていく。そこには、これまでとはまったく違う光景が広がっていた。このことを母に手紙で伝えよう。母に手紙を書くきっかけとなったのは、休憩に立ち寄った大きな胡椒畑だった。

「母さんへ、

やっとの思いで、ここまでやって来ました。僕がまだ子供だったとき、イタズラに耐えかねて、母さんが僕を追いやってしまうといっていた胡椒の国[*1]インドへ。ゆっくり旅をしようと決めてからというもの、僕らは今までよりずっと楽しく過ごすようになりました。今では、アグラにあるタージマハール、カジュラホの寺院、アクバル帝の旧都ファーテプル・シクリなど、名所を訪ねる時間だってあります。死体が火葬されて灰になっていくのを目の当たりにしたのは、ガンジス川沿いのベナレス(現バラナシ)。この町を忘れることはないでしょう。だけど、それよりもっと僕らの心に残っているのは、数多くの出会い、ふとしたきっかけからの小さな発見、日常のごくありふれたできごと、例えば農家の人々がいかに慎ましく生きているかを知ったことなどです。

今、僕たちはアルベルト神父と行動を共にしています。神父はインド製バイクRAJDOOT《ラジドゥート》でドドドドッと轟音を響かせながら野原を駆けていきます。幹線道路を離れた場所の景色は素晴らしく、電柱も電化製品もなければ、安っぽいトタン屋根も見えません。あたりの家々は手作りの煉瓦でできていて、土壁には飾りがほどこされています。屋根は藁で葺《ふ》かれ、ここでの唯一の贅沢品といえば、裕福な家にある真鍮製の盥《たらい》ぐらいでしょうか。昨日僕たちが到着したとき、村の人たちはその盥で僕たちの足を清めてくれました。これはとても名誉なことです。とりわけ恐縮したのは、村中の人たちが挨拶に来てくれたことです。年寄りまでもが皆、頭が床につくほど深々とお辞儀をしてくれるのです。本来なら年少者がそうやって年長者に敬意を示すべきなのですが……。そのたびに僕たちは、彼らに頭を上げてくれるよう手で合図を繰り返しました。

ここに泊まるようにと部屋まであてがってもらいましたが、そこでは蚊にやられそうだったのでテントに泊まることにしました。なにより、僕たちのような現代版遊牧民はどこででもテントを張るのだということを彼らに見てもらおうと思ったのです。すると村人たちは大量の藁を持ってきて地面に敷いてくれました。やわらかいところに寝たほうがいいというのです。その前にアルベルト神父がスライド上映を行なったのですが、人々はこの大イベントをムービーと呼んでいました。上映されたのは、子供の絵本を模写した聖書物語です。スクリーン代わりに塗りたての壁を使い、質素なスライド機の電球はエンデューロのバッテリーにつなぎました。普段は、さかさまにした自転車を発電機にくっつけて、ペダルを回しながら上映するそうです。

ここの人々は底なしに親切です。アルベルト神父の教会がある村では、イタリアから届いたスパゲッティとチーズもご馳走になりました。それにしてもここの人々が、ランプを灯すのに必要なガスまで自給しているのには驚きです。地下に埋めた巨大タンクのなかに牛糞を流し入れ、そこでバイオガスを発生させているのです。料理もこのガスでします。

料理で思い出しましたが、インドの料理はとても美味です。主要道路沿いの至るところに屋台が並んでいて何かしら食べることができ、いつも僕たちは早起きして80キロほど走り、そういった屋台へ

＊1　ドイツでは、悪さをする子供に、「もう、そんな子は胡椒の国にお行き！」と言って叱ることがある。

立ち寄って朝食をとります。ここの主食は、お米やダールというレンズ豆、チャパティというインドの薄焼きパン。さらに、どの地域でもそれぞれ伝統的なつけ合わせが楽しめます。それだけでもインドの旅は究極のグルメ三昧です。

質素な竈《かまど》では乾燥した牛の糞が燃料に使われます。子供たちは聖なる牛の尻を追いながら、できたてホヤホヤの糞を集め、乾燥させるためにベチャッと家の壁に投げつけます。牛の糞が竈のなかで炭のように燃えると、ふぁ〜と独特な匂いが漂ってきて、この香りを嗅ぐたびにインドを思い出さずにはいられなくなる、そんな予感がしてなりません。

あと、道路工事に従事する女性の姿も多く見られます。彼女たちは粗末な日傘の下で山のように積まれた石の横に座って、ひとつひとつトンカチで石を砕いています。コールタールを撒くための道路の基盤を作っているのです。この作業を機械なしで行なうなんてまったく信じられません。女性たちはサリーを着て額にビンディという赤い点をつけ、横では赤ちゃんが布にくるまって眠っています。

ここに留まって働けばいいと誘ってもらっているのですが、僕たちは近いうちに先に進もうと思っています。宣教師たちは、僕みたいにメカに強い若者が発展途上の援助奉仕には必要だし、クラウディアは看護師として働けばいいと言ってくれます。このように僕たちは、皆からよくしてもらっています。そっちも皆、元気だといいのですが。クラウディアからもよろしくとのことです。じゃあ、また。　クラウスより。

追伸――そっちにもドリスから知らせは届きましたか？　彼女はインド南部のコバラム・ビーチで男の子をもうけたとのことです。月の光のなか椰子の木の下で、ひとりきりでその子を生み、へその緒も自分で切ったとのこと。手紙の内容から察するに、ドリスはその子をジャンゴと名づけるつもりのようです。踏み分け道しかないとドリスが言う道をたどって、彼女にぜひ会いに行こうと思っています」

当然のことながら、僕は旅の暗い側面については触れなかった。街での悲惨な暮らし、病院での様子、餓えに苦しみながら悪臭を放つゴミ捨て場で食べ物をあさる人々。カルカッタの路上生活者たち。朝6時になると手押し車がやってきて、夜のうちに息を引き取った者を収容していく様子。大都会のど真ん中でひとり電信柱によりすがってすすり泣く老人。薄明かりのなか街角にしゃがんで赤子を産む女性。

母は、僕たちが宣教師の庇護のもとで過ごしたことを知ってホッとしているに違いない。なによりも彼女はグルの存在について気をもんでいた。ケルンを発つとき、母はバイクで走り去る僕に向かって「グルには気をつけるんだよ〜」と叫んでいた。ボンベイ近郊、プーネのバグワン[*1]について書かれた新聞記事がよっぽどこたえたらしい。だけど、僕がアシュラムで瞑想にふけるとか、グルの真似をするようなことは絶対にありえない。僕も悟りの境地に達してみたいとは思う。だけど、それはそれぞれが自分の道を探して自力でたどることで得られるものだと僕は思っている。ひとりひとりが持つ信念が、それぞれ異なっているのと同じようにである。強い信念さえあれば、それだけそのエネルギーも増していく。このエネルギーのおかげで、僕の膝は治っていった。最初は大きく開いていた傷口が次第に癒えていくのが目に見えてわかり、ハエがブンブン飛ぶひどい衛生状態にもかかわらず、炎症ひとつ起こさなかった。今は傷跡だってほとんど残っていない。

この事故は、僕たちが旅立ってから111日目に起こった。一年後に、この「1」を三つ並べた「Ⅲ」という数字が僕のラッキーナンバーだということを知ることになるが、今はまだ数秘学については何も知らない。僕がうっすらと気づいているのは、この実在する現実世界と平行して、もうひとつ別の現実世界が存在するということだけだ。これに気づくことができたのはまさにインドのおかげである。ものごとを理性で理解しようとするのをやめ、もっと直感に従うべきだとここに来て悟ったのだから。インドに到着したその日、すべての計画を放り投げるようにと、僕らはなにかにさとされたのだ。

出発してから111日目、その日は事故に遭う前に、すでに別のできごとがあった。道の途絶えたダージリンの南方で、草原を越えてバングラデシュに向かおうとしていたときのこと。ずいぶん走ったところで僕たちは、文明社会から隔離された村落に行き当たった。かぶっていたヘルメットを脱いだとき、僕はふとそこにいた白い髭の老人と目を合わせた。彼の目は光を放っているだけでなく、さながら僕の目と融合するように思えた。情報がめまぐるしく行き交うその間に、僕は強いエネルギーが生じるのを感じた。クラウディアの話では、呪縛のようなこのコンタクトはわずか数秒のことだったという。言葉はひと言も交わされていない。それなのに僕は、これまでの自分の人生を長々と語り尽くした気になっていた。これは僕が自覚して行なった初めてのノンバーバル（言葉を使わない）コミュニケーションである。

そこから引き返し、インドに戻ったところで例の自転車男が僕の行く手を遮ったのだ。実はそれは一週間のうちに起きた二度目の事故だった。そして信じ難いことに、そのとき僕はすでにこの事故を予知していた。夢で見たのだ。それはまだ、ベナレスからネパールへ数週間ほど寄り道して、山奥でテント生活を送っていたときのこと。ダージリンからインドへ戻る途中だった。その夢は、僕の頭から離れなかった。ありきたりの夢ではなかった。まあ確かにこういう浮世離れした環境のなかにいると、変わった夢を見ることだってあるのだけど……。夢のなかで、僕たちはどこかの大きなホールで椅子に腰かけていた。壁には壊れた飛行機の残骸。ソーラーパネルがついた月旅行用の乗り物や船舶用のコンテナが転がっていて、巨大な水瓶が置いてある。そしてどこからともなく声がした。「君たち、どっかで事故に遭わなかったかい？」僕は答えた。「うん、３回」

それから間もなく、僕たちは再びバイクに荷物を載せた。２ヵ月間の山奥生活は、疲れた体を癒す

＊1　バグワン・シュリ・ラジニーシ（１９３１―１９９０）インド生まれの神秘家。

には最適だった。ヒマラヤ山脈の裾野を横切れば、あとはベンガル湾口へと続くインド平原を駆け降りていくだけである。雪で覆われたエベレストの山頂が見渡せるところで最後の休憩をとろう。永久に溶けることのない氷雪に覆われ、この世の何よりも高く聳え立つ、それでいてこの地球の一部である山の頂《いただき》が見える場所で。

だけど、そんな絶景を前にしているときですら、あのイヤな予感は僕の頭から離れようとしなかった。三度の事故……。今のところまだ何も起こっていない。複雑な心境のまま、僕はバイクにまたがりペダルをキックする。何時間にもわたる下り道。今日はエンジンを休ませながら行こう。ブレーキで速度を調節しながら、ゆったりとカーブに身をゆだね、続くヘアピンカーブを走る。向かい風を受けながら勢いをつけてジャンプで橋を渡り、ところどころにある坂道を登る。そして、またいつものテンポに戻って右、左、まっすぐ、ブレーキ、勢いをつけてまたジャンプ、そうして下へ下へと降りていく。深い谷間に小道が蛇行しているのが目に入る。道の谷側には一定の幅を保って小さな防壁が、山側には溝が掘ってある。1メートルずつ、でこぼこした山の斜面を手で掘ったり埋めたりしながら作業したに違いない。数え切れない労働者の流した汗が無駄ではなかったことを確かめるように、僕はその道を下っていった。先へ先へと——来るべき、その瞬間《とき》が訪れるまで。

狭いカーブを曲がるや、僕はスーッと血の気が引いていくのを感じた。ほんの一瞬のできごとだったのに、時間が静止し、すべてがスローモーションで起こっているようだった。オイルだらけの真っ黒な道。タイヤが滑り、バランスを崩したバイクは、グラグラし、スリップしながら横っ腹にガッチャーンと大打撃を食らった。その勢いで前につんのめって吹っ飛んだ僕は、空中を一回転して氷のようにツルツルした道でドシンと尻餅をついた。そして仰向けの姿勢でズルズルと下へ滑る僕のあとを追って、な、なんと数秒遅れでバイクがぶっ飛んでくるではないか！　硬直したまま、この避けようのない巨体が自分に襲いかかるのを待つより術はない。

　思いっきり突きとばされて道路脇の溝に落っこちた僕の上に、遅れてぶっ飛んできたエンデューロがドスンと鈍い音を立てて着地した。タイヤは空を仰ぎ、ハンドルとサイドバッグは岩に挟まっている。あたりはシーンと静まり返っていて――ちょっと耳鳴りする以外は――静寂そのものだ。巨大な圧力が胸にのしかかり、息をしようにも胸郭が押しつぶされている。動こうにも体がいうことをきかない。痛みが胸部を走る。パニックになっちゃいけない。じゃないと、もっと息ができなくなってしまう。体の力を抜いて僕は自分を別の次元に置いた。考えなくちゃ。冷静さを失ってはいけない。酸素なしで人はどのぐらい生きられるんだっけ？　たしか3分ぐらいだよな……。

　クラウディアもぶっ飛んだんだろうか？　いや、大丈夫だ。こっちに向かって走ってくる。僕がまだ生きていることを示そう――よし、足は動くぞ――クラウディアがパニックになってはいけない。生き延びるには彼女の助けが必要だ。彼女はバイクを動かそうと懸命になる――ダメだ。押しても引っ張っても無駄。あっ、クラウディアがどこかへ走っていく。彼女は別れも告げないでさっさと消えてしまった。そのとき僕は考えた。「クラウス、お前はまだ死なない。思い出してみろよ。3回事故に遭うんだろ。これはまだひとつ目だ。あとのふたつがまだ残ってるぜ」

　――気を取り戻すと同時に、大量の酸素がドッと体に流れ込むのを感じた。鼻にも口にも肺の奥までもガソリンの蒸気が充満してゲホゲホと咳が出る。そのとき、わぁーっと方々から手が伸びてきて、僕をつかんで引っ張り上げた。笑顔が目に入る。とてもやさしい目。見知らぬ人でありながら旧知の友のような――この山岳に住むシェルパ族だ。ああ、助かった。

急カーブを曲がったところで、私は何か巨大な白いものがヒュ～ンと宙に舞うのを見た。クラウスだった！　オイルでベタベタの路上で、どうやってこの私がバイクを停止させたのかは今でも謎だ。私は左足しか見えていないクラウスのもとへ駆け寄った。バイクは無残なほど岩に食い込んでいて、クラウスはその下敷きになっている。岩石の破片がタンクに突き刺さり、そこからガソリンが漏れていた。必死になって動かそうとしたがバイクはビクともしない。クラウスは無言のまま、足だけがかすかに動いている。そのとき遠くのほうから山を登ってくるトラックの音が聞こえた。トラックが近づいてくるまでの間は、まるで永久に時間が止まってしまったようだった。荷台にはくわえタバコのシェルパたちが2、3人、笑いながら腰かけている。私は彼らのもとに駆け寄り、必死に呼びとめた。幸い、彼らは私のジェスチャーを理解して、バイクとクラウスを溝から引き上げるために、立ち上がってポイッとタバコを投げ捨てた。

クラウスは二度、「キューッ、キューッ」とヘンな音を口から吐き出し、やっとのことで息を吹き返した。胸の痛みをこらえながら、バイクと首からぶらさげたカメラが無事かどうか、そればかりが心配らしい。私はシェルパたちにお礼を言うと、彼らは「手助けができてよかったよ」と引きちぎれたタンクバッグ（ガソリンタンクの上に装着する小型鞄）を私のバイクに縛ってくれた。

その後、ヘアピンカーブが続く60キロの道を慎重に下りて小さな町に着いたとき、あたりはもう真っ暗だった。尋ね歩いてやっとたどり着いた病院はちょうど停電の真っ只中で、医師も不在だった。助手の人がろうそく片手に出てきてクラウスの裸の上半身を照らしながら、上から下まで刷毛でヨードチンキを塗りたくり、「はい、帰ってもよろしい」でオシマイだった。

これが最初のスリップ事故。それからちょうど一週間後、二度目の事故があった。自転車男とぶつかってバイクもろとも路上で宙返りするクラウスを、私はすんでのところでひき殺すところだった。この二度目の事故で、クラウスは前回のようには上手く切り抜けられず、なんともひどいことになっている。道端でとりあえず応急処置をしたが、私たちはもう少しで物見高いインド人たちに踏みつぶされるところだった。ここでカリタス会のお世話になれたのは運がよかったとしかいいようがない。クララ・フェルラ神父のご配慮がなかったら、私たちの旅はここで幕を閉じていたかもしれない。クラウスは痛みに悩まされ、汚職まみれの警察もそういった状況を必ずしも快適にしてはくれなかった。輪をかけて、インドの貧しい環境が私たちをすっかり疲労困憊させた。ヒョイと飛行機に乗ってしまえば話はどれほど簡単だっただろう……。

けれどそれとは裏腹に、このインド亜大陸で過ごした時間はあまりに楽しかった。ネパールには2ヵ月も留まった。シェルパ族の人々、ここの風土、とても言葉では言い尽くせないヒマラヤの世界。それらにすっかり魅了され、予定を変えてここでゆっくり過ごすことにした。

当時、まだのどかな田園風景の広がる村だったポカラには、その地名と同じ名の湖があり、私たちはそこでロッジを借りて過ごした。バイクに搭載された荷物をすべて降ろし、一度何もかも汚れを落としてオーバーホールする必要があった。なんだかんだといいながら、バイクはすでに1万2000キロを走破していた。

「よくやったな、クラウディア。ポカラに到着だ」クラウスに褒められ、「ああ、自分でも本当によくやった」という気持ちと、やっとネパールにたどり着いたという喜びが胸の奥から溢れだすのを感じずにはいられなかった。

家にはこう手紙を書いた。

「ここの人は皆、貧しい暮らしをしています。それでも私が想像していたとおり彼らの心はとても高貴で、貧しさもさほど苦になりません。ちょっと慣れさえすればここの生活だって快適です。私たちは、もう少しゆっくり何もかもを楽しむことにしようと考えています。まあ、どのぐらいお金がもつかにもよるのですが、あと2年、そう1983年の中頃ぐらいまではこのまま旅を続けるつもりでいます。これから先、まだどんなできごとが待ちかまえているのかと思うとワクワクしますが、ひょっとすると予定より早く家が恋しくなるかもしれません。まあそうなれば、私はみんなの目の前にひょいと現れることになるでしょう！」

ポカラで私は21歳の誕生日を祝い、ハイキングに出かけたり、チベット難民の工房を訪れたりしながら湖でも泳いだ。カトマンズではトレッキングの許可を申請し、リュックを背負って山へ向かった。

その後、アルベルト神父と別れた私たちは、1981年の暮れ——旅立ってから初めてのクリスマスの季節に——インド東海岸にあるプーリのユースホステルの敷地内でテントを張った。プーリはカルカッタの南方にあるベンガル湾沿いの町で、素晴らしい寺院があることで有名だった。ただ予期していなかったのは、休日を利用してヒンズーの神々を拝みにやって来る、おびただしい数のインド人海水浴客である。いつの間にか人力車の車夫たちの間で、バイク姿のふたりを拝めるという噂が広まってしまい、誰もが「クラウス&クラウディア見物」を観光プランのなかに取り入れるようになった。好奇心旺盛なインド人が私たちを珍しいやつとして見る心境もわからないではない。ジロジロ見られることにも、もう慣れた。ところが突然、彼らは自分の目が信じられなくなったのか、手当たり次第私たちの持ち物に触り始めたのである。そしてとどめはいつもの決まり文句。「ハロー、ミスター！

ひた走るだけでは意味がない。僕たちの決断は間違っていなかった！ 晴れて“自由の身”となり、海へ飛び込む。インド・プーリで。

フェア・ドゥー・ユー・カム・ノローム？ ファット・イズ・ユア・ネーム？』そのうしろで車夫たちはニヤニヤしながら笑っていた。

それとは対照的に、まるで楽園のように静かだったのは、インド西海岸に位置する元ポルトガル領の町ゴアだ。ここでは、どこにバイクを停めておいても、日中テントを張りっぱなしにしておいても大丈夫だった。私たちはひっそりと静まり返った浜辺や太陽、そして砂や海を大いに楽しんだ。

そうしてから、ケララ州のコバラム・ビーチに住むクラウスの妹を訪ねるために出発した。混雑した道を汗まみれになりながら一日かけて走り、暗くなる直前、私たちはコバラム灯台に到着した。どれがドリスの家なのかわからず、バイクを停めてヘルメットを脱ぎ、彼女を探しに行くことにした。あっという間にあたりが暗くなった。日干し煉瓦の家がポツポツと椰子の木の陰に建っていた。そのうちの一軒に近づこうとしたとき、家の前で遊んでいた子供たちが私たちを見てギャーッと大声で泣きだした。つられて隣家の子も泣きだした。そこに心配して母親が顔を出し、私たちが話しかけようとすると、母親は子供たちを庇《かば》うようにして立ちはだかって金切り声を上げた。たちまち村は大騒ぎ。幸いドリスが自分の家から顔を出し、なんとか騒ぎはおさまった。

ドリスは、この地で生んだ息子のジェロニモとジャンゴと共に住み始めて半年ほどになるという。その質素な生活を営むために、彼女はヨーロッパ人の旅行者たちを相手に黒パンを売って暮らしを立てていた。驚いたことに、この黒パンを買うためにわざわざコバラム・ビーチに来る客までいるという。あたりに夕方のパンが焼ける匂いが漂いだすと、確かに自家製オーブンの前でじっと待つ外国人の列ができるのを、私はこの目で確かめた。

クラウスがドリスからおいしいパンの作り方を伝授してもらっている間、私は昔ながらの母のレシピを思い出し、それを応用してパパイヤケーキ、パイナップルのトルテ（ドイツ風ケーキ）、さらにはココナッツやバナナケーキを焼いた。これらのケーキは椰子の木の下で飛ぶように売れた。ただ、4日後には近所から、「うちのレストランに客が来なくなってしまった」と苦情が出て、仕方なく店じまいした。それでもこの4日間でその先2週間は生活に困らないほどの現金を手にすることができ、いざとなれば、ちょっとしたアイデアさえあればなんとか自分を助ける手立てがあるものだと知った。

当時のコバラム・ビーチは、社会のレールから外れて生きる脱線者[*1]たちの間で有名になりつつあった。そういったことを背景に、浜辺ではヨーロッパやアメリカから来た若者が傍若無人に振る舞っていた。地元の人々はそれに耐えながら、それでも観光客相手に商売をして生計を立てていた。

インドに来て気づいたことがある。それは旅行者たちが集まると必ずといっていいほど、その場には競争意識のようなものが漂っていることだ。ちゃんと話をする前から、「旅に出て、どれくらい？」と聞かれることもあった。数週間または数ヵ月と、旅の長さによってランクづけされ、多かれ少なかれ尊敬のまなざしを受けることになるのだ。バイクで旅をしていること、そして飛行機を使わずに大陸を越えてきたということで、私たちはすでに「特別階級」に属していた。だけど、この類《たぐい》の有名人になるのはごめんだと、私たちは自分たちの旅のことや今後の計画についてむやみやたらに大きい声で話さないようにしていた。

さらに気がついたのは、旅行者はたいてい皆、ひとり旅、あるいは旅立ってから知り合った誰かと一緒だということだった。最初はパートナーと一緒だったものの、しばらくすると別れて各々の道を歩むというケースも多かった。寝ても覚めてもずっと顔を突き合わせながら過ごさなければならないのだし、ごく普通のカップルの関係では、道中で起こる大きな試練には耐えきれないのかもしれない。クラウスと私も考えさせられることが多く、それについて、私たちはよく話し合った。そんな私たちも、この親密すぎる関係の息苦しさを克服しなければならなかった。

そんなとき私とクラウスは、その場をなんとか切り抜けようと努力し、些細なことで自分たちの関係を放棄しなかった。すでに長いつき合いだったのがよかったのかもしれない。私たちにケンカ別れはありえない――これだけは昔からはっきりしていた。どれほど時間と根気が必要だったとしても、いざとなれば、とことん話し合うであろうことを私たちは知っていた。だけどまさかふたりでこんな

＊1　ドイツ語でいう「アウシュタイガー」のこと。「(乗り物から) 降りた人」の意。精神面、あるいは実際の生活で、既存社会のレールから外れて、自分の思う道を生きる人のこと。

長い旅に出ることになろうとは！　それだけは考えつきもしなかった。

　1982年3月。

　インド大陸からスリランカまでの渡航は手に汗握るものだった。陸路で港に行くことが不可能とわかり、バイクを貨物列車に乗せることにした。港に着いたら着いたで、引き潮のために大型フェリーは接岸できずにいる。沖合に停泊している大型フェリーから荷物や乗客を運ぶのに帆船が行ったり来たりと大忙しだ。その帆船を間近に見て、私は思わず今来た道を引き返したくなった。どう見てもこの大きなバイクを沖まで運び、荒波のなかで船に積み込むことは不可能に思えた。それでもまぁ……なんとかなった。バイクを押して腐りかけの厚板の上を渡り、それが搭載されるまで、クラウスはインド人相手に延々と値段の交渉をしなければならなかった。

　スリランカ。インド洋に浮かぶ紺碧の海にぐるりと囲まれた国。入江には穏やかな波が引いては寄せ、果てしなく続く浜辺の砂に波の砕ける轟音が響く。クラウスも私も、この島国がすっかり気に入った。椰子の木の下にテントを張り、波の静かな入江でシュノーケルを思う存分楽しみ、海の家に集まったほかの旅行者たちと一緒に冷えたココナッツミルクを飲んだ。

　ここでは、ほかの旅行者たちと語り合う時間もたっぷりとあった。そういったなか、さまざまな国の人たちが集まれば、ときには激しい議論も交わされた。それはフォークランド戦争が勃発した頃のこと。マーガレット・サッチャーがアルゼンチンに対して宣戦を布告し、英国海軍を進発させたというニュースが報じられた。今でも、それを聞いて鳥肌が立つほどショックを受けたことを覚えている。文明化されたヨーロッパの一国が、第二次世界大戦での経験もかえりみず、そんな行動に出るなんて……。そこに居合わせたイギリス人の旅行者たちは、愕然とする私を前に、この決断を止当化しようと必死になっていた。ヨーロッパもおしまいだ。なんだかそう思えてならなかった。それなら無理に急いでヨーロッパに帰らなくても、さしあたり、どこか違う場所で自分たちの将来設計をしたっていいじゃない。私たちはそう考えるようになった。

それに私は、ヨーロッパ人の何かにつけて批判したがる悪癖が苦痛でたまらなかった。話している話題が何であれ、何かしら汚点を見つけ出してそれをつつく。彼らが単純に、「ああ、ステキ!」と思うことはなく、何に対しても徹底的に論評し、なんでもかんでも「問題点」として取り上げた。今私たちが滞在しているのは不可解な風習を持つ異国の国であり、ヨーロッパ人の私たちが彼らの風習を理解するなど、実際には永遠に不可能なことだというのに……。例えばインドやスリランカのカースト制度について、その背景となる文化や歴史を把握せず、いったいどうやってその批判ができるだろう? 私は自分に言い聞かせた。訪問者《ビジター》としてその国を見守ること、安易に批判をすることはやめよう。そして異文化のしきたりをもっと理解し、受け入れられるようになろう。

最初はヒマラヤでのスリップ事故、二度目は自転車との衝突。そして三度目に事故を起こしたのは、スリランカの北東、アルガム・ベイからカルクダのビーチに向かって走っている途中だった。クラウスがモペット(ミニバイク)を追い越そうとしたその瞬間、突然、先を走っていたモペットが車線を変えた。クラウスはもんどり打ってヘルメットをかぶったままバイクの下にはさまった。私は、すんでのところで急ブレーキを踏み、バイクを放り出したまま彼のもとへ走った。運悪くグローブなしで走っていたクラウスの両手はひどい傷を負っている。左側のサイドバッグは歪んでしまった。相手の運転手は、ビックリ仰天したもののモペットがへこんでしまった以外は無傷で済み、「両者が負った被害については、各自が自分で処理しよう」ということで一件落着した。そしてこの事故が起こったとき、その日の走行距離計が「Ⅲ」を示していたことを私は日記に書き留めた。

クラウスがケルンの会社についに退職願いを出した日は、私たちにとってお祝いの日となった。レストランに入り、食事の値段の5倍もするビールを注文して飲んだ。長い旅になると決めたときから、当然私たちは節約を心がけていた。これは口でいうほど簡単ではなく、2台の大型バイクを所有しているということだけで、バックパッカーたちよりも、もっと金を持っているヤツらと早とちりされ、それにふさわしい値段をふっかけられることもあった。自分たちがそういう人たちのグループに属していないことを理解してもらうには、時間をかけて話すより方法はなかった。リュックだけを背負って旅する人たちは、その身軽さから、見ただけでは貧しく映るかもしれない。だけど彼らの荷物のなかには帰りの航空券が入っている。国へ帰れば彼らにはアパートや家が待っている。さらに戻るべき職場や大学がある彼らと比べ、家に帰っても私たちが所有するものは何もない。私たちにあるのは、このオートバイとサイドバッグの荷物だけなのだ。

最初、私たちはスリランカからインドへ戻ろうと考えていた。そしてインドの海岸にあるマドラス（現チェンナイ）からフェリーでマレーシアのペナンへ渡ろうと思っていたのだ。2、3ヵ月に一度、フェリーは、マドラスの港から出航するという。だが船は食事もトイレも無残なもので寝床は救いようがないという噂だった。おまけにもうすぐインド洋には大嵐が吹き荒れるとのこと。さらには、「フェリーは沈んじゃって、代わりの船は出ないよ」と言われてしまった。さすがにこれでは見通しがつかない。どっちみち、インドに戻ってトラックに追いまわされるのをさほど心待ちにしていなかった私たちは、そこでいいことを思いついた。

オーストラリア在住のハンスと出会ってからというもの——旅立ってから三週間目にパキスタンの砂漠で知り合ったハンス——オーストラリアへの関心は高まりつつあった。ガソリンタンクを修理してもらったお礼だと、ハンスは別れ際に『The Satisfaction of Doing Yourself（自分で決めて行動するその喜び）』という題名の単行本をプレゼントしてくれた。筆者はハンス自身で、彼がこれまでに達成したありとあらゆる——それは想像できるものも想像を絶して首をかしげるようなものも——すべてが記録されていた。例えば、「小型モーターボートでオーストラリア大陸一周」とか、「ナビなしグライダーで世界一周制覇」なんてものがあった。

スリランカではよく、サーフィンに来ていたオーストラリア人たちに出会った。おかげで、この地球の裏側にある国のことをいろいろと教えてもらえた。その様子からして彼らが陽気な人種であるのがわかり、ましてや、働こうと思えばこの国には仕事が山ほどあるという。ただビザの取得だけが問題だという。私たちはさっそく、コロンボにあるオーストラリア大使館まで出向いた。驚いたことに係官は、窓口から労働許可申請書を2通、私のほうに押し、「労働ビザは次の月曜に取りに来てください」と告げた。そうやって私たちのオーストラリア行きは、すんなり決まった。

オーストラリアへ出発の何日か前、バイクとともに郵便局の前でクラウスを待っていたときのこと。突然、私は団体旅行のおばちゃんにケルン訛りのドイツ語で話しかけられた。「んまぁ、この子ったら、ケルンからここまで走って来たの？　ちょっとこっちへおいで！」ケルンのナンバープレートがおばちゃんの郷愁をかきたてたらしい。ただキョトンとするばかりの私を、彼女は力強くギュッと抱きしめた。

さぁ、シドニーまでバイクごと運んでくれる船か飛行機を探さなくては。やがてバイクの運送は、船便であっても航空便であっても同じ料金だと判明した。船だと自分たちは乗せてもらえない。そういった理由から私たちは航空会社を探すことにした。航空会社のマネジャーは、「特別に通常の30パーセント・オフにしてあげましょう。ただバンコクで乗り換えが必要ですからオートバイを木箱に入れるようにしてください」と言い、箱作りの職人を紹介してくれた。ここで私たちは2000ドルもの大枚、要するに財布のなかのありったけを支払った。

3 オセアニア

1982年5月――1983年9月

オーストラリア・ニュージーランド

この頃からクラウディアもバイクに自信が持てるようになる。オーストラリアに到着の際、ポケットに300ドルしか残っておらず、旅費稼ぎのためにしばらく就労。クラウスは洗濯機から車まで何でもこなす修理工に、クラウディアは郵便局で仕分け係に。空港で知り合ったティムの家で共同生活。

シドニーに到着。バイクは後日到着とのこと。乗り継ぎのときにどこかで置いてきぼりをくったらしい。忠実なエンデューロなしで新大陸に足を踏み入れるのは、なんだかちょっと心細い気がしないでもない。でもまあ、僕たちにはハンス、砂漠で出会った例の世界記録オヤジがいる。当時、ハンスが自慢していたほど、はてさて、彼は本当にそれほどの有名人なんだろうか？　僕たちは空港からタクシーに乗り込んだ。

「どちらまで？」

「ハンス・ソルストラップさんちへお願いします！」

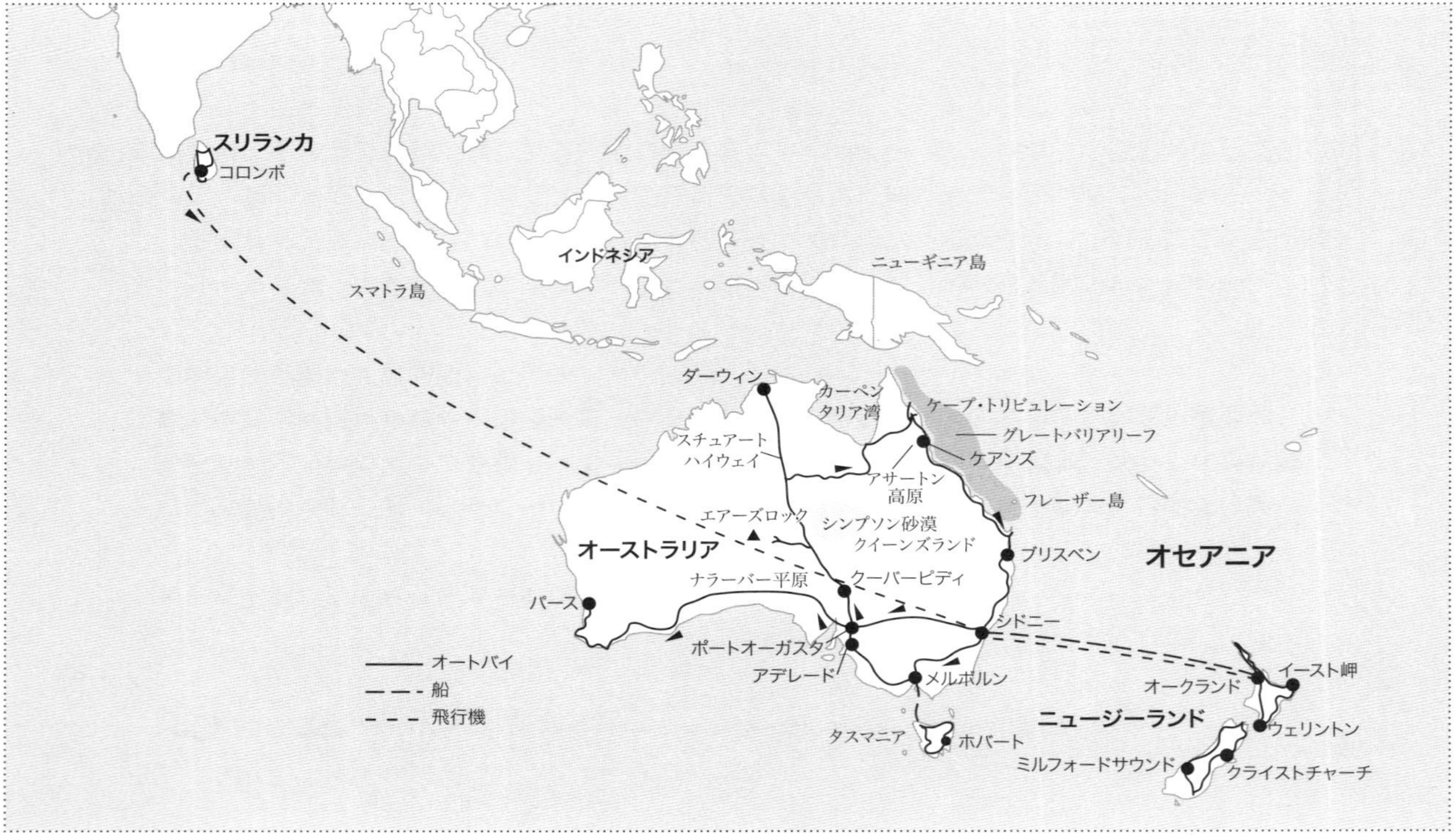
スリランカ
コロンボ
スマトラ島
インドネシア
ニューギニア島
ダーウィン
カーペンタリア湾
ケープ・トリビュレーション
グレートバリアリーフ
ケアンズ
スチュアートハイウェイ
アサートン高原
フレーザー島
エアーズロック
シンプソン砂漠
クイーンズランド
オーストラリア
ブリスベン
オセアニア
ナラーバー平原
クーバーピディ
パース
シドニー
ポートオーガスタ
アデレード
メルボルン
イースト岬
オークランド
ニュージーランド
ウェリントン
タスマニア
ホバート
ミルフォードサウンド
クライストチャーチ
オートバイ
船
飛行機

本当だ！　タクシーの運転手は、ハンスの住所だけでなく、彼が今は不在だということまで知っていた。厳密にいうと、ハンスは砂漠で行方不明になったままなのだそうだ。中央オーストラリアのシンプソン砂漠を徒歩で横断中だったハンスを、ここ数日、スポーツパイロットたちが捜索中とのこと。そろそろ飲料水だって尽きているに違いない。徒歩ならさほどの荷物は持てなかったはずだ。とにかく僕たちはハンスの家へ向かった。まるで工場のような家。ベルを押しても反応はない。運転手はキングスクロスにある安宿で僕たちを降ろした。そして翌日、僕らはテレビのニュースで知った。なんと、ハンス・ソルストラップという男が、砂漠の真ん中で偶然、地質学の調査団と鉢合わせしたというではないか。

――それから一週間後。ハンス宅にて。彼は、えらく驚いた。まさか僕らがホントに来るとは思ってもいなかったのだ。キッチンのテーブルに腰かけていたハンスは、コーヒーを淹《い》れるために席を立ち上がり僕に訊いた。「君たち、いくつか事故に遭わなかったかい？」

「うん、3回……」　そこで僕はハッと息を呑んだ。あたりを見回しながらトランス状態に陥ったように、ここのすべてのものに見覚えがあることに気がついた。飛行機の残骸、ソーラーパネルの乗り物、コンテナ、そして水瓶。あの不吉な夢が現実となったとは。ああ、やっとこれであの奇妙な現象もオシマイだ！

オーストラリア。静かに微笑みながら、この国が僕たちに与える第一印象を甘受する。

1982年5月。近代都市シドニーの町は秋の日差しを浴び、まるでピカピカに磨かれたように輝いていた。整然と区画整理された郊外にはテラスハウスと手入れの行き届いた前庭。中心街にはプラスチック、ステンレス、それにガラス。その隙間を埋めるように緑の芝生やベンチ、噴水、そして鳩。故郷を遠く離れていながら、なんだか見覚えのある光景だ。多文化社会、現代ヨーロッパの複製《コピー》ってところだろうか。横断歩道を渡るのも実に久しぶり。僕らが歩道へ歩み寄るや、どの車もすぐに止まって、ゆっくりと道を渡らせてくれた。ほんのついさっきまでいたアジアでは、誰もが轢かれないように全速ダッシュで道を渡っていたというのに。

長時間のフライトで頭が半分眠ったままだし、それに伴う時差のせいで、なんだかちょっぴりタイムマシンで別世界に連れて来られたような気分になる。コロンボで乗り込んだジャンボジェット弾がシドニーめがけて発射されるその瞬間《とき》まで、僕たちはバイクで大陸を駆けながら環境の変化を少しずつ感じ取り、その場の状況に順応していかなければならなかった。今では、空港に向かったときのスリランカの最後の情景ですら、ごく当たり前に思えるほどだ。あそこでは僕たちはクラクションを鳴らし続けるミニバスに追い立てられ、べっとりまとわりつくような暑さのなか、次々に出現する水たまりを避けながら用心深く走った。コロンボ空港に着いたとき、洗いたてのTシャツはスモッグで黒く煤《すす》けてしまっていた。そして僕らを乗せたジェット機はどんよりと立ちこめたモンスーンの雲の層を突き抜け、蒸気ボイラーのような国スリランカをあとにし、オーストラリアへ針路を向けた。昔、英国が囚人たちをこの大陸へ島流しにしたことと、ここが今でも、自らを既存社会からの脱線者と自称する者たちの憧憬の地であること以外、実際僕たちは、この大陸について何も知らなかった。

僕たちの学んだ学校英語とオージー・スラング（オーストラリアならではの言葉）には、ほとんど共通点がない。ここで最も頻繁に使われている単語は、「bloody（めっちゃ）」と「fuckin'（ひでぇ）」だろう。シドニーの町はしっかり管理が行き届いていて悪臭を放つゴミの山などはどこにも見当たらないし、犬や猫でさえもちゃんとお手入れされている。だけど潔癖症もここまで来ると、ちょっとうんざりだ。

それは、ようやくバイクがシドニーの空港に到着したときのこと。係員が泥よけの裏側のネジに泥がほんのちょっぴりついていたのを発見し、それを僕らの鼻先に突きつけて言った。「このBloody《めっちゃ》・fuckin'《ひでぇ》のが泥じゃなかったら、こりゃいったいなんだってんだ？」

その男は即座に黄色いガムテープを持ってきて、それでバイクをグルグル巻きにした。黒い張り紙にはまぎれもなく「検疫」という文字。ああ、Ｂｌｏｏｄｙ・ｆｕｃｋ！

「オートバイは最低でも４週間は検疫で保管されることになるだろう。さらに消毒が必要なため、１台につき50ドルを支払わなくてはならない」係員からそう言われ、私たちは愕然とした。これだけ大きな国のこと。ポケットに入っている残り最後の３００ドルでは、さほど遠くまでは行けまい。キングクロスの安宿ですら、一泊ひとり、10ドルもするのだから。

肩を落として空港のバス停で立ちつくしていると、ティムというオーストラリア人の青年が車を停め、「街まで乗ってきな」と声をかけてきた。「No worries（心配すんなって）」この言葉はのちのち自分たちも頻繁に使うことになるのだけど、ティムはそう言って、共同生活をしていた友人が一年インドへ行くので見送ってきたばかりだと話し、「うちへお茶でも飲みに来ないか？」と招いてくれた。そこで私たちはほかの同居人とも知り合いになり、晩にはすでにこの家の住人になっていた。一週間につき40ドルの家賃は、仕事が見つかるまで立て替えてくれるという。

ティムにすすめられて、翌日もう一度、空港へ行ってみた。彼の言ったとおりだ。昨日の係員はどこにも見当たらず、そのかわりオフィスにはもっと若い係員が座っていて、気さくに私たちを迎えた。彼は運送書類に目を通し終えると自分の手でガムテープを剝がし、私たちに水道のホースを握らせ、「まあ一応、バイクに水でもかけといてください」と言った。その後、彼は書類に判を押し、手数料を請求することも忘れて、「では、よい一日を！」と言って手を振った。そのまま私たちはバイクに飛び乗り、「ああ、これでやっとオーストラリアにやって来たんだ」と実感した。

仕事探しは思ったよりも難航した。旅行者たちはアルバイト禁止なのだそうだ。国際免許が通用せず、本来ならオートバイに乗るのも禁止だといわれる始末。オーストラリアの免許証が欲しければ、まず筆記試験に合格しなければならない。ただ、そういった公文書がここでは直ちに身分証明書として通用するという——そういうわけで私たちは、あれよという間に、定住所を持つれっきとしたオーストラリア市民へと昇格した！

クラウスは、洗濯機や芝刈り機、水漏れする水道や車など、そういった類のものを修理するアルバイトを近所で見つけてきた。ここでの生活に順応し、私たちがのんびりしたオージーたちのライフスタイルを習得するには少し時間がかかった。私は街に出向き、オペラハウスやビーチをぶらぶらしながら、来る日も来る日も新聞を買い、仕事を探した。

クラウスの24歳の誕生日、私は高級デリカテッセンの店で見つけた材料でドイツ・シュバルツバルト風のチェリー・ケーキを焼き、共同キッチンで一位の座を獲得した。共同生活は楽しかった。同居人のガブリエルがレバノン料理をご馳走してくれたかと思えば、デビーはあっという間にオーストラリアの自然食をテーブルに並べ、私たちもそのお礼にとドイツの家庭料理、ポテトスープやアップルソース入りのハッシュドポテトを披露した。

そうこうするうち、オージー・スラングにも慣れていった。幸い、新しい友人たちは私たちの英語に根気よくつき合ってくれた。だが何よりも手助けになったのは、3歳のグリフィンと知り合いになったことだろう。グリフィンはとどまるところを知らず、真に迫ったジェスチャーを駆使しながらひっきりなしに単語や文章を繰り返すものだから、私たちは何度も笑い死にしそうになった。

しばらくすると、運よくクラウスが建設現場で働く屋根葺き職人の仕事を見つけてきた。だが今、南半球は冬。私たちは防寒にもなる作業着を古着屋で調達することにした。その頃すでに私は、事務や皿洗い、調理場アシスタント、ウエイトレスや飲み屋のバイトなど、あちこち面接に出向いてはいたもののどこからも声がかからず、やっと見つけたのが大きな会社で郵便物を自動処理するマシン・オペレーターの仕事だった。世界各国から集まった気のいい仲間ばかりの職場は、見事に大当たりだった。いつも午後の勤務時間で働いていたので、午前中、天気がよければ家の中庭でのんびりと過ごしていたのだけど、あるときふと、太陽があるべき位置、すなわち南に出ていないことに気がついた。なんとまあ、北の空におひさまが出ているではないか！　最初の数週間、街なかで方向感覚がつかめず往生したわけが、これでやっとわかった。

それから3ヵ月のち。今度は内陸のほうも見て回ろうぜ、と僕らはバイクにまたがった。シドニー郊外を脱出するや、そこにはすでにアウトバック（内陸奥地）が広がっていた。1700万人に及ぶオーストラリアの人口の大半は、数少ない海岸沿いの都市に集中している。目の前にはこれといって見るべきものは何もなく、荒野の向こう側には大きな空が広がっていた。何年も雨が降らなかったのだろう、干からびた無の空間。

都市と荒野との境目にある農家に立ち寄ってみた。彼らは打ち続く旱魃《かんばつ》のせいで飼育している羊を処分しなければならないと言った。羊一匹の値段が2ドルにまで下がってしまったというのだ。僕は、5000ヘクタールもあるその農場で、送水ポンプの修理を手伝うことにした。ポンプは巨大な風車で動く仕組みになっている。アウトバックでは、なにより風が頼りになる相棒だ。夜は焚き火を囲んで、子羊の肉を焼いた。

オーストラリア南部の町アデレードとポートオーガスタがある南海岸に到着。大陸を南北に縦断するスチュアートハイウェイに赴《おもむ》く前に食料調達ができる最後の地点だ。いまだに750キロの区間は未舗装だという。要するに洗濯板みたいなガタガタ道と赤い砂の深い轍しかないってことだ。案の定、思うように前へ進めない。また深砂走行に慣れなくては。途中の町で水をもらえないかと頼んでみたが、ビールしかないとのこと。各家庭の雨どいから集められる雨水の貯水槽も空っぽになっていて、地下水ときたら、なんと紅海の水よりも塩っ辛い。どうりで内陸部の人口密度が低いはずだ。お隣の家までの距離が500キロなんてこともある。そんな人けのなさがすっかり気に入り、僕たちは未舗装路から外れ、わずかに生える灌木の間を走りながら、そこに広がる静寂を堪能した。

その翌朝のこと、どうも誰かに監視されている気配がする。蚊帳の向こう側から興味津々にテントを覗き込んでいるのは、おやまあカンガルーではないか。僕がほんのちょっと動いただけなのにカンガルーはピョンピョンと逃げて行った。人間と関わっていい思いをした覚えがないのだろう。オージーたちの多くはカンガルーを厄介もの扱いしていて、射撃大会を催し、ヘリコプターでカンガルー狩りまでするのだと聞いた。だけど実際に彼らの多くが命を落とす場所は路上である。とりわけ夜になると、カンガルーは車やトラックのヘッドライトに驚き、反射的に車に突進してしまうのだそうだ。

ルー・バーと呼ばれる車のバンパーの語源は、（カンガ）ルー（を避けるための）バーだという。アウトバックを走っていると、どこからともなく饐《す》えた匂いが漂ってきて、すぐ先にカンガルーの屍がありますよと予告されることが何度もあった。

それより僕たちにとって厄介なのはハエだ。ハエの浮いていないビールを飲むのは不可能に近く、スープに浮いたのを皿の端っこに並べながら食事を取ることに慣れなければやっていけない。さらに厄介なのはひっきりなしに吹く風で、テントをたたもうとしてもブワーッと風船のように膨らんでしまう。

ときおりロード・トレインとすれ違う以外、道中は閑静きわまりない。この「道路を走る列車《ロード・トレイン》」はトレーラーが3輛連結している。はるか彼方にもうもうと砂埃が舞い上がるのが見えれば、それは僕たちにとって「直ちに未舗装路から離れろ！」という合図であり、深く息を吸い込み、この巨大な怪物が轟音を立てて時速１２０キロで走り去るまで、じっと待たなければならない。

途中、オパール採掘の町クーバーピディに立ち寄った。ガソリンスタンドの給油ポンプで汲み取った飲用水を購入。最新式の浄水装置を用い、１００メートルの地下から塩水を汲み上げて濾過した水は、飲用可能にするため、さまざまなミネラルが加えられている代物だ。

クーバーピディの住民は地下の洞窟を住み家にしていた。彼らは砂岩を掘ってシロアリの巣のような通路や部屋をいくつもつくっていた。というのも、地下なら昼も夜も、夏でも冬でも、常に温度を22℃から24℃に保てるのだという。僕たちは地下教会やそのほかの洞窟を見学した。どの部屋もそれぞれまったく独自のレイアウトでアレンジされていて、室内プール完備のものまである。僕らは、この生活概念《ライフ・コンセプト》がすっかり気に入った。なにせ家を建てる材料はいらないし、想像力を解き放ちながら部屋を形づくっていける。円い部屋だろうが四角だろうが、どの部屋もそれぞれ別々の階に分かれていて、通路を通じてお互いにつながり合い、吹き抜けが窓の代わりになっている。そして洞穴を掘る許可を得るには、年間わずか数ドル支払えば済むというではないか。

さて次の名所はエアーズロックだ。エアーズロックまでは、２５０キロにわたるアスファルト道路が延々と続く。そこに群がる観光客たちと同様、僕らも高さ３４８メートル、世界最大のモノリス（一枚岩）のてっぺんまでよじ登り、夜は沈む夕日の七変化を楽しんだ。左には真っ赤な夕焼け空にピョンピョン飛び跳ねるカンガルーのシルエット、右には光に照らされた錆色の岩石。

この岩石はもともと先住民アボリジニの聖地であり、ウルルと呼ばれていた。彼らがエネルギーを体に取り込んだのもここだったし、岩画《ロックペインティング》や洞窟、先祖代々語り継がれてきた神聖なるものが存在したのもこの岩だった。オーストラリアの先住民に関する書物は、どれも僕たちの心を揺さぶった。彼らは透視能力や大陸を越えてはるか遠くへテレパシーを送る能力を持っていただけでなく、僕たちのそれとは比べものにならないぐらい、ずっと研ぎ澄まされた五感を持っていたという。アボリジニたちは塩砂漠で生きることを何の苦にもしていなかった。それはドリームタイム[*1]という考え方により、彼らが自然と一体となっているからだそうである。ヨーロッパ人によるオーストラリア「発見」とそれに伴う入植者が、この原住民たちを絶滅の危機に追い込んだ。こともあろうにアボリジニ・ハンティングが行なわれ、彼らの耳を持ってきた者にはひとり分の耳につき2ペンスが支払われたという。

クインズランドの北部にあるカーペンタリア湾に到着。地元のキャンパーたちがキュッと冷えたビールで僕たちを歓迎してくれる。砂利道の埃を爽快なビールの喉越しで洗い流し、空き缶はバイクのスタンドの下に敷く。スタンドが砂に埋もれてしまわないよう、スタンドの下に板を張ることを、僕はまだやっていなかった。そしてその10分後には、僕らはモーターボートの上で釣竿を垂らして夕食の調達に励んでいた。ナマズ、鮭、小さな鮫、それに海蛇が引っかかったけど、最後のヤツは釣針をくっつけたまま海に帰してやった。コイツに噛まれたら、30秒であの世行きだ。ましてや、この付近にはワニも出る。ワニを寄せつけないよう、残飯はペリカンに分けてやった。沈む太陽と共に、餌をくわえたペリカンが夕焼け空へ消えていく。

オーストラリア北部は蒸し暑く、その気候にふさわしく植物もよく繁茂していた。カーブだらけの道をスウィングしながら鬱蒼とする丘を越えアサートン高原を走る。よく肥えた牛が青々とした草原に横たわって草を反芻《はんすう》している。ケアンズから北に行ったところで筏に乗り、デインツリー川を渡った。そうして到着したのがケープ・トリビュレーション[*2]と呼ばれる桁外れに美しい場所である。熱帯雨林が太平洋まで延びていて、ジャングルのなかにはテントやバイクがちょうどすっぽり入る小さな洞穴がいくつもある。満潮になると海岸沿いのあちこちにある入江に浅瀬ができ、自分たちの所からお隣さんの入江まで水のなかをガッポガッポと歩いていかなければならない。夜になると世界五大陸から集まってきた仲間たちと焚き火を囲む。なかには自分の楽器を持参している者もいた。

夜会に花が咲き、一日一日は過ぎてゆく。食料品を手に入れるための店や市場まではあまりにも遠く離れていて、ここは現地調達といくしかない。ジャングルには９００種類以上の樹木やチクチクす

＊1　オーストラリア・アボリジニの神話的宇宙観のこと。生きていくうえで欠かせない知恵や技術、そして文化や歴史、習慣を次の世代に伝えていくための物語。

＊2　キャプテン・クックがこの岬で座礁したことからケープ・トリビュレーション「苦難の岬」と命名された。

ている巨大なシダなどが繁っていて、きっとなかには食用になる植物もあるはずだ。だけど僕たちのなかでそれに詳しいヤツは誰ひとりとしていない。そこで僕らは魚釣り、パン焼き、そしてココナッツ拾いに専念することにした。夜になるとそういった食材を鍋に放り込んで、この世にふたつとない多国籍料理をいくつも並べ、焚き火を囲みながら自分たちの放浪生活《バガボンドライフ》について語り合うのだった。

そこから南に向かう東海岸に沿って2000キロ以上も続くグレートバリアリーフ（クインズランド州沿岸にある世界最大の珊瑚礁）は、観光客でごった返していた。ときには野外でテントを張る場所すら見つからない状態だ。そこで私たちはフレーザー島へ渡った。自然保護地区でもある、世界で一番大きなこの砂の島は、まるで私たちのためにつくられたようだった。どこを見渡しても人っ子ひとり見当たらない！　私たちは小川の上流に海辺の景色が見渡せる砂丘を見つけ、そこにテントを張った。

2週間過ごすのに充分な食料は持ってきた。いたってシンプルな食材で私たちは美味しいものをつくった。赤々と燃える焚き火と空き缶を使って焼いたパンは、隅っこが少し焦げたが、これに勝るものはほかになかった。のんびりと島や海辺を散歩し、日向でボーっとしては波とたわむれて遊んでいるうちに毎日が過ぎていった。クラウスは途中まで仕上がっていたハンモックをここでまた編み始め、スリランカ滞在中に集めた色とりどりのナイロン紐を手に、いくつもいくつも結び目をつくって、ひとつの芸術作品に仕上げていった。それから10日後、ハンモックの落成式を挙げることになり、そこにある数少ない木にそれをくくりつけた。待ちに待った瞬間をバッチリとカメラに収めなければ！
だが、「ビリ〜ッ」という音と共にハンモックが引きちぎれ、クラウスが砂丘から滑り落ちるまでの

瞬間は、あまりにも短すぎた。シャッターを押すどころか、笑いすぎて思わず私も転げ落ちるところだった。
シドニーに戻り、ニュージーランド行きのフライトを手配した。白く長い雲のたなびく国（マオリ語でニュージーランドを指す表現）で3ヵ月ほど過ごそうと考えたのだ。ニュージーランド人たちから「夏のニュージーランドは素晴らしい。雨具なんて必要ないよ」と聞き、荷物を最小限にまとめ、残りはシドニーに置いていくことにした。——だがこれは致命的な失敗となった。というのも3ヵ月のうち2ヵ月間はずっと雨ばかりだったのだ。それに、考えていたバイク走行の快適さとはほど遠く、凍てつく寒さの残る山を走るときにはなおさらだった。それでも7000キロ近くの道を走破し、途中、「うちに泊まっていけよ」と、声をかけてくれる親切なニュージーランド人とも知り合いになった。

お金のためというよりはむしろ経験のため、北部にある果樹園で2、3日働いてみた。この地の果物は羊肉や羊毛と並ぶ重要な輸出品だ。ぐるりと大きな柵で囲まれた牧草地には7000万頭の羊が飼育されていて、静かな自然のなかにテントを張ろうとしてもなかなか思うように道の外に出ることができない。仕方なく数少ないキャンプ場へ行ったら行ったで、入口の大きな看板に「犬とバイクはお断り！」と書かれていたりする。まったく、これには参った。

この国から歓迎されていないいんじゃないだろうか。それは自分たちの思い込みだとわかっていながら、どうしてほかの旅行者たちがこの国を褒めちぎるのか、いまひとつ私たちには理解できなかった。だが、南島のフィヨルドの合間にそそり立つ山々——切り開いて牧場にするにはあまりにも険しすぎたのだろう——は、その例外といえるかもしれない……。

それは、なにせ楽しい経験だった。ミルフォードサウンドに向かって何日も山を歩いたあと、私たちは先住民と一緒に新年を祝うことになった。そこではマオリ族の古いしきたりに従ってハンギとタンギが準備された。ハンギとタンギというのは、まず地面に掘った穴に焼き石を入れ、そこにキャベツの葉で包んだ籠いっぱいの羊肉を入れて布で覆い、上から土をかぶせて何時間も蒸し焼きにする料理のことである。これがまた最高に美味しくて、皆お腹いっぱい幸せ気分で新しい年を迎え、私たちは彼らと一緒になってワイワイガヤガヤと賑やかに過ごした。

それから数日後、イースト岬付近を走っていたとき、ようやく太陽が顔を見せた。前の晩は灌木の茂みにテントを張ったのだが、あまりにもそこが快適なものだから朝になってもなかなか荷造りがはかどらない。さっきまで今日は先に進もうと思っていたというのにわずか20キロ走ってカーブを曲がったところできれいな川が見え、私たちの意見は一致した。「よしっ、今日はここに泊まろう！」朝

ある農家の若夫婦が僕らに言った。
「馬とバイク、一日だけかえっこしないか?」
たまには馬もいいもんだ。ニュージーランドで。

食も含めると2時間に及ぶ荷造り作業だったけど、それをまた全部ほどくことは全然苦にならなかった。「アハハハ」と笑いながら、気の向くままに、どこでどうやって生きていくのかを決められることが、私たちにはとにかく嬉しかった。

2月下旬、私たちはシドニーに戻る飛行機に乗った。バイクはフェリーで2、3日遅れて到着の予定。その日さっそく、私は元の職場に顔を出してみた。ボブは、「今すぐにでもまた郵便物自動処理機のところで働いてもらおう」と言って喜び、私は、「じゃあ明日から始めるわ」と約束した。こうして私たちは、まるで故郷のように馴染んだシドニーの町でまた3ヵ月間働くことになった。

何もかもひっくるめて計算すると貯めたお金は1万ドルになっていた。これだけあれば日本へ行くのにも充分だろう。そう喜んでいただけに、国会議員選挙の一夜を境に、オーストラリアドルの価値が10パーセントも下がってしまったとき、そのショックはかなりのものだった。

オーストラリア大陸二度目の旅として、タスマニアとメルボルンを経由して、ナラーバー平原横断に挑戦した。東から西へは5000キロのハイウェイが一直線に伸びている。その道のりのほとんどが横風との戦いとなり――それもバイクを斜めに倒して走っていたため――しまいにはタイヤの片側がすっかり磨耗してしまった。それでものんびりとオーストラリアの灌木のそばでテントを張り、夜は何時間も焚き火にあたりながらカンガルーたちを観察して過ごした。

西海岸の都市パースにたどり着いたとき、バイクのメーターは5万キロを示していた。そろそろオーバーホールの時期である。アジア行きの格安航空券を購入したものの、フライトはどれも満席だということが判明し、入国管理局であと5日間オーストラリアに滞在できるようビザの更新をした。ここでも管理局のスタッフたちは驚くほど気さくで、「もうここに移住してしまえば？」と言われた。もしかするとオーストラリアには私たちみたいな人間が必要なのかもしれない。

4 東南アジア

1983年9月――1984年10月

インドネシア・マレーシア・シンガポール・ビルマ・インド・ネパール・タイ・フィリピン

インドネシアのジャワ島で火山の噴火口に下り一泊する。クラウディアが一ヵ月ほどドイツに帰国、マレーシアで再び落ち合う。クラウスの姉がタイまで逢いにやって来る。山岳地帯に住む部族を訪れ、昼ごはんをご馳走になるが、よく見るとミミズやトカゲ、カタツムリやゴキブリが調理されていて絶句。フィリピンの山奥で首狩り族に出会う。セブ島で台風に遭遇。天候が悪化する前から胸騒ぎがしていたクラウスは、「この村は、もう長く存在しないだろう」と天災を予言。

飛行機がエアポケットに落っこちる。まるで昔乗ったジェットコースターのように腹の底がフワッと浮く。とっさに僕はバイクのことが気になった。バイクは航空貨物専用のコンテナのなかにしっかり固定され、ジャンボの腹部に収まっている。ジェット機はそろそろ着陸態勢に入ろうとしている。それにしても一体全体なぜ、こんな大きな機体が風の力に耐えながら空中を飛んでいるのか不思議でならない。風に打ちつけられ、翼が折れるんじゃないかと考えてしまう。

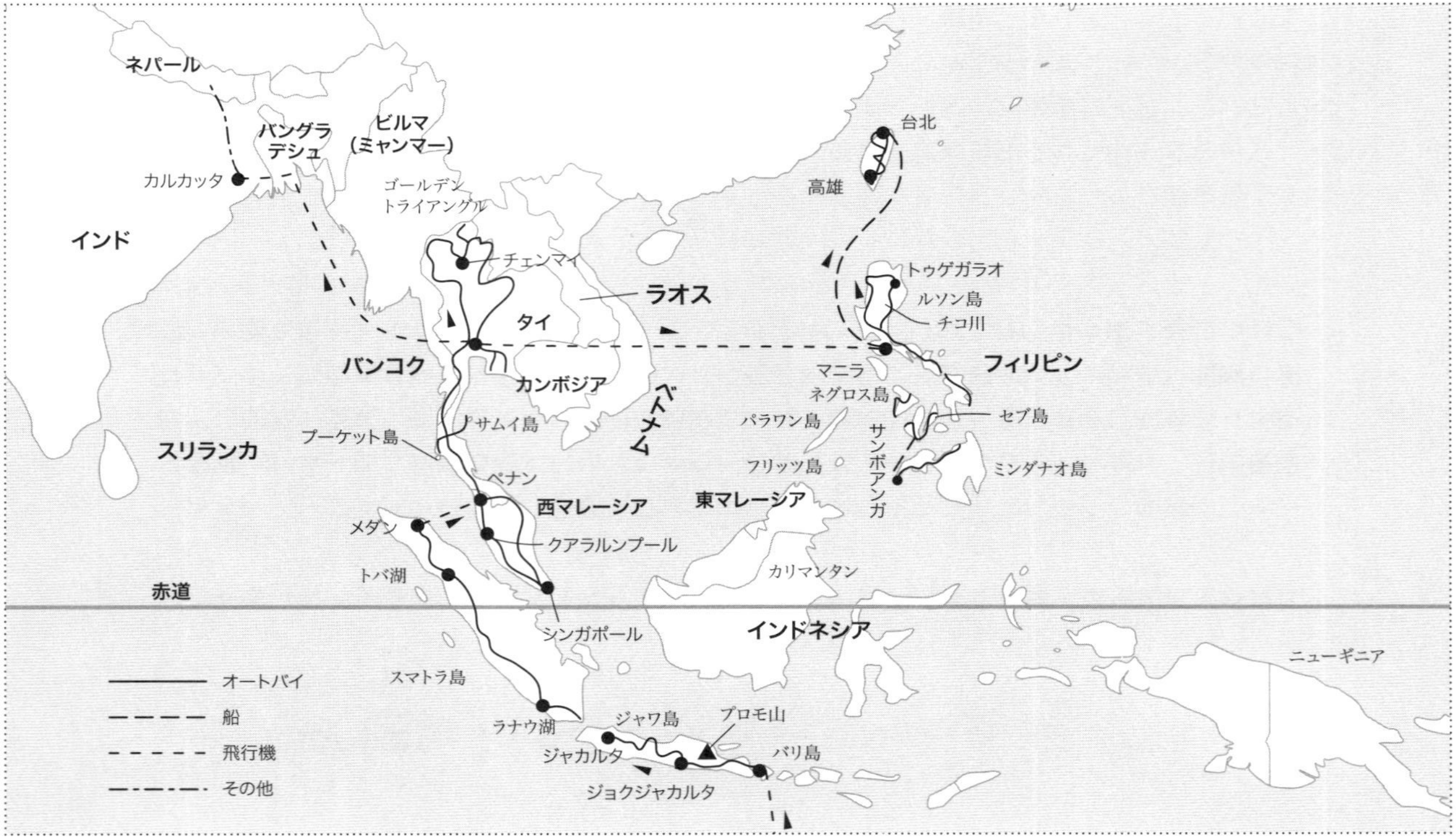
ネパール
バングラデシュ
ビルマ(ミャンマー)
カルカッタ
ゴールデントライアングル
インド
チェンマイ
ラオス
タイ
バンコク
カンボジア
ベトナム
サムイ島
プーケット島
スリランカ
ペナン
西マレーシア
メダン
クアラルンプール
トバ湖
赤道
シンガポール
スマトラ島
ラナウ湖
ジャワ島
プロモ山
ジャカルタ
バリ島
ジョクジャカルタ
台北
高雄
トゥゲガラオ
ルソン島
チコ川
マニラ
フィリピン
ネグロス島
パラワン島
セブ島
サンボアンガ
フリッツ島
ミンダナオ島
東マレーシア
カリマンタン
インドネシア
ニューギニア
オートバイ
船
飛行機
その他

こういうとき僕は、自然界の力が果たしてどういうものなのか、そして、人間が、この巨大な力を支配できるなどといかに勘違いしているかを、認識する。実際、自分たちがやっていることといえば、生活の基盤となるこの自然を破壊しようとしているだけじゃないのか、などと考えてしまう。それでも自然は、創造の主としてずっと存在し続けるだろう。時間――自然にはエンドレスな時間がある。それに比べれば、人間の存在なんてほんの一瞬にすぎない。それなのに僕たちは過信した自分の能力を乱用し、自然のバランスを好き勝手に操ろうとしている。その結果がどうなるかも考えずに。自然を侵害すれば、必ず予期しない結果が生じる。それを修正するには新たに何かしら手を加えなければならない。小さな山火事がジワジワと広がり、あたり一面が焼け野原となって初めて、僕らは人の知能では太刀打ちできないことに気づくのだろうか――そうならないためにも、考えを改め、真剣に自然と向き合うようにしなければ……。

僕らを乗せた飛行機はいま、低空飛行で海の上を飛んでいる。島が見えてきた。トルコブルーのビーチ、寄せる波、白い砂浜、色とりどりのボート、椰子の木、バンガロー、椰子の葉の屋根、森、そして滑走路――緊張の一瞬――タッチダウン、誘導路に入って停止、乗客たちの拍手。パイロットから挨拶のアナウンスが入る。「バリ島へようこそ！」

１９８３年９月４日。気温は摂氏35℃、湿度は85パーセント。ドアが開き、皆、自分の荷物を手にタラップを降りる。冷房が効き乾燥した機内と比べて、外は目が眩むほど日差しが強く、モワッとする暑さに押しつぶされそうだ。僕たちはほかの乗客たちに混じって、砂時計の砂のようにゆっくりと入国審査のデスクを通過する長蛇の列に並んだ。係員は屋根の下で扇風機にあたりながらバンバンと音を立ててパスポートに入国のスタンプを押す。飛行機に乗る前、僕とクラウディアはそれぞれ40キロの荷物を持っていた。だがチェックインのときに、ふたりで50キロしか預けられないことが判明した。そのため、機内持ち込みの手荷物がやたらに重く、おまけに分厚い革の上下を着込んでいるものだから、アロハとバミューダ姿で麦藁帽を団扇代わりに扇《あお》いでいるオーストラリア人観光客と比べると、なんだか僕らだけ北極探検に行くみたいだ。

それから一時間後。すでに僕らは海パン、ビキニで海岸に寝ころがっている。そして観光客を乗せた飛行機が次々と着陸する様子をぼんやりと眺めている。彼らは皆、ここに小さな楽園を求めてやって来るのだ。仕事やストレスの待つ日常生活に送り返されるまで、せめて2、3週間だけでもゆっくり過ごそうと。

東南アジア――僕たちにとっては、ここからまた新しい旅のページが始まる。ゆっくりと見て回ることにしよう。ちょっとバカンスも取りたいし、まずこの熱帯気候に慣れなくては。なんといっても移動生活というのはかなりの体力を使う。僕たちは高い木の陰に立つバンガローを借りることにした。その周りにはいい香りのする植物が花を咲かせていて、鳥のさえずりがする。すぐ近くの海からは風がやってきて、蒸し暑い空気を吹き飛ばす。

そんな感じで自分たちのバカンスを楽しみながら、僕らは砂浜に腰かけて真っ赤に燃える太陽が水平線に落ちていくのを眺めていた。赤道直下のバリの夕暮れは、あっという間に終わる。夏でも冬でも、一日の12時間が昼で、残りの12時間が夜なのだ。流木を集めて火を起こし、魚を焼いてニンニクとレモンの汁をぶっかけて食べる。

しばらくすると、このゆったりしたバカンスにも飽きてしまい、「バリを見て回ろうぜ」と、せきたてられるようにバイクに飛び乗った。内陸部に山が多いバリは、火山の島といわれている。原生林のなかの踏み分け道では猿が、「通関料をよこせ！」とばかりに木の実や果物を催促する。それに比べ、これは何度も気づいたのだけど、バリの人たちは外国人にとても親切だ。どちらかというと彼らは観光客たちのことをさほど気にもかけていないって感じで、自分たちの日常の仕事にいそしんでいる。山の斜面には見事な棚田《ライステラス》があり、稲作が行なわれていた。ここで僕らは黒い糯《もち》米があることも発見した。朝食に出てくる甘い粥がそれである。

バリのあちこちで目にする小さな寺院が、この島を支配しているのはヒンズーの教えだと思い出させた。

隣島のジャワに行くとそれとは違って、イスラム教とキリスト教が浸透していた。人柄もジャワの人たちは押しが強そうだ。ジャワでは銀細工やバティック（ジャワ更紗）工房を見て歩き、ジョクジャカルタでは世界最大規模といわれる市場のひとつを訪れた。町の一区域が丸ごと市場と化していて狭い路地には露店が続き、想像できる限りのありとあらゆる品物とガラクタが並んでいた。

スリに気をつけながら一日中人ごみのなかを歩いていく。ここに定価というものはない。何もかもが交渉で、値切らない者はシラケた奴とみなされる。僕は青銅製の小さなカウベル（牛の首にぶらさげる鈴）を見つけ、電池なしの警報装置代わりにバイクにつけるのにちょうどいいやと、このまま一生続くんじゃないかと思うほど長い交渉に臨んだ。店のオヤジが最初の法外な売値を半分ずつ下げていく一方、僕は自分でつけたバカみたいに安い買値を4分の1ずつジリジリと上げていく。オヤジはしばらく夢中でやり取りしていたが、かなり経ってからこの交渉が真ん中で折り合わないことにハタと気がついた。そして今度は冷や汗タラタラ、オヤジはなんとか仕入れ値を割ってしまわないようにと躍起になった。最後は端数の金額を切り捨てるか捨てないかでもうひとふんばり。そこで僕は、さもガッカリしたふりをしてベルを戻す。するとオヤジは、僕がまたベルを握るよう懸命になり、まるで彼の生活すべてがこれにかかっているような演技をかます。こうなるともうショーだ。それぞれが自分の役をうまく演じて楽しんでいる芝居というべきだろうか。僕は実際の価値より安く商品を手に入れることがよくあった。そんなときは、晩飯代が浮くぐらいは値切ったかなという満足感さえ残れば、交渉のあと、「オマケだよ」と言ってお金を払い戻すことにしていた。彼らもそれを快く受け取ってくれた。大事なのは、ちゃんと接してもらうこと。ふっかけられるままに法外な額を払おうものなら、即、「アホなガイジン」と鼻であしらわれてしまう。エンドレスに繰り広げられるこの値段交渉はもう文化のひとつだし、それと同時に、ここでは「時は金なり」という概念が存在しないってことの証拠でもある。

　人ごみ、ゴミや悪臭、停滞する車の喧騒や排気ガスに追われ、僕たちは再び都会から脱出した。内陸部にある火山地帯のひんやり涼しい高地にバイクを走らせ、しばらくまたテント生活といくことにしよう。それにしても途中で立ち寄ったブロモ山の噴火口はすごかった。山にはカルデラの縁まで登っていける道があり、さらに巨大な火口のあるくぼ地までは転げ落ちそうな急な道が続いていた。くぼ地には新しい火山が誕生していて、煙を噴きながらブスブスとくすぶっていた。

　だがそこに着く手前で軍の遮断機が僕らの行く手を遮った。これより先、車輌の乗り入れは禁止だという。そのとき僕はドイツのナンバープレートがインドネシアの軍用車のそれと瓜ふたつなことを思い出し、監視員が聞いて疑わないストーリーをでっち上げた。「僕たちは政府から推薦を受けて公式訪問しているのです」なにか証明となるものを求める監視員相手に、ここはジョークでかわそうと、「ほらっ、コレ」とバイクの軍用車ナンバープレートを見せた。監視員はすぐに直立不動で敬礼し、遮断棒を上げ、「では、お気をつけて」と挨拶した。いかに軍がお上《かみ》の言うことに盲従するか、これには何度、愕然とさせられたことだろう。

くぼ地に降り、見渡す限りこげ茶をした灰だらけの場所にテントを張った。ぐんと盛り上がった巨大な噴火口の縁がその灰の平面をぐるりと取り囲んでいて、木や植物はどこにも見当たらない。知らない星に漂着してしまった人の気持ちがわかるほど、孤独で見捨てられた感じの場所だ。そして夜はもっと薄気味悪くなる。今晩は満月。とうてい眠れそうにない。どこからともなく声や物音が聞こえてきて、とにかく落ち着かない。クラウディアはテントのなかが臭いのは僕のせいだとブツブツ文句を言う。でも、犯人は僕じゃない。もうひとつの噴火口から漂ってくる腐った卵のような匂いが原因だ。

フライシート（テントの上にかぶせる雨よけ）の隙間から外を覗いたとき、僕はふたりの男が月光のなかを馬に乗って進んでいくのを発見した。さらに真珠の粒のような小さな光が、ゆるく連なってカルデラの縁をくぼ地に降りてくる。巡礼者たちだ。今でも活動中の小さな火口の縁で日の出を拝もうと、ランプや松明《たいまつ》を手に新しい火山に登っていくところらしい。そこで僕らもこの劇的な瞬間に加わりたいと、急いで身支度をした。東の地平線がほんのり色づき始め、眼下の噴火口には真っ赤な溶岩がふつふつと煮えたぎっている。地球の表面にぽっかりと開いた傷口のように、悪臭を放ちながらブスブスと噴煙を上げている。思わず、地球の成り立ちを垣間見たような気になった。

日の出と共に霧がもうもうとわきだし、僕たちは大慌てでテントに戻り荷物をまとめた。噴火口がオープンに早代わりする前にここを去らなくては。西に向かい、伐採されてしまって救いようがないほど荒涼とした小山を抜けた。どんよりとした空はさらに暗くなり、やがて雨が降り出した。雨は何ヵ月ぶりだろう。さっぱりして気持ちがいい。雨宿りをする場所を見つけたときには、僕らはびしょ濡れになっていた。近辺のバラックに人は住んでいないようだ。塹壕やら射撃場があるところを見ると、ここは軍の演習場だろうか。納屋のなかにマットが広げられる乾いた場所を見つけ、熱い紅茶を入れようと湯を沸かしていたところに、キキーッとバイクが停車する音がした。そして、不気味なほどの静寂。激しく降っていた雨も知らないうちに止んだらしい。突然、誰かが銃の先っぽでドアを押し開けた。

「バタン!」ドアが開き、茫然と立ち尽くす僕の前に、銃を構えた男が立ちはだかってオランダ語で叫んだ。「フェアボーデン(禁止だ)! フェアボーデン(禁止だ)!」

でも男は固まった僕らを見て気が緩んだのか、銃を降ろすなり突然ケタケタと笑い出した。事情が呑み込めたらしい。「ここでゆっくり休むといい」さりげなくそう言ってくれる男に僕は、「紅茶でもどうですか」と声をかけた。

「いや、先を急いでいるから」男は、そう言って去って行った。そしてあたりが薄暗くなった頃、彼は再び姿を現した。今度は孫を連れている。男は自慢げに僕たちのバイクを坊主に見せながら僕らに言った。「お前らだけじゃ危ないから、今夜はワシが泊まって見張ってやろう」隣の小屋で轟々と鳴り響くそのオヤジの鼾《いびき》を除けば、あたりは平穏そのものなのだが……。

しばらくスマトラ島で過ごそう。船着場まではそう遠くはないし、そこから島は目と鼻の先だ。「超ハードな未舗装路《オフロード》があるジャングルで冒険できるなんて、ワクワクするなぁ!」と、僕らは胸を躍らせた。モンスーンはすでに始まっている。果たして通り抜けられるのだろうか。とにかく楽しみだ。ケルンを出発する前、僕は何にも考えずに、「スマトラのジャングル、1000マイルを駆ける！」と書かれた1981年版キャメル・トロフィのステッカーをバイクに貼った。もちろんこのアドベンチャーレースには参加していない。ちょっとカッコつけるために貼っただけなのだ。だけど今度こそ勇気を出して挑戦してみよう。

ところがビックリ！　そこで僕たちの目の前に広がったのは、なんと、まっさらのアスファルト道路だった。まるで原始林をナイフでまっぷたつにパカッと割ったように国道ができていたのだ。左右に広がる鬱蒼とした森林は、速く走れば走るほど、あっという間にうしろへ追いやられ、嬉しいやら悲しいやら何だかすっかり拍子抜けだ。これは現代版ジャングルのサファリロードとでも呼べばいいのだろうか。

しかもこの新しいトランス・スマトラ・ハイウェイは、かつてジャングル道でつながり合っていた村々を無視して縦貫していた。このアスファルト道で真っ先に僕たちを通せんぼしたのは真っ黒なカーテンのように立ちこめる雨雲だった。わずか5分の間にバケツをひっくり返したような大雨が降り始めたが、今度はタイミングよく、屋根つきのバス停が見つかった。劇的ともいえるこの土砂降りシーンは一時間しか続かず、それが終わる頃には道路脇の溝から水が溢れ出していた。雨が蒸発して雲をつくり、またそれを地上にぶちまける――モンスーンのサイクルというやつだ。水浸しだった道路はもう乾いている。

翌日、僕たちはラナウ湖に通じている細い脇道を走った。道は悲惨な状態だが、まあこれで正真正銘のジャングルに来たという気がしないでもない。僕たちはガタガタと音を立てながら、泥の川にかかるおんぼろ橋を渡った。眼下を流れる川には渡し筏や丸木舟が浮かんでいる。岸辺には竹や木の高床式の小屋が並んでいて、コーヒーやバナナがなっていた。

湖に着いたものの、「ここの住民は外国人に慣れていない」という理由で僕たちは警察署の一室に泊まるよう指示を受けた。ヨーロッパ人といえば、第二次世界大戦直後、鉄道路線を引く価値があるかどうか視察にやって来た英国人が最初で最後であり、鉄道の話もそれっきりになったらしい。村医者と学校の教師は英語を話し、村長が盛大なご馳走でもてなしてくれた。だが怯えきった少年が引っぱって来られ、僕らの隣部屋に放り込まれたその瞬間、僕らと村人との友情は終わりを迎えた。この少年は15歳で、コーヒー豆の小袋を盗んだために死刑にされるのだという。夜が来れば警察が少年を村から追い出し、彼が走って逃げようとするところをうしろから撃つというではないか。そして報告書には、「警察、逃亡する非行少年をやむを得ず射殺」と記載されるというのだ。犯罪がこうやって罰せられる場所もある、その事実を変えることは僕にも不可能だ。だけど、そんなこと……！　信じられない。

夜になると噂どおり警察のジープに連行された少年が表に出てきた。両手だけ縛られ、ガタガタ震えながら縋りつくような目で僕を見つめている。僕に最後の望みを託しているのか。どうやったらこの少年を助けてやれるんだろう？　だがその少年はあっという間にジープに押し込まれ、フルスピードで去っていった。

翌朝、すっかり意気消沈して僕らは村を去った。来たときとは別のルートでハイウェイに戻ることにしよう。ルブリンガウの直前で突然、舗装道路が姿を消し、深い泥濘《ぬかるみ》のなかを何度もハンドルを取られそうになりながら走るはめになった。先方500メートルは急な下り坂になっていて、対向するバスやトラックはキャタピラーつきの牽引車に引き上げてもらっている。僕たちだってここは自力じゃ上って行けないだろう。そこから150メートル先までは通りすがりのトラック野郎たちと仲良くなった。トラックのほうが進むのは遅いけど、バイクほど休む必要がない。泥濘を走るのは、バイクにとっても大変なのだ。エンジンだってオーバーヒートしてしまう。トラックの運転手が窓から顔を出し、「バグース！」――よし、その調子だ！　と親指でサインしながら僕らを追い越していく。

西スマトラに来てようやくもとの文明社会に復帰。ここミナンカバウ族の村々では、イスラム文化が導入される以前から存在する母系制社会が今も健在だ。伝統家屋の反り返った屋根はまるで大きな船が竹馬に乗っかっているように見える。釘もネジも使わずに建てられたこの家屋はすべて木製のホゾで組まれている。地図によると赤道はもうすぐそこ。コンクリート柱に乗っかった大きな地球儀のモニュメントと道路に引かれた赤道ゼロ地点のホワイトライン。これをうっかり見落とすことはない。

サモシール島はトバ湖に浮かぶ大きな島である。ここでラッキーなことに本物のバタックハウスを借りられることになった。ここに住むバタック族の家はミナンカバウのそれとよく似ている。この島の静寂さがすっかり気に入り、2週間はここで過ごそうと決めた。そうこうするうちにご近所さんとも仲良くなり、僕らは結婚式に招待された。披露宴のご馳走は猪料理。毛や皮つきのぶつ切り肉にご飯が混ぜてあって、噛むたびにゴワゴワした剛毛をつまんで取り出さなくてはならない。でも、それが気になるのは僕とクラウディアだけらしい。近くには大きくて平べったい石が祭壇のように祭られていて、ついひと昔前までバタックの人々はここで犯罪人を平らげていたという。村長は一番うまい部分とされる親指の付け根の膨らんでいるところを、犯罪人がまだ生きているうちに歯で食いちぎったという。そんな身の毛もよだつマユツバ話を、彼らは目配せしながら語ってみせた。

何日かして僕たちは国際空港のあるスマトラ北西部メダンに到着した。こんな狭い場所にボーイング737以上の飛行機が着地するのは絶対に無理だろう。なんとか貨物用の搭載口までバイクを持ち

「白人を見るのははじめてだ～！」――僕らの姿を見つけるや、
わあーと歓声を上げて子供たちが駆け寄ってきた。スマトラ島で。

上げ、倒したままほかの旅行者のスーツケースやリュックサックをクッションにして固定する。ここからマレーシアのペナンまでは20分。ひとつ飛びすれば着いてしまう距離である。

マレーシアの税関は、カルネ（一時的に自動2輪車を他国へ持ち込む際、通関手続きを簡素化する通関証）の提示がない限りバイクは渡せないと言い張った。この国際通関証を保持し続けるのはあまりにも高額で煩《わずら》わしく、僕らはすでにオーストラリアでこれを解約していた。この紙切れなしだって旅は続けていけるだろうと、それより先はカルネなしで試してみることにしたのだ。そこで僕はこんなことを言ってのけた。「カルネは海外保険でしかなくなっちゃったらしいですよ。賠償責任保険にはちゃんとここで加入しようと思っています」

なんと、うまくいった。こういうとき大事なのは、自信を持ってしっかりした態度をとること。そしてなるべく笑顔や社交辞令も絶やさないようにすればいい。長旅を続けているほかのライダーたちは言った。「カルネなしでシンガポール入国なんて誓ってもありえないぜ」

だけど僕は、それでもやってみようと考えていた。シンガポールに住む知り合いがゲーテ・インスティチュート（ドイツの公的文化交流機関）のイギリス版ともいえるブリティッシュ・カウンシルに勤めていて、僕らを招待してくれていたのだ。

ここから先、僕はしばらくひとり旅の予定。家族に会いにクラウディアが4週間ドイツに戻ることになったのだ。僕自身はまだ一度もドイツが恋しいと感じたことはない。だけど彼女の気持ちもわかる。なにせ10ヵ月のつもりで出発したはずが、今ではすでに27ヵ月を過ぎているのだから。そのとき僕が出した条件、それは彼女が帰ってくることと、ケルシュ（ドイツのビール）を買ってくることだった。しっかり寄り添って四六時中行動を共にしてきた僕らにとって、しばしの別れはなんともつらい。それでもまあ、たまにはちょっとくらい離れるのもいいのかもしれない。

ひとり旅のなかで一番過ごしやすかったのは西マレーシアの東部だった。ここの人々は静かなリズムでつつましい生活を送っていた。それに比べ西マレーシアの西部はインドや中国の企業が進出し、商工業の栄える「虎の国家」にたてまつられて、自らが生み出した廃棄物の山で今にも窒息しそうになっていた。

西マレーシアの東海岸には、まだなんとか美しい自然が残っている。海だって透き通るように青い。僕はそこで天まで届きそうな椰子の木の下にテントを張った。そう、クラウディアなしでひとり寂しく。やがて夜になり、そろそろ寝るかとマットに転がるや、どこからともなく奇妙な声が聞こえてきた。懸命に耳を澄ましてみるのだけど、その声には抑揚がない。それでも聞こえてくるのは確かだ。これは何かの警告かもしれない。僕は心配になった。疲れもどこかへ吹っ飛んでしまい、心臓がドキドキしてきた。「おい、いったいどうしたっていうんだ?」そこで僕はまっすぐ座って呼吸を整えた。体が少しずつ落ち着いていくのがわかる。これを理性で説明することはできない。もう一度、横になってみよう。……うぁあ、また聞こえる。僕は急に不安になった。明かりをつけ、気をまぎらわそうと本を手に取ってはみるが、とてもじゃないけど集中なんてできやしない。どうしていいかわからず僕はテントの隅っこまで這っていった。こんなザマを、誰にも見られなくてホントよかった。僕はこのとき、自分がおかしくなったんじゃないかと思った。その瞬間、「ドスン!」とけたたましい音が響き、気づいたときには枕の上に椰子の実が転がっていた。テントにはぽっかり開いた穴。20メートルはある椰子の木から実が落ちてきたのだ。もしも僕の頭に命中していたら、きっと僕の頭蓋骨は木端微塵に砕けていただろう。

その翌朝、僕は長い時間をかけて海辺を歩いた。遠くのほうにボートが一艘、漂着しているのが見える。近くで見ると、ボートは真ん中で折れていて、前方の半分だけがここに流れ着いたらしい。30人ぐらいは乗っていたのだろうか。ボートピープルと呼ばれるカンボジア、ラオス、そしてベトナムの難民たちだ。故郷での残虐行為から逃れて、どこかで新しい生活を始めようと救いの手を求め、小船で大海に乗り出した人々。だがせっかく海に逃げても彼らは、モーターボートで追いかけてくるタイの海賊船の餌食となってしまう。実際、海上で生き残れるのはごくわずかな人だけで、その彼らも、結局は難民キャンプに連れて行かれるという。欧米諸国、例えばアメリカやドイツが彼らを受け入れれば、彼らはキャンプから出られるということになっているが、それもとっくに限界に達していて、どの国もボートピープルを受け入れようとしない。それゆえに彼らの終着点は難民キャンプとなってしまう。僕はここにもそういう施設があることを発見した。フェンスの向こうから手を伸ばす子供たち。僕と彼らの間には有刺鉄線。50メートルごとに監視塔。そしてその2キロほど北には地中海クラブのバカンス村！

シンガポールはマレー半島の南端に栄える経済発展国である。電気機器やプラスチック製品の輸出に依存するこの国がマレーシアから独立できたのは、イギリス人の手助けがあったからだという。ブリティッシュ・カウンシルからの公式な招待状を手にした僕は、まるで外交官のように手厚くもてなされた。入国管理局長自らが国境遮断棒の内側へエスコートしてくれたのだから入国審査なしでパスだった。おかげでカルネを持っていないことにも気づかれずにすんだ。だが僕の髪は入国規定の髪型よりも長すぎで、本当だったら入国はあり得なかったという。シンガポールにいる間、確かにたったひとりしか長髪の男に出会わなかった。彼は、「シンガポールに来てから伸ばし始めたんだ」と言っていた。でも僕にはこんなところは、一週間しか耐えられない。そろそろペナンへ戻ろう。クラウディアに会えるのが楽しみだ。

パースを発つ直前、もうひとつビックリすることがあった。1000ドル近く払いすぎていた税金が舞い戻ってきたのだ。そこで私は決めた。この機会に一度ドイツへ戻ろう。

クラウスとの別れはつらく悲しいものだった。彼に何かあったらどうしよう。クラウスをひとりにしたくない。そういう不安にかられながらも、それでもやっぱり家族にも会いたい。そんな気持ちが入り混じっていた。乗り継ぎを何度も繰り返して、出発してから50時間後、ようやくドイツの土を踏んだとき、私はかなり興奮気味だった。「わぁ、みんなドイツ語だわ。看板に書いてある字も読める……」空港には、姉と妹が3人とも迎えに来てくれていた。「ポン！」と音がしてシャンパンのコルクが飛ぶ。外の気温は10℃。11月のドイツ。肌を突き刺すような寒さの季節のはずなのに、ちっとも寒いと感じない。そのとき私は一種の高揚感に包まれていて、何もかもが現実ではないような気がしていた。

4週間たらず私はドイツに滞在した。ちょっと立ち寄っただけの私に、皆はとてもやさしかった。そして3日もたたないうちに、誰も私とクラウスの冒険にあまり興味を持っていないことに気がついた。あまりというよりは、むしろ全然といったほうが適切かもしれない。インドやオーストラリアの話をしても、「それで？」って感じなのだ。私は自分が話したい気持ちでいっぱいなのに、なかなかそのことに気づいてもらえなかった。家族や友人たちは、むしろ自分たちのことを話すほうが楽しいようで、私が彼らの人生について耳を傾けるのを喜んだ。

あっという間に時が過ぎ、すぐにまた別れを告げるときが来た。いつまた会えるかわからない別れ。果たして本当にまた皆に会えるのか、それがいったいいつなのか、見通しがつかない。そういうしんみりした気持ちで私はクアラルンプール空港に到着した。すっかり混乱している私をクラウスは理解できないでいる。顔をクシャクシャにして嬉しそうに立っていた彼はこっちを見て、「あれっ、お前、なに泣いてんだ?」と訝《いぶか》しんだ。彼はドイツからのお土産を見て喜んだ。黒パンや生ハム。チーズ。マジパン(アーモンド菓子)にチョコレート。それからご所望のケルシュ。だが、ゆっくり話す時間はなさそうだ。東京に住むクラウスの姉ライラが、日本に向けて出発したはずの弟にしびれを切らしてタイまで会いに来ることになったのだ。

ライラとクラウスは深い友情でつながった者同士である。それはふたりがまだティーンエイジャーだった頃に起きたできごとが原点となっている。まだふたりが15歳と13歳の頃のこと。スウェーデンに住む親戚のもとで夏休みを過ごすはずだったライラとクラウスは、そこへ向かう船のなかで「親戚のところへ行かずに自分たちだけで旅をしよう」と決めた。そこでふたりは密航者になりきってスウェーデンからスコットランドまで渡り、アルバイトをしてわずかなお金を稼ぎながら、親切な人々の家のところでお世話になっていたという。そしてケルンの学校の新学期が始まってずいぶん経った頃、やっとふたりはイギリスから家路についた——そんな固いきずながあったのだという。

私たちはバイクに荷物を積み、国境を越え、タイのプーケット島へ向かった。絵に描いたような砂浜の近くにバンガローを借り、翌日にはライラが子供たちを連れてやって来た。ライラとクラウスが思い出話やここ何年かのできごとを話し込んでいる間、私は子供たちと海で遊ぶことにした。ライラの娘、綾《あや》は、まさに自分の人生を楽しんでいるという様子で、キャッキャッと声を上げて何時間も波の間を飛び回っていた。一方、お兄ちゃんのシダは、ブスッとした顔で母親に、「こんな暑いところに来るのはイヤだって言ったのに」と文句を言っていた。子供たちは日本語しか話さない。一週間ほど過ぎ、皆でサムイという島に行くことになった。「サムイは日本語で寒いって意味なんだぜ」と喜ぶシダの期待はみごとに裏切られ、サムイ島はプーケットと同じ、とても暑い島だった。

サムイ島からタイ本土への帰路は波もなく静かだった。カーフェリーの積み降ろし場からバイクを出そうとしたがキックスターターが引っかかってしまった。やれやれ、ギアボックスを開けなくちゃ。オイルが漏れないようにバイクを横倒しにするや、ドヤドヤと人が集まってきてバイクのまわりに人だかりができた。「はいよっ」と手斧が出てきて、その次に金鎚が手渡された。おっ、ちょうどどっちも必要だ。おばあちゃんが小さなボルトを入れる茶碗と、クラウディアのためにゴザまで持ってきてくれる。原因は欠けた細かい歯の歯車。ドイツに住む友人のオシに頼んで、至急、部品をバンコクまで送ってもらうことにしよう。その間エンジンをかけるときにはクラウディアにうしろから押してもらわなければならない。こうなった以上、世にもおぞましいバンコクを迂回することは不可能だ。そうして僕たちは地獄のど真ん中へ突き進んで行った。

すでに都心へ向かう道路は6車線とも大渋滞だった。都市計画で「一方通行システム」が導入されつつあるにもかかわらず、町中がこんがらがった毛糸状態に陥っている。運河にかかる橋の上で僕らは停車した。運河の水は真っ黒で、その悪臭に思わず窒息しそうになる。渋滞のなかを押し分けながら前に進んで行くと、ロータリーのところで警官がバイクを脇に寄せるようにと僕たちに合図した。その警官はあっという間に僕たちの免許証を自分の上着のポケットにしまい、４００マルク（ドイツの通貨。当時1マルクは約80円）にもなる賄賂を要求した。僕はすっとぼけながら地図を広げ、この警官に、「あのう、今、ここはどこですか？」と訊いた。彼の上司がやって来て、ブロークンな英語を操りながら、そこから中央郵便局までの道を教えてくれた。僕は言った。「キックスターターが壊れていて、ちょっと誰かに押してもらわないと……」すると上司は即、汚職警官にこの厄介な仕事を命令した。日陰でも36℃はあるところだ。僕たちは免許証を返してもらい、警官はバイクを押し始めた。しばらくエンジンをかけないでおこう。僕はうしろを振り向きながら警官に文句を言った。「ほらっ、もっと強く押してくださいよ！」そうさ、彼にはちょっと汗をかいてもらわないと！

バイクの部品がそろそろ着く頃だ。ケルンのオシが急いで買って、こっちに送ってくれたとのこと。これでやっとタイの北部を回ることができる。タイは決して治安の良い国ではない。ピストルを持った奴だってウロウロしている。レンタルバイクで走行中の観光客めがけて、鉄砲で的当《まとあ》てゲームをする者がいるとも新聞に書いてあった。頭のおかしくなっちゃった奴が街でナイフを振り回し、たまたまそこに居合わせた外国人を刺したという事件もあった。つい先日も僕のお隣さんがやられて、重傷を負い、集中治療室で一命を取りとめたばかりだ。

こういった憎悪を引き起こす原因となったのはセックス・ツーリズムだろう。ベトナム戦争の頃、アメリカのＧＩたちが持て余す欲求を満たすためにタイにやって来たのが、ことの始まりである。だが最近は、毎日、何便も到着する飛行機でやって来るドイツ人が主な客だという。そのうちの何人かが僕のことを笑った。「かわいい娘たちが選りどり見どりのところへ自分のガールフレンド連れてくるヤツがいるか？」だが、それには無料《ただ》の土産がついてくる。土産とはありとあらゆる性病のことで、最近の流行はエイズと呼ばれる怖いウイルス。それにしても、ここで一番の犠牲者は、貧しい山村から送られてきた幼い少女たちだ。

当分の間、僕たちは外で野宿するのをよすことにした。ここは土地の人に頼んで高床式の家の下にテントを張らせてもらったほうが賢明だ。そうすればその家の人たち、つまり村全体の庇護のもとで過ごすことができる。いつも村人たちは僕たちを快く受け入れた。家の主はすぐに椅子を出して、「まぁ、おかけなさい」とすすめ、延長コードをつないで電球まで取りつけてくれた。なかには自転車に飛び乗って近くの屋台へ走り、ビニール袋にメコンウィスキーを入れてきて、村人の半数ほどに声をかけて連れてくる親切な人もいた。ギター片手にやって来た村人たちと、そこから先はどんちゃん騒ぎ。それに比べて閑静なのは僧院に泊めてもらうときだ。どのぐらい静かかというと、グースカピースカ、坊さんの鼾がテントまで聞こえてくるほどである。ある晩、ギャ〜ッというクラウディアの悲鳴が聞こえた。修行僧が一目散に暗闇のなかへ逃げていく。それはなんと、昼間、大きな鉢を持って村へ行き、訪問客のことを村人に話して聞かせ、托鉢でもらった食料を僕らに分けてくれた坊主だった。

チェンマイに着くや、毎年恒例の水かけ祭りに鉢合わせした。一年のなかで最も暑いこの時期、人々はたっぷり水の入ったバケツを手に川っぷちや町の至る場所に立って、通りがかりの人に水を浴びせかける。家の窓からもバケツの水が降ってくるし、荷台車からホースで水を飛ばすヤツもいる。あっという間にずぶ濡れだ。

市場で僕たちは苺を発見し、これでストロベリー・ケーキを作ろうと、さっそく宿に持ち帰った。実験大成功——まずキャンプ用の鍋をふたつ重ねて入れ子にし、その間に水を注ぐ。内側の鍋にケーキ生地を入れ、強火にかける。そうやって携帯用コンロは、いとも簡単にオーブンに変身した。

僕たちはさらに北部に足を伸ばし、山岳地帯に住む少数民族のもとを訪れた。彼らの多くがケシの花を栽培していた。果実から掻き取った生アヘンはヘロインへと加工される。ここにはアヘン中毒の年寄りがやたら多い。がん首にべったりと樹脂がへばりつく長いキセルを片手に、ベンチで寝転んでいるのだ。残った灰は水とアスピリンと一緒に捏《こ》ね、新しいのに混ぜて再利用されるという。

ビルマ国境沿いの地域——ここではニンニクだけが栽培されていた。トラックが何百万個ものニンニクを積んでいく。周囲に漂う強烈な匂いに、頭がクラクラする。この付近には市場もスーパーも見当たらないので、最後には川を下る野菜売りのボートを呼び止め食料を分けてもらった。ここでもまた僕たちは、人々に優しい言葉をかけてもらい、こじんまりした小さな村で魚汁らしきものがかかった手打ち麵をご馳走になった。そして食事のあと、家にもお邪魔させてもらった。台所には盥《たらい》が三つ置いてある。なんとまあ、ミミズ、爬虫類、そしてゴキブリにカタツムリがウジャウジャと泳いでいるではないか……。

「どのムシも全身は食べられないのよ」奥さんが説明してくれる。「これは頭を取らないといけないし、ゴキブリは羽が硬すぎるの。これは脚を取らないとね。こっちのは、お腹に毒を持っているから頭だけしか食べちゃいけないわ」そうか、あの魚汁はこれだったのか！　夜中、懐中電灯を片手に村人が川岸で何かを探しているのを見て、僕たちは不思議に思っていた。魚汁、味はさほど悪くはなかった。それでも晩ご飯のお誘いはお断りすることにして、翌朝、村を出発した。

タイ・ビルマ・ラオスの三国が大河メコンを挟んで国境を接する黄金の三角地帯《ゴールデン・トライアングル》に到着し、メコン川の岸辺で竹小屋を借りた。ここで筏をつくり、カンボジアまで国境に沿って下ってみたいと考えていたのだが、すぐにその計画を断念した。ほんのつい最近、同じようにしてカヌーで川を下ろうとしたカナダ人ふたりが射殺されたと耳にしたからだ。夜になると確かに銃声が鳴り響く音がする。ラオスから亡命しようと家族全員が一団となり、泳いでタイへやって来るのだという。この三角地帯の緩衝地帯には無人島があって、２５０名にも及ぶ中国人亡命者が避難してきたとも聞いた。三国の兵士たちが警備に配置されていて、彼らはろくに食料も与えられていないという。それが本当かどうか自分で確かめようと、僕はカメラを手に丸木舟に乗り、ちょっと向こうへ渡ってみることにした。するとたちまち威嚇射撃の銃弾が飛んできた。――引き返すしかない。川を下ったところで国際救助組織のメンバーにも会ったが、彼らですら手も足も出せないでいる。こちら側に自力で渡れた者だけが助かるのだと言った。助かるといっても、行き着くところは収容所だ。後日、外で作業をしていた一団が収容所へ戻るところに出くわした。僕は、彼らと一緒に門に立つ守衛の前を通り抜け、収容所に潜りこんでみた。ものすごく狭い部屋はすこぶる効率的な小工場になっていて、至るところで作業が行なわれていた。銀細工工房や金属工場もあれば、家具づくりの作業場、機織部屋にはミシンもある。そして旋盤や溶接機。彼らがここから逃げだせるチャンスは、皆無に等しい。

しばらくしてラオスの国境に沿って南に走ってみることにした。僕らの地図には、そこは自然道と表記されている。まずはオンボロの竹橋を渡る。水面から15メートルの高さにかかる橋だ。そこで僕たちは小屋が燃えているのに気がついた。知らないうちに国境紛争のなかにまぎれ込んでいたのだ。道が続いているのかどうかさえわからない。背中に子供たちを隠しながら母親たちが恐怖のあまりに震えている。彼らの家は、黒い煤跡が残っているだけだ。ひとりの女性はクラウディアの顔を見て、今まで張っていた気がゆるんだらしく、急に勇気を奮って先に立って走り、僕たちに道を教えてくれた。先に進むにつれて道はなくなり、轍だったところは流され、かつて道だった場所には若木や灌木が生えていた。土がすっかりなくなってしまい、パカッと割れた岩の間に深い溝ができている所もあった。クラウディアは勇気を振りしぼってアクセル全開で溝をジャンプした。フレームをぶっつけながらもなんとか着地成功。

次の村までは、もうそれほど遠くないだろう。森の空き地で方角を確かめていると、突然、足元で葉っぱがガサガサ動き出した。なんと地面から顔がニョキッとふたつ飛び出し、驚いたように僕らの顔を見た。土に潜って隠れていた兵士たちである。彼らは戦車の通ったあとの轍を指差してくれた。轍に沿って行くと、だんだん砂利道になり、そして遮断棒にぶつかった。

「この先、タイへの国境！」僕たちは、知らない間にラオスに入り込んでしまっていたのだ。

国境係員は僕たちを笑顔で迎え、テントを張ることを許可し、新聞紙に包んだ薬草を半キロもくれ、ご飯までふるまってくれた。鶏の足入りスープ――現地の人々にとっては大変なご馳走だ。だけど僕はなんとなく食欲がなく、クラウディアに僕の分も食べるように頼んでテントに戻った。そこで薬草を見てびっくり。それは正真正銘のマリファナだった。翌朝僕は彼らに、「気持ちはありがたいのだけど喫煙とバイクはどうも相性が合わなくて」と言って薬草を返した。マリファナ所持は犯罪行為で、15年の禁固刑だ。そこでは誰も生き残れない。刑罰は地下で遂行され、暗い監獄に放り込まれて、与えられるのは冷飯と水だけ。日も当たらない。バンコクにいるそういった囚人のなかには外国人も大勢いるという。誰も彼らを助けてやることはできない。シンガポールやマレーシアでは絞首刑になるらしい。マリファナは中毒症にはならないというけど、いずれにしても麻薬と同等の罪で罰せられる。麻薬なんかつかまされないよう、ここは充分すぎるぐらい気をつけなくては。噂によると、そういうことって結構あるらしいし……。

大仏様の手のなかで。ビルマ

バンコクに戻り、もう一度ネパールへトレッキングに行こうと決めた。その間、バイクは預けることにする。一週間ほどビルマに寄り道したあと、バングラデシュ経由でカルカッタにジェット機で飛び、ラ・フェルラ神父の教会がある村を訪ね、6週間かけてネパールの山を歩いた。

そして次の目的地はフィリピン。できれば船で行こうと、僕たちは警備態勢万全のバンコク港で船会社のスタッフや船長と掛け合ってみたものの、皆、首を横に振り、船荷としてバイクを運ぶことすらごめんだと言われてしまった。なんだか狐につままれた気分である。誰もその理由すら言わないし誰ひとり助けてもくれない。どこかに別の問題があるのかも。こういった不可解な障壁は、きっと何かのサインに違いない。こうなったら別の方法を探すことにしよう。例えば飛行機とか。

実際、すぐに国営航空会社のPRマネジャーは両手を広げて僕たちを歓迎した。バイクを航空貨物として運ぶスポンサーになってくれるという。エンデューロをパレットに載せれば梱包は会社がやるからと言い、僕たちには格安航空券を手配してくれた。お礼に僕たちは地元新聞に記事を書くことにした。

1984年6月、家財道具一式を手にマニラに到着。

フィリピン人のラモンという青年が、「オレ、面倒なお役所手続きのことよく知ってるから」と、わずかな手数料でバイクを税関から受け出してきてくれた。

その後、ラモンは僕を自分の息子の洗礼式に招待してくれた。ラモンは、僕が彼の息子の洗礼親になることを希望した。地図を見ながらたどり着いた先はマニラのスラム街。ラモンは親や祖父母と一緒に、木箱のコンテナでできたバラックに家族で住んでいた。木箱にはモンバサとかブレーメン、ヨ

コハマなど、エキゾチックな地名が書いてある。屋根はプラスチックで葺かれていて、水は都心のバラック街にある井戸から汲んでくるという。その日は、祝いのために犬の串焼きが用意されていた。それは何日か前に、この辺で残飯をあさっていた哀れな野良犬の肉だった。

人々は、15年間も独裁的な政治を続けるマルコス大統領を思いっきりこきおろした。マルコスはフィリピン経済を疲弊させた上に、スイスにある自分の銀行口座に国の財産を蓄財していたのだ。そして国民が飢えに苦しんでいる間、妻イメルダは何千足もの靴を買いあさっていた。国民のすべての望みは野党指導者のアキノ氏にかかっていた。それなのにアキノ氏は、亡命先からマニラ空港に着いたとたん暗殺されてしまった。耐えに耐えてきた国民は立ち上がり、マルコスが民主化を認めるまでデモを繰り返すのだと心に決めた。

僕たちはたまたま元大統領のお孫さん宅でお

世話になっていた。彼の家は荒廃した郊外にポツンと建っている大豪邸で、初めのうちは自分たちだけで訪問するのをためらったほどである。その家のオーナーは皆からとても親しまれていて、「自分が手助けできることは何だってする」と評判の人だった。そこでは僕たちを歓迎してフィリピンの珍味バルートが出された。これは孵化寸前のアヒルの卵を半茹《ゆ》でにしたもので、殻から直接啜《すす》って食べるご馳走である。そんな珍味を前にしても僕らはさほど嬉しいとも思えず、彼らの話といえばマルコスと政権の崩壊を願うことばかり。街では毎日のようにズタズタにされた死体が人目にさらされながら担架で運ばれていく。そのほとんどは、情け容赦のない政府の拷問によって犠牲となった反政府派の人たちで、そうやって死体を見せることで、国民にマルコス独裁の実態を気づかせようとする試みだった。だが一般市民の圧力が強くなればなるほど、より多くの犠牲者を目にする事態になっている。

こういった環境から抜け出して、僕たちはルソン島の北部へ向かった。ここは、マニラよりもずっと平穏だ。どうやら政治情勢はまだそれほど緊迫化していないらしい。海岸に沿って米軍基地や売春宿の横を通り過ぎ、ルブアガンの山岳部まで足を伸ばしてみる。村の保安官が、警察署の入口に銃弾が打ち込まれた穴を指差してみせた。ここではまた別の暴動が起こっていた。NPA・新人民軍と呼ばれる共産ゲリラたちが山に立てこもっていて、ときおり外国人が人質に取られるというのだ。無傷のままでマニラへ帰りたかったら、トゥゲガラオへ迂回するしかないとも言われた。

「何があっても絶対に、チコ川を通って南に下っちゃいけないよ。あのあたりには警察や軍に追われる脱獄犯もいるのだが、それより怖いのはゲリラたちだからな」そういった忠告を受けながら、僕らはそれでも思い切ってチコ川ルートを選ぶことにした。おまけにそのあたりには、今でもことあるごとに争いを起こすふたつの部族がいて、敵の首を狩りとっては干し首にしているという。

渓谷は美しく、山の斜面にはすでに2000年も昔につくられたという棚田がなだらかなカーブを描きながら上へ延びていた。岩だらけの地面に切り開かれた自然道はしっかりと踏み固められていて、この何年か使われていないということを考慮すれば、驚くほど良い状態を保っている。ただところどころ途切れたり奔流に押し流されてしまった部分があり、それを越えるのは至難の業だ。

渓谷の下に伝統的な村落があるのが見えた。残念なことにそこへは踏み分け道しか通っていない。川には吊り橋がかかっているだけだ。そして突然、腰布を巻いただけの先住民が立っているのに気がついた。背が低くて足の指が4本しかない。これは首狩り族の身体的特徴だと、どこかで読んだことがある。さらに男は武器、つまり蕃刀と槍と投擲器《とうてきき》――これは弓矢以前の飛び道具で、石器時代にさかのぼる武器――を手にしている。それはまあともかく、男はニコニコと笑顔で僕たちに何か伝えようとしていた。両手を擦り合わせ、そしてマッチを擦るジェスチャーをする。クラウディアはカバンからマッチをひと箱取り出した。男は目を輝かせて何度も頷き、「これをください」という感じで手を合わせた。僕もカメラを差し出しながらジェスチャーをまじえて頼んでみた。「もちろんマッチは差し上げます。あの、その代わりに僕もあなたにお願いがあるんです。ちょっと写真撮ってもいいですか?」男は、「そんなものいらないよ」とばかりに首を振った。これがなんだか知らないようだ。そして、彼は棒でできた投擲器の使い方をみせてくれた。一本の棒の先端に、もう片方の棒をひっかけて、それをビュンと飛ばす。目で追えないほどの速さだ。こうして遠くから獲物を射止めるのだろう。まったく、これには驚いた。そしてこの小さな男は笑顔を浮かべ、手を心臓の部分にあててお辞儀をしながら僕たちに別れを告げ――目の前に現れたときと同じように――一瞬にして姿を消した。

クラウディアは、山岳風景をカメラに収めようと、道草をする僕よりひと足先に次の部落へ向かっていた。村の人々は胸で十字《クロス》を切りながら、北の山から、それも女がひとりでやって来るとは何事ぞと不審がった。僕が姿を現したので、それで幾分かはホッとしたようだったが、それでも僕たちがやって来た方角は、明らかに彼らにとってはタブーだということがヒシヒシと伝わってきた。

日が暮れる前にサガダという山村に着いた。サガダは洞窟墳墓で有名な村だ。ここの村人は丸太をくりぬいて棺をつくり、棺の蓋を2本の棒で固定し、最後に、この丸太棺を洞窟に積み重ねて保存するのだという。

ちょうど雨季だったので、ある家族のもとでひと部屋借りることにした。家族や、途中で知り合った友人たちにゆっくり手紙を書くのにちょうどいい。あたたかい雨を堪能し、ゆっくりと森を歩いてじっとりした空気を吸う。そうして毎日が過ぎてゆく。僕たちはここでも親切な人々と出会った。なかには政治と密接な関わりを持つ者もいたが、サガダに新人民軍の頭《かしら》が匿《かくま》われていることを、彼らは決して漏らしはしなかった。

フィリピンは、7000に及ぶ島から成り立つ国だ。そのうちのいくつかを回ろうとすれば、貨物船を探さないといけない。フェリーというものは見当たらない。貨物船乗り場に桟橋はなく、バイクはクレーンで搭載するという。これがまた大仕事で、それに伴う手続きも大変だ。外国人がバイクを持参しているというだけで、「お勘定はこちら」とばかりに特別料金を取られることになる。こういう法外な要求や煩雑な手続きを避けるために、僕はここである有名な事実を利用させてもらった。フィリピンの警察と軍の司令官、フィデル・ラモスは大のオートバイ・ファンなのだ。僕は大きな声で言った。「ラモス司令官のおすすめでやって来ました。さて旅のあと、彼になんと報告しましょうか?」実際には、ラモスの「ラ」と口に出しただけで充分だった。賄賂役人たちは料金すら取ろうと

せず、僕らを満足させようと一生懸命になった。
そういった状況だったが、島から島へ渡り歩くのは楽しかった。最初に訪れた島のひとつ、ボラカイは猫の額のような島で、ものの30分で横断しきれるほど小さかった。椰子の木、白い砂浜、珊瑚礁、そして漁師の家が2、3軒あるだけ。そこには、ほんのひと握りのヨーロッパ人が、ふとしたきっかけでこの小さなエデンの園を見つけ、そのまま帰らず居ついていた。僕らには彼らの気持ちがよくわかる。その反面、このロビンソン・クルーソーまがいの幸運がそのままでは終わらないことも知っている。それはいつも同じ筋書きなのだ。まずは旅行者がやって来る。そしてお次は、既存社会の枠から外れた脱線者たち。彼らはいつの間にか定住し、旅行者用のバンガローを建ててウィンド・サーフィンやダイビングの施設を提供する。まずはそれで大儲けだ。挙句の果てには、投資家たちが押しかけてきてリゾート村や大きなホテルを

建て始める。かくしてこの小さな楽園は踏み潰され、コンクリートで固められ、島の生活はきわめて人工的なものに豹変してしまう。

幸いなことに今はまだ、のどかな島の生活は保たれたままだ。ここで僕たちはスウェーデン人からバンガローを借りた。漁師の一家族と共同の入江がついている。夜、ベランダに座って、太陽がゆっくりゆっくりと岩の間に隠れながら、水平線を赤く染めて沈んでいくのが見える。島々に浮かぶ雲の層が幾重にも重なり合い、夕日の色が戯れるように変化していく。そこに僕たちのお隣さん、ビクターがやって来た。僕たちはヨットで海に出て網を下ろした。あっという間に晩ごはんのおかずが引っかかる。朝になると近くの入江からスイス人が焼きたてのパンと甘い三つ編みパンを持ってきた。僕たちはマニラから持参した豆でコーヒーを淹れて彼をもてなし、島人の生活のことをおしゃべりした。「ドイツ・バイエルン男のゼップが南の入江にバンガローを建てれば、オレの石窯オーブンも大忙しになるはずさ」そう言ってスイス人はパン籠をマストにくくりつけ、次のお客のもとへ帆を向けた。向かい側の岩の尖端にも、そんな変わり者がもうひとり定住していた。彼から借りた双胴船《カタマラン》に乗って僕たちは沖に乗り出し、太陽の下でぼうっと過ごし、静かなところで泳いだ――波に揺られて夢見心地でいると、ここに居ついてしまう奴らの気持ちもわかる気がした。ネパールの山奥やオーストラリアの砂漠で、そう思ったのと同じように……。

ボラカイ。この島は私たちにとってパラダイスだった。最初の計画では一週間もあれば充分だと思っていたのに、3週間が流れるように過ぎ去った。地図を広げてみると、パラワン島という大きな島のすぐそばに「フリッツ島」というドイツ人の名前がついた小さな島がある。聞いた話では、無人島で飲料水を見つけ、何かの役に立つと思われる草木さえ植えれば、その島を国から買い取って自分の名をつけることが可能だという。ある日私はバンガローのベランダに腰をかけ、「ねぇクラウス、もしも将来私たちが別れることになったとしたら、その後どうなると思う？」と問いかけた。「お前は絶対そのまんまドイツへ直行で帰るよな。えっ、オレ？　オレはこのまま旅を続けるに決まってるさ」一瞬、「確かに、言えてるかも……」と思ったが、私は反発した。想像の世界でなら、どこか小さな楽園を見つけて定住することだって私にもできる。「で、それっていったい、どこなんだい？」すかさず訊ねるクラウスに、私は、「そう簡単に教えてあげるもんですか」と言い、もうこれぐらいでいいかなと思うまで待たせておいて、それから口を開いた。「島を買って、クラウディア島って名前をつけるの。で、手紙とか書かないで、あなたが地図でクラウディア島を見つけて会いに来るまで、そこで待つのよ」それを耳にしたクラウスは笑いながら言った。「オレは君には会いにいかないよ。その隣の島を買ってクラウス島って名づける。そんで、そこに住むんだよ……」

再び心が騒ぎ始め、さぁ、また進もうという気持ちがムクムクと沸き上がってくるまで、そう時間はかからない。なぜなら、「進み続けること」が、旅の原動力になるのだから。そしてそれが、長旅に伴う疲れやストレスに耐えるためのパワーも与えてくれる。

タクシーボートに乗って、バイクが置いてあるパナイ島に戻った。たまにはエンジンつきの乗り物をちょっと横においで、普段とは違うタイプの旅をするのもいいものだ。ただひたすらのんびり過ごすのも悪くない。

ある村落でテントを張って過ごしていると、村人たちが急ぎ足で僕たちのもとへやって来た。彼ら

子供たちは学校から帰ると、僕らのテントを訪れ、こうやってずっと僕らを見つめていた。
料理のとき、手紙を書くとき、歯磨き、そしてシャワーのときも。
フィリピン・ミンダナオ島で

は堰を切ったように、日々募る不安や不満を打ち明けた。僕は、彼らにとっては何よりも裕福と贅沢を意味する先進国での生活について話すことにした。規律、日々の出勤、時間厳守、プレッシャー、継続教育への強制、競争相手との戦い、ストレス、物価、請求書、そしてクレジットローン……果たしてこれらがいったい何なのか、僕は彼らにわかってもらおうとした。彼らはそばに来て座り、僕の話に聞き入っていた。フィリピンの公用語は一応タガログ語なのだが、ほとんどの人は方言のほかにも英語を流暢に話す。そしてさっきよりは少しは落ち着いた様子で、テレビドラマでしか見たことのない西洋社会にもそういった影があることを知り、「そうとは知らなかった」と呟いた。

　非常に困るのは、彼らが僕の風采を見てイエス・キリストだと勘違いするときだ。誰かがこっちを指差し、「あっ、キリスト様だ！」と叫ぶ。すると周りの人も、「ホントだ！　ホントだ！」と声を揃えて騒ぎ出す。そういうとき、僕はこれ以上皆がヒステリックにならないうちにさっさと逃げることにしていた。ある日のこと、買い物をしようと市場の前でバイクを停め、ヘルメットをバックミラーにぶら下げてシートから降りるや、ひとりのおばあちゃんがひざまずいて僕のジーパンにしがみついた。「どうか、この婆《ばば》とうちの孫息子に神の祝福をお与えくだされ！」そう言って放してくれない。そのうち僕は市場のほかのおばちゃんたちにも捕まってしまい、逃げも隠れもできなくなった。

　さらに島を渡り歩く。農民たちが耕す土地。残念ながらこういった農地は彼らのものとは限らない。ミンダナオ島に着いたばかりの日のこと。僕たちは怒り狂う農民たちに行く手を遮られた。イギリス人が所有する大規模農場でココ椰子を栽培している農民たちだ。彼らは地主から宿と食事をあてがわれているだけだという。そこで、労働賃金を求めてストをしようと腹をくくったが、大規模農園の所有者はこの騒ぎが自然に片づくように、3週間前から食べ物の供給をストップしたのだという。次第に彼らの息も切れ始め、「非暴力な方法で抵抗しても、自分たちの権利を得るなど無理な話さ」とあきらめかけていた。そして僕たちに、「イギリス人と同じ血を分けたお前らのトランクにはドル札がぎっしり詰まっているに違いない。そいつをよこせ」と迫ってきたのである。状況はかなりヤバイ。僕たちはバイクから降りて、頭格《かしら》の年寄りのもとへ歩み寄った。辛抱強くわかってもらえるように話すしかない。確かに旅をするにはかなりの費用が必要だ。だが僕たちもさほど財産は所有しておらず、これまで何度も人の手助けを受けてきた。わずかな金を稼ぐため、当然、ところどころで仕事もしなければならないし、職を探すといっても、いつもそう簡単に見つかるわけではない。もちろん僕らも奴隷や強制労働には大反対だ、そして、僕らの食料を喜んで彼らと分けたい。そう言って、僕はサイドバッグを開けた。開けた拍子に転げ落ちたのは、よこせと言われたドル札ではなく、5キロ入りの米袋だった。昨日まで滞在していた隣島ボホールを去るとき、お世話になった家族がくれたものだ。クラウディアは食料箱から玉葱と野菜を取り出した。書記係がそれを丁寧に帳簿に記入し、皆が僕たちと握手し終わるまで、先には進ませてもらえなかった。

ミンダナオ島のサンボアンガでは内戦が勃発し、混乱の真っ只中だった。銃身を切り詰めた散弾銃を手にした男たちがそこかしこに立っている。サンボアンガの市長シーザー・クリマコ氏は反マルコス派を代表する強硬派のひとりである。彼のデスクの上には「I am not a dirty old man, I am a sexy senior citizen」（私《わたくし》、スケベ爺《じじい》などではございません。セクシーな老人でございます）という札が置かれていた。クリマコ氏のたなびく白髪は肩まで、髭は胸まで伸び放題だ。彼は僕たちに言った。「政権がマルコスの手元にある限り、わしゃ髭も剃らんし髪も切らんと決めたんじゃ」そんなクリマコ氏の一番の気がかりは、路上での無意味な暴力行為だという。街角の至る場所に自動小銃を持った警備員が配置されたものの、殺戮はとどまるところを知らず、新たに増えた犠牲者の数が白布に血で書きなぐられ、市長室の窓から垂れ下がっていた。クリマコ氏はそういった混乱から人々を正気に戻すための努力を惜しまなかった。そして僕たちが生きてここまで来られたことに驚きながら、「わしもきっと近いうちに撃たれるぞ」と呟いた。実際、それから2、3日もたたないうちに、本当にクリマコ氏は暗殺された。射殺だった。

僕たちは地元の新聞社からインタビューを受けた。これは僕らにとって初めてのインタビューだ。翌日、その記事が新聞の第一面に掲載された。血腥《ちなまぐさ》い事件で埋め尽くされるなか、僕らの記事はまるでポッカリ浮かんだ平和の島みたいだ。それ以来、僕たちは道を走っていると人々から励ましの言葉を受けたり、食事に誘われたりした。出航を前にして、高級レストランのオーナーが珍しいカニを食べていきなさいと食事に連れて行ってくれた。

目的地のセブ島に着くまで、この先しばらくは船の旅だ。船は荷物をわんさと積んでいて、乗客たちは缶詰状態で二段ベッドに横たわって眠る。大波に揺られ、乗客たちが皆、下のデッキへ降りていく。ちょうど台風の季節。この近くにも通過中の台風があるようだ。セブ・シティに到着するや、僕はすぐにバイクの積み降ろし作業に加わった。僕のバイクはすでにクレーンのフックに掛かっていて、桟橋にはものすごい人だかりができている。そこにバイクが荷物ごと降ろされるかと思うとふっと不安が頭をよぎり、思わずエイッと宙に浮くバイクのフットレストにぶら下がった。

僕たちは旅行仲間からの情報を手にしていた。「島の向こう側にあるモアルボアル・ビーチは素晴らしい。世界でも指折りのダイビングエリアだ」というのだ。いざ着いてみると、そこはただのツーリスト・ゲットー（観光地）だった。夏のシーズンも去り、人影もまばらになっている。そこから少し離れた場所で椰子の木の間に居心地のよさそうな平地を見つけ、テントを張った。

　年が経つごとに、安全な場所を探しだす直感が研ぎ澄まされ——それは、かつてインドで毎日のようにに野宿した頃までさかのぼるのだけど——僕たちはバイクで飛ばしていても、日が暮れないうちに野宿にふさわしい場所をチェックすることを心がけていた。ときには、納得いく場所がみつかるまで50キロ、１００キロと走り続ける日さえあった。またあるときには、近くに静かで安全な場所があるのを感じ取り、わざわざルートから外れることもあった。そういった場合、いつもぐっすり眠ることができた。それでも僕たちは、いつも耳をそばだてているよう心がけていた。そうしていればどんな小さな音も聞き逃すことはなかった。実際、深夜に何者かが忍び寄ってくるのはごく稀なケースだった。たいていそれはコソ泥たちで、こちらがあまり苦労しなくても、彼らはすぐに逃げていった。

　でも今回はなにかおかしい。選んだ場所は完璧なはずだ。それなのにクラウディアも僕と同じ感じがすると言い、僕らはテントを何度もあっちこっちに移してみた。2時間ほど試行錯誤を繰り返し、僕たちは「こりゃダメだ」とあきらめて片付けることにした。そのあたりからふたりとも腹の調子が悪くなり始めた。これはきわめつけの、そして確実に何かがおかしいというサインである。腹のほうが頭より物事を理解するのに長《た》けている。腹の調子が悪くなったら、それはもう１００パーセント確実だ。僕たちは向こう側に立ち並ぶ貸バンガローまで行き、古木が取り囲むように繁茂する一番奥の51号棟を借りた。海や遠くに見えるはずのネグロス島を望むことはできなかったけど、不思議なことに、そこに来るとなぜか腹の調子が治ったのだ。野宿はやめて、今日はここに泊まろう。

　僕はシュノーケルと水中メガネを借りて海に行き、水面下に広がる世界に潜ってみた。そこでは実に色鮮やかなシーンが繰り広げられていた。珊瑚礁が重なり合ってさまざまな形の造形物となり、その間に色とりどりのエキゾチックな魚が顔をのぞかせる。そこを回遊魚の群れが通り過ぎていく。これはもう自然の驚異的な業が創り出す異次元空間としかいいようがない。僕はまだ見たことのないお伽話《メルヘン》の世界へ引き寄せられる気分で潜り続けた。やっぱり来てよかった。最初、海辺に立ち並ぶ土産物屋やディスコやダイビングスクールがやたらと目につき、このいかにも観光地という雰囲気を受け入れられずにいた。夜、町のほうに向かって散歩していくと、新築の二階建て家屋が海岸際にデンと構えているのにぶつかった。漁師が言った。「これはあるドイツ人の家なんですよ。設計図を送ってよこしたんですが、当のご本人は完成後の家をまだ見てないんです」そのとき突然、考えてもない言葉が僕の口をついた。「彼がこの家を見ることはないと思う。その前に壊されちゃうはずだから」自分の口から出た言葉を聞いて驚いたのは僕自身だった。浜辺に腰かけて日没を待っていると、灰色の天空に赤い線が一本くっきりと浮かんでいるのに気がついた。「あれは何だろう？　方角からして太陽の光線とは関係ないし……」そして一軒だけ開いていた食堂に入り、この季節になってもまだモアルボアルに残っていたふたりの外国人、リックとマイケルに会った。彼らはレストランのオーナーや店員と一緒にこの地に起こっている振動についてうんちくを傾け、それについてどう思うかと僕らに質問した。そこで再び僕の腹が訴え出した。ここでも自分が話す言葉を耳にして、自分でも驚いた。

「この村は、もう長く存在しないだろう」

　それを聞いて、皆が僕をからかい、大爆笑した。「とにかくオレたちのほうがよく知ってんだからな！」そう言い返してはみたものの、僕自身でも「じゃあいったい、何を？」って感じだ。不安な思いを拭いきれないまま、ビーチから一番奥まった場所に立つ、木柵で囲まれたバンガローに戻った。

　明日の朝になれば、自然災害を恐れるのは僕たちだけじゃなくなっているはず。それなのに気象観測所は警報を発しようとしない。そしてラジオで警報が発せられたときには、もう手遅れだった。数時間後には世界中のアナウンサーがこの大災害について報道するだろう。最初の報道で1000人だった死者は、一週間後の放送では7000人にまで及んでいた。


天災の2日後、僕は日記にこう書いた。

モアルボアル・ビーチ、1984年9月初旬、火曜日。大木の陰に座ってこれを書こうと、僕はここにやって来た。死滅した珊瑚礁の上を歩いて来たのだ。かつては白い砂浜だった場所。セブ島西海岸に沿って延びる、大樹老木に覆われた美しい地域の光景は無惨に一変していた。飛ばされずに生き残った木々ですら、枝はへし折られ、葉っぱもなくなっている。ということは、ここに木陰はもう存在しない。大木は根こそぎ引っこ抜かれ、折り重なって倒れている。何本か残った椰子の木も、風になびく美しい樹冠がすっかりむしりとられている。まるで原子爆弾の衝撃波に襲われたように。

とにかく、一度、話をもとに戻そう……。

前々日の夜は平穏そのものだった。翌朝は雨が降っていて、風が出始めていた。こんな日は家にいるのがいいと、僕らは布団に入ったまま過ごしていた。ちょうどその日は日曜で、3・5キロ先の村に市場の立つ日だった。雨がおさまったら来週のための食料を買いに出ようと考えていたものの、風はますます強くなる一方だ。その頃にはバンガローもときおりガタガタと揺れ始めていた。北側から雨が強く打ちつけ、竹で編んだ壁からじわじわと水が滲みてきて、どんぶりで雨水を受けなければならなくなった。それでも北側には大きなロッジが3軒ほど並んでいて、僕たちのところに雨風が直撃するのを防いでくれていた。向かいの海岸側に立つ家は無防備な姿でさらされっぱなしだ。強風が吹

き荒れ、頭上を通り抜けながら、徐々に台風へと姿を変えていく様子をカメラに収めた。椰子の葉の屋根がところどころ風に剝がされて飛んでいき、そのうち僕たちはずぶ濡れになってしまった。そこに労働者ふうの男がやって来て、向かいの小屋に角材を打ちつけていった。彼らはあとからもう一度やって来て、48号棟のバンガローも太いロープで椰子の木に縛りつけた。あれはオージーのふたり組リックとマイケルのバンガローだ。僕たちはときどき、家と樹木の間に停めたバイクをチェックしながら、これだけ防護されているから大丈夫だろうと思っていた。

　北から吹きつける強風は次第に烈しさを増し、海岸側の家は支柱が倒れて、風になぎ倒され、椰子の木にガーンとぶつかった。僕は写真を撮った。「パシータ・コテージへ、ようこそ」という看板は、そのときまだぶらさがっていた。周りの椰子の木は葉をもぎ取られて哀れな姿に

なっていく。木は折れて倒れ、人間がふたり、両手を広げても抱え切れないほどの大木も何本か根こそぎ引っこ抜かれてしまっている。「パシータ」の看板も飛ばされて、もはやこれまで。僕たちは、荷物をナイロン袋や毛布で包んでベッドの下に押し込んだ。そのとき僕たちは、嵐がこれ以上ひどくなるとは思ってもいなかった。より安全なバイクのサイドバッグに荷物を入れるために、この暴風のなかに飛び出して行くことなど、狂気の沙汰に等しかった。思わず僕たちは祈った。「エンデューロ、頼むからひっくり返らないでくれ」クラウディアのバイクに僕のバイクがもたれかかっていたものの、それでも2台はしっかりと足を踏ん張るようにして立っていた。風速は、時速150キロに達したあたりだろうか。その頃、風向きが変わり、今度は西のほうから、つまり海から風が吹き始めた。荒れ狂う海が風と共に水しぶきを吹きつけてくる。椰子はひっくり返り、樹冠もなくなり、葉

っぱがびゅんびゅんと音を立てて舞っている。どう見ても普通の風じゃない。その頃すでに人影はなく、南側に建つ漁師の家のあたりで、男が必死になって前へ進もうと動いている姿だけが、雨の向こうに見えるだけだった。

この頃から僕たちのバンガローが容赦なく揺れだした。揺れるたびに、恐怖のあまり心臓がズボンへ落っこちそうになる。そんな矢先、突然、隣のバンガローがすさまじい音を立てて壊れた。バラバラになった屋根が飛ばされていく。嵐は勢いを増し、その次の家はもっとひどいことになっている。この時点で48号棟は、まだなんとか元の場所に立っていた。リックとマイケルは——バンガローは木にくくりつけられてはいたものの——嵐のひどくなる前にレストランへ行っていた。僕たちの知る限り、そのほかの家屋、そして島の内部の建物はまったく無防備だった。浜辺の遊歩道はひどい打撃を受けたはずだ。もし人がまだ残っていたとしたらとんでもない状態になっているだろう。今は、ここでじっと待つしかない。

バイクを確認しようと風に煽られながら必死になってドアを押し開けたとき、ベランダの屋根の端が風で浮き上がりつつあるのに気がついた。いつの間にか漁師の家もすっかり壊れてしまっていた。周囲の視野に入るものすべてが一斉に動いていた。どの家もすでに倒壊していたか、ひどい損傷を受けていた。次は、このバンガローかもしれない。風はさらに勢いを強めた。この様子だときっと時速200キロは越えているはずだ。バンガローの49号棟と50号棟の間にあるトイレまで逃げられれば、まだチャンスはあるかもしれない。トイレはコンクリートでできていた。僕たちは現金とパスポートを首からぶら下げ、洋服やウォークマン、そしてカメラを入れたナイロン袋を抱え、トイレに向かって足を踏み出した。暴風が僕たちに塩水を打ちつけるなか、荷物を握りしめてよたよたと前に進む。

やっとのことでたどり着いたそのとき、僕らの目の前をトイレの屋根が吹っ飛んで行き、ドアがガタンとはずれ落ちた。それでもトイレの内側にへばりついてさえいれば少しは身を守ることができそうだ。しばらくそこで耐えてから、嵐の轟音をかき消そうと僕は大声で叫んだ。ボッチャン便所の隅に吸いつくように張りつき、荷物が便壺に浮いた紙と一緒に渦に吸いこまれないようにしっかりと握りしめた。僕たちは何度も壁に打ちつけられながら、ひたすら祈り、恐怖に震えていた。

しばらくして僕は必死でトイレの裏側へ回った。そこの壁が風除け代わりになっていたのだ。クラウディアはついて来られない。首を出した途端、僕は渦巻きに頭を持っていかれそうになった。首筋に激痛が走る。どうにかこうにか彼女をこっちへ引き寄せたその瞬間、ドシン！　と大木が倒れてきて便所の入口を遮った。当たっていたら頭をかち割られていただろう。僕たちはしゃがみこんで、散らばっていた椰子の葉で身を覆った。あたりは轟音に包み込まれたままだ。そのとき突然、僕たちの目の前を49号棟が吹っ飛んでいき、転がりながらぶつかって、木端微塵に壊れてしまった。僕はこぶしを握りしめて立ち上がり、何も聞こえなくなり、何も感じなくなるまで嵐に向かって叫び続けた。

嵐が勢力を増すのをやめてから2時間は経つというのに、息苦しさは収まらない。あまりの寒さに、僕たちの顔もすっかり青ざめている。防護のための木々は吹っ飛んでしまっている。だけどどういうわけか、僕たちの51号棟バンガローだけはまだ残っていた。何とかして、あそこに戻ろう。まるで僕たちのために立っているようだった。ましてやバンガローのほうがずっと暖かい。不思議なことに屋根もまだ残っている。僕たちは濡れてしまった毛布をかぶり、震えながら部屋の隅にしゃがみこんだ。そこへリックとマイケルがやって来た。内陸へ３００メートル行けば、乾いている場所があると誘ってくれた。その頃には、なんとか外を歩いて行くことができた。まだ空から何が降ってきてもおかしくない状況だというのに、またまた僕たちはヘルメットをかぶるのを忘れて外に出た。そしてなぎ倒された木や、トタン、椰子の葉や枝につまずきながら、よじ登るようにして道を進んだ。

小さな部屋には生き残った者たちが20人ほど集まっていて、僕たちに着替えや茹でたトウモロコシを出してくれた。ここに来る途中で拾った椰子の実を割って汁を飲み、その実を分けて食べた。さまざまな話が飛び交っていた。「誰かが嵐のなかで見つけた鶏を食堂に持ってきてくれたんだ。まだ屋根がついていた食堂の軒先に、人がわんさと集まっていたけど、そこもいつの間にか吹き飛ばされてしまったよ」とか、「目が覚めたらベッドともども家が倒れるところだった。鼻の骨を折ってしまった」などなど。外はまだかなりの荒れ模様だ。僕は水着になって濡れた毛布をかぶり、椰子の実を取りに出かけることにした。やがてヘトヘトに疲れ、失神寸前のところで皆のもとに戻った。

そこへ僕らの隣に泊まっていたドイツ人の3人がマニラから連れてきた女の子たちと一緒にやって来た。僕たちは鍋を出して皆にスパゲッティをつくった。そしてコーヒーを皆に配る。風はずいぶん弱まってきた。雨は、土砂降りになったり止んだりしていた。

翌朝は写真を撮ろうと、日の出と共に外に出た。あたりはしーんと静まり返ったままだ。どこもかしこも瓦礫だらけ、家が木にぶつかったままの姿でひっくり返っている。バイクはひと晩のうちに錆だらけになってしまったようだ。クラウディアが洗い流している間、僕は自分たちの持ち物を取りに戻り、落ちているものを避けながら周りを歩いてみた。町は見事に破壊されていた。レストランは押し寄せた波に呑まれて道の向こうの浜辺までさらわれている。また別の家は、転覆したボートの上に乗っかっていて、道路も原型を留めてはいない。浜辺の遊歩道は、土産物屋や屋台、カクテルバーと共にどこかへ消えてしまっていた。とてつもなく巨大な波がここを襲ったに違いない。生残者たちは、そんな残骸のなかでまだ何か救えるものがないかと探していた。

……ショックはまだ深く残っている。僕たちはふたりとも無事だ。聞いた話では、50年ぶりの巨大台風だそうだ。ビサヤ諸島全域を襲い、なかでも最も被害を受けたのはこのセブ島だったという。電気も水も止まって、ニュースも聞けない。珊瑚礁は全滅。海のなかはまるでゴミ収集所の状態だとダイバーのウィリーが呟いた。海には死臭が漂っている。そして空気中に漂うべっとりした匂いはさらにひどくなっていた。

　僕たちは土に埋もれたバイクを掘り起こし、念入りにオイルを差した。本当なら死者の埋葬に手を貸すべきなのだが、僕にはそれができなかった。夜は夜で、まるで徹夜で飲み明かしたあとのような頭痛に見舞われた。ぐっすり眠ることすらできない状態だ。仕方なく浜辺——正確には、もと浜辺だった場所に行き、大きな火を焚いた。行方不明になった漁師とその息子を探しにネグロス島からボートがやって来たが、「舟に体をくくりつけて命拾いをした漁師がいるらしいよ」と言うぐらいしかできなかった。近所の人たちは椰子の木の下に寝床を移し、「これは神からの天罰だ」と嘆いた。僕がこの台風を予言していたことが巷に広がり、村の人々は何もかも失ったというのに、夜になると僕らのもとへ果実を茹でたものを運んできてくれた。僕たちは残っていた野菜を彼らの手に握らせた。夜は静かだ。

　三日目。あたりを歩いていて、ようやく町に復旧作業が始まったのに気がついた。誰もが、施設をもとの姿に戻し、珊瑚が再生できればと願っていた。セブ・シティからタクシーを雇ってやって来る観光客もいた。道路は清掃され、僕たちも少しずつ、なんとか元気を取り戻していった。それでもまだ実感がわかないいままだった。それから数日後、僕たちは荷物をまとめ、州都のセブ・シティへ向かった。右にも左にも木の幹や電柱が横倒しになっていて、こんがらがった電線や瓦礫の山が散乱している。大農園のバナナは、どれもこれもへし折れて全滅だ。石造りの大きな教会の屋根は、完全に陥没していた。

マニラに到着。そろそろ出国の準備を始める。日本へ向かう前に、台湾に寄っていこう。入国関係の手続きは台湾文化局でやってくれるという。親切なことに窓口の担当者はバイクの一時輸入許可証も一緒に発行してくれるという！　4ヵ月ほど前に知り合った米国貨物船の船長が台湾まで僕たちを乗せていってくれることになっていたが、あいにく彼はバカンス中とのこと。そこで船長代理にバイクを高雄《カオション》まで運んでもらい、僕たちは飛行機で台湾へ向かうことにし、出国の手続きをした、港湾局長が僕たちに説明した。「しばらく前からフィリピンへ車輛の持ち込みはストップされていたはずなんですよ」そうか、どうりでバンコクでバイクの輸送にてこずったわけだ。だけどラッキーなことに、あのときバンコク空港のスタッフは、誰もこの規定を知らなかった。

貨物船のギャングウェイ*1にバイクを持ち上げ、手すりにしっかりくくりつけた。これ以上彼らに迷惑はかけられない。バイクを無償で運んでもらえるだけでもありがたいと思わなくては。そして僕たちは台北《タイペイ》へのチケットを手に入れようと探し回ったが、どのフライトも満席状態だった。貨物船が高雄に入る前に、僕たち自身が台湾に着いていなければならないのに……。それを聞いた国営航空のマネジャーが即座に、僕たちをＶＩＰに格上げしてくれた。

飛行機は、大都市に覆いかぶさるように黒く立ちこめるスモッグをくぐり抜け、青く澄んだ空へ突き進んでいく。眼下には、おびただしい数のデモ参加者が通りを埋め尽くしていた。数日前からフィリピン全土は非常事態に陥っていて、日に日に物価が上昇し、すでにインフレ状態はコントロールがきかなくなっている。国民が飢え衰えていくかたわら、ダイヤモンドのロザリオを手に祈るイメルダ夫人の姿がテレビで放映されていた。アメリカの良き友ロナルド・レーガンの支援がなければ、とっくに失脚しているはずのマルコス大統領は、この期《ご》に及んで有刺鉄線や戦車に囲まれ、大統領府に身を隠していた。まったく、なんてこった。――そういった状況のなかでも、この国の人々は笑顔を絶やさずにいるというのに……。

＊1　舷梯のこと。港湾労働者の一団をギャングといい、ギャングが陸から船へ渡るために用いる橋をギャングウェイと呼ぶ。

5 日本へ

1984年10月――1986年5月

台湾・日本・韓国

台湾を経て東京に到着。6万5000キロの道のりを走ってきたオートバイをオーバーホール。クラウスはドイツ語講師、電気技師として働くかたわら、暴走族と共に走り、合気道に燃える。クラウディアは銀座でホステスとして働く。その後、クラウディアは3ヵ月ほどドイツへ帰国。その間クラウスはオートバイで日本を走る。温泉を楽しみ、北海道ではアイヌ民族のもとで過ごす。その後、合流したクラウディアと韓国に渡る。ソウルでクラウスは英語講師のアルバイト。「客員教授として大学にとどまらないか?」という誘いを受けるが、一度日本に戻り、中国へ出発。

1984年10月、台湾。島の北端に位置する台北《タイペイ》・蔣介石新国際空港に着陸。バスに乗って巨大な工場施設や原子力発電所の前を通り、僕らは平地を西南に進む。

高雄《カオション》に着き、僕らはバイクを受け取った。世界で最もスピーディな港といわれるだけあって荷物の積み降ろしも秒刻みだ。税関の係員は僕らの番が来るのを待ってなどいられない。サイドバッグはこ

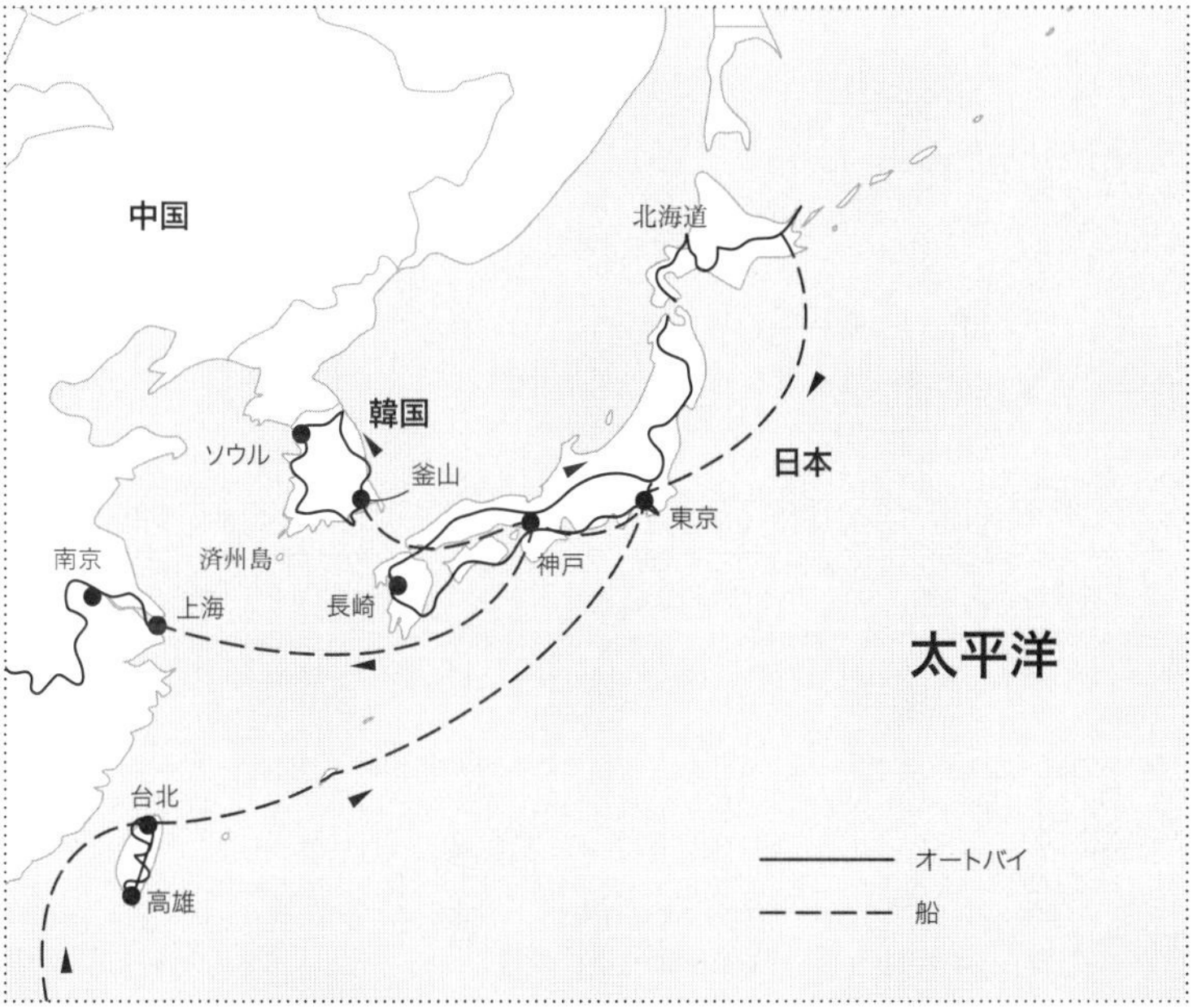

じ開けられ、アルミ製のダイヤル・キーは金輪際使い物にならなくなった。

あまりにも早急に押し寄せた工業発展の波に、ここの人々はうまく乗り切れていない――僕はそんな印象を受けた。誰もがバイクや車に乗ってはいるものの、決してその扱いを知っているわけではない。とにかくやたらに事故が目立つ。誰もが好きなように走っていて、信号だって無視。交差点にはチョークで人の絵が落書きされている。そう思ってよく見ると、なんとそれは事故犠牲者のシルエットだった。点滅灯とサイレンつきの救急車でさえ立ち往生。そういえばある台湾人が「交通の無秩序は、わが国の恥」と言っていたっけ。

東部に脱出することにしよう。島の東部には比較的若い山があり、勾配が急なため広大な土地が開拓されずに残っていた。生い茂った竹林のなかでテントを張ったり、人里離れてたたずまう寺院を訪れたりした。ときにははるか雲の上に聳える山を越え、かつて徒刑囚《とけいしゅう》がノミと金鎚でコツコツと硬い石灰石を削ってつくったというトンネルや軌道を通って渓谷を進んでいった。小さな国なので、僕らはあっという間にこの台湾という国を走り抜けてしまった。思ったよりも立ち寄れそうな場所が少なかったのもその理由のひとつかもしれない。観光用のパンフレットでオススメと書かれている公共キャンプ場などはいい例で、たいていそういう所は、岩くずや土砂で埋もれていた。

台北に戻って日本へ行く準備をしよう。台北。この町でも僕たちは惜しみなく助けの手を差し伸べてくれる人々と出会った。ただ弱ったことに言葉が通じない。英語がほとんどダメで、僕たちの身振り手振り言葉ですらチンプンカンプンである。理解できないことがあまりにも多すぎて、はてさて、この短い期間に文化と呼べるようなものを学び取れたかどうか定かではない。

期待と不安に胸を躍らせ、かつて僕らの最終目的地だった東京に到着。旅をすること自体が僕らの目指すもの――そう気づいてから、もうずいぶんになる。今や旅立ってから三年目。もちろんこれからも先に進もうと思っている。だけどとりあえず日本で仕事を見つけ、この辺で一度、旅行資金を補充しなくては……。

最初、東京の街はどこもかしこも眩しく輝いて見えた。ここに立ち寄る旅行者なら誰しも最初はそんな錯覚にとらわれるらしい。光り輝くネオン。目白押しに並ぶ新製品や見たこともないなんだか面白そうな物。だけどしばらくここに滞在すれば、すぐにそれらがすべてプラスチックでただの見せかけだと気づく。ジャパニーズ・スマイルと呼ばれる彼らの微笑を裏側から覗こうものなら、深い穴に落っこちてしまいそうだ。これまで僕たちが出会ったアジア人とはあまりにも対照的で、隣国に住む人々でさえその多くが、「日本人には思いやりというものがない」と言い放った。どうやらそういったものはすべて、僕たちの前に立ちはだかる日本文化という壁のうしろにひっそり身を潜めているようだ。それでもその例外といえる人々と知り合い、僕らはホッと希望の光を見つけた気持ちになった。

不思議なことに外国人の間ですら協力し合っている姿はあまり見られない。彼らのほとんどは、高額な労働賃金に惹かれて日本にやって来た人たちである。確かに高給の職場もあるが、実際それはごく稀なケースである。日本は、生活用品、家賃、食費などがやたらに高い。だけど僕らは運がいい。慣れるまで姉のライラのもとへ転がり込むことができるのだから。それにしても日本のアパートは狭い。東京中心部の地価はバカ高い。しばらくして僕たちは、東京で一番安いといわれる学生部屋を借りた。四畳半の部屋の家賃は月に４００ドル。それに礼金などもろもろの手数料。雨の日は壁から水が浸みてくる障子部屋。それにアパート居住者全員が使う共同トイレがひとつ。風呂は銭湯へ行くことになっていた。

僕の姉ライラは何年も鍼灸を学び、東京でいっぱしの鍼灸師として活躍していた。

「多少のことはぐっとこらえ、あとは見ないふりをするの。そうすれば日本でもうまくやっていけるわ」そう彼女は話した。ここはスポーツでストレスを発散しないともちそうにない。僕は週に６回、合気道に励むことにした。毎朝６時には道場で稽古。自己防衛術の習得に絶好のチャンス、というよりはむしろ、自分の体のなかにエネルギーが流れるのを感じ、意識してそれを活用することのほうが大切だった。僕は合気道がすっかり気に入り、夜の稽古にも通うことにした。稽古後の冷たいシャワーが僕を生き返らせてくれる。一日４時間の睡眠で過ごす僕にとって、これは大切なことだった。

最初は苦労した職探しも落ち着き、僕は主にドイツの電気会社でお世話になることになった。最初はそこで電気技師として働いていたが、のちには修理工――要するに「何でも屋」になり、ときには

家具の組み立ても請け負った。ドイツ人のボスは、僕がほかの仕事とかけ持ちできるようにフレックスタイムで働けるようにしてくれた。「俺も昔は旅に出ていたんだぜ」彼は、そう言って僕に理解を示してくれた。

面倒なわりになんの利益にもならない、そのくせやたら金がかかる――それがバイクのメンテナンスだ。エンデューロの製造元は僕たちのことを、「会社のイメージに合わない」と言って冷たくあしらった。まぁそれでも最終的には、工場の片隅を修理のために提供してくれたのだけど……。6万5000キロを走り切ったバイクは走行不能に近い状態で、どこもかしこも分解修理が必要だった。いくつか製造上の不具合もある。安全かつバイクの性能を高めるために、シャーシとエンジンを少し改造しよう。どういうわけかスペア部品はドイツで購入するより製造元の日本のほうが高かった。それじゃ中古部品でやってみるかと、日本人の友達が部品探し

東京でバイクをオーバーホール。

を手伝ってくれた。その結果、7台のバイク部品が組み合わさった合体マシンが誕生した。エンジンは以前に増して強くなり、ライト、ブレーキ、スプリングはもとどおり機能するようになった。ここでようやく砂漠走行に耐えられる板もスタンドに貼りつけた。改造作業は半年もかかった。その間、幾度となく世話になった工場で、ガソリン満タンのモニター車を自由に使わせてもらった。

日中、10時間から14時間も出っぱなしのあと、夜は夜で職場の同僚と飲みに行かなくちゃいけない。ここではそうやって人と人とのつながりが広がっていき、商談さえもそこでまとまる。酒の場でならば愚痴をこぼしたり不満をさらけ出したりすることも許される。だが翌朝には皆、再びお行儀よく机に向かい、もくもくと自分の役割を果たす。子供たちでさえやれ塾だ、やれお稽古だと大忙しだ。400年間にわたり、日本ではあらゆる個人主義が批判され続けてきた。

彼らは当然のように、トヨタ、ソニー、日立など自分たちの「大家族」と自分を同一視して考える。

ドイツのラムスドルフ経済大臣が日本を訪問したときのこと。日本企業をいくつか見学したのち大臣は、「我々は、日本経済の発展を手本とするべきである」と唱えたという。どう考えても大臣は、その要《かなめ》となる背景についで何もわかっちゃいない。日本の企業体質は、個人主義を重んじるドイツ社会に適用できるほどヤワなものではない。個人の自由、これを何よりも大切に思うのは僕ひとりではないはず。僕ひとりが自由に振る舞うことにより、ほかの人々の自由を制限するというのは許されない。日本社会のなかではひとりひとりの自由が軽視されがちだ。それに伴うストレス、そういった鬱憤を晴らすための捌け口が、ここかしこで見受けられた。

そういう意味においても、「暴走族」は興味深い社会現象のひとつだった。中学や高校を卒業した者、または働き始めたばかりの青少年たち。そういった彼らが働く会社では、すでに決まったルートが敷かれていて、彼らは退職までひたすらその道を歩み続けねばならない。よほどのことがない限り転職や退職はない。こうした若者たちがモーターバイク・ギャング、つまり暴走族となり、深夜3時、爆音マフラーつきのバイクにまたがって住宅街を集団走行するのである。ギアを1速にしたまま半クラッチにし、「ブォン ブォン!」と爆音暴走していく。彼らがこういう攻撃的な行動にでる理由、その動機みたいなものが聞ければいいなと僕は何度か彼らと一緒に走ってみた。ところが僕がメンバーのひとりに質問を投げかけると、彼はすっかりビビッてしまいガタガタ震えだした。彼らは、ひとりでは何もできない。個性というものもない。ただシドロモドロになるだけだ。集団の力を盾にして劣等感のかたまりをごまかしているにすぎない。ひと昔前、子供たちは学校で、日本は「神の国」であり、日本人だけが「神の子」なのだと習ったという。

自分の体にエネルギーが流れるのを感じる。僕は、合気道がすっかり気に入った。

自分の経験からいうと、外国人が日本で生きていくのもラクではない。僕の知っている民族のなかでも人種差別がこれほど根強くはびこっているところはあまりない。自分が外国人だということに、ほとんど毎日、何かしらの差別を感じる。日本語がわかるようになればなるほど、僕は彼らの会話を聞いてぎょっとした。

「ガイジンは臭い」これは彼らの常套句だ。朝も晩もシャワーに入り、定期的に銭湯に通っていてもダメなのである。満員電車のなかだって僕の隣はいつも空いている。日本人はガイジンの隣に座りたがらない。それでも僕たちには何人か日本人の友達ができた。そのほとんどが一匹狼のタイプ、あるいは長期にわたって単独で海外に滞在したのち祖国に戻ったものの、社会からはみ出してしまった人たちだった。彼らは外の世界で視野を広げ、自分というものを見つけていた。

期待できるのは、そこじゃないかと思う。個人の自由を肌で感じ取った人間が少しでも増えれば、いつかは大きな社会的変化につながっていく。外の世界を旅することは、これまでと違った生き方に遭遇するだけじゃなく、自我の目覚めを促進させるきっかけとなるに違いない。もちろんここでいう旅とは、上げ膳据え膳の団体旅行ではなく、自分の力で行動することの意味だ。

ガイジンの僕らだって、ある日突然、引っ張りだこになることもある——それを知ったのは、僕らのことが月刊女性雑誌『ＭＯＲＥ』に掲載されたときだった。紙面11ページにびっしり50枚僕らの写真が紹介されたのだ。肝心のインタビューは大幅に削られていた。日本人が想像するヨーロッパ人像とでもいうのだろうか。インタビュー記事の代わりにキラキラとときめくばかりのラブストーリーがでっち上げられていた。読むのは20代の女性たち。それからというもの、僕は日本全国でサインを求められる人になった。とにかくこのとき以来、人々は僕らに一目置いてくれるようになった。いきなり日本全国に仲間もできて、あちこちでお呼びがかかった。まさに宝くじで大当たりを出すとこうなるのかなって感じだった。この例を見ても、僕の考えは当たっていたかもしれない。記事の内容などそっちのけで扱うページの多さだけに感激する人もいたけれど、その反面、たくさんの写真と、実際、僕たちがカップルでこうやって自由に世界を旅しているという事実を目の当たりにして、心のなかにあった夢や憧れを呼び起こす人々の姿もあったのだから。

「日本に行ったら、ホステスとして働くといいわよ」旅先で知り合ったほかの旅行者がそう教えてくれた。あとは英会話とドイツ語の講師という手もあるという。東京に着いてすぐ、私たちはこの国とその文化をまったく馴染みのないものだと受け止め、「日本人は仮面をかぶったまま、本心を見せてはくれないらしい」ということを心に留めておく必要があった。

私は銀座のナイトクラブに応募し、なんとその場で即座に採用になった。ママさんと呼ばれるオーナーはエリート層の顧客を重視する中国人で、わずか10坪の店に出入りするのはテレビ局や航空会社、そして電子企業などの社長や上役ばかりだった。私のほかは日本人の女の子がふたりとバーテンの男性がひとり。お客が入って来る前、ママさんはこの商売の秘訣を伝授した。

「ホステス――まあ現代版ゲイシャってところかしら――この仕事で一番大切なのはとにかく笑顔。口紅は派手であれば派手であるほど笑顔を強調してくれるの。身なりは常に清潔に、姿勢は正しく。座っていても絶対に椅子にもたれかかってはダメよ。膝を揃えて、手はその上に置いて。はら、笑顔を絶やさない。聞かれたら、『私は20歳で独身です。日本人男性はとてもステキ』と答えなさい」

私にとってこの仕事は、週に5回きれいに着飾って演じる芝居そのものであり、衣装を脱ぎアクセサリーと化粧を取れば、それでオシマイにすることができた。私はトイレであっという間に早変わりする変身術を身につけ、なるべく帰りの電車でホステスとバレないようにした。

お客のほとんどは、私が一緒に座ってウィスキーを注ぐ、それだけで満足だった。ときにはおしゃべりや英会話レッスンのお相手をすることもあった。なかにはドイツ語で歌うようリクエストし、私に敬意を示そうとビールを飲む客もいた。日本人の男性は私が英語や日本語で歌うのを子供のように喜び、少々音程がはずれていても、「よっ、いいぞ!」とアンコールしてくれた。そして本当のところは、彼らは自分自身がマイクを握り、自分の歌の才能を披露するのが何よりも好きだった。ママさんの目がちゃんと行き届いていて、ここは安全だと感じていたし、大まかに見てクラブでの仕事は無邪気な冒険のようなものだった。たった一度だけ酔っ払った客が私に手を出したことがあり、反射的に私はその客に「バシーン!」と平手打ちを食らわせた。もちろん、それは許されることではなかった。それでも「ガイジンだからしょうがない」と無礼を許してもらい、よそのテーブルへ移って別のお客の相手をするように命じられた。クラブでの私の存在は、ある顧客にとっては手を触れてはならない聖人であり、また別の顧客にとってはヨーロッパの先生でもあった。少なくとも週に一度は閉店まで待って、私をタクシーで家まで送ってくれる客もいた。確かに深夜1時の終電に乗るのはあまり楽しいことではなかった。

ライラの紹介で、日中はさまざまな会社でドイツ語を教え、土曜日になるとアメリカ人家族のところでベビーシッターのアルバイトをした。そして合間をぬって指圧の勉強にも通った。かねてから自然の治癒力で病気を治す技術をマスターしたいと思っていたし、仕事だけでなく、体と心のためにも何かいいことをしているという気持ちになれた。

午前中に仕事のない日の朝は、天気さえよければ近くの日本庭園に散歩に出かけた。この静寂のオアシスで私は新たなエネルギーを吸収したり、これまでたどってきた自分の人生を振り返って考えたりすることができた。そこには、必ずといっていいほどいつも同じベンチに腰かけて日向ぼっこをしているおじいちゃんがいた。彼は私をそっけなく無視する代わりに、会うたびにいつも、「どっも」という感じで会釈をした。知らない人ばかりが行き交う環境のなか、このおじいちゃんが私の存在を認めてくれたのは、私にとってはとても大切なことだった。庭園ではこんなできごともあった。突然、光のようなものが私の体内を通り抜け、その瞬間、自分が幸せでいられるかどうかは私自身に責任があると気づいたのだ。そこで私は、周囲の環境や人々を変えようとするよりも、必要ならば自分自身が変わればいいのだと理解した。

クラウスは合気道の稽古のために朝早く起き、夜はふたりとも夜遅く家に帰る日が続いた。そういった生活を続けるうちに私の心はいつしか空しい気持ちでいっぱいになっていった。私がクラウスに会うのは日曜日だけ。ホステスの仕事も4ヵ月を過ぎた頃からかなり苦痛になり始めていた。そうかといってほかのアルバイトでは食べていけるぐらいしか稼げない。クラウスは旅費のためにここでもう少し働くと言った。そして、彼はもっと日本のことを知りたがっていた。そういうわけで私は二度目の帰国を決心した。その後一ヵ月ほどクラブで働き、航空券代が貯まるとすぐ、私は日本を飛びだした。

3ヵ月は過ごそうと思ってドイツに戻っては来たものの、前回ほどの感激はなかった。家族間のゴタゴタとドイツのありきたりな日常生活が私を待っていただけだった。これなら少しでも旅の旅費を稼いだほうが賢明だとケルンでアルバイトを探し、25歳の誕生日を目前に私は東京に舞い戻った。今回はクラウスに会うのが嬉しくてたまらない。日本は、私が夢みる国ではなかったけれど、クラウスと共に過ごせること、そして何より、また彼と一緒にあれこれと計画を練ることができる。それが嬉しかった。

冬になり、私たちはライラや彼女の子供たちと一緒に、奥多摩へ出かけた。奥多摩は東京からもさほど遠くなく、美しい湖が眼下に広がる山間の小さな町だった。ライラが農業を営む旧家の知人から民家を借りておいてくれた。障子に畳の部屋にはコタツという暖房の効いたテーブルがあり、家の前には柿の木も何本かあった。ここでのハイライトは山間にひっそりと湧く温泉で、夜になると暗闇のなかをみんなと一列になって歩き、なだらかではあるが上り坂になっている小道をどんどん先に進んでいった。子供たちはふたつしかない懐中電灯を持って私たちの周りを行ったり来たりして駆けまわっている。月のない夜でも暗闇を歩くことが平気な私は、ズンズンと先頭をきって走っていった。「ちょっと待ったほうがいいかも……」ふとそんな気がして、立ち止まって待つ。ようやく懐中電灯の光が届き、そこで気づいてビックリ。立ち止まったところで、道が急カーブを描いていたのだ。あともう一歩前に進んでいたら、高さ数百メートルの断崖絶壁から真っ逆さまに落ちていたことだろう。こうして冷や汗をかいたあとに入る温泉は、格別にありがたいものだった。

クラウディアが戻るまで、しばらく日本を回ろう。その前に日本の運転免許も取らなくては。僕の普通二輪免許では４００ｃｃ以下のマシンにしか通用しないというのだ。幸い筆記試験は免除。実技だけが必要とのこと。僕が５００ｃｃのバイクでケルンから東京まで走ってきたことをちょっとぐらいは考慮してくれてもいいんじゃないかい？

山や海に囲まれた日本の風景は文句なしに素晴らしい。国土の8割が山ということもあって開墾できる場所はごく限られている。火山活動が活発で、どこに行っても温泉がある。しょっちゅう雨が降るため、夜は身体を温められる温泉の近くに泊まるようにした。

僕は日本全国を縦横に走り回った。九州や四国へも足を伸ばし、お寺巡りだけでなく原爆が投下された長崎にも立ち寄った。平和祈念像や原爆資料館を訪れ、そのとき原爆の恐ろしさを改めて思い知らされた。だがそれよりも僕がもっとショックを受けたのは被爆生存者たちの姿だった。すっかり年老いてしまった彼らはケロイドの残る不自由な体をさすりながら、自分に降りかかった運命を淡々と受け止めるように静かに過ごしていたのだった。

いつものように小さな道を選び、緑豊かな山々を縫うようにバイクで走り、畦道《あぜみち》を抜けた。ずっと40キロ足らずの制限速度を守っているわけじゃないが、道路はどこもかしこも黄色の実線だらけで追い越そうにも簡単にはいかない。ひょっとすると日本の道路は全部追い越し禁止だったりして……。それもあって、工場から運ばれてきたばかりの最新型マシンに試乗させてもらえるのが僕には何よりの楽しみだった。その頃、僕はちょくちょく富士スピードウェイでジャーナリスト兼写真家の仕事もしていた。

北海道では日本の先住民族アイヌの人々と出会った。温厚で心優しく、人なつっこい人たち。僕はこの民族のもとで過ごすのがすっかり気に入った。彼らは、自分の土地から追いやられ、日本政府の同化政策によって独自の言語や文化も奪われ続けてきたのだという。

夜になると僕は人里離れた静かな場所にテントを張った。川や山の湧き水が見つからないときは、飲料水用の容器を手に最寄りのガソリンスタンドや近くの民家で分けてもらい、荷物の上にくくりつけた。公共キャンプ場というものはほとんど見あたらず、あったとしてもシーズン以外は閉まっていた。

いつものように人目につかない場所でひっそりと野宿をしていた僕は、好奇心旺盛なひとりの男に見つかった。彼は片言の英語を操り、どうしても僕を食事に招待したいと言う。その日はすでに遅かったこともあり、僕らは翌朝、もう一度ここで会う約束をした。そして僕が朝食をとる前にすでに男は姿を現していた。「さぁ、乗って乗って」と車へ誘った。レストランへ向かう途中、男は店という店で立ち止まっては札束を片手に車へ戻ってきた。最後に彼はその万札を丹念に茶封筒に入れ、その上に住所らしきものを書いて、「さて、お次は郵便局」と言った。その間、僕はありったけの想像力を働かせてはみたものの、この見るからに実入りの多い彼の職業が何なのか、皆目見当がつかなかった。彼の小指は切断されて短くなっている。ヤクザは指を詰めて誠を尽くすって聞いた気がするけど、もしかして僕が厄介になっているこのオヤジはヤクザで、ショバ代の徴収係じゃないだろうか!?

着いた店がレストランではなく一種の風俗店であることは一目瞭然だった。薄暗い照明のなかにソファーが並んでいて、カーテンのうしろからガウン姿の女たちが顔を出した。若い子もいればオバちゃんもいる。彼女たちは僕たちを取り囲むように横に来て、特上の寿司を食べるようすすめた。一緒に振る舞われたのはコーヒーではなく、小さいトックリに入ったサケという日本のライス・ワインだった。音楽のリズムに合わせて、そのうちのひとりが僕にすり寄ってきた。厚化粧の下に隠された吹き出物が見えるほど彼女から迫られた僕は、強い香水に危うく窒息しそうになった。僕が彼女たちに全然興味を示さないことに気づいたオヤジは、「ここよりもっといい所がある」と言って僕を店から連れ出した。

険しい断崖の続く北海道沿岸まで車はどんどん進んでいった。そこにあった一軒家に上がると、大部屋にいたサラシ姿の男たちが、「おっ、よく来たな！」と心のこもった挨拶で僕を迎え入れた。オヤジが男と連れ立って二階へ姿を消したあと、僕は台所へ顔を出し、料理人が魚をさばくのを見物した。料理人は大きな鮭をすばやく切り分け、さっとあぶって食べさせてくれた。これはもう魚の味なんかじゃない。柔らかく舌の上でとけていく。うまい、うますぎる！

世話を焼いてくれたオヤジは、その日の夕方、僕をテントの前まで送ってくれた。別れ際、彼は後ずさりしながら深々と頭を下げ、人情味たっぷりに言った。「いえね、今日はお前さんにいい思いをしてもらおうと思ったのさ。あちこち引っ張りまわしてホントすまなかったな」この日、僕はちょっとやそっとでは理解できない日本文化の側面にホンのちょっぴり触れた気がした。そしてあの鮭の味――あの味を僕が忘れることはないだろう。

それにしても日本の食文化というのはとても奥が深い。常に彼らは食材が新鮮であることにこだわり、彩りよく盛りつけることにも気をつかう。もちろん色とりどりの野菜はビタミンや他の栄養が豊富だ。ついでに、食事のときに音を立てても無作法とはされない。啜《すす》りながら食べたほうが空気が一緒に流れこんで、ふわーっとした香りを一層感じ取ることができるのだそうだ。生きている限り、学びに終わりがないとはホントこのことだ。それ以来クラウディアは、別のマナーを重んじる国々で、「クラウスったら、日本に行ってからというもの、音を立てて食べるようになっちゃったのよ」と、僕の食べ方をフォローするはめになった。

クラウディアなしでひとり旅を続けていた僕は、いつの間にか心寂しい気分になり始めていた。それでも、いつかもう一度ここに戻って来たいと思えるほど、この国のことがわかるまで日本を離れるもんかと心に決めていた。最初の頃、身を粉にして働く人の姿や、個人よりも集団に価値を置く思想を目の当たりにして、ドイツもひどかったけどここはもっとひどいやと目を丸くした。常に、自分自身であること、自分の持つ可能性をとことん追求すること、つまり、自分で決めた人生を送ること。それは僕にとって子供の頃から何より大切なことだった。

日本に滞在して数ヵ月が過ぎ、こういった経験を積み重ね、友達も何人かできた頃、僕は強い社会的抑圧にさらされたこの国にも、本当の自由というものを発見する人々が増えるはずだと思うようになった。

クラウディアがドイツから戻り、僕たちは3ヵ月ほど韓国を旅することにした。残念ながら、バイクを持ち込むことができないという。「バイクの一時持ち込みを禁止する法律は韓国にはないでしょう?」という僕の突っ込みに、韓国のお役所は、「それを許可する法律も存在しません」とやり返してきた。仕方ない。エンデューロはほかの荷物と共に日本に置いていくことにしよう。自由に動けるよう、僕たちはリュックだけを背負って出かけた。

釜山港で船を降り、すぐ目に入ったのはモンゴル人種特有の顔をした韓国の人々がほっこり笑う顔だった。「……久しぶりに幸せそうに笑う人たちに会った気がします」僕は両親にそう手紙を書いた。

お婆ちゃんが超満員のバスのところまで連れて行ってくれた。ニコニコ顔の乗客たちはどうやら皆、朝っぱらから生ニンニクを食べてきたらしい。僕たちは隅っこに押しやられ、割れた窓ガラスから何とか新鮮な空気を吸い込んだ。バスのスピーカーからはポップスがガンガン鳴り響き、若い運ちゃんはクラクションを鳴らしながらリズムに合わせてギアを変速し、同時にアクセルやブレーキを踏んだ。その横をもう1台のバスが突っ走ってきたと思うや、僕らの乗ったバスを相手に待ったなしの路上レースを繰り広げ、2台は見事、次のバス停をすっぽかした。

あるオートバイ工場のオーナーが125ccのマシンを僕とクラウディアに貸してくれることになった。ありがたい。おかげでいつものテンポで回ることができる。人口300万の釜山市。街の喧騒から解放されるまでにしばらくかかりそうだ。道路は活気に溢れ、道端には屋台がズラリと並んでいる。自転車に乗った男が紙のパックに入った生卵を荷台に1メートルほど積み上げ、巧みにバランスを保って渋滞のなかを通り抜けていく。ようやく僕たちは静かな街道へ抜けた。道に沿って作付けされていない田畑となだらかな丘が続く。通り過ぎた小さな村々は、まるで城砦のようだった。石垣に囲まれるようにして、時代がかった石造りの家が建ち、その向こうには色鮮やかな屋根が美しい曲線を描いている。僕たちはさらに海岸に沿って北に向かって走った。どこまでも続く浜辺には有刺鉄線のフェンスが張り巡らされていて、ちょっと海に入るというわけにはいかない。北側からの襲撃を恐れてかどうか、韓国の人々は国の周りを鉄線でグルッと囲んでしまったらしい。

しだいに寒さは増し、韓国東北部の五台山《オデサン》自然公園は雪に覆われ氷も張り始めていた。カチコチに凍った状態でなんとか次のガソリンスタンドにたどり着き、火鉢で手足を温める。その先180キロは、こっちの峠道からあっちの峠道へとひたすら次の火鉢をめざしてスリップしながら進んでいった。気温はマイナス27℃。そんななかで旅館《ヨグァン》を見つけた僕たちはホッと安堵の息をついたものの、2時間も経たないうちに「お帰りは、あちらから」と追い出されてしまった。なんと、そこはラブホテルだったのだ。次は支払った金額でひと晩泊まれるかどうかちゃんと確認しなくては。そういった宿の部屋は床暖房が行き届いていた。きわめて精妙なシステムになっていて、煉炭や薪の熱気が床下を流れて床を暖める。ところが床のひび割れから一酸化炭素が流れ出し、毎年、数百人の韓国人が命を落とすという。

韓国に滞在中、僕たちが好んで投宿したのは仏教の寺だった。あちこちで寺を訪れては、僕たちは笑顔の僧たちに迎えられた。

仙岩寺《ソナムサ》では、その週ちょうど炊事当番に当たっていた修行僧の部屋を使わせてもらえることになった。その日からというもの、僕らは毎朝日の出の3時間前に起こされ、坐禅修行に参加するはめになった。老いた僧は昔ながらの竹筆で墨絵を描き、ほかの僧たちは書道の稽古に励んでいる。仲良くなった料理当番の修行僧はゆっくりと魚板[*1]を叩き、その後、ゴ〜ンゴ〜〜ンと鐘を突いて「こうやって生きている喜びを示すのです」と言った。そしてしばらく後に僕らの部屋へ薬膳汁と玄米ご飯を運んでくる。すべて自分たちで栽培したものだ。伝統的な家庭ではどこでもカブや白菜が入った大きな甕《かめ》が置かれている。それにニンニクや香辛料をどっさり入れてキムチにするという。ここでキムチはご飯に欠かせない存在だ。

首都ソウルでは、新興住宅が従来の一軒家を押しのけるように立ち並んでいた。

新しくレザーウェアを仕立ててもらう間、僕らは2、3週間ここで過ごすことにした。その合間に大学で客員教授のアルバイトも見つけた。担当は英会話。講義の課題は「自由思考」「学習における肯定的見解」そして「生きる喜び」。

大講堂で何度目かの講義を終えたとき、「あと4ヵ月ここで教えないか？ 報酬は悪くないぞ」と誘いがかかった。他の大学でも語学のセミナーを受け持たないかというのだ。こういう仕事もまあ楽しいことは楽しい。だけどお金は十分財布に入っている。それより漁船に乗って南部へ行こう。僕はそう決めた。済州島《チェジュ》。ここのほうが空気も穏やかだ。

ゆっくり日本へ戻る準備をしよう。東京に着いたら今度は長居せず、中国に向けてすぐに出発だ。

＊1　木魚の原型。日本では禅寺で読経や食事の時刻を知らせるために用いられた。魚は昼夜目を閉じないため、休まず修行に精進する象徴とされた。魚の腹をたたくことで煩悩を吐き出させるという意味合いもあるともいわれる。

6 中国

1986年5月——1986年12月

中国・チベット・香港

政府の許可なしに中国大陸をツーリングするのは不可能と判明。それならいっそオートバイを預け、チベットに行こうとヒッチハイクで出発。高山病に悩まされつつもチベットの大自然のなか、東チベット・カムの人々と共に競馬祭を楽しみ、ラサに一ヵ月ほど滞在する。武漢に戻り、空路で広州へ。警察の監視をくぐり抜けて、華南へのツーリングを試みる。警察と追いかけっこで中国大陸を駆け抜ける。滞在が6ヵ月近くなり、滞在許可の切れる直前に香港に滑り込もうとするが、入国拒否に。中国へいったん戻り、中国軍の司令官に助けられ、無事、香港へ出国。

道は、果てしなく大地に延びている。無限に広がる惑星の表面にスーッと引かれた一本の線のように。そして稲穂が風にそよぐ田園へ導かれ、さらに広がる平原へ続く。単気筒エンデューロはポンポンポンと安定した馴染みの音を響かせて、いつものテンポ時速80キロで進んでいく。連続カーブが現れ、ギアを1段下げて、曲線を描きながらスウィングする。道はまた真っ直ぐになり、大河の水平線と野原の交わるあたりで見えなくなるまで、延々と続く。

今日はこうして何時間もバイクにまたがったままだ。集中力も落ちてきて、気をつけないとつい走行が一本調子になる。そう思って前かがみになり、前輪にしっかりと目を向ける。すると今度は、道がすごい勢いで迫って襲いかかる。アスファルト路面のつぎはぎをビュンビュンうしろに追いやりながら、今、自分がどこにいるのかも忘れるほど、頭を空っぽにして走る。

不意に、行く手をふさぐ物体が現れた。しかも道のど真ん中に。反射的にブレーキに手をかける。近くまで来て、僕はそれが麦わら帽子に青い人民服の老人だと気がついた。しゃがみこんで、黙々と陶器のかけらを長方形に並べ、溶けたタールで道に貼りつけている。これってもしかして道路のセンターライン!? すっかり面食らって、「ちわっ」と挨拶し、ビュンとその前を走り去る。老人はジグソーパズルに没頭していて、僕が通り過ぎたことにさえ気づいていないって感じだ。彼のうしろには、ただひたすらに白い破線が、水平線のはるか彼方まで続いている――こりゃ、すげぇや。僕は無数の破線に沿って走りながら、ふと考えた。あの老人はいったいいつから道にしゃがんで陶器の破片をつなぎ合わせているのかな……? そこで、ハッと僕は思い出した。そうだよ、ここは中国だよ――こんなことって、中国でしかありえない。

いつもの癖で、僕はバックミラーを覗きこみ、クラウディアの姿を探した。そして彼女がバイク共々小さな点となって、小刻みに揺れるミラーのなかでピョンピョン飛び跳ねる姿を発見。彼女はずっとうしろを走っている。そのとき僕たちは、長江――中国大陸で最長の川、世界でも三番目――に沿って進んでいた。この辺でちょっと休もう。砂の多い河のほとりで木陰を見つけ、ひと息つくことにする。

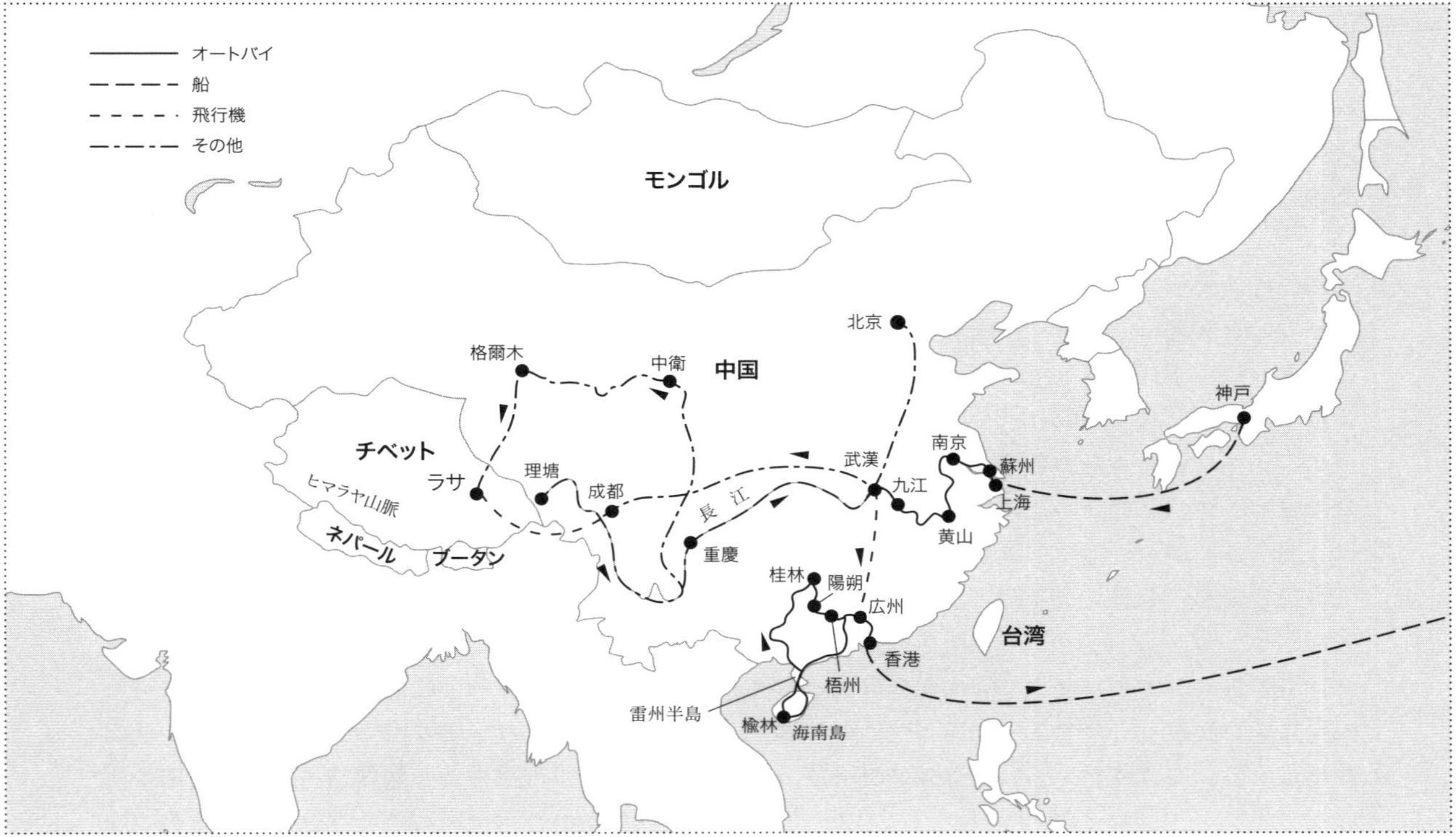
オートバイ
船
飛行機
その他
モンゴル
中国
チベット
ヒマラヤ山脈
ネパール
ブータン
台湾
北京
格爾木
中衛
ラサ
理塘
成都
長江
重慶
武漢
九江
南京
蘇州
上海
黄山
神戸
桂林
陽朔
広州
香港
梧州
雷州半島
楡林
海南島

今日は朝から、ずっと嫌な予感がしてしょうがない。まるで行く手に罠が潜んででもいるように、目的地に近づけば近づくほど不安が募る。目的地は武漢。赤い中国《レッドチャイナ》のど真ん中、指折りの工業都市。すでに僕たちは、自分たちが秘密警察に目をつけられていることに気づいていた。このところ、何度もこっそり写真を撮られていた。しかも普通の中国人には手の届くはずのない外国製カメラで。

できることなら交通量が多い場所や警察やお役所の目が光る大都市は避けたほうが無難に決まっている。このまま煩わされず先に進むには、村から村へ田舎の畦道を通っていくのが一番だ。つい先日もそうやって僕らは姿をくらまし、秘密警察をかなりヤキモキさせたばかり。といっても、本当は道に迷っただけなのだが。迷い込んだ村で僕たちは簡素な部屋を借り、そこの家族と一緒にご飯を食べた。人々は僕たちが突然訪ねてきたことをとても喜び、英語ができる村の学校教師が通訳をしてくれた。

「お前さんたちが、ここに来た初めての外国人だよ！」そう言って、僕たちの生い立ちや旅のことなど、質問の嵐を浴びせかけた。きっと彼らの目には、僕たちがまるで宇宙人のように映っていたに違いない。村にはテレビどころか電話も電気もなかった。そのあと、彼らは前代未聞の逸話で僕らをびっくりさせた。

「昔、ドイツは中国に攻めてきたんだぜ！」村の人々は、それに対して反感を表すのではなく、むしろ、なんて勇敢な民族だこと！　と世界人口の4分の1を占める中国を相手に宣戦布告したドイツ民族の勇気を褒め称えた。

「おまけにそのとき、ドイツ人は中国にビールを伝授したんだ。わが国に醸造所を建てたのはドイツなのさ。その工場は今でもまだやってるよ」僕たちはそんな話で彼らと盛り上がった。彼らは大きな木桶を持ってきて、「まあ、ゆっくりフロにでも入りな」と、お湯を溜めてくれた。中国人と友達になるのは難しい――そんなセリフをこれまで何度も耳にした。だけど、一度彼らと心を通わせることができれば、その友情は絶えることなく生涯続く。

翌日の晩は、九江《チウチアン》のホテルに投宿。宿帳に記帳することで、政府の見張りはいったん見失った僕らの足どりをつかむだろう。翌朝、交通整理の警官が、400キロ先の武漢に着くために必要なガソリンの調達に手を貸してくれた。武漢に着いたら、ちゃんと運転免許証の手続きをすること、そう僕たちは約束させられた。「国際免許」というものは、ここでは通用しないのだそうだ。

約束した以上、ちゃんと守ろうじゃないか。僕たちはすでに2週間、なんとか中国大陸をくぐり抜けて来た。いうまでもなく、その許可は下りていない。1986年、当時の中国を個人で旅するなど論外中の論外で、観光客はごく限られた区域のなかを動き回ることだけが許されていた。そんなことから中国を走破するには、ついうっかり入っちゃったふりをするのが一番のように思えた。でも、とにかく武漢を避けて走るのはよそう。たとえそれが火に飛び込むような行為であったとしても……。

滔々《とうとう》と流れる河のほとりに腰をおろし、小舟が群れをなして通り過ぎるのをボーっと眺める。舟にエンジンがついているのは先頭の一隻だけで、残りの小舟は航路から外れないように、鎖で引っぱっている。アンペラ屋根の下にしゃがんでいる船乗りとその家族は、僕らのことなど気にもとめていない様子だ。別の場所で出会った農夫たちは、道中わざわざ立ち止まって、山のように荷物を積んだバイクに驚き、僕たちにニカッと微笑んだ。――のどかな時間が過ぎていく。

だが、武漢到着を目前にして雲行きが急変した。突然、若い警官が飛び出してきて、行く手に立ちはだかり、僕らはうしろから走ってきたトラックにあやうく轢き殺されそうになった。

「バイクは、ここに止めろ！　君たちには署まで来てもらう」警官に、僕らの名前とケルンの登録ナンバーが書いてある書類を示されたとき、僕らは落とし穴にはまったことを悟った。そして独房に追いやられ、本部の捜査員が来るまで待つように命じられた。スピーカーからは、中国の最新ロックが流れている。このとき僕たちは、自分たちがスパイ容疑をかけられていることに気づいていなかった。スパイ容疑となれば、ドイツ大使館や家族だけでなく弁護士にすら連絡が取れないということも。

格子窓越しに捜査員たちが到着するのが見える。小型バス2台にジープと乗用車が各1台。警官と数名の私服刑事がカメラマンと通訳を引き連れ、ドヤドヤと降りてきた。僕たちは小突かれながら無理やり建物の前に引きたてられた。彼らはバイクを蹴りながら僕らを怒鳴りつける。彼らが犯罪者や政治犯に対してどういった措置を取るのか、僕たちは何度か耳にしていた。それに実際、この目でも見ていた。彼らは手荒く、そして、いとも簡単に犯罪者を処理してしまう。公衆の面前で拷問にかけたあと、首筋に一発ぶちこんでオシマイなのだ。外国人にも容赦なし。とにかく、彼らの言いなりになっちゃダメだ。そうだ、かなり古いが効果はバツグンの、あのワザでいこう。まずは、相手をビビらせる。僕は大声で怒鳴った。「おい、すぐにやめろ！　北京の有力者たちはオレらの友人だ。このことが彼らの耳に入ったら、タダじゃすまないぜ！」堂々とした態度がうまく効いた。僕の言ったことが中国語に訳されると、あたりはシーンと静まった。

警察は、僕たちの荷物を解いて車へ積み始めた。本部へ連行するという。警官が手を出して言った。「バイクのキーをよこせ！」捜査員が僕たちの代わりに運転して行くというのだ。それだけは勘弁してもらいたい。なにせ、彼らはバイクのバの字も知らない。この辺で目にするバイクといえば、せいぜいサイドカーつきのオールドタイマーぐらい。それもロシア製のマシンをコピーした中国製で、そもそもそのオリジナルはドイツＢＭＷの戦前仕様車だ。僕はもの静かに、だけどきっぱりとした口調で捜査官のボスに言った。「先を走ってください。うしろをついて行きますから」ほっぺたをヒクつかせている捜査官のボスに、僕は「ほっぺたツネオ」とあだ名をつけてやった。

さぁ、いよいよ縦隊になって発車だ。青い点滅灯もなければサイレンも鳴らさず、列は町に向かって渋滞のなかを疾走する。警官がジープの窓に寄りかかって、「ここを退け！」とばかりにまわりの車を追い払う。あまりにも無謀な走行に途中で置き去りにされそうになりながらも、僕たちは警察本部に到着した。すっかり神経質になった警官が、バイクを荷物ごと地下牢へぶち込んだ。さしあたりすべて押収。所持品のうち手元に残すことが許された歯ブラシと着替えをリュックに詰め、僕とクラウディアは愛国飯店《マザーランド・ラビング・ホテル》という名のホテルへと護送された。なんて愛らしい名前のホテルなんだろう。だけどやっぱりホテルは自分で選びたかった。警察はこの高い宿を、「お前たち、自前で払え」と言った。監視係がドアの前に配置され、共同洗面所にも隣の食堂にもくっついて来る。パスポートは押収されたままだ。

翌朝８時。指令どおり、警察本部へ出頭。ちょうど取り調べ準備の最中で、例のほっぺたツネオが、テープレコーダーにマイクを取りつけていた。僕たちを非難する声が聞こえる。「許可なしで中国を横断するとは何ごとだ！」自転車で隣村に住む叔父さんに会いに行くのでさえ、勤め先の上司から一筆もらわなければならない国だということは、僕たちも知っていた。旅行許可証。これはそうカンタンには出してもらえないということも。

まだ日本にいた頃、僕たちは所轄官庁である中国国際体育旅遊公司《チャイナインターナショナル・スポーツトラベル》に特別許可を申請していた。ごく最近、この組織がオートバイの団体旅行を企画し始めたと聞いていたのだ。何もかもお膳立てされたツアー、しかもエスコートつきというのは、「見張り付き」と変わらない。なんとか自分の足でこの国を回ってみたい。もちろん、共産主義の中国で自由気ままに動けないことはわかっている。それだけに捜査官も、「コイツら、いったいどうやって中国のど真ん中まで走って来たんだ？」と、狐につままれたような顔で僕たちを見ていた。

ほっぺたツネオは言った。「さぁ、最初から最後まで話してもらおうか」ここで僕たちは、最低限必要なことだけを話し、すべてが定められたとおりであるように振る舞った。

とにかく僕たちは運がよかった。その兆しは入国する前からすでに現れていた。日本の神戸港から上海行きの船に乗れることになり、バイクも甲板に置かせてもらえることが決まった。旅行代理店の社員は、僕たちを団体ツアー客として扱い、それに適応するビザを手配し、バイクについては何も触れずにおいてくれた。そして船中、ミスター楊《ヤン》という台湾人実業家と知り合った。上海の政界にコネを持つというミスター楊は、僕たちの計画を聞いて、「コイツら、大丈夫かな？」と不安に思ったらしく、「私にできることがあれば……」と手を差し伸べてくれた。夜明けの薄明かりのなか、船は長江の河口に到着。上海港の波止場には外航船が何隻も停泊し、数え切れないほどの帆船《ジャンク》が並んでいる。

いよいよ僕たちの船も接岸だ。乗客が降りられるように、螺旋《らせん》状のタラップが取りつけられる。地上8メートルの高さの甲板にデンと構えて待つ2台のエンデューロ。タラップは幅が狭いだけでなく、2ヵ所が急な螺旋になっている。船着場の運搬係は、首を横に振った。

「没有《メイヨウ》」――これが中国に来て、初めて覚えた言葉だった。「没有」とは「できません」「ありません」「しません」、要するに「NO」。それにしても、どうすればバイクを船から降ろせるだろう？

そこへ入国管理局の係員がパスポートに判を押しにやって来て、税関申告の用紙を配った。所持金やトラベラーズチェックの金額、カメラや時計を記入するページには、「自転車」という欄もあり、僕らはそこに、「XT　500」と記入した。

その間、運搬係のオヤジたちはどうやら僕たちのエンデューロが気に入ったらしく、この巨大な代物をどうにかこうにか船から降ろしてくれた。積み降ろし場から地下の関税窓口へ進む。ほかの荷物に挟まれて順番を待つ。列はスイスイ進み、次は僕たちの番だ。通関の係員は、自転車欄に書かれたジョークを見てプッと笑い、「ちょっと待って！」と助けを呼び、しばらく相談したあと、僕たちに質問した。

「ツアーをご計画ですか？　中国国際体育旅遊公司のどなたかが、お迎えにいらっしゃいますか？」

僕はそれをなんとかうまくごまかした。そのとき、若い係員が走ってきて言った。「外で中国国際体育旅遊公司の方がお待ちです」

僕たちは、「ああ、わざわざ来てくれたんだ！」と喜ぶふりをしながら、でも内心、それを聞いて慌てふためいた。なんで中国国際体育旅遊公司が僕らのことを知っているんだ!?

その謎は、外に出てすぐに解けた。ミスター楊が中国人の仕事仲間と一緒に僕たちを迎えに来てくれたのだ。思いもかけず順調なスタートを切れたことにホッとして僕たちは喜んだ。さぁ、中国を駆けるぜ！

古い橋を渡ると、その向こう側は上海外灘《シャンハイバンド》と呼ばれる船乗りたちのクラブが並ぶ繁華街になっていた。租界時代の洋館が、ここでは今も健在だ。僕たちのバイクが人目を引いて、ホテルの前に人だかりができている。ロビーでは外国人が寄ってたかってわぁわぁとフロントの女性に文句を言っている。

なんとまあ態度の悪い客だこと……。だけど、そういう僕らはまだここに着いたばかり。そのうちムカッと来ることだってあるだろう。居合わせた旅行客が教えてくれた。「フロント係の給料は、月に30ドルって決まっていて、働いても働かなくても、どっちでも同じなのさ」

店に入ってカウンターの向こうに並んでいるジャムを買おうとしても「没有《メイヨウ》」、列車のチケットも「没有」、ついでにホテルの部屋を予約したくても「没有」。確かに、いつもこの調子じゃ、たまったもんじゃない。そして、その頃僕たちは、中国を自転車で回ろうとして警察に捕まり、高い罰金を払わされた旅行者の噂も耳にした。やっぱり旅行許可は必要だよな。

東京を発つ直前、僕たちは姉さんの紹介で李《リー》さんという中国人と知り合った。李さんは中国でも一目置かれる立場の医者で、一日に数え切れないほどの患者を診る鍼灸師でもある。毛沢東の手先に追われ、あちこち中国を逃げまわって鍼灸術や同種療法《ホメオパシー》の師匠のもとで匿われていたとき、李さんは、自分が医術に長けていると気づいたのだという。李さんは2年ほど前に日本へやって来て、家族と一緒に暮らしていた。そこで僕は、中国のなかで見逃しちゃいけない美しい場所やおすすめのスポットを教えてもらえないかと、彼に頼んでみた。

それから数日後、李さんは、熟考を重ねて仕上げたルートを片手に、いざというときのための連絡先や手紙などを持って僕を訪れた。そのなかには、「中国西部に住む友人に渡してほしい」と、なにやら珍しい植物の根っこも入っていた。さらに李さんは僕たちのために、中国政府宛てに丁寧な推薦状を書いてくれた。その書状で李さんは、僕たちのことを「世界を旅する平和の親善使節」だと紹介し、僕らが旅先で起こるできごとを人々に伝え、さまざまな体験を分かち合いながら旅を続けていると記していた。そして、「どうか、このふたりに力を貸してあげて下さい。そして、この推薦状に寄せて彼らに応援の一筆をお願いします」と書き添えてあった。これを、僕らは「李さん文書」と呼ぶことにした。

李さん文書は、人々の署名を集めるのに役立ってくれるだろう。中国では、一度署名をした限りはそれに対して責任を持つ、つまり、自分の首を差し出したのと同じことになるのだそうだ。李さん文書を読めば、理性のある人は、署名しないわけにはいかないはず。まあ、それがいくら立派に見えても、何かの許可書に署名するのではないのだし、なるべく多くの公共機関や官庁役員の署名を集めよう。署名が多くなればなるほど、きっと李さん文書は説得力のあるものになるだろう。

僕たちは、ミスター楊と彼の知り合いと一緒に中国国際体育旅遊公司を訪れた。スタッフたちは、「残念ながら許可は出せませんが、ぜひそこに署名しましょう」と言って、「中国旅行のご成功をお祈りします」と書いてくれた。これが一番最初の署名。政府の官庁では、共産党中央委員会幹部が僕たちを出迎えてくれた。役員たちは、「中国をバイクで旅するのに許可などいりませんよ。そろそろわが国も外の世界に扉を開くべきです。もちろん観光客も大歓迎。近代化に向かう中国の発展をぜひ、世界に伝えて下さい」と言った。彼らは僕たちにとても気さくに接してくれた。かれこれ5年にもなるこの旅行に、心底感激したみたいだ。署名となるとためらいがちだったが、彼らのプライドが、李さん文書にサインしないことを許さなかった。

こうして集めた署名のおかげで、僕たちはガソリン配給券も出してもらい、ガソリンが買えるようになった。だけど支払いは、一般の中国人が使用している人民元でしかできない。外国人がこれを使うのは禁止されていて、僕たちもＦＥＣ（Foreign Exchange Certificates）という外貨兌換券しか持参していない。そこでさっそく、闇市場でこのＦＥＣを両替してみたところ、数倍の人民元が僕の手元に戻ってきた。

上海の街をちょっと歩いてみよう。さすが上海。「中国のパリ」と異名を持つ大都市だけあって、いろんな面で開放的だ。とりわけ僕は旧市街のにぎやかな通りの散策を楽しんだ。ひっそりとたたずまう小さな寺を発見。境内では男たちが竹椅子に腰かけながら麻雀やトランプをして遊んでいる。お爺ちゃんは自慢の孫息子を皆に披露し、母親は編み物に大忙し。頭上では、竹竿に洗濯物がパタパタとはためいている。

とびきり上等の食事がしたければ、高級レストランだってここにはある。だけどフルコース一人前が現地の人の一ヵ月分の給料と同額だ。ある朝早く、僕たちは人民公園に行ってみた。入園料は、ドイツのペニヒ（約0・8円）より小さい中国の硬貨の3分《フェン》。公園では大勢の人々が太極拳で大地のエネルギーを体に取り込んでいる。その光景は、大勢が一斉に舞うダンスをスローモーションにしたみたいだ。見ているだけで心が安らぐ。こうして一日の始まりを迎える人々は、健康なだけでなく心身のバランスがうまくとれている気がする。

李さん文書が、中国の旅へと僕らを導いてくれると信じ、準備に取りかかった。いつもガソリンの心配ばかりしなくていいように予備のタンクもあとふたつ用意しよう。そうじゃないと、ガソリン補給のたびに、お役所相手に根競べをしなくちゃいけない。バイクに予備タンクを取りつけるスペースを確保するのに――これは、李さんのアドバイスだったが――スペアタイヤを成都《チョントゥー》の近くにあるお寺へ送った。

旅の基本表現が記された小さな英・中国語の会話ブックを手に、漢字の発音表記を見ながら中国語をしゃべってみる。そうやって最初の何語かをマスターしたものの、声調《トーン》言語と呼ばれるこの言葉は、そうそう簡単に僕たちが習得できるものではなかった。なにせ、ちょっと抑揚《イントネーション》が違っただけで、ひとつの単語に三つも意味があるのだから。僕たちは本屋で英語と中国語の2カ国語併記地図を見つけた。道を訊くときは、中国語で書かれた地名を指差しながら、その横に書かれた英語のとおり発音すれば、なんとかわかってもらえそうだ。

ついに出発の準備が整った。ホテルの前にはまたまた人だかりができて、交差点の踏み台から警官が僕らの様子をうかがっている。郊外へ出る道は、ちゃんと把握している。

そして郊外まで走ったところに、すべて中国語でデカデカと書かれた交通標識板が立っていた。思わず、ちょっと写真の一枚でも、と思ったが、ここで人目についている場合じゃない。ひと休みするときも、藪のなかや脇道、空き家の裏など、なるべく人目につかない場所を選ぶように心がけた。

——今、僕たちは北西側から蘇州《スーチョワ》へ向かって走行している。中国人の感覚では蘇州は小さな都市で、上海から100キロ足らずのところにある。2000年前に造られたふたつの運河が行き交う町。その歴史の古さを物語るように、石畳の道は車輪の通った部分が磨り減ってくぼんでいた。上海を出発してからというもの、何もかもが不思議なくらいスムーズだ。一度だけバイクに乗ったふたり組の警官に止められ、免許証のチェックを受けた。ふたりはニコニコ顔で、「じゃ、楽しい旅を!」と言い、去っていく僕らに手を振り続けていた。

だが思っていたとおり、蘇州の手前には検問所があった。僕が日本で取った国際運転免許証には、中国語の訳も添付されている。それなのに係員は、わざわざ自分の免許証を出してきて、その赤い小冊子を手にかざし、「これと同じやつでなきゃ、ここは通せません」と言い張った。問い合わせの電話をかける。「外国人は別の管轄です」

別の管轄とは、安全保障や外務関係を牛耳る国家警察のことである。長年、中国を旅する者たちは、その情け容赦のない取り扱いと、幹部たちがドイツのビースバーデン（ドイツの都市。連邦刑事局の本部がある）で訓練を受けていることにちなんで、彼らを「ゲシュタポ」と呼んでいた。彼らはドイツで、どうすれば最も効果的に破壊活動に対処できるか、つまり、国民の政治的不満を鎮圧する方法を修得してきているという。

そのときは、僕たちはゲシュタポから丁重に扱われた。近くの都市・南京に着いたらすぐに免許証の手続きをするということで話がまとまり、彼らは、僕たちが選んだホテルまでエスコートしてくれた。「李さん文書」は、ここでも効き目を発揮した。なんと、そのゲシュタポですら署名してくれそうになったのだから。だけど偶然、僕らはそのホテルの共同洗面所に「助けて！」と書いた紙が落ちているのを見つけた。その紙には、ニュージーランド人の若い女の子が、かれこれ一週間、ホテルの部屋に監禁されているという内容のことが書いてあった。誰とも連絡を取ることが許されず、毎日、警察から尋問を受けているというのだ。かけられた容疑に関しては、彼女は何の関係もないという。そしてその紙には、「これを発見された方は直ちに大使館へ知らせて下さい」とも書いてあった。さっそく、調べてみたところ、彼女は本当にホテルの別棟に隔離されていることがわかった。それについてニュージーランド大使館は、「これは、うちで対処します」と約束した。この件を通じて僕たちは学んだ。とにかく、思いっきり慎重に行動しなくては。

それから2日後、僕らはさらに先へ進んだ。暑くて埃だらけのなか、田んぼを横切って、石灰窯《せっかいがま》の埋まった丘陵を越える。方角を失わないようガタガタ道を前進する途中、貧しい村落と、ボロをまとい、痩せ細った農民の姿を目にした。ちょっと腹が減ってきたなと食堂に入り、僕らは隣の人が食べていた鶏の甘酢煮らしきものを注文した。大盛りが二人前、ドンとテーブルに置かれる。クセのある匂い。なんとなく、これが何なのか想像がつく。こりゃ、蛇だ。村人の半分ほどがひしめき合って、僕らが箸をつける前から、誰が食べ残しをせしめるかで言い争っている。僕たちは勘定を払い、彼らが殴り合いを始める前にそこを立ち去った。

空腹のまま、バイクで先へ先へと進む。ゴ――ッ！　突然、轟音が響き、僕は思わずバイクからずり落ちそうになった。ジェット戦闘機がヘルメットをかすめて飛んでいき、道のすぐそばに着陸した。「ま、まさか、ここが軍用機の滑走路だなんて……！」うしろに駐機している戦闘機群にさえも、気づかなかった。僕たちは、知らないあいだに中国軍の軍用地に足を踏み入れていたのだ。あたりには、兵員輸送車、戦車、特殊車輛。こんなところで捕まったら、ホントにスパイ容疑であの世行きだ。それでもまあ、僕らは知らずに入り込んでしまったときと同じように、このヤバい状況からなんとかスルリと抜け出した。

モダンな大学都市・南京に到着。さっそく、運転免許証を申請しようと、四つ角の交番で停車し、交通局への行き方を尋ねた。あっという間に自転車の通行人が集まってきて、道路はすっかり埋め尽くされた。警官は電話を握りしめ、受話器に向かって大声で何か叫んでいる。どうやら彼の手には負えない様子だ。そしてその警官、うっかりスピーカーのスイッチをオンにした。街中に彼の声が響きわたり、通行人たちは膝を叩いて大笑いしている。そこで聞き取れるのは、ときどき繰り返される「鬼佬《グイラオ》」という言葉だけ。これは「外国の鬼」、要するに「外人」という意味だ。困りきった警官は向こうから走ってきた乗用車を止め、それにズカズカと乗り込んで本署へと先導して走りだした。本署に着けば着いたで、今度は、僕らが免許証の申請をする必要があるかないかで、幹部たちの意見が分

南京。「外国の鬼」が珍しいと通行人に取り巻かれる。

かれる始末。僕らはタイミングを見計らって「李さん文書」を差し出し、サインをもらったところでそそくさと退散を決めこんだ。

再び路上にて。中国製バイク・ＸＩＮＧ《シン》ＦＵ《フー》に乗ったふたりのライダーが話しかけてきた。彼らは片言の英語で、「僕たち、上海から来たジャーナリストなんです」と、僕らに手を貸すと言ってくれた。僕は、宿を探していることをわかってもらおうと、彼らに一生懸命説明した。あちこち探しまわったあげく、ふたりは僕らをだだっ広い駅の敷地へ連れていき、「お役に立てて嬉しかったです！」と顔を輝かせて去って行った。——ホテルはない。だけど、そこにはドイツ人学生がひとり。そしてその学生が、大学の学生寮に連れて行ってくれた。

翌朝、警察からの伝達をこの学生寮で受け取った。やっぱり免許証は必要とのこと。僕たちはさまざまな事務所で丸一日かけて、なんとか相手を刺激せずにこの問題を解決しようとした。

そのあいだに、武漢《ウーハン》まで行けばわずか2、3日で取得できる免許証が、ここでは3ヵ月もかかるということが判明し、僕は彼らに言った。「ガソリンの調達さえなんとかなれば喜んで武漢へ行きます！」

それからの数日間は、まさに絵に描いたような景勝地の道を走った。手前には長江の峡谷、かなたには奇妙な形の山々が連なっている。ところどころに閑疎な村落が見える。その村でも村人たちは心温かく、僕らを手助けしてくれた。2、3日、この桃源郷のような景観のなかで山歩きといこう。険しい岩山が並び立つ黄山《ホワンシャン》というこの地域には、たくさんの文人墨客がインスピレーションを高めるために滞在するという。

古びた仏教寺院では、中国に古くから伝わる道教の教えを執筆する人物と出会った。僧侶たちは、滑らかな筆致で水墨画を描いている。僕たちはこのお寺でもお世話になり、書画の掛物まで土産にもらった。山歩きのほうはといえば、これはまあとにかくハードだった。山道には、何世代もかけて人の手で山肌に刻まれた階段が延々と続いていて、山の麓から頂上まで真っ直ぐに延びている。所によってはあまりにも急な勾配に、階段と手すりが一体に刻まれていた。しかもその階段と手すりは、頭からしっぽの先までじつにうまく蛇の姿をかたどっていた。岩の隙間をくぐり抜け、狭い稜線の上でなんとかバランスをとり、下界を覗くと、思わず足が竦《すく》んだ。目の前に広がる景色は、半端じゃなくすごい。

その後、廬山《ルーシャン》で登山中、僕たちは再び警察の世話になった。彼らは地元の新聞記者を紹介してくれたが、その記者は僕たちの氏名とバイクの登録番号にしか興味を示してくれない。そこで僕は、自分たちが平和のためにピースラインを引いて世界を走っていることを載せてくれるように頼んだ。警察はガソリンの調達にも手を貸してくれた。「40リットル」と頼んだはずなのに、なぜか40キログラム、約52リットルのガソリンが給油された。そう、中国ではいつも何かしらが違っていた。今回は、ホースでガソリンを給油するのではなく、地下の油槽からバケツで汲み上げる方式ときた。スタンドの係員がタンクの穴に首を突っ込むのだが、その男、口に銜《くわ》えたタバコを離そうとしない。ガソリンの純度がもう少し高かったら、きっと彼は今頃、この世にはいないはずだ。タンクに詰め替えているところを誰かが写真を撮っているのに気づく。自分は無関係とばかりに涼しい顔をしているが、あれは南京で僕たちにカメラを向けた男と同じ奴だ。

ここでは、宿探しにほとほと手を焼いた。せっかく部屋を見つけても、すぐに荷物をまとめて出て行くように急かされ、大枚をはたかないと泊めてもらえない観光ホテルにたどり着くまで、そんなことがずっと続いた。ここの暑さと鼻っぱしらの強い人たちから逃げようと、長江をさかのぼる船の座席を予約しに出かけたが、そこで僕たちが耳にしたのは例のひと言、「没有《メイヨウ》」だけだった。

ほっぺたツネオは、こうした僕たちの供述に満足しなかった。僕たちは、なるべく肯定的な言葉を選び、自分たちや友人の身に差しつかえることは言わなかった。道中、警察が僕たちを助けてくれたこと、そしてこの国やここに住む人々が僕たちの心をつかんで離さないことを述べ、どうして僕らがここに留置されているのか理解できないと、つけ加えた。

そうして12時間後、やっと、ホテルに戻ることが許された。一日中、何も食べていない。翌日も同じ調子で尋問が続く。前日、ほっぺたツネオが神経質に録音マイクの一時停止ボタンをしょっちゅういじっていたせいで、録音されたテープは音が途切れていた。やれやれ、もう一度、最初からやり直しだ。ほっぺたツネオは、裏面に録音を続けようとカセットをひっくり返し、デッキにさかさまに押し込んでフタをバシンと叩いて閉めた。そのためデッキ部分が歪み、テープレコーダーが壊れてしまった。僕たちのことが載った新聞記事や旅のルポ、そして写真などは全部コピーされ、「李さん文書」は無視された。

３日後、僕たちは自白書に署名するように命じられた。修正する箇所があれば、そのたびに指紋を押さなくてはならなかった。取り調べ調書は、僕たちの供述を見事に無視したもので、無許可で中国を旅したことだけが記述されていた。彼らは、パスポートがそういう許可証のひとつであり、「いかなる人物も旅する自由、すなわち、行動の自由を持つ」という基本的人権が存在することをわかろうとはしなかった。

中央委員会に連絡を取るように僕たちが言い張ってきかないことが、彼らの癪に障ってしょうがない様子だ。本当のところ、共産党にコネなどあるはずもなく、ただのハッタリにすぎないのだが、それでもそのときは、それが僕らの命綱だった。僕は彼らに言った。「北京に連絡しなかったら、きっと仲間が不審がって捜索願を出すでしょう。北京に着いたら、知人にお願いして走行許可証を発行してもらいます。もちろん武漢の警察のほうは皆、寛大だということも伝えます」——そうしてついに、これを約束としてパスポートを返してもらった。ただし、北京までは列車で行けという。許可証をもらって来るまでは、バイクと備品はここでお預けだというのだ。そして彼らは、僕たちの供述について、もうひとつだけハッキリさせておかなければならないことがあると言った。僕たちがバイクを輸入したことで、フ、リ、ー、セ、ッ、ク、ス、を行なったというのである！　なんと、「フリー・オブ・タックス《免税》」という言葉が、ここではいつの間にか「フリーセックス」にすり替わっていた。

「いいか、中国でフリーセックスは５０００ドルの罰金だからな！」この強烈な脅し文句と共に、僕らは釈放された。その後3日がかりで列車の切符を手配したものの、硬座と呼ばれる二等席しか取れず、どの座席もダブルどころかトリプルブッキングだった。

北京に到着。さぁ、いよいよ「お役所参り」の始まりだ。

そして5週間後、僕らは走行許可の取得を断念した。ドイツ大使館では、想像していたとおり、「君たちとかかわるのは真っ平ごめんだ」と冷たいあしらいを受けた。世界中のドイツ大使館で、自分の任務を果たし、誰かの役に立とうと思う人物にめぐり合えるかどうかは、まったくの運次第だ。だけど僕たちはあきらめなかった。個人的に僕らに興味を示したふたりの外交官と知り合うことができ、各省庁や、中央委員会に出向くのに必要な推薦状を書いてもらった。ありとあらゆる組織や機関の代表者、官界の重要人物、右から左までさまざまな色合いの政治家に会うチャンスがあった。走行許可証をもらうことはできなかったが、代わりに中国の政治体制について学ぶことが山ほどあった。

なかでも一番印象深かったのは、非公式野党のメンバーとの対談だ。彼らは中央政府の古株たちから権力をもぎとり、西欧諸国への扉を開かせようとしている最中だった。だが、そののち彼らの夢は、天安門広場で起きた大虐殺で無残な終焉を迎えることになってしまう。そういった人たちは、政界でかなりのポストに就いていたにもかかわらず、オフィスにいる間は、決して僕たちに対してオープンに接することはなかった。公園で散歩の途中、そっと大事な情報を洩らし、「このまま中国の旅を続けるべきだ！」と僕らを励ましてくれた。中国のシステム網には、いろいろな弱点や抜け道がある。それさえしっかり把握していれば、なんとかうまくやれるはずだと。

旅行許可証取得のため僕たちが最後に挑戦したのは、中国の最高実力者・鄧小平氏に手紙を送ることだった。最初、この手紙を自分で渡そうと官邸を訪れたものの、秘書室まであと一歩のところで、警備員に捕まってしまった。外務省の管理局にも出向いてみたが、係の女性は封筒に書いてある最高実力者の名前を見ただけで血相を変え、手紙を受け取ろうとしなかった。仕方なく、手紙を郵便で送ったものの、いくら待っても、返事は来なかった。

とりあえず、バイクを武漢に置いたまま、中国を回ってみることにしよう。——そうして僕たちは、公共の交通手段を利用しながら2万５０００キロの道のりを進み、あとの何百キロかはヒッチハイク、東チベットでは徒歩で２００キロの道を踏破した。その間ほとんど僕たちは、観光客立ち入り禁止区域で過ごした。チベットへの検問所に着いたときには、警察ですら目をつぶってくれた。中国が併合した地域は中国全土の半分にもなる。しかしそこに住むのは全人口の4パーセントにすぎないという。彼らは少数民族と呼ばれ、中央政府から抑圧されている。なかでも一番よく知られているのが、チベット民族だろう。

張り裂けんばかりの歓声が空中に響きわたった。瞬く間に、周囲は上を下への大混乱。暴れる馬は砂埃を巻き上げ、観衆は右往左往の大騒動。クラウスはカメラを持ったままどこかへ消えてしまった。とっさに自分の避難場を探そうとした瞬間、うしろから誰かが私をつかんだ。大勢の人の手で引っ張られ、自分が振りまわされているのがわかる。振り向くと、照れくさそうに笑うカム[*1]の女性がふたり、私のうしろに立っていた。彼女たちも競走馬が急に駆け出したのに驚き、私のうしろを避難しようとしていたのだ。屈託のない笑顔、これは伝染するらしい。彼女たちの明るさときたら、まったくほかに例えようがない。そうこうするうちにだんだんと息が苦しくなってきた。ここは標高４７００メートルの地。空気はとても薄い。

2日前、私たちは東チベット・理塘《リータン》の谷にやって来た。そのとき私は激しい頭痛やめまい、動悸に悩まされていた。急性の高山病は、今いる場所より低地に降りさえすればラクになることはわかっていたが、祭りに集まって来た遊牧民族によって張られた数えきれないテントの海を目の前にして、足が釘付けになってしまった。どちらにしても、もう一度標高5200メートルの峠を越えなくては低地には戻れない。酸素不足ではあったけれど、そのとき私は最高に幸せだった。

北京で5週間ほどすったもんだした挙句、どれだけがんばってもオートバイで中国大陸を走る許可は下りないことが判明した。それだったらいっそチベットに行ってしまおう。クラウスと私はそう決めた。以前ネパールでトレッキングをしたとき、北に聳え立つ山々を憧憬の眼で見つめたものの、当時、国境は固く封鎖されていた。「世界の屋根」の伝説に溢れたこの地域の神秘性。たどり着くのがきわめて難しいといわれてきたことも手伝って、私たちはその妖しい魅力に吸い寄せられていった。

オートバイが安全な場所に置かれているかどうかを確認しに武漢《ウーハン》まで行き、そこでそれぞれ、最低限必要なものだけをリュックに詰め込み、西に向かう成都《チョントゥー》行きの汽車に飛び乗った。前もって上海から送っておいたスペアタイヤは、お寺の僧侶たちが大仏様のうしろに隠しておいてくれた。それを今度は武漢に転送し、市場の露店を尋ね歩いて李《リー》さんの友人を捜し当て、日本から預かってきた植物の根っこを無事に手渡した。成都からチベットの首都ラサまでは、飛行機で行くか、汽車とバスを乗り継いで中国の北西数千キロの道のりを行く、このふた通りしか方法はないといわれていた。結局クラ

＊1　東チベット・カム地方に暮らす人々をカムパまたはカンパという。

「競馬祭」に遭遇　東チベット・理

ウスと私は、三番目の方法で行くことにした。ラサまでヒッチハイクと歩きで行ってみよう。これは外国人旅行者に開放されているルートではなかったが、行こうと思えば行けなくはないという話だった。

ヒッチハイクは驚くほどうまくいった。公共交通機関はこの道を通ってはいない。そこで覚えなくてはならなかったのは、ただひとつ。ヒッチハイクの正しい合図の仕方である。最初の日、道路脇に立って車が通るたびに親指を立てて合図を送ってみたものの、どんなにがんばっても誰も止まってはくれなかった。そして私たちは親指だけでは足りないことに気がついた。東チベットの人は、まず両手の親指を立て、腕を思いっきり伸ばし何度も「エイヤッ、エイヤッ」と高く振り上げて思いっきりこう叫んでいたのだ。「クチ、クチ、クチ、ちょっとお願い、乗せてって！」

そこで、はるか彼方の地平線上に車輌が姿を

瞬間だった。

現すたび、私たちは、「笑っちゃうね」と言いながら「クチ、クチ」と、このおかしな動作をくり返した。

理塘《リータン》までは5日間かかった。山へ続く鬱蒼とした峡谷を抜け、今にも飲みこまれそうな流れの激しい川を渡り、くねくねした峠を越え、やっとの思いでこれぞチベット！　と思える緑豊かな草原の広がる高地にたどり着いた。そこで初めて私たちは、黒いテントに居を構え、ヤクの群れと共に生きる遊牧民の姿を目にした。私たちは、おんぼろトラックの狭い運転台に4人がぎゅうぎゅう詰めになって座っていたが、運転手のお兄さんは酸欠で睡魔に襲われるたびに、窓から首を出して息をスーハーやっていた。冷たい風が眠気覚ましに効くらしい。遊牧民族が住まうテントを目の前に、クラウスは運転手に頼んだ。「写真を撮りたいから、ちょっとだけ止まってもらえませんか？」ところがどうやらこの遊牧民にとっては、私たちのほうがよっぽどふだんお目にかかれないタイプの人種だったらしい。あちこちのテントから老いも若きも飛び出してきて、あっという間にクラウスと私を取り巻いた。思いっきり人なつっこい遊牧民に取り囲まれ、もわぁ〜と立ちこめる饐《す》えた匂いに一瞬、息が詰まりそうになった。クラウスはこの様子をカメラにうまく収めようと一歩うしろに下がるのだけど、どれだけ下がっても無駄な抵抗。クラウスが一歩下がれば、彼らは一歩進み、どこまでも笑いながら影のようにくっついて来る。この「影踏みごっこ」が楽しくてやめられないらしい。一緒にトラックに乗っていたもうひとりの男性が、ジェスチャーたっぷりに何か言っている。急いで辞書を引いた。

「競馬祭!」

思いもかけず、真っ直ぐに延びた谷のここかしこに立つテントを見つけたとき、私たちは夢を見ているんじゃないかと思った。なんというタイミング! 遊牧民たちが、「中国政府は、この伝統的な競馬祭を1959年からずっと禁止していたんだけど、今年になってやっとまた許可が出たんだよ」と教えてくれた。

もしも、ここにオートバイでやって来て、この人たちの隣にテントを張って過ごすことができたなら、たとえひとときでも遊牧民族の一員になれたのに……。仕方なく私たちは理塘で簡易宿泊所を探し、大部屋のベッドをふたつ予約した。饐えたヤクバターの匂いはどこへ行っても健在だった。けれどもそれにもあっという間に慣れてしまった。チベット人たちは、バター茶(お茶の葉にミルクと塩を入れて攪拌し、バターを加えたもの)をがぶがぶ飲むだけでなく、紫外線から肌を守るためにこのバターを肌に塗りたくっていた。9月の夜空に「金星」が輝くとき、彼らは神聖な祭りを控え、一年にたったの一度、川に入って清流で身を清めるのだという。こともあろうに私たちがここにやって来たのは、あとほんの少しで「金星」が見え始める8月初旬のことだった。

毎日テントのあたりに通いつめていた私たちは、たちまち遊牧民たちの間で有名になっていった。そうしてテントのあちらでもこちらでも「バター茶とツァンパでもどうかね」と引き止められた。ツァンパは、大麦を炒って粉にしたものをバター茶でこねてダンゴ状にする食べ物で、チベット人の主食といわれている。それだけではない。ここにはヤクの干し肉、ヨーグルトにチーズ、そしてトルコパン（トルコ移民の多いドイツでポピュラーな白パン）まであった。招待してくれた親切な家族に「ドイツでも同じもの食べてたわ」と言うと、彼らはすかさず、「うちのばっちゃんに外の世界も見せてやりたいと思うとったに、すまんがそこへ一緒に連れて行ってくれんかい？」と言う。とにかくチベット人は冗談好きで、私たちはこれまでにないほど笑い、理塘滞在にして3日目、とうとう笑いすぎで硬いお肉が噛めないほど、ほっぺたがひどい筋肉痛になってしまった。

この祭りには東チベット・カムの三部族が方々から集まって来ていた。彼らは東チベットに散らばって住んでいて、中国軍のチベット侵攻の際には、執拗に食い下がって抵抗を続けたこともあり、勇猛果敢な部族として名を馳せていた。残念なことに、彼らは優勢な中国軍に制圧されてしまった。山の中腹に建てられた壮麗な理塘寺院は今や廃墟となって、当時の無残な行為を静かに物語っている。文化大革命時代に破壊を免れたチベットの仏教寺院は、全体のわずか2パーセントにすぎない。今日、どの世界地図を見ても理塘は公式に中国の一部になっている。ここには昔から、実に多くのチベット人が住んでいたというのに、中国はそれを無視してチベット自治区を大幅に縮小したのだ。

毎日催される競馬がお祭りのハイライトではあったけど、ここでは速さというよりは、むしろ技術を競うものが多く見られた。疾走する馬の上で曲乗りをしながら地面に落ちている標的に矢を射る競技もあれば、身を乗り出しておひねりが結《ゆ》ってある白い絹布をどれだけ多くつかみ取れるかを競うものもある。見物客の前を3、4人で駆けていく姿は、うっとり見とれてしまうほど美しい。騎手たちは皆、華やかに着飾っていた。彼らは絹のシャツや豹皮をまとい、ブロードかフェルトの帽子をかぶっていて、足元のブーツもブロードである。銀のくつわには鈴の飾りがほどこされ、木でできた鞍には何枚も折り重なるように鮮やかな絨毯が覆っていた。

だが、とりわけ派手で目立つのは、彼らのヘアスタイルだ。男たちは長い黒髪を赤い紐と一緒に編み込んでお下げに結い、それをグルグルと3回頭に巻いた上にゴテゴテしたトルコ石や珊瑚、シルバーや天然石を飾っていた。そしてその上からフェルト帽までかぶるのだ。女性の多くは、髪をちょっとずつ分け、ちょうど108本のお下げができるように編み上げて絹糸や珊瑚をふんだんに結いつけていた。なかには、その豪華な髪飾りが地面に届くほど長い髪の女性もいて、頭には銀の器のようなものがふたつ、ちょこんと載っかっていた。

そこでは競馬だけでなくチベタン・オペラと呼ばれる伝統舞踊も披露されていた。どこにいても、しばらく歩いているうちに好奇心いっぱいの遊牧民たちが近づいて来て私たちを取り囲み、お腹の皮がよじれるんじゃないかと思うほど私たちを笑わせた。「バター茶も飲んだし、ちょっと疲れたね」と、離れた場所で腰を下ろしていても、ふと気がつくと周りには大きな人の輪ができていた。

あるとき、いかにも大胆不敵という感じの若者が私たちの横にドカッと座り、「ちょっと触らせてくれよ」と手を伸ばしてきた。どうやら体毛の薄いチベット人にとっては、クラウスの顎髭《あごひげ》がほかの何よりも珍しいらしい。皆に言いはやされてさらに若者は、クラウスの毛深い腕をつかんで毛を引っ

ぱりだした。ついにはズボンの裾をまくり上げ、予期せぬことに足にもびっしり脛《すね》毛が生えているのを発見し、「こりゃ参った！」と大笑いした。

　8日も経つと楽しかった祭りもおしまいとなり、私たちはラサへ向かった。だが、あと半分という所まで来てどういうわけか突然、先に進めなくなった。トラックは私たちを無視して通り過ぎて行き、人々は避けるように去って行く。それは、自分たちの車に外国人を乗せたり家に泊めたりすると罰金が科せられるという警告のせいに違いなかった。ここでは中国警察ですら、奇妙なほど沈黙を保ち続けている。かなりの距離をなんとか徒歩で進み、標高4000メートルの高地でブルブル震えながら野外で一夜を過ごし、私たちはそこから先に進むことを断念した。

　西へのルートを急遽南へ変更し、メコン川と長江の源流に沿って、ヒッチハイクで急な渓谷道を進み、やっとの思いでホテルやレストランが立ち並ぶ観光地、雲南《ユンナン》省の町にたどり着いた。23日間、荒野をさまよい歩いたあと、ここで浴びた熱いシャワーがどれほどありがたかったことだろう。

なんとかラサにたどり着きたい。そのためだったら気の遠くなるような回り道も惜しまない。私たちは、そう腹をくくった。列車やバスを乗り継いで、中国北西部格爾木《ゴルムト》を越える公式のルートを進む。

そうして、ようやくたどり着いたラサで目に飛び込んできたのは、紺碧の空に抱かれて神々しく街の中心に聳え立つポタラ宮殿だった。かつてダライラマ（チベット仏教の最高指導者）が冬を過ごしたというその宮殿。今年になってようやく北京政府がチベット内の個人旅行を許可したというだけあって、そこは観光客や旅行者でごった返していた。

そういったなか、中国人の存在を無視することはできなかった。伝統的な家屋が立ち並ぶ旧市街の路地を通り抜けると、その向こうはトタン屋根の安っぽいコンクリート造りの建物が並ぶ新市街になっていた。中国人がラサの人口の過半数を占めるようにと、政府が押し進めてきた移住政策により生じた結果がそれである。だがそんなことには負けじと、敬虔なチベット人の巡礼者たちが、とめどなく湧き出る山の水のように、チベット全土からこの聖地にやって来た。

毎日のように私たちは旧市街に出向き、少なくとも一日一回は巡礼者たちと共にジョカン寺の塀をぐるりと囲むバルコルという通りを一周した。ジョカン寺はチベット仏教の総本山である。全身を地面に投げ出して祈る巡礼者の膝で正面玄関の床板がへこんでしまっていた。

のんびりとした高原とは打って変わり、ラサでは都会のシビアさをヒシヒシ感じることが多かった。かつてダライラマが夏を過ごした離宮の庭園で中国政府が主催する祭りに行ってみると、なんだか重苦しい空気が漂っていた。町へ帰る途中、私たちはチベット人のおじいちゃんと一緒になった。言葉が通じないにもかかわらず、身振り手振りで懸命に話してくれるその内容が手に取るようにわかる。

「昔、ここにダライラマ法王がいらっしゃったときのことじゃよ。突然、中国人が押し寄せてさてな、そのとき大勢のチベット人が殺されたんじゃ。寺もぶち壊しじゃよ。男どもは僧侶であることを禁じられ、牢獄へやられてしもうた。女どもは、低地へ米作りに連れて行かれたんじゃ。そんときから人前では祈ることも法王さまの写真を持つことも許されぬようになってしもうた。そんでも、きっといつの日か、法王さまが戻って来てくださると、わしらは心の底から信じとる」おじいちゃんの話は、彼らチベット民族の嘆き悲しみをそっくりそのまま映し出していた。その気持ちが痛いはどわかり、私たちも身につまされる思いがした。

一ヵ月ほどラサに滞在し、ずいぶんこの町が把握できるようになった。ジョカン寺へもよく出かけ、バターランプの匂いに包まれながら、ゆれる炎が金色の仏像に映っているのを眺めて過ごした。僧侶の読経に耳を傾け、お寺の屋上であたりの山頂や旧市街を見渡しながら、修行僧たちとたわいない冗談を言っては笑い、ラサでの日々を過ごしていた。

ポタラ宮殿へも何度か足を運んだ。宮殿内は建造物や財宝管理のために僧侶が出入りすることは許されているものの、今や、ただの博物館でしかない。そして、そこではなんと、チベット僧対中国人監視員のバトルがひそかに繰り広げられていた。外国人観光客が写真を撮るたびに10ドルの撮影料を徴収しようと中国人監視員が目を光らせるなか、外国人観光客から、「ちょっと見張ってて！」と頼まれたチベット僧たちが、「まかせとけ！」と見張り役を引き受け、こっそり撮影させることで中国人に小さなしっぺ返しを食わせていたのだ。

バルコルをひと回りするときは、いつも何かしらに出くわした。通り過ぎる巡礼者を眺めていたときのこと。一歩進むごとに身をひれ伏し、立ち上がっては自分の背丈だけ進むお祈りを繰り返しているその巡礼者をよく見ると、カニ歩き状態なので横に一歩しか進んでいない。ただでさえ気の遠くなるようなこの礼拝法[*1]をさらにハードにしたこの巡礼者は、両手と両膝に木の板をくくりつけ、身にまとっているものといえば、ボロボロのズボンだけ。頭はスキンヘッドに刈りあげて、ダライラマ法王の写真が剝き出しの肩に安全ピンで留めてある。これじゃまるでチベット・パンクだ。

朝早く起きて、旧市街へヨーグルトやら卵などを買いに出かけたクラウスは、チベット式レントゲンで、ちゃんと卵の鮮度をチェックすることを地元のおばちゃんたちから学んで帰ってきた。まずトイレットペーパーの芯を望遠鏡のようにして、その先に卵を当てて太陽に向ける。すると酸素の薄いこのあたりでは卵のなかで雛が育っていればその姿が透けて見えるというのだ。パンが焼きあがるのを待ちながら、帰る途中、クラウスは竈《かまど》で温まってきたという。私はといえば、中世そのままのような街の衛生状態が原因で、ほかの旅行者と同じようにお腹をこわして、食堂に行くのが億劫になっていた。私たちは中国人地区にある小さな商店でドイツ語や英語のラベルが張ってある野菜の缶詰を発見し、炊事道具をバイクと一緒に置いてきたため、缶はろうそくの火で温めることにした。つけ合わせに市場で焼き芋も買った。このお芋、チベット人のおばあちゃんが冷めてしまわないようにと保温カバーの代わりに鍋ごとスカートの下に入れて売っていたものだ。

できることなら帰りもヒッチハイクで各地を回って成都へ戻りたいと考えていた。だがラサを出発したその日、ラサ東部で私たちは吹雪に襲われ、冬の到来を認めざるをえなくなった。そこで一度ラサに戻り、航空券を入手して、上空からヒマラヤを拝むことにした。――やがて飛行機は成都に到着し、そこから重慶《チョンチン》までは列車を使い、長江を汽船で下って武漢に戻った。

もしも、誰かにいつか、「世界中で、どこが一番よかった？」と聞かれることがあったなら、私は即座に、「そりゃ、絶対チベットよ」と答えるだろう。そして、この地が中国の支配下にある限り、もう二度とここに来ることはできないと思うたびに、心臓をギュッとつかまれるような切ない気持ちになるのだった。

武漢に戻り、僕たちはとりあえず大学に勤務する友人を訪れた。工業都市・武漢は中国大陸の極暑地帯ナンバー・スリーに挙げられるほど暑い。町は絶望的に汚れていて、自ら吐き出した空気に思わず息が詰まりそうだ。工場の煙突からモクモクと立ちこめる黒煙。ドブネズミがチョロチョロと走るゴミ捨て場の上空に、その黒煙が覆いかぶさっている。薄手の綿シャツが肌にベットリくっつくほどのうだるような暑さ。警察と折り合いをつけけに、今からそっちのほうへ行かなくてはならないというのに、視界がかすんで、川の向こう岸すら見えやしない。

どうしたことか、警察の対応は、やけに丁寧だ。「このまま中国を去ろうと思います」という僕の言葉に彼らは手放しで喜び、「あぁ、だったらオートバイもお返ししますね。もちろん航空貨物として国外へ送付するという条件になりますが」と言い、署長自ら、準備ができるようにと武漢を走行するための許可証まで出してくれた。ちゃんと公印が押してある公式文書。お預けになったままのパスポートは、あとでこの許可証と引き換えに返してくれる約束だ。

＊1　五体投地のこと。五体、すなわち両手・両膝・額を地面に投げ出して、尺取虫のように少しずつ前に進んでいく動作。チベット仏教における巡礼のスタイル。

狐につままれた気分で僕たちはバイクに乗り、武漢の町を縦横無尽に走り回った。そして中国最大だという運送会社のオフィスを探し、僕らが行き着いた所は、小さな地下室の一室だった。運送用の段ボール箱やら書類用のファイルに埋もれながらところ狭しと働く3人のスタッフは親切で、即座に、バイクと装備品を航空貨物で国外へ送るスポンサーになることを請け合ってくれた。

航空会社で手続きしていたとき、ひとつ問題があることに気がついた。武漢から香港への直行便はなく、最寄りの空港は、ここからだと広州《コワンチョウ》だと言われてしまったのだ。それでも警察は僕たちの広州行きに賛成で、署長はこう言った。「よし、じゃあ広州まで護衛を同伴させよう。広州から香港まではフェリーでつなげばいい」だがその前に、署名すべき書類があと2枚残っているという。「一、これ以上、許可なしにオートバイで中国大陸を走行しないこと。二、金輪際、中国の土を踏もうとしないこと」そう書いてある誓約書を読んで、僕は笑いながら約束した。「心配いりませんよ。中国が自由を取り戻し、人々の人権が保護されるようになるまで、僕は絶対に戻ってきませんから」

専属の通訳は、これは訳さないほうがいいやと思ったらしい。通訳の名は王義民。中国語で「民のために尽くす」という意味だという。

ようやく出発の準備が完了し、念のためにバイクからガソリンを抜いて、武漢の空港でフライトを待つことにした。ところが一日中雨降り。すっかり待ちぼうけである。18時、地上係員の女性が黒板に書かれた出発予定時刻を拭き消し、乗客は皆、搭乗ロビーから出て行った。空輸係のマネジャーが僕たちに説明する。「ここのパイロットは若造ばかりでしてねぇ、雨のなかを奴らに任せるのは危ないんで、飛行機が飛ばなくなっちゃうんです。明日、またここに来てくださいな」

翌朝、目が覚めたとき、外はまだ雨だった。それじゃゆっくり行こうと、僕らは昼頃になってから

「このまま中国を去ります」といったら、警察はバイクをすんなり返してくれた。ついでに町中をばんばん走った。中国・武漢で。

空港に戻った。まず目に飛び込んできたのは、滑走路に駐機するボーイグ737。その手前には僕らのエンデューロが2台。乗客たちが搭乗するなか、アルミのサイドバッグが積み込まれるのを見て、僕はバスが停車する前に飛び降り、雨で水浸しの滑走路に向かってダッシュした。

大型バイクを737の小さな搭載口へ持ち上げるのは至難の業だ。バイクを真っ直ぐにしながら、まず前輪とハンドルを貨物室に押し上げ、縦軸を90度倒すようにして後輪を持ち上げ押し込まなくてはならない。貨物係の中国人スタッフにとって僕の中国語はチンプンカンプンらしく、言葉が通じない。バイクの全重量が僕にのしかかりそうになったものの、それでもなんとかすべての荷物を搭載した。ところがこの飛行機、すでにもう満席だというではないか！　バイクだけを飛行機に乗せるなんて、絶対にありえない。たとえ無事に広州へ着いたとしても、この2台を積み下ろすことは、誰にもできやしない。

パイロットに少しだけ待つように頼み、僕はターミナルビルに戻って、責任者を探した。そうしてやっとのことで、緊急用の補助席に座ってもいいと許可をもらい、航空券とパスポートを手に、唖然とするクラウディアを武漢の空港に残して飛行機に飛び乗った。そのとき僕はクラウディアにいくらかのお金を渡す余裕すらなかった。通路脇の補助席にへたり込むと、汗が毛穴から滝のように流れ出すのがわかった。

一時間15分後、飛行機は「ドスン！」と尻もちをついて広州に着陸。バイクの積み降ろしを手伝い、駐車場に2台を停めて荷物も受け取った。ミニバイクに乗った係員が僕の予備タンクを取り上げ、どこからかガソリンを満タンにして持ってきてくれる。クラウディアを待つことにしよう。彼女は18時に着く飛行機で来るはずだ。だけどどういうわけか、彼女の飛行機が電光掲示板に表示されていない。僕は焦って空港の責任者を探した。空港のマネジャーは、暗い声でボソリと言った。「そのフライトは、暴風雨のために急遽、方向転換し、不時着しました」

「生存者は、いるんでしょうか？」僕は無意識のうちにそう問いかけながら、目の前が真っ暗になっていくのを感じた。

マネジャーは僕を落ち着かせようと、「スタッフがちゃんとその女性のお世話をしておりますから」と言った。だけど実際には、飛行機がどこの田んぼに不時着したのかという僕の質問にさえ答えられなかった。ダメだ。この男の言うことは当てにならない。僕は空港警備員の手を振り払い、管制塔の階段を一段ぬかしで一気に駆けのぼった。

「ちょっといったい、どうなっちゃったんですか？」フライトやテールナンバーが書かれた紙を手に、行方不明になった飛行機を捜索していた通信士は、いきなり管制室に飛び込んできた僕にギョッとしながら、さっきのマネジャーと同じ説明を繰り返した。「悪天候のため緊急着陸をし、その後、飛行機がどこに不時着したかまだわかりません」

管制塔から降りて、準備が整ったクラウディアのバイクを車庫に入れた。警察のエスコートなど影も形も見当たらない。ゆっくりと走り出す。広州には観光客用のホテルが建ち並ぶ島があり、そこのユースホステルに寝床を確保したものの、僕はひと晩中、目を閉じることができなかった。

何もかもがあっという間のできごとで、別れの挨拶どころか、クラウスと言葉を交わすひますらなかった。かろうじて航空券を手渡すことができただけで、クラウスはそれを手にするや一目散に走り去った。私は右手にヘルメットを2個、左手にカメラバッグを持って突っ立っていた。まぁ、なんとかなるわ。午後になれば次の飛行機に乗れるということだし。自分がそこに集まっているなかでたったひとりの外国人だということに気づき、なんだか急に心細くなった。時間はなかなか過ぎてくれず、また雨が降り出した。18時になると昨日と同じ地上係員の女性がやって来て、黒板のフライトスケジュールを全部拭き消してしまった。お金は1分《フェン》すら持っていない。いったいどうしよう。しばらく考えたが、今夜はとりあえず、また大学の友人宅にお世話になるのが賢明だと思い、彼らのもとへ戻ることにした。空港に寝泊まりすることは許されず、そのとき空港ゲートは閉まる寸前だった。ギリギリのところで中国人ビジネスマンの団体が乗るミニバスを止め、町の大通りまで乗せていってくれるよう頼むことができた。

公共のバスを待つものの、乗車券が買えないことが気になってしょうがない。

「乗車券を購入してもらわないと困りますよ、お客さん」車掌はそう言って私の顔に乗車券を突きつけた。私は車掌に自分の航空券を見せ、中国航空はどうなっているんだと、ジェスチャーを交えて大声で文句を言った。ことの経緯が理解できたのかどうか、車掌は、突然、「アハハ、もういいよ」という感じで、私の前を通り過ぎて行った。大学に戻り、再び友人に快く迎えられたものの、クラウスがどこにいるのか気がかりで仕方がない。それでも私は、広州の空港で予定のフライトが翌日に延期されたことぐらいは教えられているだろうと思っていた。

翌日の正午、太陽が眩しい快晴のなか、私は広州空港に着陸した。目に涙をためながら私を待っているクラウスを見て、なんだかこっちまでジーンと来る。その後、クラウスの話を聞き、彼がとんでもない思いをさせられて、どれほど気をもんだかを理解した。

広州に到着したクラウディアと一緒に、目的もなく町を走ってみる。広州は武漢よりもずっと都会だ。世界でも一位、二位を争うほどの巨大な五つ星ホテルが建ち並び、観光客や車でごった返している。監視されている感じはなく、人ごみにまぎれ込んでもよさそうだ。街の中央市場には野菜も肉も品数が豊富で、地方を旅している間はずっと見られなかったものばかりだ。ある地方では、食べ物といえばホウレン草か白菜だけだったし、また別の場所では落とし卵と熟したトマトのスープのことだった。質の悪い屑《くず》米を食べていたせいで、「もう一生、ライスは結構」と思うようになっていた。僕たちは中国の食事に大弱りしていた。クッキーですらラードがたっぷり入っていて、そうカンタンに食べられる代物ではなかった。

市場には豆腐や鳩の卵、キノコや木の根っこのほかに、皮を剝がれた猫や犬、亀や蛇も並んでいて、なかにはノロジカの子を軒下にぶら下げた店まであった。粉薬や塗り薬、そして薬草や薬味がところ狭しと並ぶ漢方の店が軒を連ね、重い荷物を背負った日雇い労働者たちが裸足で路地を駆けていく。人ごみを抜け出して、僕たちは正真正銘のプディング・タイルヒェン（ドイツ風クリームパン）が食べられると噂の五つ星ホテルへ向かった。

この全体主義的政権に逆らってもう一度バイクで中国を走るべきかどうか。自分たちの納得がいくよう、そろそろ決めなくてはならない。中国の船舶会社も無料でバイクを輸送すると言ってくれたことだし、実際のところ、中国を一刻も早く立ち去って平穏無事にアメリカへ向かうのが一番だと思えた。それでも思いっきり運がよければ、なんとか中国を駆け抜けることができるかもしれない。僕は警察の目をすり抜けながら旅をする小さな希望を持ち続けていた。ともあれ、かれこれ5ヵ月以上この国に滞在しているわけだし、いろいろと学びながら、ほとんどの期間を立ち入り禁止区域で過ごしてきた。それだけでなく、僕たちはこの国の警備体制の欠点に気づいていた。毎日、長距離をこなし、省と省の関所付近に滞在して、ホテルで宿泊することを避けながらジグザグ走行さえすれば、警察が混乱して捜索できないことを僕たちは修得していた。情報伝達システムの欠陥がこの国の体制の致命的な弱点で、24時間先行して走っている限り、警察に取り囲まれることはないことも知っていた。

そういった話し合いの真っ最中、突然、ひとりの中国人が僕らの会話に割り込んできた。流暢なドイツ語で男は僕たちが上海に行ったことがあるかと尋ね、観光名所についてあれやこれやと質問を投げかけてきた。痩せこけて骨と皮だけの男。彼が一定の距離を保ち、さりげなく人目につかないようにしているのがわかる。僕たちを真っ直ぐ見ようとせず、独り言を言うみたいな話し方だ。もしかしてスパイ？　今の会話を聞いていたのかな？　僕はその男に、「お仕事は何ですか？」と尋ねた。

「下層階級に属するただの道路掃除夫ですよ」これほど流暢なドイツ語をどこで習ったのかという質問にはこう答えた。「刑務所です。実は、私は警察に追われているのです」

僕が「一緒にビールでも飲むかい？」と訊くと、男は食堂へ小走りで向かった。彼の動作はきわめて敏速だ。まあ確かに、のろのろしていたら警察に呼びとめられてしまう。ここでは私服姿の警官が目を光らせている。誰に対しても。

男は、身分証明書を持っていなかった。逃亡して今日が四日目とのこと。広州までは上海からの列車にまぎれ込み、無賃乗車で来たという。年は28歳。学校の教師のような身なりで、新聞を脇に抱えている。彼は呟いた。「眼鏡は少し邪魔だけど、教師のイメージを保つためには仕方がない」

それにしては、彼の靴はお粗末すぎる。人のステータスというのは、その人の顔や着ているもの、それから靴を見ればわかってしまう。

男は11歳のとき、両親が原因で投獄されたのだそうだ。連帯責任というやつである。学者、つまり知識人であった両親は、毛沢東が「百花斉放」というスローガンのもとに呼びかけた偽りの「言論の自由」を真に受け、「自由主義的な見解を持つ者」というレッテルを貼られ、彼とふたりの姉妹ともども刑務所にぶち込まれたのだという。それまで裕福だった男の家族は、その日を境に肉体的、精神的拷問を受けるはめになり、ときには、パンツ一丁姿で何時間も外に立たされたまま蚊の襲撃に耐えなければならなかった。蚊を追い払おうものなら、追い払うごとに一時間の超過が課せられたという。その後、男は下層階級の人間として扱われ、地下牢の掃除を命じられた。地上に出て新鮮な空気が吸えるのは、一日のうちたった10分だけだったという。

ドイツ人と話すのはこれが二度目といいながら、彼はドイツ語を流暢に操った。毎日、辞書から2

00語ずつ選んで暗記し、文法は別の本で勉強したのだそうだ。中国語のほかにも、オランダ語、日本語、フランス語、英語、そしてドイツ語の五ヵ国語に堪能だという。僕たちはさまざまな言語であれこれ試し、そして驚いた。それでもまあ、辻褄が合わないところがいくつかある。すべてを鵜呑みにしないほうがいい。「ゲシュタポ」の一味かもしれないし、犯罪者の可能性だってある。ここ何日かの間にかなり日に当たったらしく、男の手首には腕時計のあとが白く残っていた。どうして時計を隠しているんだろう？　金に困って売り払ってしまったのかな？　僕は男がしっぽを出すのを待つことにした。彼の言うことがデタラメだったとしたら、話しているうちにきっとどこかに矛盾が見え隠れするはず。――だけど、どうやら彼の話は本当らしい。

ビールの追加と酢豚定食を注文した。男は仕切り壁のうしろに腰を下ろす。そこからだと人の目に触れず、レストランの入り口やほかの客など周囲に目を配ることができるからだ。この8年間というもの、男はずっと亡命のための計画を立ててきたという。そして今、思い切って飛び出すつもりなのだが、西側の国で誰か、彼を匿って亡命の手助けをしてくれる人間が必要とのこと。男は淡々と話し続けた。「これまで自分が送ってきた人生について、中国政府の人権無視とそれにまつわる不法行為について本を書くつもりです。このような政権は、倒されなければなりません。つい先日も、42人の政治犯が撃ち殺されました。遺体がトラックで霊安所に運ばれてくるのを、私は確かにこの目で見たのです。それは、亡命の資金を稼ぐため、町はずれの霊安所に行ったときのことです」死体洗いの仕事は月給30元、不法労働で身分証明書は不要だという。

――そのとき突然、世にもおぞましい、人を無気力にしてしまうようなあのシーンが僕の頭に浮かんだ。そして再び、抑え切れない怒りが自分のなかにこみ上げてきた。「しっかり見ろ」と強制されながら、自分ではなにも手出しできなかったことに対して……。最初のシーンは、15人ほどの囚人たちが何台かのトラックに乗せられていく姿だった。手を縛られたまま直立する囚人たちのうしろには、銃を構えた死刑執行人が立っていた。町の住民たちは皆、通りに出てそれを見物するように命じられ、トラックの列はサイレンを鳴らしながらゆっくりとそのなかを進んでいった。写真を撮ろうとする僕をみつけた制服姿の警官は、カメラを押さえながら、「よせ、没収するぞ」と威嚇した。つい最近、中国政府が、「今後、公の場での拷問や死刑が執行されることは決してありません」と断言したばかりだというのに、まったく真っ赤な嘘とはこのことだ。アメリカや日本、そしてヨーロッパだって、興味があるのは彼らとの経済的なつながりだけで、人権侵害については皆批判はするものの、行動に移すことはない。世界中が中国のすることを黙って見ているだけなのだ。

僕の脳裏に焼きついて離れないもうひとつの光景は、何より凄惨なものだった。寧夏回族自治区《ニンシアホイツー》の中衛《チョンウェイ》という小さな町で5人の学生が拷問を受けたときのこと。政府の殺し屋たちは、学生の手首をうしろで固く縛りながら、足で学生の背中を押して縄をグイグイと引っぱった。そのために手首はうっ血して暗紫色になり、学生たちの腕の関節は脱臼してしまっていた。そこへ警官が輪にした縄を学生たちの首にまわし、無理やり腕を高く上げさせ、手首の先にその縄をつないで、さらに力を加えて引っぱった。

住民たちは、国が執行するこの残虐行為を傍観することを強いられていた。どの学生も誇らしげな目で、じっと僕を凝視したままだった。彼らが連れ去られ、しばらくすると遠くで銃声が鳴り響いた。僕たちはその場に立ちすくんでいた。「1、2、3、4、5」と、銃声の数を無言で数えながら……。

僕たちは、この亡命希望者を助けることに決めた。しばらく彼の行動を観察しながら、亡命予定日の前にもう一度会うことにしようと話した。「いいかい、この金は亡命のためじゃないぞ。新しい服を買うためだ」僕は男に、自分たちが処罰されることを防ぐためにもそう説明し、金を渡した。最後に男は、僕たちの名前をそらで書けるように何度も練習した。僕らは彼に、「無事香港に着いたら、中央郵便局に局留めで伝言を残しておいてくれないか」と頼んだ。しかしその後、この男から僕たちのところへ連絡が入ることはなかった。

僕もクラウディアも、全体主義で一貫したこの犯罪国家にうんざりしていた。クラウディアは一刻も早くここを抜け出したがっている。それにもかかわらず僕は、「政府の思うままになってたまるか」と、中国大陸を駆けることに決めた。いま思うに、この決断は勇気というものからはほど遠く、無暴以外の何ものでもなかったと断言できる。実際、危険に身をさらしてまで中国を走り続ける必要などなかったし、そもそもどうやったらこの国から出られるか、それすら見通せていなかった。それでも僕はどうしようもなく反抗的で、誰かの言うままになることに耐えられなかった。

ある雨降りの朝、ついに準備は整った。ホテルの厨房裏に隠してあったバイクを外に出し、少し段差のあるテラスを降りて前庭に停めた。手際よく荷物を積んだまではよかったが、そこで僕たちは白人の観光客に取り囲まれた。仇敵が聞いていることなどおかまいなしに、答えにくい質問ばかり浴びせてくる。

「北京の中央政府から特別許可をもらっているんだ。これから中国を出て香港へ向かうところだよ。旅はオシマイさ」僕はそう言ってごまかした。中国南部をひとつ走りするには、警察がそう信じているうちにできるだけ先へ走って距離を稼がなくてはならない。

大きな交差点を西に向かって折れる。東には香港への道が続いている。この時点から僕たちは逃亡者となった。大通りを避けて脇道に入りたかったが、その前に珠江《チューチアン》三角州西部にある西江《シーチアン》という河を渡っておかなければならない。河にかかる橋、大きな橋は長距離交通網における障害物の役割を果たしている。そこにも監視人が配置されている。それを無視して突っ走るわけにはいかず、僕たちは通行税を払うために停車した。警官がふたり、僕たちを見てびっくりした様子だったが、彼らはまだ僕たちのことを知らなかった。幸い、まだ今は。中国滞在用のビザは、あと2週間で切れる。それまでに、この国を抜け出す道を見つけださなくちゃ。

そうして僕たちは、しっぽに火をつけられた馬のように2週間で3000キロを走り抜き、今日で滞在ビザが切れるという日、やっとのことで橋上の「死線」を越えた。死線とは、中国人がここから先に進めば政府から亡命とみなされる限界線のことだ。中国から脱出することは拍子抜けするほど簡単だった。僕は左手の握りこぶしを高く上げ、「自由万歳！」と大声で叫んだ。だがそのとき、僕は大きな勘違いをしていた。

死線にたどり着くまでの2週間。その間に起こったことは、正気の沙汰ではなかった。出発した当日、すでに僕たちは二度も呼び止められた。幸運なことに、警官たちはまだ僕たちのことを知らなかった。やっかいになったのは、僕たちのことを知っている警官が現れるようになってからだ。警察が傍若無人に力づくで僕たちを連行しようとするものなら、僕は大声でわめきちらした。「鄧小平はオレの友達だ。命が惜しかったらすぐにその手を離せ！」それを聞くや、警官は即座にそっぽを向いた。そうやって彼らは僕たちのことは見なかったことにした。

とりあえず南部を海辺に沿って雷州《レイチョウ》半島に向かい、電白《ティエンパイ》に行く途中、森のなかに空き地があるのを見つけて、森の木々に守られるようにテントを張った。中国では野宿も禁止されている。だけど警察に見つからないようにするにはこれが一番だ。懐中電灯片手に村人たちが蛇を探しにやって来た。彼らが僕たちに気づくことはないだろう。見つからないようバイクにも大きな幌《ほろ》をかぶせておいた。

朝露が乾かないうちに出発しよう。途中、僕らは食堂の裏庭に座ってホウレン草の卵とじをご飯にかけて食べた。村人たちがしゃがんで水タバコをくゆらし、一服するごとに灰を捨ててはキセルを詰め直している。年寄りが持っているのは、植民地時代に愛用されたアヘン用のキセルだ。これはかつてイギリスが中国を相手にアヘン貿易を行なったとき、国民のほとんどをアヘン中毒にさせたやつだ。そのとき通りのほうから強烈な悪臭が漂ってきて、せっかく食べた朝ごはんがこみ上げてきた。男がふたりがかりで肥桶を手押し車に載せて中身をタプタプさせながら運んで行く姿が見える。この村にひとつしかない公衆便所から汲み取ったものを水牛が耕す畑に肥料として撒くのだろう。

ホヤホヤの肥料を公衆便所で出す気にはなれず、僕たちは青空便所のお世話になることにした。青空の下で瞑想に浸りながら、爽快な気分で用を足す。それはささやかな贅沢であり、大げさにいえば、毎日喜びと共に迎える儀式でもあった。というのも、中国の公衆便所はお世辞にもきれいとはいえず、私設トイレにもめったにお目にかかれない。町で見られるトイレといえば、大きく掘られた穴の上に、ここがトイレだということを意味する板が2枚渡されている程度のものである。あるとき、この公衆便所に入って、一刻も早く済まさねばと下を覗くと、なんと親指大の蛆虫が這い出してきて靴のなかに入り込もうとしていた。おまけに脆《もろ》くなった板と板の隙間から漂う異臭にやられ、僕はクラクラしながら綱渡り状態で用を足さなければならなかった。

自分たちで選んだ閑静な青空便所は、見張りするにもよい場であった。2日後、そうやってしゃがみながら僕たちは十字路の近くの高台で藪のうしろに隠れて、いつものようにこっそりと周辺の様子をうかがっていた。ここは海南島《ハイナン》の楡林《ユリン》。椰子の並木のつづく海辺のすぐ近く。このあたりは部分的に立ち入り禁止区域になっていて、そのなかには中国軍の基地があった。ちょっと浜辺でひと休みといきたいところだが、僕たちの目の前を黒塗りのリムジンが通り過ぎて行き、政府の高官たちが国の宿泊施設でのんびりと休暇を過ごしにやって来るのが見えた。どうやら知らないうちに竜の喉もとに入りこんでしまったらしい。警察は、僕たちがこの島にいることに気づいたとしても、まさかこのボスたちの溜まり場をウロウロしているとは夢にも思わないはず。

海南島へは一般客用のフェリーを使ってやって来た。帰る頃には、僕らをとっ捕まえようと警察が待機しているに違いない。密かに島を脱出するには、ほかの船を探さなくては。

広西壮《コワンシーチワン》族自治区では小さな脇道を見つけ、誰に止められることなく、観光のメッカ・桂林《コイリン》に向かって走った。桂林は、その特有な地形で有名な景勝地で、巨大なとんがり帽子の山が大地からにょっきりと顔を出したみたいな風景が周囲200キロにわたって広がっている。カルスト地形っていうやつだ。

山間には畑があって、農夫たちが水桶をぶら下げた天秤棒を肩に担《かつ》ぎ、畑に水を撒いて歩く。ここの人たちは、石であろうがセメントであろうが、何でもこの方法で担いでいく。工事で掘ってできた土もそれで運ぶ。押し寄せる近代化によって排水溝の工事が進められていたが、ここでは深さ10メートルにも及ぶ溝が人の手によって数キロにもわたって掘られていた。縄で地下に下ろしたバケツに掘った土を入れ、引き上げて、肩にかけた棒にさげて運ぶのだ。そこではおびただしい数の労働者が、

景勝地・桂林の奇峰奇岩を遠望。

男も女も皆、アリが穴を掘るように働いていた。ものかげに隠れてひと息ついている僕たちの前を、天秤棒を担いだ女が通り過ぎて行った。棒の両脇に釣り下がった籠には、それぞれに子供がちょこんとお座りしている。双子だ。だけど、政府のひとりっ子政策でひと家族につき子供はひとりしか許されていないはず。違反すれば罰せられる。最近生まれてくるのは、なぜか男の子ばかりという噂だ。それは男の跡継ぎ欲しさのあまり、女の子が生まれようものならすぐ闇に葬り去るからだと聞いた。それにしてもこの世に女がいなくなったら、この王子様たちは、いったい誰と結婚するのかな？

陽朔《ヤンシャオ》まで、つまり最寄りの銀行に着くまでまだ400キロもあるのに、手持ちの金が6元を残すだけになった。ついでに腹も減った。僕たちは食堂に入り、カウンターに3元を並べ、料理人の男に、「この金で、なんか適当につくってください」と頼んでみた。すると料理人は大きなどんぶりにスープを入れて持ってきてくれた。野菜と卵が浮いているだけの澄まし汁。僕たちはちょっとがっかりしたが、あいそ笑いを浮かべ、その汁を飲み干した。なにもないよりまだマシだ。今度はいつ、食事にありつけるのかわからない。5分ほど経って、「そろそろ行こうか」と立ち上がろうとすると、僕らの前に、大皿を手にした料理人が台所から出てきて、お辞儀をしながらテーブルにその皿をドンと置き、したり顔でニカッと笑った。牛肉に豚肉、北京鴨《ペキンダック》、春巻きとキノコのつけ合わせまで添えてある！　最後にご飯がでてきたとき、僕らの腹ははち切れ寸前だった。どうがんばっても米粒ひとつ入らない満腹状態で、僕らは村の裏側のサトウキビ畑にテントを張る場所を探した。

ある静かな晩のこと、僕たちは再び先に進むことにした。50キロほど走ったところで、「そろそろ朝メシにしよう」と食堂に入り、わずか3角《マオ》（1元の10分の1）のラーメンを注文した。料理人は、麺の生地を指と指の間で引っぱっては伸ばし、ねじってはまた伸ばし、細い麺に仕上げていく。そして熱いスープのなかに放り込んだ。

こうして50キロから80キロほど走っては道から離れたところで休憩し、またひと区切り走るというパターンを繰り返した。米の収穫期なのかアスファルト道路は稲穂で敷き詰められていた。そこを走るトラックに踏まれて稲籾《もみ》が穂から落ちるようにと並べてあるのだ。そんな黄金の道を僕たちは、何キロにもわたって走ることがあった。夕方になると農夫たちが稲穂と籾を別々に集めていく。米のなかに石が混ざっているのは、どうやらこの脱穀方法のせいらしい。

あるときには、自転車に乗った人々の一群に遭遇し、またあるときにはガアガアと鳴り物入りで散歩する北京鴨《ペキンダック》のご一行と出会った。アヒルたちが道からそれないように、持ち主は慣れた手つきで赤い旗のついた竿で誘導していた。

こういった様子が中国の脇道での典型的な風景だった。ときには足止めされることもあったけど、それはちょうどいい気分転換になり、思いがけない出会いの場所にもなった。

遠くに、切り立った山が見え始めた。地面から顔を出したボーリングのピンみたいに、平らな大地に聳え立っている。空に灰色の雲がかかり始めた頃から道は砂利道に変わった。やがて雨になり、僕たちは、バイクを停めて薄手のレインコートをかぶった。いつもならこれ以上先には進まないところなのだけど、財布は空っぽで、食料も尽き、予備のガソリンも切れそうだ。なんとか今日中に陽朔まで行きたい。雨のおかげで、あまり目立たずに町のはずれまで走れそうだ。

その後さらに雨は強くなった。道には水たまりができている。走っているうちに全身泥だらけになったけど、これはカモフラージュにはもってこいだ。あたりの風景はなんだか薄気味わるくなり、山々は僕たちにのしかかるように迫り、道は山に沿ってクネクネと蛇行したあと河に突きあたった。渡し舟が僕たちを追い越し、船頭がこっちに手を振りながら、向こう岸へ消えていった。手探りで暗闇を這うようにして進む途中で、クラウディアのバイクはとうとうガソリンが切れてしまった。僕のタンクからガソリンを抜いてクラウディアと半分ずつに分ける。1台にまだ2リットルはあるかな？

それにしてもひどいどしゃぶりだ。この先、まだあと40キロはある。これは、ヤバイことになった。しまいにはタンクを前に傾けさせて最後の一滴を使い果たし、とうとうクラウディアのバイクのエンジンが止まった。そのとき僕は、右側に弱く光る電気の明かりを発見した。ホテルだ！　しかも個人経営！　陽朔の政府観光局がホテルの民営化を試みているという話を思い出した。ホテルの支配人は、僕たちのことを察して、「私はバイクなんて見ていませんよ」と言ってくれた。階段下の安全な場所にエンデューロを隠すことにしよう。僕たちがここに来たのを見た者はいない。ここにいる限り、僕らは自由だ。ほかの観光客に混ざって動けばいい。そそくさと濡れたシャツを脱ぎ捨てて、僕はシャワーを浴びた。お湯があったかい！「民営化、なんて素晴らしいんだろ～」僕は鼻歌を歌った。

翌朝、レストランの対応だって親切だ。こっちをめがけて飛んでくる皿もなければ、ストレスが頂点に達した観光客の文句の嵐もない。その代わり僕が見つけたのは、わが懐かしき、典型的ドイツの朝食・フルーツ入りシリアルとヨーグルトだった。トラベラーズチェックを交換し、ちょっと偵察してみようと自転車を借りた。ホテルから100メートル行った先の道は、封鎖されていた。赤旗を持った警官が、「行ってよし」という感じで通行人を誘導している。引き止められる者はひとりもいない。彼らが待っているのは、ふたりのライダー。そう、僕らがここを通るのを待っているのだ。今のうちに奴らの動きをしっかり監視しておかなくっちゃ。その日から3日間、僕は彼らの動きを見張ることにした。ほかの白人観光客にまぎれ込み、彼らと一緒にバリケードの張っている道を通り過ぎてみた。この道をバイクで突破するには警察の動きを把握しなければならない。人目につかないようにガソリンも調達しなくては。自転車のうしろにボロで包んだプラスチック容器を積んで、僕は農家を訪れた。

ここでも、現地の人々と接する機会が何度かあった。旅を続けていくうちに、僕は人と接することの価値を学んだ。なにせ人々の助けなしに旅はありえない。互いの人生を共有し、分かち合う。こうして芽生えた交流、人々との心のつながり、それが僕たちの旅をかけがえのないものにした。家庭のなかに迎えられ、食事のもてなしを受け、その土地の文化に深く触れて、人々の喜びや悲しみをより身近なところで感じとる。それはガイドブックに書いてあるルートを走るよりも、もっと僕たちにとって大切なものだった。

い子供たち。

いうまでもなく、僕たちにとって旅とは冒険そのものだ。途中で何が起こるかわからないし、その日の夜、どこに寝るのかさえ知らないこともある。そうやって過ごすことで、はじめて冒険の喜びを肌で感じることができるのだ。可能な限り先入観を持たずに異文化に触れ、人と出会い、その土地の人々の日ごろの営みを理解しようと努力する。いくら毛沢東思想の共産党が、「人は皆同じ」と平等主義を推し進めたとしても、実際、中国人ひとりひとりはそれぞれ違った個性を持った人間だということは誰にだってわかる。そういう彼らは仕事の合間に余暇を楽しむことだって忘れない。例えば小鳥を飼育するのが趣味の農夫は、小さな鳥籠を自分でつくることに長けている。鳥の大きさやその特徴によって、籠だってどれも違ったかたちをしている。そして農夫はそれを自転車にぶら下げて街へ行き、寺の境内に腰を下ろして人々が行き交うのを見ながらのんびりと過ごすのだ。運がよければ、鳥を売ることもできる。そういった農夫のひとりが、小鳥じゃなくてガソリンを2リットルほど僕に分けてくれた。耕耘機のタンクから汲みだしてくれたのだ。

その隣にいた農夫が、あと5リットル、ガソリンを分けてくれる人がいると教えてくれた。——納屋には錆びたドラム缶が置いてあり、その横には痰壺が山積みになっていた。農家のおじいちゃんは、僕が不思議そうに壺の山を眺めているのに気づき、中庭へ案内した。そこではおばあちゃんが座って陶器に絵を描いていた。蓋のついた尿瓶《しびん》のようなかたちだ。マルティン・ルター*1の名言ではないが、中国では皆、平然と人前でつばや痰を吐き、ゲップやおならをする。これはもう中国文化のひとつといってもいいだろう。どこに行っても、それが個人宅であっても公共施設であっても、あちこちに痰壺が置いてあった。さも気持ちよさそうにズルズルと鼻をすする音はもう町の喧騒の一部で、最初はそれを聞くと背筋がゾッとした僕も、いつの間にか慣れてしまった。それよりも痰壺の細部にまでこだわる繊細な意匠に感激し、彼らの実用的センスに頭が下がる思いがした。

「こうすりゃ、痰を吐くたびにわざわざ屈まんでもええわい」そう言いながら老夫は、痰壺の蓋に長い柄を付けていた。長年の訓練の賜物だろうか、痰を吐く中国人がそのマトをはずすことはほとんどない。

それからもうひとつ。農夫たちが庭先で楽しむ小菜園の美しさ。これは彼らが強制的に労働を強いられている国営農場とは見事な対照をなしていた。野菜のでき栄えや収益も、それに相応しいものだった。僕たちは中国を自由に走り回れないことを心から残念に思った。この広大で美しい大地。そして親切な人々。どこに行っても彼らは僕を「老頭子《ラオトウズ》」、要するに「髭ジジイ」と呼び、クラウディアを「老太太《ラオタイタイ》」、つまり「おしゃべりババア」と呼んだ。そして、「老頭子の女房は、ひどいおしゃべりなんだよ」と笑った。
それはさておき、そろそろここから脱出することを考えなくては。次の町に着くまでのガソリンは用意できた。こっそり陽朔を去るには、あのバリケードの警官が見張りの交代をするときしかない。彼らは朝6時になると、皆でそろって30分だけ近所の茶屋へ姿を消す。そのときがチャンスだ。

翌朝、僕たちは日の出前に起き、ラーメンをかきこんでバイクに荷物を積んだ。バイクを道路まで押して行き、この旅のなかで最も無謀な逃亡をやってのけようとする直前、ロブという筋金入りの冒険野郎が約束の時間どおりにやって来た。僕たちのカメラでこの逃亡の瞬間を撮影してくれることになっていた。朝日が山々のうしろから姿を見せる頃、僕たちは漓江《リージャン》に向かって坂を下った。ロブは5分間に20枚の写真を撮影。後日、その写真の一枚が、「中国の小道《ロード・ロード》を駆ける！」というタイトルでカナダの雑誌の表紙を飾ることになっている。はてさて、雑誌のなかでこの逃亡ストーリーの終わりはどうなっているのかな？　今、一番それを知りたいのは僕たちだ。ただひとつ知っていることといえば、警察が目を皿にして僕たちを捜査しているということだけ。僕たちは目立たないように細い砂利

＊1　マルティン・ルター（1483－1546）。ドイツの宗教改革者。聖書をドイツ語訳し、現代ドイツ語の基礎を築いた人物。「すべてのことは願うことから始まる」など数多くの名言を残した。そういったなかに、「どうして君たちはおならやゲップをしないのかい？　食事はうまくなかったのかい？」というのがある。ルターは伝統を重んじるカトリック教会のしゃちほこばった慣習を批判し、もう少し自然に振る舞おうではないかと、しばしばこういった発言を行なった。

道を走り、遠回りをして次の町へ近づいた。

なんと慌てふためいたことに、この町にはガソリンスタンドが見当たらなかった。ガソリン補給所まで行かねばならないという。そこまでの道を自転車の男が親切に教えてくれた。貴重な時間が失われていく。販売員は、「配給券は売らないよ」と言い、どこかに問い合わせの電話をかけた。幸い、電話は通じない。そこで僕は懸命になってこの差し迫った状況を説明し、わざと男の癇に障るように執拗に食いさがった。まわりで見ていた人たちが販売員に、「おい、配給券ぐらいなんとかしてやれよ」と言ってくれた。オヤジは、仕方なさそうに札を受け取り、ガソリン補給所宛に一筆書いて署名した。補給所に着いたものの、そこの係は僕に向かってあっさりと言い放った。「没有《メイヨウ》！」消防車の放水ホースみたいに太いタンクローリー用のホースしかないから、バイクみたいに小さなタンクに給油するのは無理だというのだ。ああ、もう時間切れだ。

僕は隣の畑まで走って行って、呆然と立ち尽くす農婦の手からジョウロをもぎ取った。そして給油所の係に、ジョウロに給油したいからホースをしっかり持っていてほしいと頼んでみた。そして、給油装置レバーを一瞬だけオンにした。一気にガソリンが20リットルもジョウロに注がれ、ジョウロの口からガソリンがちょっぴり飛び出した。ジョウロの口はサイズぴったりで、タンクはすぐいっぱいになった。七面倒な署名や領収書に費やす時間はない。そばにいた男が聞いた。「どこへ行くんだい？」

僕は北の方角を指した。町外れまで走ったら、南に曲がろう。

行く手に分かれ道が見えてきた。広州に行くには左に折れなくてはならない。道と道の真ん中に5、6人の警官が集まってなにやら真剣に話し込んでいる。彼らは僕らに気づくのが遅すぎた。左のウィンカーを出し、2台連なって方向を変える。ようやくそれに気づいた警官たちは、一斉に左の道に飛び出した。道の分岐点まできたところで、僕は思いっきりハンドルを右に切り、立ちはだかる者のいない右の道を突っ走って一瞬のうちに姿をくらました。しばらくして工事現場が見えてきた。それにしてもこの道路、いったい、どこまで続くんだ？　それに、僕らはどこへ向かって走っているんだろう？　右にも左にも、至るところで工事の作業員が働いている。男も女も皆、つるはしや手押し車、バケツ片手にすべて手仕事だ。道路工事は40キロほど続き、おびただしい数の作業班に分かれて働いていた。このマンパワーこそが、まさに中国の持つ強さなのだ。そして、やっとのことで曲がり角が見え始めた。東に進まなくては。道は畑へと続き、ポツリポツリとたたずまう村を通り過ぎる。少しでも距離を稼がなくてはと、どこへも寄らずに走り続けた。それなのに途中で、エンジンが、ケホッケホッと咳き込み始め、エンストを起こしてしまった。ケホッケホッというこの感じからして電気系統の故障に違いない。そう思って調べてみると、まさにそのとおり。イグニションがオンにならない。電気系統の故障部分を見つけ出すのは至難の業だ。それでも運よくコンタクトブレーカーにつながるイグニションコイルの破損部分をなんとかかんとか見つけ出した。ただ大きな問題は、その破損部分に手が届かないこと。――それから一時間後、僕たちはまた走り出した。途中、道端の茶屋でホカホカの饅頭をお茶で流し込む。自分たちがどこにいるのかわからない。とにかく東に進まなければ。そっちが香港だ。

夜までになんとか道のりの半分を走り切った。梧州《ウーチョウ》まで行けば、桂江《コイチアン》にかかる橋がある。きっと、その橋は見張られているに違いない。これ以上リスクを大きくするのはやめて夜まで待とう。ライトをつけずにトラックのうしろに隠れて検問を通過するトリックは、何度となくうまくいった。遮断棒が上がり、トラックがそこをスッと通るうしろに続く。ほんの数キロ行った先で、僕たちは石切場へ続く脇道を見つけた。今日は、あそこに泊まろう。そして翌日、誰が止めようとしてもかまうもんかと行く手を遮る遮断棒をくぐり抜け、広州までの道を突っ走った。やっとのことで、2週間前に泊まった広州のホテルに到着。ホテルでは、警察が嬉しそうな顔をして僕たちを待ちかまえていた。すぐに彼のところへ行き、僕は、「明日、必ず出頭します。今日は、クタクタなので休ませてもらえませんか？」と頼んだ

「よし、わかった」——なんと気前のよい男。彼も疲れていたのかも。

ホテルで会ったカナダ人女性に力になってほしいと頼んでみた。明日、香港へ発つ予定の彼女は、僕たちのカメラとフィルムをこっそり香港まで持ち込み、中央郵便局に局留めで置いておくと約束してくれた。あとは皆が寝静まるのを待つだけ。そしたらそっとここを抜けだそう。国境までは遠くない。どうやったら中国から抜け出せるのか、それはまだわからない。

1986年、中国本土から香港への国境は、当時の東西ベルリンのように厳重な警備下にあった。鉄条網や壁、堀。香港より手前で国境を越えるしかない。香港と接する経済特区・深圳《シェンチェン》は、中国・香港間の緩衝《かんしょう》地帯として特別許可証を得た者だけが香港側へ渡れる。外国人は問題なく通れるようだ。幸いなことに深圳には知人がいる。そこでじっくりと最後の逃亡計画について考えよう。

深圳の詳細地図に香港へ通じる道路があるのを見つけ、朝早く出発した。地図に国境と記されたあたりには、コンテナ倉庫が立ち並んでいた。僕たちは倉庫の敷地を通り抜けて、「死線」へとつながる橋を見つけだし、思いっきりアクセルを開いた。

橋を渡り切る前、僕らは検問係に見つかってしまった。衛兵たちは驚いた様子で、さっと銃を持ち上げる。

「しまった！」考えが甘かった。僕はエンジンを切ってバイクを停めた。「いったい、どうしたんですか？」大袈裟に腕を広げるジェスチャーで彼らに訊いた。衛兵たちは、「あっちだ！」と事務局のほうを指差している。――税関。あっすっかり忘れていた。わざわざ英語でも書いてあるというのに。税関の係員は僕たちを見て、ポカンと口を開け、電話に手をやった。何度かけても電話はつながらない。僕はその係員にパスポートを見せ、「6ヵ月間中国に滞在し、今日でそのビザが切れるんです。今日中に中国を出国しなくては！」と説明した。だけど動じる気配はまったくない。時間だけが過ぎていく。もうできる限りの外交術は使い果たした。きっとそのうち電話がつながるだろう。そしたら僕たちはお縄を頂戴することになってしまう。ここはしつこく食い下がるしかない。やがて係員はあきらめた様子で、「バン、バン！」と音を立ててパスポートに出国のスタンプを押した。ああ、これでやっと国境が越えられる！　だけど、「自由の身」になるには、まだまだ早かった。向こう側の中国人、つまり香港中国人が僕たちの入国を拒否したのだ。

「この橋は貨物輸送専用で人やバイクは通れません」――僕たちは秘密警察に追われている状況なのだと彼らに説明した。それでも彼らは、「ここを通すわけにはいかない」の一点張り。仕方なく僕たちはその場に座り込んだ。こうなったらストライキだ。中国へ送還なんてジョーダンじゃない。

しばらくすると、香港の入国管理局長が4輪駆動のリムジンに乗ってやって来た。

「まことに残念ながら、中国との通商契約を無視するわけにはいきません。例外はつくれないのです」管理局長はそう言って、僕たちを中国へ送還しようとした。助けを求めるために連絡を取ることすら許されない。しばらくして僕は彼らとの話し合いに応じることにした。秘密警察よりは人民軍との交渉のほうがまだ人道的なことを僕たちは知っていた。中国軍の司令官と直接交渉が行なわれることになり、ふたつ目の橋を渡り、中国に戻った。司令官は、僕らにとても親切に英語で話しかけた。

「香港へ続く公式な道路がないのはまことに残念なことです。私があなた方のお力になりましょう。本来ならバイクは運送用のコンテナに入れて、貨物として列車で送らなければならないのですが……」

じっと辛抱強く、僕は自分たちにとって承諾可能な解決案を提示していった。気がつくとあたりはもう真っ暗だ。表向きには、もう中国を出たことになっているのだから、僕たちを国境の向こう側にある駅まで連れて行ってくれるのが一番手っ取り早い話じゃないだろうか。司令官もたった今僕が考えていたのと同じことを提案した。

「しっかり私のあとをついて来るんですよ！　ちゃんと車の轍に沿って走らないと、道には地雷が埋まっています」正規の国境通過地点が見えてきた。司令官は巨大な金属製のドアを開けながら、僕らを連れて敏速かつ巧妙に税関をくぐりぬけ、入国管理係の横を通り過ぎた。

「あそこの橋まで同行してあげましょう」橋の上で僕たちはバイクのエンジンを止め、司令官に、「本当にありがとうございました」と頭を下げた。司令官は、「お願いだから、もう中国に戻ってきちゃダメですよ」と言って笑った。僕たちは橋を下り、香港側の通関手続きのカウンターへ向かった。とそこまではよかったのだが、香港の通関係員が、「没有《メイヨウ》！　あなたたちは入国できません！」という言葉で僕たちを出迎えた。

「あなた方のことはすでに聞いています。この国境通過地点は人間しか通れません。オートバイはダメです」僕は冗談まじりに答えた。「やだなぁ、これは、カバンがタイヤに載っかっているだけですよ」

だけど中国人が一度、「没有」と言えば、彼らは梃子《てこ》でも動かない。僕はわあわあ言いながら、皆がこっちを見てくれるよう必死で演技をした。ちょうどこの時期、香港返還における両国間の折衝を取材に、各国から新聞記者やテレビの取材班が集まっていることを小耳に挟んでいた僕け、皆に聞こえるような大声で言った。「ああそうですか、これが香港の外国人受け入れ態勢なんですね。明日、テレビ番組に取材を受ける予定ですが、それじゃ、この状況について話すことにしましょう」

その瞬間、別の係員がすっ飛んできた。彼は笑顔で挨拶をし、パスポートに判を押し、おまりに列車のチケット代まで払ってくれた。確かに両替所は閉まっている。地下鉄のうしろに連結した貨物用車輛に泥だらけのバイクを積み、転倒しないように支えながら、香港の中心街・九龍《カオルーン》に列車が着くのを待った。幸いなことに九龍駅には貨物用のエレベーターがあって、そのまま外へ出られるようになっていた。

「自由への扉」が開かれた。輝かしいネオンの光や人、そして、車が目に飛び込んできた。香港の街は、活気に溢れ、あわただしい喧騒に包まれていた。

ホテルは？　重慶《チョンキン》マンションはどこだ？　うーん、さっぱりわからない。ぼうっと走る僕にクラウディアが叫ぶ。

「クラウス、気をつけて！　左側通行よ！」そうか、中国とは何もかもが違う。僕たちはあっという間に激しい車の流れに巻き込まれていた。

——いったい何なんだ、このギャップは!?　同じ中国文化の国だというのに、まるでタイムスリップしちゃったみたいだ。ついさっきまで警察に捕まらないよう中国の田舎道をエッチラオッチラ走っていた僕たちが、ここでは車の嵐に押しつぶされそうになっている。歩道の縁石はやけに高くて車道から逃げることもできない。それなのにうしろを走る車は、僕らにガンガン押し迫る。

やっとの思いでホテルの十二階に着くや、僕たちはへなへなとベッドに倒れこんだ。

翌日、僕たちは昼まで死んだように眠った。

朝食の材料を買いに近くの高級スーパーへ出かけた。皆がそうするように、僕もカートを押して商品棚を見て回る。「こりゃ、すごいや。なんでもある！」商品のほとんどは輸入品だった。ドイツ製の食品も並んでいた。クックックッと笑いがこみ上げてきて、抑えようにも抑えきれない。レジのお姉さんは怪訝な顔で僕を見ている。肩をすくめてみるものの、まだこのマヌケ笑いが止まらない。シリアル、サラミ、生ハム、チーズいろいろ、チョコレート、ナッツの詰め合わせ、ライ麦パン、フルーツ、アイスクリームがレジに積み上げられた。デカいビニール袋が4袋。

「朝ごはんを買いに行ったんでしょ⁉」そう怒鳴りながらクラウディアもニヤリと笑った。どれも美味しいものばかり。この半年間、これなしでも問題なくやってはこれた。だけどやっぱり、心のどこかで食べ慣れたものを恋しがっていたのかもしれない。

僕たちは2週間ほど香港で過ごし、カメラやフィルムも郵便局で受け取った。なにはともあれ人々は親切だし、晴れた天気といい、紺碧の海にひろがるビーチといい、休暇をとるにはもってこいだ。僕たちがお世話になった家主はホビーキャットというヨットを所有していた。僕は、そのヨットで航行して転覆し、通りかかった漁師がヨットを起こすのを手伝ってくれるまで、沖に投げ出されたまんまで浮いていた。

そうやって過ごす間に、僕たちは旅行エージェントを通じて、バイクをサンフランシスコに送る手配を始めた。エージェントの人たちは幾度も僕らを食事に誘い、香港の高級レストランでご馳走してくれた。出てくるものは、どれも見たことないものばかり。鳩の丸焼き、牛の臓物、鶏の脚。蛙の卵もあった――。

賓城《ビンチェン》という名の船が港に接岸し、エンデューロは風の当たらない厨房のうしろに、荷物は船の保管室に置かせてもらうことになった。残念ながら僕たちは一緒に行くことができない。どこの国の船舶会社も貨物船に乗客が乗ることを禁止しているという。船で雇ってもらうためには船員手帳が必要とのこと。しょうがない、ここはアメリカ行きの航空券を手配することにしよう。

7 北アメリカ

1986年12月——1989年10月

アメリカ・カナダ・アラスカ

サンフランシスコにしばし滞在。旅立ってから6年が過ぎた。わずかなお金で生きていく方法をだんだん身につける。カナダとアラスカとの国境地帯に渡り、イヌイット族がいかに厳しい自然下で生活しているかを目の当たりにする。馬やラバを引き連れて旅をするエミールとマリーと知り合い、一緒にキャンプ生活を楽しむ。オートバイのエンジンで駆動する動力つき筏でベーリング海に向けてユーコン川を下る。命が縮まる思い。アメリカ先住民の力を借りる。折り重なっては花火のようにはじける緑色のオーロラを眺めて、水上の旅を楽しむ。グリズリーに出くわすことも。

1986年12月初旬、サンフランシスコに到着。花でも飾りたいようなウキウキ気分。カバンのなかには旅の途中で知り合った友人の連絡先がぎっしり。2、3年かけてアメリカ全土を走り回ったとしても、泊まりにおいでと誘ってくれた友人全員のところを訪ねるのは無理だ。とりあえず僕たちは、ゴールデンゲートパークの近くの共同アパートでお世話になることにした。そこのオーナーである友人は、僕たちみたいな旅行者が泊まれるよう、いつも部屋をひとつ空けていた。アパートのすぐ近くには、ヘイト・アシュベリーと呼ばれる60年代のヒッピー発祥地があり、その面影を色濃く残しながら、LSD浸けのヒッピーオヤジたちがグレイトフル・デッド[*1]の歌を口ずさんでいた。

サンフランシスコは、僕のふたつ目の故郷と呼べる町だ。ここに友達が多いってこともあり、何かにつけて僕はここに舞い戻る。その町が気に入るかどうかは、なんといってもそこで出会う人による。

着いたばかりの頃、僕らは中国とのギャップをあまり感じなかった。アジア系の人たちの間にちらほら白人の姿が見えるって感じだ。ここはサンフランシスコの中華街。中国で覚えた僕らのブロークンな中国語ですら大活躍。というのも、老いた中国系移民たちの多くは、自分たちに英語は必要ないと中国語しかしゃべらなかった。

ある中国人は、「アメリカ人の3分の1は、ドイツからの移民だ」と言い張った。そう言われてみると、まあ確かにヨーロッパ系だと思われるアメリカ人は多い。彼らは一見、気さくで開放的に見えるが、その分、人とのつき合い方が表面的だ。

このアメリカ社会で何よりも大切なのは業績と成功。それをつかむチャンスがあるのは、順応性のある挑戦的な若者たちだ。彼らはおしゃれなマンションに住み、建物の前にはズラリと高級車が並んでいる。何不自由ない暮らしとはこのことをいうのだろう。支払いはすべてクレジットカード。でも彼らの口座は、ひっきりなしの赤字状態。出世への登り坂を駆け上がったときと同じように、彼らが底なし沼に落っこちるのもあっという間だ。

＊1　アメリカのロックバンド。1965年カリフォルニア州サンフランシスコで結成された。

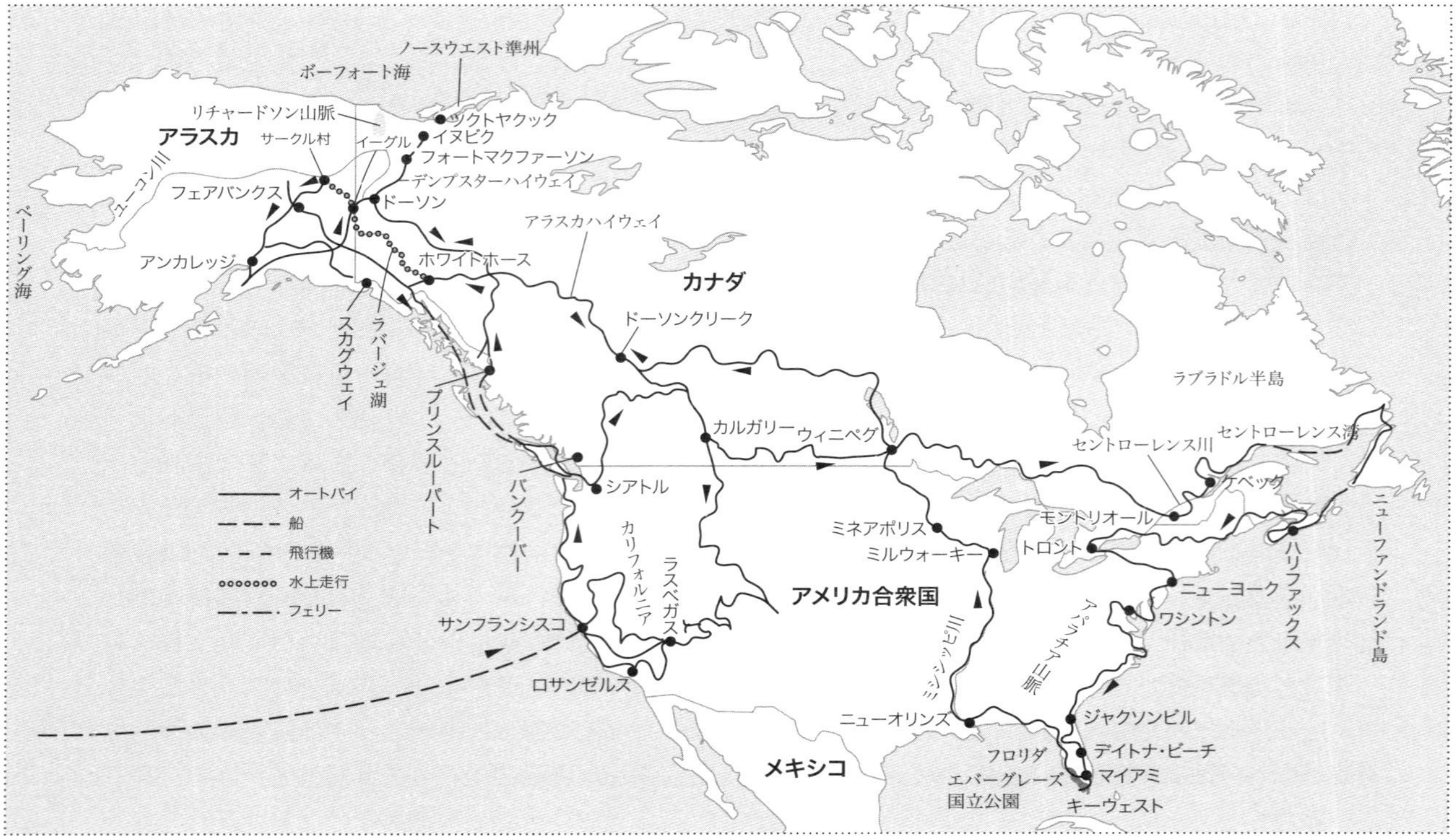

ノースウエスト準州
ボーフォート海
リチャードソン山脈
アラスカ
サークル村
イーグル
ツクトヤクック
イヌビク
フォートマクファーソン
デンプスターハイウェイ
ユーコン川
フェアバンクス
ドーソン
ベーリング海
アンカレッジ
ホワイトホース
アラスカハイウェイ
カナダ
スカグウェイ
ラバージュ湖
ドーソンクリーク
プリンスルーパート
ラブラドル半島
カルガリー
ウィニペグ
セントローレンス川
セントローレンス湾
バンクーバー
シアトル
ケベック
オートバイ
船
飛行機
水上走行
フェリー
カリフォルニア
ラスベガス
ミネアポリス
ミルウォーキー
モントリオール
トロント
ハリファックス
ニューファンドランド島
ニューヨーク
アメリカ合衆国
アパラチア山脈
ワシントン
サンフランシスコ
ミシシッピ川
ロサンゼルス
ジャクソンビル
ニューオリンズ
デイトナ・ビーチ
フロリダ
メキシコ
エバーグレーズ
国立公園
マイアミ
キーウェスト

それはまあとにかく、アメリカという自由の国の人々にとって、差別というのは、どうやら暇つぶしのひとつらしい。特にそう強く感じたのはアメリカ南部。サウスカロライナとジョージア周辺。僕が双子の妹をイリノイの村に訪ねたとき、村の警官は、「よそ者――特に長髪のバイク野郎――そんな奴らはここに姿を現してはいけない」とばかり、僕たちを追い払った。

サンフランシスコの港へバイクを受け取りに行った際、すでに僕らは警察とかかわりあいになった。ゆっくりバイクを転がしながら信号を渡ろうとすると、前に止まっていたパトカーが点滅灯をつけ、サイレンを鳴らして僕らに走り寄ってきた。そして窓からピストルを突きだし、こっちに向かって叫んだ。「歩道へ停車してバイクを壁につけろ！」

クラウディアは恐怖のあまり体が震え、怒り狂う警官の指示に従うことができないでいる。

「お前ら、いったいどこから来たんだ？」――「中国です」僕の言葉を聞き、警官は一瞬、思いっきりバカにされたという顔をした。だけど僕らのパスポートに中国のスタンプが押されているのを見つけ、彼は冷静さを取り戻し、「じゃあ、お前たち、気をつけて行けよ」と手を振った。

ここに来てまでストレスはご免だ。夏にアラスカへ向かうまで、4ヵ月ほどカリフォルニアでゆっくりと過ごすことにしたのだった。アメリカ西部は素晴らしく、海岸を北に向かって走りながら気の合う仲間とも知り合いになった。

今のところ蓄えは十分に足りている。急いで仕事を探す必要もない。

僕らはその頃すでに、ごくわずかなお金でなんとかやっていく術を学んでいた。ガソリンや食料に必要なわずかの金なら道中でもすぐに稼げる。大きな出費、バイクの部品代や航空券などは、スポンサーを探すようにした。実際、これは想像するほど難しいことではなかった。契約を結ぶなんてこともなく、人々は皆、僕たちに救いの手を差し伸べてくれた。

この頃僕たちは、世界のあちこちで経験した自分たちの旅について記事を書くようになっていた。でも僕自身は、手仕事に熟達するほうが面白いと思っていた。貧しい国で働くとか、ストリートチルドレンたちと一緒に働く。これはとても楽しかった。子供たちは好奇心が強く、僕がカメラを解体しようとバイク用の工具やスイスナイフを手にする姿を、じーっと見つめていた。旅立ってからというもの、僕はテレビやコンピュータなど、じつにさまざまなものを修理した。たいていはカセットレコーダーのゴムベルト交換など、あまり苦労しなくても直せるものばかりだった。人は、いろんな機械を僕のところに持ち込んできた。そのおかげでますます修理の腕が上がり、それを手伝っていたクラウディアの腕もめっきり上達した。常時メンテナンスが必要な旅の装備品も、できるものは全部自分たちで修理した。例えば16年間の旅に使ったテントは、たったのふたつだけだった。ファスナー、屋根、床。何でも片っ端から自分たちで修理した。できるだけものを大切にする。ゴミを増やさない。使えるものは再利用する。そう心がけた。

旅を続けていると、人々が僕たちに心を開いて話しかけてくれることが何度もあった。誰にも話せないような深刻な悩みを打ち明ける人もいた。それは、明日にはその地を去る僕たちが、悩みも一緒に連れ去ってくれると思ったからかもしれない。自分たちが誰かの役に立っている。そう心で感じ取れること――これが僕たちをとても幸せな気分にした。そして同じように、必要であれば僕たちも人の助けを借りることにしていた。というよりむしろ、この旅は人々の助けなしにはありえなかった。

各地で訪れた友人たちのほとんどから、「もっと泊まっていけよ」と手厚いもてなしを受けた。彼らは、僕たちの旅の話に耳を傾け、「ワクワクするなあ。もっと話して！」と喜んでくれた。旅の話なら山ほどある。そんなつき合いをしていると、よく、「アルバイトしないか？」と声がかかった。長いこと放りっぱなしになっている庭の手入れや家屋の修理などだ。お代をいただくことはごく稀で、宿や食べ物のお礼に僕らはそれを引き受けた。理屈でいえば、一年間のうち6週間も働けば、一年ぐらいは食べていけるはず。6週間。これは僕の元同僚の一年分の休暇と同じ日数だ。とりわけ貧しいといわれる国々で、僕たちは最小限度必要なものでまかなう術を学び、身につけていた。電気もテレビもない質素な生活環境のなか、自然と調和しながら過ごす人々。僕らの目には彼らこそがどこの誰よりも幸せに映った。人が幸せであるために必要なのは、健康、食べ物、汚染されていない水、それに雨をしのぐ屋根ぐらいのものだろう。ときどき僕は、幸せに満ちた顔で通りに立っていたあるインド人のことを思い出す。「何も所有しないことは、すべてを所有するのと同じ」腰に布を巻いてゴザを抱えただけの男が、さもそう言いたげに僕の前に立っていたことを。

世界中どこへ行っても、お金が人間を本当の幸せに導いた姿を見たことはなかった。それどころかお金というものは、人の心をそそのかし、盲目に、さらには貪欲にして、人と人との間に力関係まで築いていた。もちろん僕たちも生活に必要なだけのお金は働いて稼ぎたいと思う。あるとき、大金持ちの社長に旅のスポンサーになってやろうと言われたことがあった。僕たちの人生観を気に入ってくれたのは嬉しかったが、それよりも「自由であり続けることのほうが大切だ」ということをわかってもらわなければならなかった。これほど魅力のある申し出を、顔色ひとつ変えずに、「いらないよ」と断れてこそ、本当に自由でいられるのだと。懐に大金が転がりこんだら、僕らの生活は一変してしまうだろう。大金があれば危険な状況から逃れて、安全なホテルに泊まることだってできる。身代金だって払えるだろうし、生き残るために戦う必要もなくなる。だけど、この日々の戦いこそが大事なので、それでこそ生きている価値があるのだ、と僕は考える。なぜならこういった戦いが、どんな状況でも克服する力となるのだから。経験こそが自分の身の安全を守る「保証」であり、それは銀行ではなく自分のなかに蓄えられている。だから僕は、自分のできない事柄すべてに強い関心を抱く。それらを習得すれば、依存するものが今よりもっと少なくなるはず。このまま気が向く限り、僕らは旅を続けていけると確信している。それ以上の幸せなど考えもつかない。そういう僕たちに、「君たちが、私の長年の夢を果たしてくれている」と言う人もいる。確かに、それは夢みたいではある。だけど、これがバカンスでないことは確かだ。

アジアを去ってからというもの、僕たちはずいぶんおとなしくなった。現代版遊牧民になったとでもいおうか。目の前に広がるのは壮大な大陸。そこではしゃぎ回る僕たち。時間の感覚というものを太陽と月にゆだねることにしてから、時計さえも必要のない生活になった。しょせん時間を止めるなんてムリなわけだし、どっちみち、そのときそのときを意識して生きることぐらいしかできないのだから。朝、目が覚めると、まずコーヒーを淹《い》れる。それから、今日は先に進もうか、それともここでゆっくり過ごそうか、散歩、泳ぎ、友達のところに行くか、水平線の向こうに何があるのか、どこまでも駆けてみるっていうのもいいぞ、などと話し合ってその日の予定を決める。

地平線は、いつも僕の心をとらえて放してくれない。向こう側はどうなっているのかな？　いったい、何があるんだろう……。バイクだけじゃなく、馬に乗るのも自分の足で歩くのも楽しい。今までにも何度かトレッキングに挑戦し、川や海でカヌーに乗ってパドルを漕ぐ旅の面白さも知った。そして、空の旅——これが、また楽しい。僕は機会があると小型飛行機に便乗し、ときには操縦させてもらうこともあった。飛行船やグライダー、プロペラ機にヘリコプターなどなど。まあ、自分の翼で飛べれば、もちろんそれが一番なのだけど。イカロス[*1]――いや、ダイダロス[*2]になれればもっといい。だけど実際旅を続けるのに一番便利なのは、やっぱりオートバイだろう。それほどガソリンを食うわけでもないし、とにかく修理が簡単だ。僕たちはエンデューロのことを長年連れ添った相棒と慕い、彼の長所や短所を知り尽くしていた。自分たちの必要に合わせて改造したこのマシンを、さらにまた改良していくことだって可能だ。これからもずっと分解・整備しながら、僕らは旅の終わりまでこのバイクに乗り続けようと決めていた。日本製のマシンをメンテナンスするのは、賽の河原に石を積むようなもの。だけど、これまで一緒にいろんな困難を乗り越えてきた家族みたいなこのバイクを、あっさり新しいモデルと交換することなどできはしない。

とにかくバイクで走るのは気持ちがいい。第一に、あたりの環境、新鮮な空気、太陽や雨、匂いや周りの景色を肌で直接感じ取ることができる。エンジンの鼓動が伝わってくるのも心地がいいし、ハンドルを握りカーブに身をゆだねて、行きたいと思う方向へ、自分の意思で進んでいけることが、僕は心から楽しい。この地球の上をバイクで走りながら、雪の山を越え、海面より低い渓谷をくぐり抜ける。アスファルトの道もあれば砂利道、砂漠、泥濘だってある。ときには地殻の岩層が地上に剥き出しになった上を走ることもある。そういった手つかずの大地を通るたび、その自然の偉人さに、僕は畏敬の念を感じずにはいられない。

＊1　ギリシャ神話に登場するダイダロスの息子。父の発明した翼で空中を飛んだが、父の警告を忘れて高く飛びすぎ、太陽の熱で翼の蠟を溶かされ墜落死した。

＊2　ギリシャ神話に登場する伝説的な大工、工匠、職人、発明家。イカロスの父。

未舗装路をバイクで走ること、これは何よりも楽しい挑戦だ。そこには思いがけないできごとや不思議な発見があるし、地球の果てに住む人々との出会いだってある。バイクは僕たち、そしてわずかな所帯道具を運びながら前に進んでいく。それより先に道がなくなったら、今度は一切合財をボートや飛行機に積んで次の目的地へ移ればいい。そうすれば道はまた開かれ、次に自分たちが進むべき方向を示してくれる。

朝起きて出発するとき、今日はどこへ行くのか、途中で誰に会うのか、どこで眠るのかさえ知らないこともある。小さな湖や流れる川のほとりに泊まることも、滝の縁、森のなか、そして浜辺や岩陰にテントを張ることもしばしばだ。飲み水がないところを旅するときは、容器にいっぱい水を入れて市場で新鮮な野菜を買い込む。そうすれば、しばらくは荒野でクラウディアとふたりだけでも何とかやっていくことができる。雨だって悪くない。雨音を聞きながらテントでのんびり過ごす時間は、まさに至福のひとときだ。雨がやんだら、外でパチパチと音を立てる焚き火に当たって体を暖め、寄せては砕ける波に耳を傾け、流れる雲が月の姿を隠してしまうのをぼんやりと眺める。旅を続けたくなったら、テントをたたんで、荷物を手際よく片づける。それをバイクに積むのはお手のもの。もう何千回とやってきた。さぁ、行こう！　次に何が起こるのかワクワクする。道端では誰かが手を振っている。こっちを見て笑いながら。

北アメリカ。ここは何もかもがよく整備されていて、どの町にもスーパーマーケットがあり、観光地には必ずキャンプ場があった。それでも北西部には、未開拓のままの荒野が広がっている。自然の姿をとどめていて、冒険の匂いが漂う伝説上の黄金郷って感じだ。とはいえ、今はもうアラスカでは短い夏が終わっている。初雪が降り始めたところで、僕たちは進路を東へと向けた。カナダを横断し、ラブラドル半島やニューファンドランドをめざすことにする。だけどその前に、エスキモーたちの住む土地の話をしよう。

この夏。アラスカ国境付近のユーコン準州で知り合ったライダーたちが語っていた。「バイクにトレーラーをつけて走ったけど、たったの4日で走破できたぜ。アメリカの自宅からアラスカまで。ところで君たち、どこから来たんだい？」僕は、「プリンスルーパートさ」と答えた。プリンスルーパートは、僕たちがバンクーバー島から乗ったフェリーの終着港だ。

「旅に出てどのぐらい？」この質問には、クラウディアが答える。「それは見方次第ね。長いとも短いともいえるわ」いかに速く走るかどうかは僕たちにとって実にどうでもいいことで、むしろどのぐらい時間を費やしたかのほうが大切だと思っていた。ケルンを出てから6年も経つというのに、僕らはかろうじて10万キロを切ったところだ。その頃はもう滅多なことでは長距離を走らず、一日の平均走行距離は50キロ足らずだった。

「地獄を走り抜けてみたいなら、すばしっこい悪魔になって走るべし」クラウディアのサイドバッグに貼ってあるドイツ語のステッカーを見て、彼らのうちのひとりが、「何て書いてあんの？」と聞いた。僕がその意味を訳すと、彼は思い出したように話し始めた。「お前さんたちが地獄を走ってみたいというのなら、デンプスターハイウェイからイヌビクまで走るといいぜ。北極海まで８００キロのひどい砂利道が続いてんだ！　オレたちは一時間にたった15キロか多くても40キロしか進めなかった――地獄の道ってぇのは、まさにあそこのことさ！」彼は、深い轍に落ちた話を続けた。「本気で行くつもりなら、スペアタイヤとチューブを持っていけよ。途中でバイクが動かなくなる覚悟もしといたほうがいいぜ！」

国境の向こう側、アラスカまではちゃんと普通道路も通じている。パイプラインと並んで延々と続く退屈きわまりない道で、エスキモーと出会うチャンスなどありそうにない。彼の言う、デンプスターハイウェイのほうがずっと面白そうだ。買い物ができる最後のチャンスだと、人口わずか１０００人の町ドーソンに立ち寄った。この場所でクロンダイク川がユーコン川と合流する。かつてゴールドラッシュで栄えたこの伝説の町を楽しむことにしよう。クロンダイクで砂金が発見された１８９６年当時、この町には何万人もの金鉱掘りが集まったという。そして、あれよあれよという間に、掘っ立て小屋が立ち並ぶだけだったドーソンの町は、マニトバ州ウィニペグ以西にあるカナダの最大都市に豹変した。だけどゴールドラッシュは１９０３年までしか続かず、黄金を夢見てやって来た採掘者たちは、やって来たときよりも貧しい身なりで町を去っていったという。

ここで僕たちは大枚をはたき、スーパーで食料を調達した。ライダーたちに教えてもらったとおり砂利で道がやわらかくなっている所を避け、手さぐり状態でゆっくりと進んだ。「地獄のハイウェイ」は思っていたより路面がよく、僕たちは時速１００キロで飛ばしながら、オギルビーの美しい山岳の景色を堪能した。峠道を越え、唐檜《とうひ》の深い森を抜け切ると、眼前に広大な高原が広がっていた。黒く立ちこめた雲に背中を押されるようにして僕たちは先に進んだ。ちょっとこのあたりでひと息つこうと立ち止まったものの、僕たちは蚊の襲撃にみまわれ、休憩どころではなくなった。「あそこに人間がいるぜ」そんな噂が蚊の間に広まったみたいだった。吹きさらしの峠道から眼下を眺めると、15キロほど坂道が続き、次の峠で消えていた。はなはだしく曲がりくねった道は、まるで原生林のなかにできた傷跡のようだ。道端では、青々と生い茂るシダの間から薄紫色のイラクサの花が顔をのぞかせている。

北部では常に地面が凍っていると聞いていたので、大丈夫そうな採砂場を見つけてテントを張った。その晩、僕たちは、真夜中の太陽の下で栄養満点の夕食を準備した。カウボーイ風レッドビーンズ&ベーコンといこう。白夜の空は明るすぎて目に毛糸のマフラーでも巻かないと、眠れそうにない。翌日、僕たちは北極圏を横断した。東に向かって綿のような白い雲がリチャードソン山脈へと流れていく。にわかにあたりは霧に包まれ、急激に温度が下がっていく。段差がある道から滑り落ちないよう、ゆっくり走らなくては。次の峠には分水嶺の標識が立っていて、そこがノースウエスト準州との境界だ。ここから東と北に流れる川は北極海に注ぎ、西に流れる川はユーコン川に合流しベーリング海に流れ込む。峠を下って行くにつれ、霧は次第に薄くなり、谷間には枯れたモミの原生林が見えてきた。

フェリーでフォートマクファーソンに渡ってみることにしよう。そこには、ルシュー族という先住民部族の保留地があるという。バラックが立ち並ぶこの簡素きわまりない町は、1858年、北極西部における英国国教会の中心地として設立されたそうだ。子供たちが泥だらけの道で遊んでいる。つぎはぎだらけの服を歩道に干していた先住民のばあさんが僕たちを見て、いたずらっぽく笑いながら言った。「お前さんたちよそ者だろ?　なんでこんな僻地までやって来るんだい?」

あと50キロも進めば、アークティック・レッド・リバーとマッケンジー川の合流点にたどり着く。僕たちは再びフェリーに乗って川を渡り、先住民のデネ族を訪ねてみた。ずっと昔から、魚が豊富で有名な土地だというのに、デネ族は、ここに定住することを望まなかった。彼らの多くは、今でも伝統的な生活様式を守り、魚釣りや罠猟、そして狩猟などで生活を営んでいる。教会と教会の間にある海に突き出た岩礁にテントを張っていると、ひとりのエスキモーがこっちにやって来た。切れ長の目をした顔立ちのはっきりした男。高い鼻は細かい傷だらけ。彼は首を振って、慣れた手つきで吸血バエをはたきおとした。彼は、いろいろ教えてくれた。「お前らが使うそのエスキモーって言葉は差別用語なんだぜ。オレたちは自分のことをイヌイットって呼ぶんだ」彼は、ほかの先住民族とうまく折り合いがつかないことや、政府が定めたイヌイット居住地で管理人の仕事をするのが耐えられないこと、できることなら昔のように氷の上で暮らしたいが、家族はそういう伝統的な生活をとっくに忘れてしまったことなどを話した。

夜になり、雨が降り始めたことにも気づかず、ぐっすりと眠った。鎖につながれた北極犬の遠吠えさえ気にならない。昼近くに年老いたシスターがテントにやって来て、「修道院へ朝ごはんにいらっしゃいな」と僕たちを起こしてくれた。フランス語訛りのアクセントから、彼女がケベック州の出身だとわかる。彼女は言った。「修道会に仕えるようになって、もうかれこれ34年になります。ここに来てからは、もう10年になるかしら……」

僕たちが修道院のキッチンで暖まっている間、シスターはいろんな話をした。「イヌビクにイグルー[*1]型の教会を建てることになったとき、それに力を貸してくださった神父様がいるのだけど、彼は、もう何年も毎週日曜には必ずミサにいらっしゃるの。冬、気温がマイナス50℃になると凍ったマッケンジー川をご自分のトラックで越えて来ちゃうのよ。3月の終わりに雪が溶けると、フェリーに乗って来るの。ここの人々はカトリック教徒だけど、彼らが教会に来るお目当てはミサ用のぶどう酒よ。だいたい、皆、お酒を飲みすぎるわ」

彼女は、マッケンジー川に沿って住む先住民たちの過酷な人生について語り続けた。「川の向こう側にテントがあるの、見える？　あそこの家族が皆、元気に生きていたのが昨日のことのようだわ。

漁に出ていた父親は、カヌーが流氷にぶつかって溺れ死に、そして昨年、後を追うようにして息子がふたり、身を切るような冷たい川に落ちて亡くなったの。残ったのは母親と小さい子供がひとり。今でもときどき、母親はここのキャンプへ魚を燻《いぶ》しにやって来るわ」

午後に雨がおさまった頃、僕たちは荷物をまとめて船着場まで丘を下っていった。フェリーを待っていると、イヌイットの若者ヘンリーがカヌーを漕いで通り過ぎていった。水のなかに仕掛けた魚網を見に行くらしい。ヘンリーは、「毎日、魚が70匹ぐらい引っかかる。魚は、干したあと燻すんだ。北極犬は餌をよく食うからな。冬になったら氷に穴を開けて魚を釣るから、今度来たら、俺んちのフィッシュキャンプへ寄りな」と、僕らを誘った。

夜遅く、イグルー教会のあるイヌビクに到着。まず、泥だらけのエンデューロに水をかけて洗い、その後、自分たちもシャワーを浴びる。真夜中の太陽が雲の合間から顔をのぞかせるなか、僕たちはテントを張る。ここでは夜中の2時に郵便屋が手紙を配達しても、誰も気にする者はいない。夏、太陽が24時間沈まない間は、皆がそれぞれ、好きなように勤務時間を割りふりしているのだ。僕たちのいるキャンプ場は、1957年イヌビクの町ができた当時、毎晩ここでウィスキー片手に宴会が開かれたことにちなんで「ハッピー・バレー」と名づけられていた。開拓当初、あれよあれよという間に発展を遂げたこの町に名前はなく、最初は単に、「東の三番」と呼ばれていたという。それをずいぶんあとになってから、イヌイットたちが、「人が住む場所」という意味のイヌビクと命名したとのこと。その頃になると、子供たちは学校へ行くことが義務づけられ、その多くは家族と離れて、サマー

＊1　イヌイットが雪のブロックや氷で作るドーム型の住居。

キャンプで暮らすようになった。すっかり都会っ子に育ってしまったイヌイットの若者たちは、そこで仕事が見つかるわけもなく、かといってもとの生活にも戻れず、酒におぼれるようになった。週末になると、町の酒屋は店を閉じ、ドラッグストアでも、アルコールの混ざった薬類は全部片づけてしまう。店のお酒の棚には、「本日、このコーナーはお休みです」という表示板がぶら下がっていた。

一週間が過ぎ、どんよりとした雲の合間から澄み切った青空が見え始めた頃、僕たちは新しくできた友人に別れを告げた。いつもなら同じ道を走るのはあまり気が進まないのだけど、今回だけは、イヌビクとほかの俗世界を結ぶヘソの緒、800キロにわたるデンプスターハイウェイを走れることが嬉しくてしょうがない。途中で知り合った友達のところへも寄っていこう。

その後、東に向かった僕たちは、秋色を濃くしていく広葉樹林の変化を追いかけるように、颯爽とカナダ大陸を駆け抜けた。セントローレンス川からラブラドルまでは小さな貨物船に乗せてもらい、ニューファンドランドを経てニューイングランドに着いたときには、楓《メープル》の葉が燃えるような赤に染まっていた。そしてニューヨーク州に着いたとき、僕らはとうとう冬に追い越され、雪道をスリップしながら巨大都市ニューヨークに滑り込んだ。アパラチア山脈をあとにしたあたりに来て、ようやく寒さが和らぎ始め、南へ1キロ進むごとに暖かくなっていくのを肌で感じた。デイトナ・ビーチでは、年に一度のバイク・ウィークに集まった何万人ものハーレー野郎たちとどんちゃん騒ぎの毎日を過ごし、フロリダ半島の先に連なる島々をキーウェストまで渡った。そしてそこから、エバーグレーズ国立公園を通ってニューオリンズにあるミシシッピ川の河口まで走った。そののち、僕たちは広大なミシシッピ川に沿って、この川の源流までさかのぼった。そうして南端ルートでカナダを抜け、マニトバを走っていた僕たちは、去年、自分たちが通った道路に再び出くわした。今度は、北端ルートを走るウッド&ウォーターロードを通って、北に戻ろう。

それは真冬のこと。ニューヨークはもう目の前だった。私たちは霙《みぞれ》のなかをバイクで中心街に飛込まなくてもいいことに内心ホッとしていた。郊外に住む学生から泊まりにおいでと誘われていたのだ。友達のところに一切合財を置かせてもらい、翌日、電車でマンハッタンへ繰り出すことにした。太陽のさんさんと輝く冬の日だった。銀行でお金を引き出そうとした。ところがキャッシュカードに問題があるらしく、どのATMも受けつけてくれない。これまで一度も引き出せなかったことなどなかったのに……。銀行に問い合わせると、「口座がカリフォルニアにあるのでは、手の施しようがありませんね」と言われた。ポケットに残っているのはたった3ドル。これじゃ、電車にも乗れやしない。どこへ行けばお金がおろせるのかしらと足を棒にして銀行という銀行に当たってみたが、どこも受けつけてくれなかった。肩を落として友人の家へ帰る途中、中央郵便局へ郵便物を取りに行った。

「ねぇクラウス、残りの3ドルでコーヒーでも飲もうよ。とにかく暖まらなくちゃ。コーヒーショップなら私たちを外へ放り出したりはしないはずよ」そう言ってマクドナルドに入り、受け取った手紙の束をひとつずつ眺めていたとき、突然、クラウスが大きな声をあげた。「あれっ? 免許証がない!」

クラウスのポケットにはパスポートや免許証だけでなく、バイクの登録証明やキャッシュカードも入っていた。彼が椅子から跳び降りてうしろを振り向くと、不思議なことに失くしたものが全部床に散らばっていた。それと同時にうしろの席に座っていた男が急にそそくさと立ち上がった。クラウスは、なだめるように男の肩を叩き、「一文無しはお互いさまさ！」とにっこり笑った。男はアタフタと店から出て行った。私は母からの手紙を読もうと封を開けた。取り出してビックリ、なんと手紙と一緒に20ドル紙幣が私たちに微笑みかけていた。「封筒にお金を入れて送るのはやめて」という私の忠告などそっちのけで、母は手紙にお金を忍ばせてくれたのだ。

冬を越すのはここしかないとフロリダにやっては来たものの、町は人で溢れ返っていた。野宿は禁止、キャンプ場はすでにテントの山。至るところで警察が厳重に目を光らせていた。そんなとき都合よく、カリフォルニアで知り合った友人の弟、スコットからアルバイトの誘いがあった。オーストラリアで一文無しのままつらい思いをして以来、切羽つまってから仕事を探すのはよくないことを私たちは十分承知していた。そして、今回のようにお金に不自由していないときのほうがいい仕事が舞いこむこともわかっていた。スコットは言った。「よかった！　ひとりではできそうになかったんだ。建築中のデパートで天井を張る仕事なんだけど、面積7000平方メートルの天井に防音用の板を張っていくのさ。たったの一週間で7000ドルだぜ！」仕事がどれほどハードであっても、こんないい話は滅多にない。

しかし実際には、とんだおもわく外れだった。建設中のデパートはジャクソンビルにあり、ホテルに滞在する必要があった。宿代を節約しようとひと部屋を3人で借りた。仕事のほうはといえば、日中はほかの工事があるので油圧式クレーンを使う天井張りは夜しかできないとのこと。夜、凍てつくような建設現場で私たちは、7日で7000平方メートルが完全なまやかしだということを悟った。作業を終わらせようにも、材料が現場に届いていないのだから。現場全体が混乱状態になっている。

「いつになったらバイト料は出るんだい？」そう聞かれるたびに現場の責任者は、「来週には必ず払うからさ」とその場をごまかし続けていた。作業は長引き、2週間が3週間になっても1セント硬貨すら拝めなかった。ある日、忽然と責任者が現場から姿を消した。労働者たちの会話を耳にした。「ボスにピストルを突きつけてバイト代を払えって脅したやつがいるらしいぜ。そんでも、金は出なかったとよ」4週間にわたる重労働を終え、見事な天井が仕上がったというのに、1ドルももらえなかった。現場監督が動きまわるなか、「せめて経費だけでももらわなくては」とスコットは賃金要求の申し立て役を引き受けてあちこち飛び回っていた。観光ビザで入国した私たちがあだこうだと言う余地はない。唯一、今回の仕事で私たちが得たものといえば、「甘い話には裏がある」という箴言《しんげん》を学んだことぐらいだろう。おっと、天井張りのプロになれたこと、これも忘れちゃいけない。

その後、北に針路を向け、アラスカとカナダのユーコン準州を結ぶアラスカハイウェイの起点・ドーソンクリークに近づいた。キャンプ用の食料調達のため、付近にたった一軒しかない食料店でバイクを止めようとすると、すでに馬とラバが2頭ずつ、店の駐車場を占領していた。それにしてもなんてぼろな鞍とくつわだこと。鞄もかなり痛んでいる。いったい、どこから来たのかしら？　そう思った矢先、木にもたれて、大きな番犬の耳にささやいている女性の影が目に入った。同時に店のドアが開き、なかからマッチョな男が現れた。堂々たる口ひげをたくわえ、見るからに強そうな男。ためらいながら話しかけてみた。彼らはフランス生まれのエミールとマリー。動物たちと共にアルゼンチンを出発し、かれこれ4年になるという。彼らは言った。「目的地、アラスカのフェアバンクスまであともうひと息。といっても、まだ2000キロはあるかな」

しばらくのあいだ彼らと一緒に旅をしてみよう。バイクと馬という乗り物に違いはあっても、なにかとお互いに通じるところが多い。私たちが先を急いでいないというだけで、エミールとマリーは大満足だった。彼らと一緒に旅をしたら、きっといろいろ教えてもらえるに違いない。南米の話も聞けるかも。エミールとマリーは毎朝5時に起きて動物に餌をやり、荷造りをして、最初の20キロは徒歩で歩き、残りの半分から馬に乗って進んだ。私たちは朝遅くテントから這い出し、ゆっくり朝食をとってから出発する。ゆっくり走るうちに彼らを追い越し、メーターを見ながら今日はあとどのぐらいふたりが進めるか大体の予測をつけた先で待っていた。夜は、エミールの助言に従って、動物のために草が多い場所を探してテントを張った。そうやって楽しく過ごすうちに彼らと仲良くなり、本物の友情が芽生えていった。

ある晩、私たちは天然の温泉が湧き出ている所に泊まった。月明かりのなか、4人でワイワイと暖かいお湯に浸かってはしゃいでいると、突然、温泉に浸かろうとする客が現れた。知らない人が入ってくるとは夢にも考えていなかった私は、着ていたものをよそに置いてきていた。湯船から出るエミールにそっと声をかけた。

「ちょっと、あそこに脱いできたものを持ってきてくれない？」しばらくして戻ってきたエミールが、とぼけ顔で聞いた。「ねぇ、脱いできたものってこれのこと？」そう言って彼が差し出したのは、私のバイク用ブーツだった。ずっこけて、思わず私はお湯のなかに沈みそうになった。

ドーソンクリークに着き、昨年知り合ったジムにふたりを紹介した。昨年私たちは、まるで冬に追われるようにアクセル全開で疾走していた。町の観光案内所に立ち寄ったとき、女性のスタッフがジムのことを教えてくれた。コーヒーショップで初めて会ったその日、ジムは、「突然だけど明日、一

エミールとマリー。乗りものは違っていても、お互いなにかと共通するところが多かった。

緒にモンクマンパークへ行かないか？　そろそろロッキー山脈の自然保護地区のサマーキャンプが終わるから、荷物の片づけも兼ねて、スタッフを迎えに行くんだ」と私たちを誘った。口数少なく淡々と話すジムは、馬をこよなく愛する男だった。絵に描いたようなカウボーイとは彼のことをいうのだろう。ジムは家族と共にドーソンクリークの郊外に住み、親子連れや障害をもつ子供たちがロッキー山脈を馬でトレッキングできるようにツアーを計画する仕事をしていた。当時、私たちは一緒にロッキー山脈でハイキングやキャンプを楽しみ、彼らの家族とも仲良くなった。

ぜひ、またそのジムの家族に会いたかったのだが、彼らの住む農場まで行くのはエミールとマリーには遠すぎた。それでもジムに教えてもらって、ふたりは餌の心配をせず動物たちと共に休息できる場所を見つけることができた。エミールは馬に新しい蹄鉄を打ち、さらに「これで幸せがつかめるぜ」と使用済みの蹄鉄をクラウスのサイドバッグに貼ってくれた。

今回、ちょうど新しいツアーを計画中だったジムは、君たちも一緒にどうかい？　と私たちを誘った。実はエミールとマリーを見ながら、鉄の馬ばかりじゃなくて、たまには本物の馬もいいな、と思っていたところだった。馬のことならドンと来いの頼もしいガイドのダリルとツアー参加のふたりのメンバーと一緒に、私たちは8日間を過ごすことにした。乗用馬が5頭に、テントや食料、そして餌を運ぶ荷駄馬3頭を引き連れ、私たちのグループは山を越え、湖や滝に通じる鬱蒼と茂る森を抜けた。湿った森の空気と馬の匂いが混じって、気分はすっかりカウボーイ。

2日目の午後、途中でかなり危険そうな流れの激しい川に突き当たった。何の警告もなしにダリルが川に入り、私たちもあとに続く。突然、私の前を進んでいた荷駄馬が恐れをなし、いななきながら列を離れて、川の真ん中にある小島へ向かって疾走した。すると私を乗せていた賢い馬がそのあとを追ってどんどん進み、私が手綱にしがみついて呆然としている間に脱走犯に追いついた。そして私が難なく首に縄をかけられるようにと、脱走犯を灌木の茂みに押しやった。荷駄馬を救出したお手柄を、ちゃっかり自分がしたかのように胸を張り、私は向こう岸へ渡った。ダリルが、「やったね！」とウインクしてくれる。

馬たちの鞍をはずし、餌を与えたあと、皆でキャンプを張った。山火事を防ぐため、当然そこには焚き火台《ファイヤーピット》も必要だ。ダリルがステーキを焼いている間に私たちもジャガイモの皮を剥く。そばでコーヒーがポコポコと音をたてる。夜が更ける頃にはブランデー片手に、手に汗握るダリルの冒険話に耳を傾けた。特に、ロッキーの山奥で「灰色熊《グリズリー》との遭遇譚」を聞くのはスリル満点で最高だ。実際、森の木々にはグリズリーが鋭い爪で引っかいた跡がたくさん残っていたし、通り道に彼らの排泄物があるのを見つけ、畏怖の念を覚えずにはいられなかった。美しい湖のほとりで2日間キャンプを張って過ごすことになったものの、夜遅くまでテントの薄い壁越しに聞こえてくる物音が気になって、なかなか寝つくことができない。遠くからは狼の遠吠えが聞こえてきた。夜が明ける頃、今度は大きなムース（ヘラジカ）が湖を渡っていくのが見え、近くでは大きなビーバーがせっせと木や泥でダムをつくっていた。

さらに私たちのグループは樹木が育たない凍土の高原に登った。去年の雪が溶けずに残っていて、あちこち土が掘り起こされている。グリズリーが木の根っこやシマリスを探して掘ったのだろう。馬も神経質になっている。ピクニックのあとの下りの帰り道は、行きよりもはるかにスピードが上がっていた。山を熟知した駿馬の背中に身をゆだねること――これは私たちにとって初めての経験だった。バイクに乗っている限り、うまく山を越えられるかどうかはいつも自分たちの手にかかっていたのだから。

ドーソンクリーク。ここからアラスカに通じるアラスカハイウェイが始まる。だけど、途中のホワイトホースで道路が鉄砲水に流されて、通行不能な状態だという。それを聞いて、僕は言った。「ノープロブレム！」それならユーコン川を下って行こう。ユーコン川は、北米でも3本の指に入る大河だ。ここに至って、舟で川を下るという長年の夢が、また僕の脳裏に浮かんで離れなくなっていた。タイを走っていたときメコン川でトライしたかったのだが、タイ・ラオス間の国境紛争で実現されずに終わったあの夢。今度こそ、チャンスを逃しちゃいけない。計画を聞いたクラウディアが、僕を白い目で見ている。正直いって、僕自身もいまひとつ自信がない。こういうときは、手っ取り早く作業にかかってしまうのが一番だ。細かいことは、筏を組み立てているうちになんとかなるだろう。ホワイトホースの手前で、僕たちはユーコン川にかかる橋にさしかかった。想像以上に川の流れは強く、先日までの豪雨で水位がかなり上がっている。この川は、太平洋岸のスカグウエイからわずか24キロのところにある湖を源流に、ホワイトホースダムで流れを堰き止められたあと、ベーリング海峡までの3000キロを滔々と流れていく。

橋の上から、木の幹が勢いよく流されていくのが見える。川がカーブにさしかかる手前で、木の幹は濁流に呑まれ、バキバキと音を立てながら枝をもがれ、あっという間に丸太に一変した。これがもし筏だったら、絶対生きちゃ帰れなかったよな。筏をつくるのなら、舵でコントロールしないと濁流に呑み込まれてしまう。それには動力が必要だ。どっちみちエンデューロを積んでいかなくちゃいけないのだから、そのエンジンを使うとするか……。

昔、ユーコン川では船尾に大きな水車のような羽根車がついた蒸気船が行き交っていた。この昔ながらの方法で、バイクのエンジンで羽根車を動かしてみてはどうだろうか。歯車とチェーンをつなげばうまくいくかもしれない。喫水線を浅くするため、双胴船《カタマラン》のように浮きの役割をする胴体をふたつ用意するのも手だ。でき上がった筏の姿が目に浮かび、次から次にアイデアが湧いてきて、僕はもう止まらないって感じだ。それでも、クラウディアは乗り気じゃないらしい。僕は言った。「そんじゃあ、アラスカまでどうやって行くのか自分で考えるんだな。君のバイクのエンジンは、筏を動かすのに必要だぜ」羽根車に両方のエンジンをつないで交互に駆動し、ひとつが駆動している間に片方を休ませ、エンジンのオーバーヒートを防ごうと僕は考えていた。

とにかく、筏をつくる場所を探さなくちゃ。ダムを通り過ぎたところで、バックという先住民と知り合った。バックは筏でユーコンを下る話を聞いて、「それって面白そうだな」と言った。「だけど知ってるか？　今の時期だとクマが出るぞ。川へ鮭を取りに来るんだ」筏に積んだ食料で料理すれば、その匂いにつられてやって来るかもしれない。さらには、下流に行くと大きな湖にぶつかるという。バックは言った。「いったい、どうやってあのデカい湖を越えるんだい？」ラバージュ湖は、それほど深い湖ではない。だけど全長が50キロもあるという。

「湖は風が吹くと波が高くなって、場所によっては波高が3メートルになる。筏はなるべく軽くしたほうがいいぞ。ところどころに砂洲があって、そこに乗りあげたら、自力で筏を川へ引き戻すことになるんだぜ」そう言いながらバックは向こう岸を指差した。「向こう側にある家が見えるかい？　ドン・マックナイトって男の家だ。彼は、岸辺のすぐそばに作業場を持っている」

最初はドンも半信半疑だった。即座に僕は、地面に棒で見取り図を描いてみせた。「まず200リットル入りドラム缶を4個ずつ、2列に8個並べて胴体をつくり、丸太にしばりつけた上からフレームと甲板をのっける。バイクは甲板のうしろに固定して、前にはテントを張ろうと思うんだ。真ん中にはテーブルを置く」さらに、動力はどうするかを説明した。

「ほほう、そうか」と面白がりながら聞いていたドンが尋ねた。「ところでお前、そういうの、前にもやったことあんの？」

びっくりしたことに、クラウディアが口を開いた。「筏をつくったことはないわ。クラウスったら、こんな突拍子もないことばかり考えてるの。でも、作業場を使わせてもらえれば、きっと、彼は最後までやり遂げるわよ！」

僕たちは、その日のうちに作業に取りかかった。必要な材料をリストに書き込んでいく。この計画を耳にしたホワイトホースの住民のほぼ全員が、面白そうじゃないかと言って、それぞれの力の限り助けの手を差し伸べてくれた。材料のほとんどは無料で分けてもらい、町長は、「粗大ゴミ置き場も見てきてはどうかね」と提案した。材料はこれでほとんど整った。さらに石油会社の地域代表者である人物が、僕たちにドラム缶と航行用のガソリン200リットルを寄付してくれた。

そうやって材料を調達しに走り回っている間に、たまたまカナダで休暇を過ごしていたケルンのふたり組と知り合った。ウーリとミヒャ。ふたりは、「ちょっとそのバイク、オレたちに貸してくれない？　ここだとたったの9ドルで免許が取れるんだ。その筏製作とやらにも参加したいし」と言ってきた。そして彼らは最終的には休暇を延ばし、「せめて一週間は一緒に行くよ」と、僕たちに同行することになった。

作業は順調に進んだ。荒波でも筏がひっくり返らないように、頑丈なベニヤ板の下に波よけの羽目板をネジで取りつけた。ほかの部分は、全部縄で結ぶことにした。そうすれば、うまく波をかわすことができる。なによりも大変だったのは羽根車の設計だった。2台並んだバイクの後輪から動力を伝達させるためには、うまくチェーンがかみ合って羽根車がスムーズに回るよう、綿密に設計しなくてはならない。

2週間にわたるハードな作業ののち、いよいよ筏を川に浮かせてみることになった。岸辺に杭を打ち込み、ほぼ完成の筏を長いロープでつなぎ、少しずつ川の真ん中へ押していく。ロープがピンと張るところまで走行させてみよう。そこまで行ったら、ウーリとミヒャがまた岸辺へ引き戻してくれることになっている。興奮で心臓がドクンドクンと顎の骨まで響いてくるのがわかる。ちゃんと羽根車も動くだろうか？　エンジンがかかり、ギアを入れる。

やったぞ、羽根車もバッチリだ！　筏はすごい勢いで岸から離れ、急流もうまく乗り越えた。ヤッホ～！　思わずジャンプして、僕は振り返って皆に手を振った。岸辺で待つ彼らが、どういうわけか、やけに大げさに手を振っている。先に進むにつれてその姿がだんだん小さくなっていく。

おい、ロープってこんなに長かったか!?　引っぱられているうちに、なんとロープは切れてしまっていた。筏には舵もパドルも付けていない！　慌てて僕は甲板から板を引き剥がし、それをパドル代わりに、なんとか筏の向きを変えた。エンジンのおかげで、なんとかほかのメンバーが待つ入江に停まることに成功。そこから皆で、急流に逆らいながら重い筏を作業場まで押していき、後部に2本、舵《ラダー》を取りつけた。ダブル・ラダーだ。

この筏を製作している間、僕はクラウディアを今回の計画には加えないという態度をはっきり示していた。なにせ最初から、「私は絶対に行きませんからね」と猛反対だったのだ。もし彼女が一緒に行きたいのなら、それは自分の意思で決めるべきである。僕はクラウディアに、バックの恐れていたこと——高波の話や川に出没するグリズリーのことなどを話していなかった。そして実のところ、それよりもっと僕が恐れていたのは、バックの奥さんの警告だった。

バックの奥さんは、僕たちの計画を聞き、大きく目を見開いて言った。「ユーコンには早瀬《ラピッツ》があるのを知ってるでしょう！　昔、大きな船が何艘も、ユーコン最大の難所・ファイブフィンガー・ラピッズでひっくり返って、大勢の人が死んだんだから！」それでも僕はなんとかクラウディアがこの冒険を面白がってくれることを願っていた。ちょうどその頃、ナショナル・ジオグラフィック社製作の「ユーコン川・筏の旅」というドキュメンタリー・フィルムのことを聞き、彼女と一緒に文化センターでその映画を観た。ユーコンの風景は圧倒的に美しく、申し分ないその雰囲気、罠を仕掛ける猟師たち、動物の世界――と、そこまではよかったのだけど、突然丸太の筏が急流に向かって流れていくシーンが画面に映った。ヘリコプターが上空から撮影したその映像は、筏が岩にぶつかってビリビリ、メリメリと折れるところを映し出していた。ああこれじゃ、夢の筏旅もオシマイだ！

だが驚いたことに今度はクラウディアが言い出した。「絶対、一緒に行くわ！　クラウス、あなたひとりで沈するつもり？　そうはさせるもんですか！」いささかヘンな理屈ではある。まあ、そうと決まれば話は早い。あとは筏に名前をつけてやるだけだ。とっさにクラウディアが言った。「ヤブドゥにしましょうよ」

「ヤブドゥ」は、チベット語で、「すごい！」とか「ステキ！」という意味を表す言葉だ。

「ポン！」１９８８年８月８日、午後８時。僕たちはシャンペンの栓を抜いた。ヤブドゥ、さぁ出発だ！　ウーリとミヒャも乗っている。山を下り、先住民が「大いなる川」と名づけたユーコンを下っていく。川の水は、その激しい流れと共に未開拓の地、北部へと僕らを運んでくれる予定だ。アラスカ西海岸にあるベーリング海まで、ユーコンの流れを妨げるものは何もない。だけど、はてさてそこまでたどり着けるかな？　難所・ファイブフィンガーは、まだずっと先だ。とりあえず今はヤブドゥが流れの真ん中を行くよう操縦に集中しよう。舵の力だけでコントロールできなくなったら、エンジンの助けを借りればいい。僕たちは、夜遅くまで航行を続け、静かな岸辺を見つけて筏を接岸させた。

翌朝、帆柱をつくるために、僕はポプラの木を一本切り倒した。この先、例のラバージュ湖が僕たちを待ち受けている。そこは帆を張って進むことにしたい。防水シートがバイキング船の帆に早変わり。だけど皮肉なことに、今日は風がない。そよ風すら吹いてくれない。それならまあ、のんびりいくとしよう。広さ30平方メートル弱の甲板の上でくつろぎながら、僕らは湖の静けさを楽しんだ。大量の食料品のほかに、筏にはグリル用の薪も十分に積んでいる。火を囲みながら野菜でもトントン刻むとするか。

風が吹く気配すらなく、僕たちは湖の半分をエンジンの力で航行することにした。夜の見張り番も決める。そんなわけで早朝4時にウーリとミヒャが僕たちを起こした。彼らがテントで休む間、緑色のオーロラが折り重なっては花火のようにはじけるのを眺めていると、突然、風が吹き始め、帆をはらませ、ロープがピンと張った。筏がルートから外れないよう、僕は丸太のような舵棒を握る。風が強まったせいで急に冷え始め、クラウディアは薪をくべた。いよいよ筏が進み出し、湖の真ん中へ流されないように僕は力の限り舵を大きく切った。最大限にほどかれたロープはピンと張りつめ、帆柱が思いっきり風にたわむ。ひゃ～、こりゃ楽しいな。恐れていた高波が、「待ってました！」とばかりに押し寄せてくる。しぶきが甲板にかかり、波を切って湖の上を突っ走る。あっという間に僕らは湖の向こう側へ渡り切った。ダブル・ラダーは水の圧力でコントロールが難しかったが、それでも、これ以上波が荒くなる前に湖畔までたどり着けそうだ。僕たちは、ウーリとミヒャを起こし、スクランブルエッグとベーコンを焼いた。日の出を拝むことにしよう。夏の終わり頃のこと。さあ、今日も新しい一日が始まるぞ。岸辺から筏を出して帆を上げ、僕たちは川への流れ出しを探しながら、岸辺に沿って進み始めた。

突然、思いがけない場所で川への流れ出しが現れた。筏は、水しぶきのはね上がる狭い岩の間の急流に押し流されていく。「みんな、岩よ！　さぁ、棹を持って！」クラウディアが叫ぶ。ダメだ。間に合わない。カーブを曲がった勢いで筏は渦に呑まれ、切り立った断崖に吸い寄せられた。「バーン！」筏は勢いよく断崖に突っ込み、その衝撃で僕らはぶっ飛びそうになった。ドラム缶が川底の岩

カナダ、アラスカにまたがるユーコン川を手製の筏「ヤブドゥ」で下る。

にガランガランと音を立ててぶつかり、急流にもまれ、ヤブドゥはフラフラ状態だ。このままでは危ない！　僕は慌ててバイクのエンジンをかけ、ギアをセカンドに入れた。「バシャッ、バシャ、バシャ……」羽根車が動き出す音が響く。ヤブドゥのうしろに取りつけた頑丈なダブル・ラダーの舵棒を押して、なんとか筏を本流に戻し、バイクのエンジンを止めた。ああ、危ないとこだった。

気を引き締めていこう。川底に隠れている岩を予測しながら、流れを読み取ることをマスターしなくちゃダメだ。放っておくと、ヤブドゥは浮き島のようになってゆっくりと旋回し始める。もし流れに吸い込まれそうになったら、そのときは前と横側にも取りつけた舵の力も借りて、舳先を脱出ルートに向けるようにしよう。めちゃくちゃハードな作業だけど、楽しいったらありゃしない。地図を片手に、時速12キロの速さで筏を走らせる。ヤブドゥは大砲から発射された弾丸のように、行く手を阻むものをはねのけながらガンガン進んでいく。ユーコンは、人間がちょっとやそっとで手なずけられるほどヤワな川ではない。一見、静かに流れる川のように見えて、そこかしこに岩や、砂洲、浅瀬などが潜んでいる。なかでも一番危ないのはスイーパーと呼ばれる流木群で、水上に漂うこのスイーパーに突っ込もうなら、その勢いで全員筏から放り出されてしまうだろう。

スイーパーは、川のあちこちに浮いている。カーブを曲がった拍子に、筏は川の真ん中から川の端に押し流されてしまった。スイーパーに気づくのが遅すぎたのだ。方向転換するには、流れが急すぎる。大声で命令を下し、とっさに僕たちはありったけの力を振り絞って筏を漕ぐ。それでもヤブドゥは、岸辺近くを漂うスイーパーのほうに否応なしに吸い寄せられていく。危機一髪というところでウーリとミヒャが、岸辺に生い茂る唐檜の太い枝をテントがぶつからないように持ち上げた。僕たちは身をかがめてそれをかわしたが、帆柱は、バキッという音と共に折れてしまった。僕は川に落ちたも

当時の僕のメモ

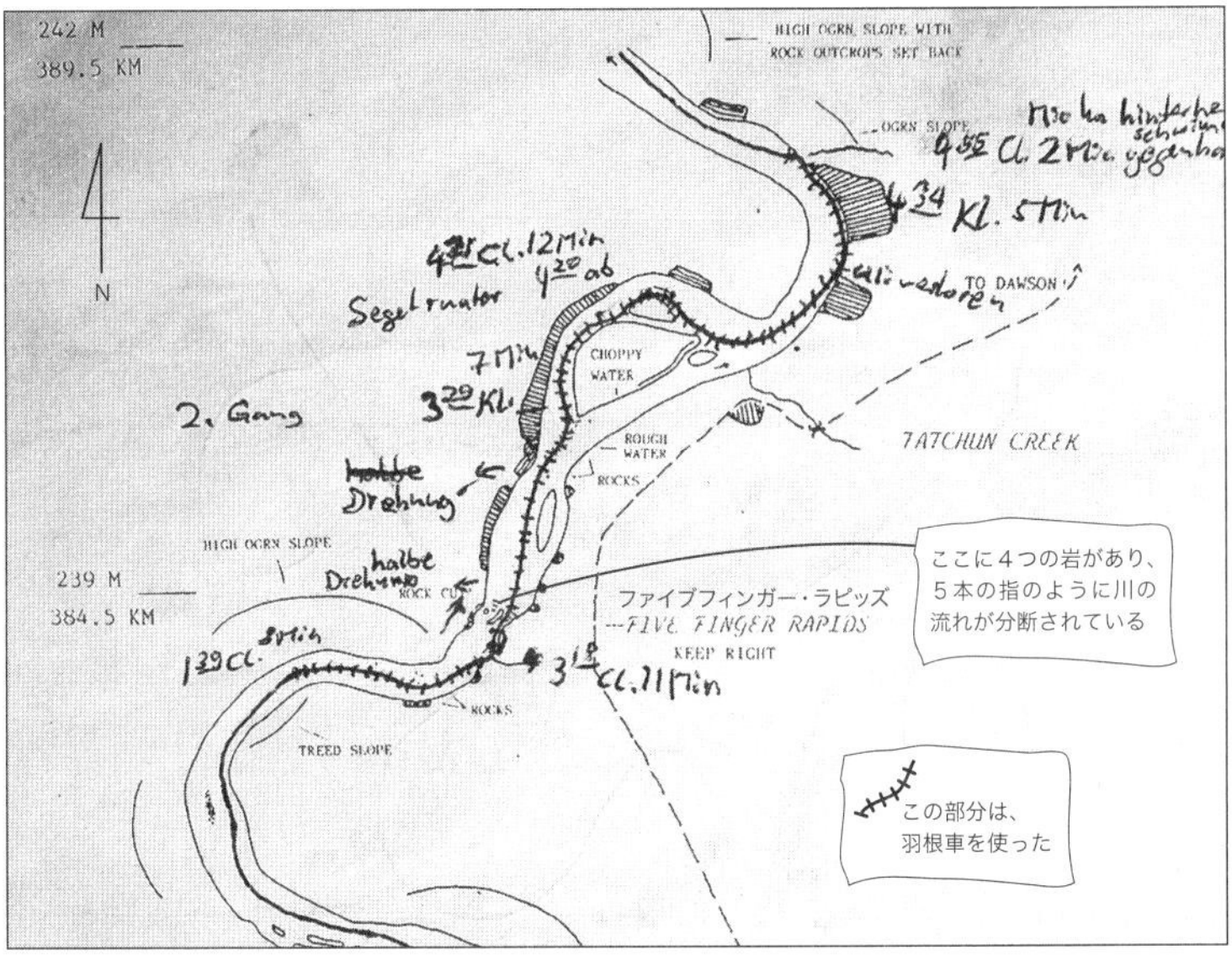

のを大慌てですくい上げ、エンジンをかける。まもなく、ダブル・ラダーを接続しているネジも折れてしまった。

ユーコン川の地図には、ゴールドラッシュ時代の名所が記されていた。廃墟となった小屋や鉄の残骸、陸揚げされた蒸気船。かつては猟師たちが暮らしていて、今ではすっかり廃れたビッグ・サーモンという町で、故障部分の修理をするためにヤブドゥを停めた。頑丈な横木で補強をして、羽根車をもう少し船体の高い位置につけないと川底をこすりかねない。

僕たちは、一週間ユーコンを下って得た経験をもとに、なんとか例の早瀬《ラピッズ》もいけるだろうと話していた。急流に近づくにつれて、胸の鼓動が高まっていくのがわかる。ユーコンの流れが急速に強くなり、僕たちの前に巨大な岩が迫ってくる。岩が5本の指のように並ぶユーコン最大の難所、ファイブフィンガー・ラピッズ。持ち物はすべて手元に置き、パスポートなど大切

なものは防水ボックスに入れて一番頑丈な救命用の浮き輪をその上からかぶせた。メンバーは皆、自分の役割を把握している。あらゆる事態に備えて予行練習をこなし、どこで不意打ちを食らってもいい覚悟もできていた。僕は全体が見渡せる筏の後部、ダブル・ラダーの横に立ち、川の轟音に負けないように大声で指示を出す。皆、定位置につき、前からでも横からでも急流に挑めるように舵を握って待機している。エンジンをかけ、川の右側をうまく通り抜けられるように筏を岸寄りに走らせた。川床からゴボゴボという音が響く。浅瀬か岩に違いない。そのときだ。突然、巨大ミキサーのスイッチがオンになったように強烈な水しぶきが上がり、僕らは大きな渦にモミクチャにされて呑み込まれそうになった。

「ヤブドゥ！」声をはりあげ、「いざ！」とばかりにファイブフィンガーの右手の指の間に滑りこんで行く。その瞬間、ものすごい勢いで筏

は波に叩かれた。息を止めて、待つことほんの数秒――。

やったぞ！　ラピッズを越えた！

だがそのときヤブドゥが渦に捕まり、舵がきかなくなってグルグル旋回し始めた。皆、今にも投げ飛ばされそうだ。渦がゴーッという轟音と共に水しぶきをあげ、急流が凄まじい勢いで襲いかかる。ヤブドゥは今にも引き裂かれそうだ。波が甲板を叩く。ウーリとミじャは、なんとか舳先の舵を操ろうと必死だ。羽根車を回しても意味がないと知りながら、僕はアクセルを踏む。つぎつぎ襲い来る早瀬に立ち向かい、ついに、僕らはファイブフィンガーを乗り越えた。

さあ、祝いだ、祝いだ！　グリルの上でキングサーモンがジュージューと焼ける音がするその横で、コーヒーカップに入れたスパークリング・ワインが溢れ出す。

ファイブフィンガーを越えたあと、ユーコンは川幅が広がり、穏やかな領域へ入っていった。

ヤブドゥは、鏡のような水面に波紋を描いて静かに進んでいく。日差しの強い夏の午後、僕たちは冷たい川に飛び込み競争しては、空気満タンのチューブの上に腰かけて過ごした。やがて車道とつながるミント村に到着。ウーリとミヒャとはここでお別れして、クラウディアとふたりだけになる。ここから先、まだ優に3分の2の行程が残っている。しばらく行くと僕たちは、「地獄へのゲート」に近づいた。ここは、あちこちに点在する中洲によって流れがとても複雑になっている。川の水位も下がり始めている。中洲に乗り上げないよう、なんとかしなくては。日が暮れかかる頃、筏はとうとう座礁してしまった。フォート・セルカークの町が見え、先住民たちが僕たちを助けようと駆けてきた。クラウディアは筏に乗り上がれず、置き去りにされたままだ。僕だけで舵とエンジンを同時に操作できるわけもなく、筏はうしろ向きの状態で近くの中洲に押し流されていった。

「ドン、ガッシャン!」筏は中洲に衝突し、ダブル・ラダーがへし折れた。クラウディアが泳いでこっちにやって来る。筏は致命的ダメージを食らったにもかかわらず、なんとか皆で川の斜面にある要塞の下に接岸することができた。夜、急流の勢いで羽根車はひとりでガラガラと回り続け、僕らを眠りに誘った。翌日、要塞の作業場を借り、そこでラダーを補強した。

ここで僕たちは先住民がフィッシュ・ホイールで漁業を営むキャンプ地を訪れた。ちょうど産卵の時期らしくおびただしい数の鮭が川を遡上していく。観覧車のような体裁のフィッシュ・ホイールは、水力によって回転している水車に、遡上する魚が入る仕組みになっている。空を見上げると、魚に呼び寄せられ、鷲がゆっくりと旋回している。鷲だけでなく、冬眠の前に食べられるだけ食べておこうとやって来るのはクマたちだ。その付近をチョロチョロする人間たちは彼らにとっては目障りだろう。途中、先住民や猟師のところで僕たちは、焚き火や暖炉を囲みながら彼らの語るクマ体験に耳を傾け

浅瀬に乗り上げると大変だ。カナダ・ユーコン川で。

た。

実際、僕たちも何度かクマに出くわした。そういうときは思わず一目散で逃げ出したくなるところだが、実際、それは死を招く行為でしかないだろう。急に動くと、クマは本能的に相手を襲う習性があり、短距離ならクマのほうが人間よりもはるかに足が速い。巨大なグリズリーが、「ドン！」と僕の前に立ちはだかり、鼻をクンクンさせて僕の匂いを嗅いだとする。それをじっと息を殺して動かずに待つのは至難の業。だけど奴らはもともと、目が悪い。ちょっと気をそらした隙に、僕は静かにゆっくりと風下へ逃げる。そうすれば彼らがその匂いを追うこともない。

去年のアラスカでも同じように生きた心地がしなかったことがある。テントで寝ころがっていたときのこと。グリズリーがノッシノッシとこちらに向かって来る音がした。僕たちはテント越しに、グリズリーが爪を立てて地面を掘り、シマリスかなにかを探す音に耳を澄ましていた。息を殺してそーっと寝袋にもぐりこみ、グリズリーが去ってくれることだけを祈っていた。それなのにまるで僕らを威嚇するみたいに、目と鼻の先でガサゴソ何かを探す音が止まらない。罠にはまったキツネの気分で、僕たちは縮み上がっていた。グリズリーがいつ僕たちに襲いかかってきても不思議ではない状況だ。寝袋のなかで固まったまま20分ほど過ぎただろうか。バサッバサッ――

「ねぇ、まだ聞こえるでしょ?」蚊の鳴くようなクラウディアの声に驚き、僕はもう少しで心臓が止まるところだった。だが、そのときになって、このバサッバサッという音が、テントの外から聞こえてくるのではなく、ただ単に自分たちのまつ毛が寝袋に当たって音を立てているのだと気がついた。グリズリーはとっくの昔に森に帰っていた。

支流を呑みこんでユーコンの川幅はさらに広がり、その頃から気温も急激に下がり始めた。僕たちはダウンジャケットに身を包み、甲板の暖炉の前に陣取った。ドーソンまで行ったら食料品を買い込まなくちゃ。テントに敷く断熱マットも必要だ。いつ川が凍っても不思議じゃない。そうなったら車道のある村までたどり着けるよう、バイクには補助用のソリも必要だ。

夜になり、コアという名の猟師がフィッシュキャンプを営むカシアー・クリークという場所で、僕らは筏を岸につけた。この男はかれこれ12年、人里離れたこの荒野で魚や獲物を捕まえながら生活を営んでいた。コアはユーコンに運ばれて客が訪れたのを喜び、僕たちを丸太小屋に招待してくれた。天井の低い小屋では、ストーブにかけたヤカンがシューシューと音を立てている。彼は言った。「ちょうど鮭の季節で大忙しさ。日によっては2トンも捕れるんだ。それをボートに乗せて冷凍車が待つフォーティマイルの町まで運ぶのさ」居心地のいい丸太小屋の裏には菜園があり、その奥でコアはハスキー犬を何頭か飼っていた。かの有名なユーコン・クエストの犬橇レースに参加しようと、ちょうど犬たちを訓練中とのこと。冷たい雪と風にさらされてきた歴史を物語るように、コアの肌はなめし皮みたいになっている。それでも彼が、この孤独でハードな生活をこよなく愛していることが伝わってくる。自由と冒険に満ちた生活。コアの燻製小屋から漂ってくる香りが、そんな風情を醸し出していた。コアは満ち足りた顔で言った。「ここの生活は最高さ。大きなお城と交換してくれって頼まれたって、オレはこの小屋を手放したりはしないぜ。それなら靴下に詰め込んだ金を腐らせたほうがマシさ！」

ユーコンを下りながら16日目が過ぎた頃、僕たちはアラスカとの国境を越えた。国境は実際のところ、森の真ん中にある林道によって隔てられているだけである。最寄りの町イーグルで郵便局のおじさんがパスポートにスタンプを押してくれた。筏でもう少し先に進むことにしよう。ただ、この先にあるサークル村で川の流れ出しを見落とすと、岸辺から岸辺の幅が20キロにもなるユーコンフラッツに出てしまう。ユーコンフラッツでは岩や水路、川の支流などがひしめきあい、迷路状態になっていて、おまけに浅瀬が多いときているから、よほど熟知していないと渡りきることは不可能だ。アラスカ・パイプラインとユーコン川が交差する地点から先に、もう車道はない。

ビーダーマンス・キャビンという名の猟師小屋でウッディとキャシーのふたりと知り合い、サークル村までの詳しい地図を書いてもらった。その2日後、この地図が大トラブルになろうなど、僕はそのとき夢にも思わなかった。つい最近起こった洪水のせいで川の流れが大幅に変わっていたのだ。はたして僕らは浅い溝にはまり、引き返さなくてはならなくなった。浅瀬の砂に腰まで浸かり、筏をロープで引っぱった。川の流れはあまりにも強く、エンジンをもうひとつのほうに切り換えている余裕がない。エンジンはオーバーヒートし、ピストンが焼きつきを起こしてしまった。燃焼室にオイルが洩れ、エンジンからはモクモクと煙が立ちこめている。ああ、もうダメだ……。僕たちは川の反対側へ流されていき、サークル村の下の付近で座礁した。すっかり疲れ果て、テントにへたり込む。

翌朝、フィッシュ・ホイールに行く途中だったアルバートという猟師と先住民の酋長エディが僕たちを発見した。ふたりはモーターボートを2台使い、僕たちの筏をサークル村までゆっくりと引っぱってくれた。アルバートは、ユーコンフラッツからかなり離れた島に小屋を立て、ひとりでひっそりと生活していた。アルバートが僕に訊ねた。「フィッシュキャンプの桟橋にちょうどいいから、その筏、オレにくれない？　その代わりにグリズリーの毛皮をやるぜ！　まぁその、捕まえてからの話なんだけどね……」

そして僕たちは、アルバートのボートで島の周囲を探索した。滔々と水が流れ、ここかしこに小島が並ぶフラッツは、とにかく美しい。それにしてもフルスピードで疾走するアルバートの方位感覚には舌を巻く。夜遅く、しかも、しらふとはいえない状態なのに、彼が浅瀬に乗りあげることは一回もなかった。ヤブドゥは、この男のもとに置いていくのがよさそうだ。

サークル村に戻ってバイクを筏から離し、陸に上がって荷物をくくりつけた。筏を組み立てたときには2週間半もかかったというのに、取り外し作業はたったの2時間半で終わった。ヤブドゥはこの3週間、僕たちの家であり、1120キロの行程を共にした相棒でもあった。この過酷なユーコンの旅を、僕らは全身の筋肉や関節で感じ取った。ヤブドゥと別れるのはなんともつらい。僕とクラウデイアはもう一度、いつものように筏の上で鮭を焼いて食べることにした。出発準備の整ったバイクが土手の上で僕たちを待っている。そのすぐ横には、「エンド・オブ・ザ・ロード」──道はここで終わり、という看板。音もなく初雪が降り始めた9月1日。もう一度、僕はヤブドゥのほうを振り返った。アルバートが手を振っている。僕らはバイクに飛び乗った。ああ、またタイヤの下で地球が回り始めるんだな……。そういえば、僕たちが約束の毛皮を目にすることはなかった。どうやらグリズリーは捕まらずにすんだようだ。

8 中央アメリカ

1989年10月——1991年3月

メキシコ・ベリーズ・グアテマラ・エルサルバドル・ホンジュラス・ニカラグア・コスタリカ・パナマ

メキシコで、クラウスは400年以上外界とのつながりを絶ってきたというインディオの部族と遭遇。部族のメディスンマンに自分のたどって来た道、目指すものを言い当てられる。グアテマラでは、ライブハウスの留守番として2ヵ月間店を預かり、旅行者たちとドンチャン騒ぎ。ホンジュラスでキャンプ中、「死の騎兵隊」と呼ばれる兵士たちに取り囲まれる。身ぐるみ剝がされそうになるが、クラウスが、「俺の父親は大使だ!」とハッタリをかます。直後、銃撃戦に巻き込まれる。コスタリカ、パナマで再び水上走行を試みる。

アラスカ滞在から一年ほどが過ぎた1989年の暮れ。いま僕たちがいるのはメキシコ北部チワワ州、銅の峡谷の深い谷底。山のてっぺんには雪が積もり、谷底では亜熱帯の世界が広がっている。ちょうど僕たちは、3週間前にバハカリフォルニアで知り合ったふたりを相手にキツネ狩り状態[*1]で走り抜けてきたところだ。

ふたりの名前はトーマスとベアート。共に生粋のスイス野郎で、穴あきチーズのような靴下とコテコテのスイス弁をひっさげて登場し、たちまち僕らを爆笑の渦に巻き込んだ。このスイス野郎たちと出会ったのは、世界最長のノンストップ・オフロードレース、「バハ1000」で有名な国道が横断するロレトの町だった。

アメリカ西海岸の南に続くメキシコ領のバハカリフォルニア。この半島には僕もクラウディアも大感激だ。このあたりには砂漠のような岩山が広がり、パイプオルガンを思わせるサボテンがにょきにょき生えている。多くのレーサーたちが、真っ直ぐに伸びるアスファルト道には見向きもせず、この荒涼たる、かつ情緒溢れる空間をろくに味わいもせずぶっ飛ばしていく。僕らもその轍のあとに沿って――もちろん、もっとゆっくりと――オフロード・コースを走ってみることにした。轍は何十年にもわたってロバの蹄で踏みならされた山道へ伸びている。そういった道は石や灌木を避けながらくねくねと続いていて、この半島が荒涼とした地だとあらためて感じさせてくれる。エンデューロは、こういう道を走るのにはもってこいだ。

トーマスとベアートも僕たちと同じようなマシンに乗っている。スイスのチューリヒ空港からボストンへ空輸したのだそうだ。北アメリカを東から西へ横断し、トーマスの土地があるブラジルへ向かう途中とのこと。思いがけず、僕らは出会ったその日から彼らと行動を共にすることになった。その後、トーマスとベアートとの出会いはかけがえのない友情に発展し、南アメリカでお互いがそれぞれの道を進むときが来るまで、2年にも及ぶ旅のよき道連れとなる。

＊1　細かい紙片をまきながら逃げる騎手をキツネになぞらえ、紙片を頼りに大勢で追跡する子供の遊び。

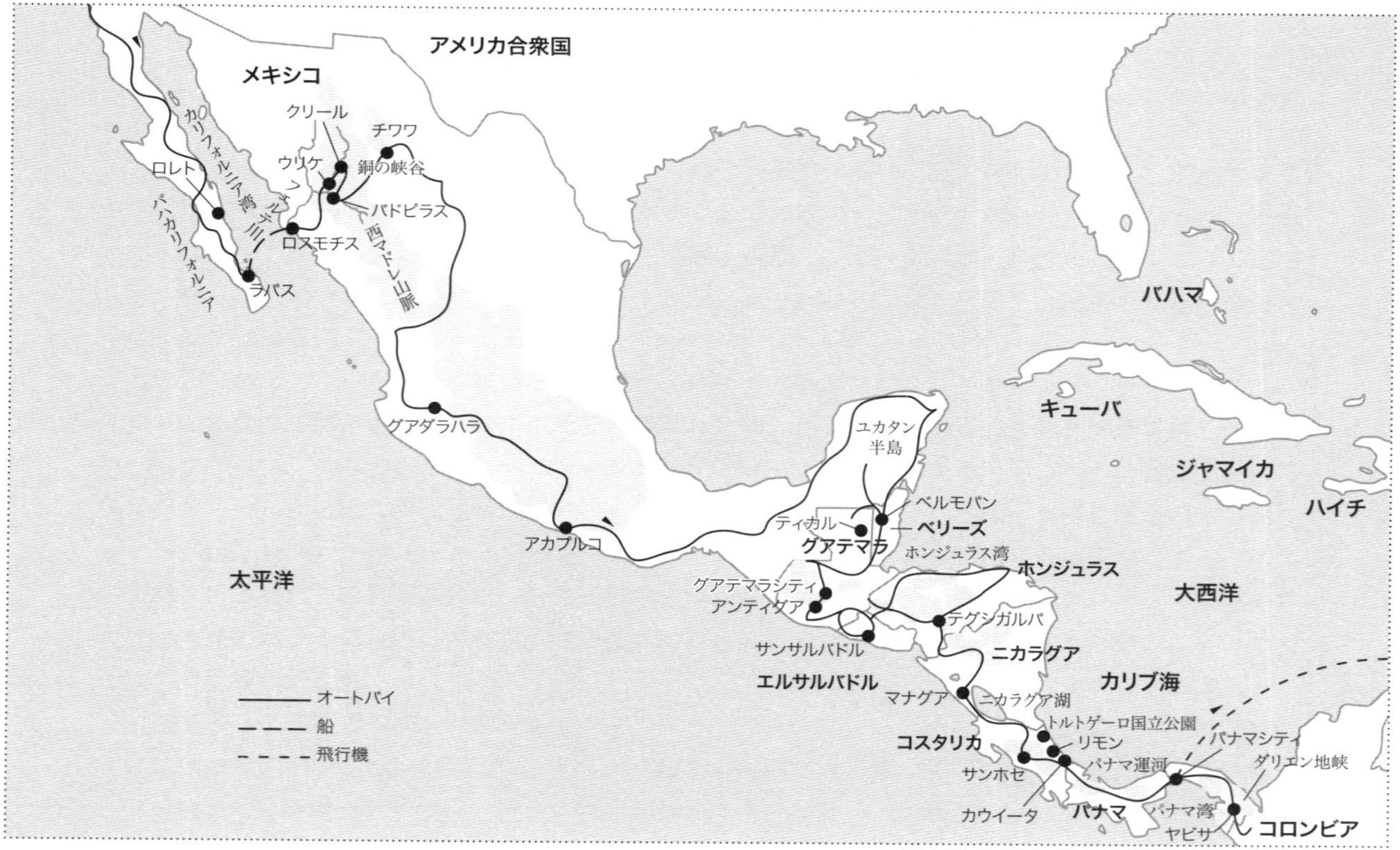

アメリカ合衆国
メキシコ
カリフォルニア湾
ロレト
バハカリフォルニア
ラパス
クリール
ウリケ
チワワ
銅の峡谷
バドピラス
フエルテ川
ロスモチス
西マドレ山脈
グアダラハラ
アカプルコ
太平洋
バハマ
キューバ
ジャマイカ
ハイチ
ユカタン半島
ベルモパン
ベリーズ
ティカル
グアテマラ
ホンジュラス湾
ホンジュラス
大西洋
グアテマラシティ
アンティグア
テグシガルパ
サンサルバドル
ニカラグア
カリブ海
エルサルバドル
マナグア
ニカラグア湖
トルトゲーロ国立公園
リモン
コスタリカ
サンホセ
パナマ運河
パナマシティ
ダリエン地峡
カウイータ
パナマ
パナマ湾
ヤビサ
コロンビア
オートバイ
船
飛行機

ここから先は、きっとハードな道のはず。かなりの経験と技術が必要だ。実際、荷物がかなり過重になって、思うように前に進めない。ひっくり返らずに真っ直ぐ立っているのが不思議なぐらいだ。道が干からびた川底にぶちあたると、砂利を飛ばして、砂にタイヤを取られ、横滑りし、埃を巻き上げながら進む。お互いのぶざまな格好を見て、僕らは大笑い。それでも僕たちのなかに流れるパイク野郎の血が、バイクを降りて歩くことを許さない。もちろんグラグラしている場所では、反射的に足が地面につきそうになる。それを我慢するのは大変だ。だけど一度立ち止まろうものなら、どうあがいても、せっかく登った道を転がり落ちることになってしまう。

異常な暑さで、僕らはすでにへとへとだ。エンジンだってしょっちゅう冷やしてやらないといけない。そうやって半分強制的に休みを取った場所で、僕らは周りの景色を眺め、植物世界の美しさに息を呑んだ。常に水不足に悩むバハカリフォルニアの土地で、この美しさを保つのは至難の業だろう。ここに生えている数多くのサボテンは、よそでは見られないものばかり。そうしたなかでも一番きれいな場所で僕らはテントを張り、お互いの旅のハイライトを聞かせ合った。そんなときトーマスは、どこからともなくテキーラの入った小瓶を取り出し、クラウディアに、「塩とレモンはあるかい？」と訊いた。輝く星空の下、僕らは夜が更けるのも忘れワイワイと盛り上がるのだった。

荒野のオフロードレース・「バハ１０００」に参加したレーサーたちが突進してくる直前に、僕たちは、カリフォルニア半島の南端ラパスの町に到着した。この過酷きわまりない１０００マイル（約１６００キロ）の道を優勝者はたった17時間53分16秒３で走り切る。ゴールにたどり着いた優勝者は、まるでバイクと体がくっついてしまったように身をこわばらせて突っ立っていた。

僕らは、先を急がずに２週間かけてここをゆっくり走った。ラパスまでの道中では、世にも珍しいフライ・イン・ビーチ（自家用機用砂浜）も発見した。サンフランシスキートやバヒア・サン・ルイス・ゴンザーガなどのビーチには別荘が建っていて、自家用セスナでやって来たアメリカ人たちが自分の別荘の前に駐機するのである。

野道はときに、古ぼけた伝道所へ続いていた。この小さなオアシスにひっそりとたたずまう伝道所では、収穫されたナツメヤシの実がロバの背に積まれていく。また野道は、ポツリポツリと立つ牧場小屋へ続いていた。アントニオという男が、馬で僕らを追い越しながら、「うちに寄りな」と声をかけてきた。そこは娘ばかりの家で、危うく僕らはトーマスとベアートを失いそうになった。

僕たちと同じように、このふたりも南アメリカを目指していた。彼らもパナマ・コロンビア間にある沼地だらけの難関・ダリエン地峡を突破しなくてはならない。これまでダリエンを走破しようとチャレンジした者は数多くいたが、成功したのはほんのひと握りの冒険野郎だけだという。ダリエン地峡で分断されているパンアメリカンハイウェイの隙間、およそ87キロの密林地帯を制覇しようと、何年もかけてトライし続けている者もいると聞いた。

僕は彼らにユーコンを下るヤブドゥの写真を見せ、「こういうふうにバイクを水上マシンに改造して、ダリエンを越えるのはどうだろう？」と提案した。そのためにはどのバイクにもフロートをつけ、エンジンと連結する駆動部を設計しなくちゃいけない。トーマスもベアートも興味津々の様子だ。こういう困難きわまる試みを敢行するには、季節は春がいい。だけど次の春までにその準備をするとなると、時間的にかなりきつい。そのためこの話は、翌々年に実行するということで落ち着いた。

それまであと一年半、ここでじっと待つつもりはない。今までの経験からして、2週間ほど旅を一緒にしたあとは、相棒たちと一度別れてしばらく自分たちだけで旅を続け、約束の場所でまた落ち合うのがいい。そうすれば、そのあいだに友情もゆっくりと育つだろう。

アメリカをあとにしてメキシコの国境を越えたと思ったら、突然そこはもうラテンアメリカのど真ん中だった。スペイン語が全然わからない。スーパーマーケットも見当たらない。あるのはカルキの味がするトルティーヤ（薄焼きパン）と脂っこいチョリソ（豚肉のソーセージ）、それにインスタントコーヒーだけ。そんな私たちが、美味しいメキシコ料理やバハカリフォルニア半島の美しい砂漠世界を発見するのには、しばらく時間がかかった。ここに来て初めて私は、荷物を積んだバイクで深い砂道を制覇し、砂漠を走ることが楽しいと思えるようになった。パキスタンの砂漠で味わった過酷な経験のせいで私はすっかり砂漠嫌いになっていたし、その後、砂漠をなんとか走れるようになってからも、砂の上を走ることは私にとって「戦い」そのものだった。困難な道を走るとわかっている前の晩は、眠りにつくことができなかった。やっと、そういった戦いを克服することができたのだ。いつのまにか、私はありとあらゆる道――世界で最も深い砂地、この世で一番ドロドロの泥濘、誰よりも意地悪な砂利道、どこよりも岩だけのオフロード、そしてツルツルに凍りきった雪道――を経験していた。なんだかんだと言いながら、いつもそれらを走り抜けてきた。そのために私は、自分自身であることを見失わない方策を身につけた。例えば手に負えないような道を走るとき、私は自分でテンポを定め、クラウスの前を走ることにした。そうすれば、落ち着いた気分になれた。いざとなればうしろに彼が構えている。それとは逆にアスファルト道やコンディションのいいオフロードでは、アクセル全開で突っ走るクラウスの姿が見えなくなっても、まったく気にならなかった。

何年か経つあいだに、私たちはお互いの走行スタイルを受け入れるようになっていた。これまで彼と一緒に何を経験してきたのか私はわかっているつもりだし、そういった冒険のなかにはとうていひとりでは不可能なものもあった。まあそのうちのほとんどはクラウスの発想から生まれたものではあったけど、そういったことについて、常に平等に関与してきたという意識がある。ときには、夢中になって新しいアイデアを語る彼を激励する代わりに、「でも、それって危なくない？」と水を差すこともあった。そんなとき彼は、私を煙たいやつだと思っていたかもしれない。クラウスが突拍子もないアイデアを思いつく冒険野郎であるなら、私はまさにクールな現実主義者だろうか。お互いが足りない部分を補い合う絶妙のコンビ。例えばクラウスと一緒に山を登るとする。彼は、頂上にたどり着くまで絶対に途中で挫折したりはしない。それとは対照的に、私は山の中腹まで行ければもう十分幸せで、そこからの眺めで結構満足してしまうタイプなのだ。さまざまな探検にクラウスがひとりで出かけることもあった。計画があまりにもハードすぎるとか、行く先の道路が私の手に負えるようなものではないという理由もあったが、ただ単に、私がちょっとひとりでゆっくりしたいというだけのこともあった。彼にとっても、たまには自由にのびのびとひとりで未開の土地を探検し、現地の人々と新しい出会いを楽しむのも悪くないようだ。時とともに私とクラウスは、ぴったり呼吸が合うようになり、言葉でコミュニケートする必要がないことも多くあった。例えばテントを張る場所を決めるときなどは、ひとりが「どう？」って感じのそぶりをすれば、もう片方はうなずくだけ。それだけで「ちょっと道から離れて灌木のあたりでテントの場所を探そう」という意味だと理解できたし、日課ともいえるバイクの駐車場所探しについても言葉は無用だった。ほかの人が聞いたら何を言っているのかわからない「クラウス・クラウディア語」もよく飛び出した。多くの国々でさまざまな言葉を耳にしてきた私たちは、次第にそのなかから自分たちの心に残った言葉を用いるようになり、ときには、ひとつの文章に五つの国の言葉が混じることもあった。学校で学んだ英語を先頭に、マレー語、日本語、スペイン語、ポルトガル語、フランス語、そして数え切れないほどたくさんの国の言葉や慣用句を身につけていた。私たちはいつもドイツ語で話すとは限らず、クラウスに、「ちょっとあなた、いま何語でしゃべってるの？」と聞くこともあった。

「あとどのぐらい旅を続けるつもり？」どこに行ってもそう聞かれた。正直いって、自分たちもわからなかった。でも、そういうときは、「あと3年ぐらいかな」と答えるようにしていた。

過酷な走行を終えた日の夜は、へとへとになる。戦うようにしながら私が走るその前を、クラウスは足に羽がついているかのように飄々と走っていくこともある。それでもバイクは――特に困難きわまりない道を走破したときなどは――かけがえのない満足感を与えてくれるものだった。バイクには、自由、そして自分がその場面の中心にいるという臨場感がある。太陽が照りつけようと、雨や雪が降ろうと、風が吹こうと、私たちは水を得た魚になることができるのだから。新しい土地に到着しても、そこに住む人々と私たちの間を遮るガラスはない。このあけっぴろげで無防備な姿勢にこそ、人々は敬意を抱いてくれるのだと思う。そして、バイクならば車ではとても行けない場所にも行くことができる。分かれ道に差しかかり、こっちには何があるのかな、ちょっと行ってみようと思うとき、バイクなら50キロをひとっ走りしてまた戻ってくることができる。そういう思いつきで、予期せぬできごとにぶつかるのが何よりも楽しい。

年月や走行距離が増すにつれて、マシンと共に成長した私たちは、困難な道に差しかかると、「よしよし、あともう少しよ」とエンデューロに話しかけるようになった。エンジンのことなら裏も表も知り尽くすようになっていたし、あちこちのボルトやパッキン、そしてベアリングまで、交換したことのないものはひとつもなかった。エンジンの響きを熟知していた私たちは、エンジンがゼーゼー言い始めれば、どの部品を交換すればいいのかもすぐにわかった。手をオイルだらけにしてギアをいじるほうが皿を洗うよりもよっぽどいい。なにしろ、ちゃんとマシンが動くかどうかに自分たちの明日がかかっているという理由もあったのだから。私たちはそういった作業をふたりでこなし、いつの間にか、30分でエンジンを取り外して解体するワザもマスターした。

バイクに乗っていて私が一番好きなのは、どこか新しい場所に到着する瞬間だ。埃だらけで、お腹はぺこぺこ、喉はカラカラの状態で到着し、慣れた手つきでテントを張って、すぐに料理にとりかかる。亜熱帯の蒸し暑い地域では、レザーウェアやブーツを脱いで風に当たるのはとても気持ちがいい。でもそれ以外は、どこでも座れるレザーウェアはなにかと重宝だった。テントの横にバイクを停めて、焚き火を燃やし、今日のできごとや過去のことをおしゃべりしながら、あるいはただ黙って空を眺める——これがまさに私のお気に入りの時間だ。疲れて寝袋にもぐり込み、本をめくりながら深い眠りに落ちて夢を見る。そうしたテント暮らしに馴染むと、これを世界のどのホテルのどの部屋とも交換する気にはなれなかった。

それとは逆に、美しい場所で何日かを過ごし、喜びを心から分かち合える人々のもとでお世話になったあと再び腰を上げて出発するのは、身を切られるようにつらい。つい出発を遅らせることもあるし、朝一番で出発しようと思って前夜詰めておいた荷物を、やっぱりもう一日延ばそうと、ほどくこともあった。新しく知り合った友達に引き止められることもあるけど、そういう胸の張り裂けそうな場面では、「別れは短いほうがいい」をモットーに、たとえ別れがつらくてヘルメットの下で涙を浮かべていたとしても、私たちは早くその場を去るようにしていた。先に進めば、また新しいハプニングや愉快な人々との出会いがあるはず。そう自分に言い聞かせながら、私はうしろよりも前を見て生きていくことに慣れていった。

トーマスとベアートにはまたあとで会うことにして、僕とクラウディアはカリフォルニア湾を渡る船に乗り込んだ。行き先は、銅の峡谷《バランカ・デル・コブレ》。七つの谷からなる銅の峡谷は、グランドキャニオンが四つもすっぽり入ってしまうほどの大きさだ。そこに行き着くのはきわめて困難で、それゆえに、タラウマラ族という先住民がひっそり暮らしていると聞いていた。一説によると、白人の征服者から逃れるためにタラウマラの人々はすでに500年も昔に北アメリカからここへかくれ場を求めてやって来たとのこと。タラウマラの長老は、コロンブスの到来だけでなく、その後に始まった新大陸先住民の悲劇をも予言していたらしい。

海岸側からだと、峡谷のすぐ近くまで冒険列車・チワワ鉄道に乗れると聞き、わざわざ遠回りしてまで悪路を走るのをやめた。ロスモチスの町でバイクも列車に乗せられるとのこと。そこまではよかったのだが、「あっ、そりゃそうと、貨車が途中で脱線してひっくり返ったままになっているから、事故現場が片づくまで待たなくちゃいけないよ」と言われた。出発はいつになるのかわからない。仕方なく僕たちは駅前にテントを張った。待つこと3日。その間ずっと、「明日になったら出発するさ」と慰められた。

マニャーナ（明日）――このメキシコで人気ナンバーワンの言葉には、「明日」だけでなく、「またいつか」という意味もある。人々は愛情をこめて歌でも口ずさむように、この「マニャーナ」を口にする。これはもうメキシコ人の人生哲学といってもいいんじゃないだろうか。だけど、これは僕たち

マニャーナの国・メキシコでのんびり。

にとってかなりつらい試練だった。夜になると酔っ払った若者たちがドンチャン騒ぎを繰り広げる駅前では、おちおち休むこともできなかったのだから。

　ようやく列車がガッタンゴットンとオンボロ線路に姿を現し、僕らは貨車にエンデューロを積み込んだ。やつれた顔でガラス越しに外を見ると、高原には巨大なサボテンがニョキニョキと生えていた。それをぼうっと眺めるうちに、列車は目の前に聳える山をどんどん駆け上がっていった。ポンチョを着た農夫が枯れた農地からトウモロコシらしきものをもぎ取るのが見える。ところどころに古ぼけた農園が現れては消えていく。機械や電気はなく、農夫たちはトラクター代わりの雄牛と犂《すき》で畑を耕している。先頭を走る機関車は、切り立った岩山へと次から次にトンネルをくぐり抜けていく。トンネルとトンネルの間で窓の外を覗くと、列車は、目がくらむような深い谷にかかる鉄橋をガッタンゴットンと渡っていく最中だった。

　超現代的なアメリカの巨大農場を見たばかりの僕たちにとって、タイムマシンで人類が洞窟に住んでいた時代にさかのぼっていく。そして実際、そういう洞窟もあることはあるのだけど、たどり着くのがとてもむずかしいと聞いていた。――だけど、行ってみよう。道が僕たちを導いてくれる限り。

　さらにいくつもトンネルを抜け、列車は小さな山村で停車した。レールに沿ってバラックが建ち並んでいる。界隈には吠えたてる犬とカウボーイハットにガンベルトの男たち。ジョン・ウエインの映画のワンシーンに迷い込んだみたいだ。廃車と化したジープが目に留まる。車があるということは道もあるはず。そんじゃあ、ここで降りるとするか。僕たちはバイクを板に載せて貨車から引っぱり降ろす。

　小学校の用務員だという男が、「外で寝るには寒すぎるよ。教室に泊まりな」と、僕たちに一室あてがってくれた。朝起きて、子供たちが学校に来る前に慌てて朝食をすませ外に出ると、バイクのシートにはぶ厚い氷が張っていた。うだるような暑さのロスモチスをあとにしてやって来たこの標高2000メートルの高地には、すでに冬が到来していた。それでもまあ、太陽が山間から顔を見せている限り、新鮮な松の匂いが漂う森のなかを走るのは気持ちがいい。森を抜けると、目に沁みるような緑の生い茂る高地が広がっていた。煙突から細い煙が立ち昇る小屋を見ながら通り過ぎる。鉱山労働者たちが手を振っている。

突然、岩が出っ張ったところで道路が跡形もなく姿を消した。その先には、ポッカリと口を開けたような空間。ウリケ峡谷だ。僕たちのいる場所から1300メートル真下、川のそばにウリケ村が見える。ここからだと小さな点みたいだ。そこへ通じる道は、てごわそうな砂利道だけ。急斜面に思いっきり急なヘヤピンカーブときている。こりゃ、すごいや。さあ、行こう！　クラウディアが先だ。ところが最初のカーブを曲がったところで、すでにクラウディアの悲鳴が聞こえた。あまりにも急な勾配で、ブレーキだけではバイクを止めることができず、立っているのさえ難しいって感じだ。おまけにガタガタの砂利道と来ている。クラウディアの目には恐怖の色が浮かんでいる。そういう彼女をなんとかなだめすかし、「いざとなったら手伝うからさ」と約束して、チャレンジを再開した。かなりのワザと集中力が必要だと気づいた僕は、ギアをローにしてエンジンブレーキをかけながら、ハンドブレーキとフットブレーキも軽く効かせ、砂利道でハンドルを取られないようにある程度のスピードを保ちながら走った。速すぎても、ブレーキを踏みすぎても、滑ってコケてしまう。ウリケ村は、石を転がせばすぐにでも届くところに見えている。だけど転がってまで急いで行く必要はない。

そのときだ。クラウディアは次のカーブを曲がりきれず、それでもなんとかギリギリのタイミングでバイクを倒し、落っこちる直前に断崖の縁で停止した。膝をガクガクさせ、その場にへたり込んでいる。穴ぼこあり石ころありのデコボコ道には、柵もついていない。まさに生きるか死ぬかの瀬戸際ってところだ。ちょっと、これはひどすぎる。クラウディアを助けなくちゃ。僕は彼女のバイクで坂を下りてから、自分のバイクを取りに斜面をよじ登った。

村の前を流れる川にたどり着き、ジュースでも買おうとやっとこさ停車した。大汗をかいたことだし、もう太陽は谷の向こうに隠れたというのに、麓はまだ暑い。「やれやれ、やっと到着だ」とホッとして僕はあたりを見まわした。残念なことに集まってきた人々はジロリと僕らを睨むだけで、挨拶しても誰も答えてくれない。僕らをグリンゴ、つまりアメリカ人だと思っているのだ。このグリンゴという言葉は、米軍がメキシコに侵入したときに、軍人がかぶっていたグリーンベレーを見て民衆が、「グリーン・ゴー・ホーム」と言ったのが語源だそうだ。

川の岸辺にテントを張り、まわりの谷が暗闇にすっぽりと隠れた頃、突然、石の嵐が僕たちを襲った。

「わぁっ、いてぇ！」僕は目を覚まし、身を屈めながら外へ飛び出した。何か身を守るものを探そうとしたが、四方八方から石がビュンビュン飛んでくる。どうやら、遠くのほうからY字型のパチンコで飛ばしているらしい。

「アメリカーノじゃないよ～！　アレマネス（ドイツ人）だ～！」僕の声が彼らに届いたらしく、あたりは静けさを取り戻した。

ラテンアメリカを旅するうちに、僕たちはこの微妙な違いを理解するようになった。合衆国の国境を越えるとすぐ、アメリカ人には友達がいなくなる。オセアニアやアジアのあちこちでもそれに気づくことがあった。まあ、アメリカ外交の舞台裏で繰り広げられる事柄を考えれば、抑圧された国の人たちが彼らに敵意を抱く気持ちは十分に察しがつくが……。

その翌日、僕たちがグリンゴではないことがあたりに知れわたったらしくもう行動を阻まれることはなかった。村の広場は大昔に建てられた石造りの家と教会に囲まれ、カウボーイハットにウエスタンブーツ姿のクールな保安官たちが飄々と歩いて行く。彼らの腰には手錠、胸にはピカピカの星型バッジ、手はベルトのピストルにかかったままだ。ほかの男たちは壁の出っ張ったところに寝そべり、ソンブレロで皺だらけの顔を覆って日向ぼっこをしている。彼らの馬がそのすぐ隣につながれていて、3本足で立ち、残り1本を軽く曲げて足を休ませている。肉屋が切り分けた肉を牛皮の上に広げ、隣の靴職人がトーントーンと鋲を打つ拍子に合わせてハエを追い払う。村人たちは、今でも伝統的な職人芸を心得ていて、馬の鞍やブーツ、カバンなどは、全部そこで作られていた。ただ、先住民のインディオにはまだ出会っていない。なんとか彼らに会えるといいのだけど……。

僕たちが下りてきた道は、この村で終点だった。帰りは、来た道を登るより仕方ない。次はクリールの町へ行ってみよう。地形図を片手に出発したものの、現地の人たちの助けなしに進むことはありえなかった。

地形図にはカミーノ・グランデ、つまり主要道路と書いてはあるものの、それがかつて存在していたものなのか、それとも今後貫通する予定のものなのか、皆目見当がつかない。いずれにせよ今まで走ってきた道は川を境にして突然消えてなくなっていた。この先、道らしきものは見当たらない。僕たちは深い谷底にかかる丸太橋を渡り、ゴツゴツした岩を飛び越え、岩壁を迂回し、500メートルごとに立ち止まって、目の前に立ちはだかる障害を乗り越えた。そうして30キロほど進んだところで、やっと普通の道に出ることができた。そこには、大きな十字架が地面に打ち込んであった。

僕たちはここで、初めてインディオと遭遇した。長い上着の上から、いかにもインディオって感じの腰巻をまとった男は、古タイヤでできたサンダルを履いて立っていた。男は宙を漂うようにこっちにやって来て、恥ずかしそうに僕たちに挨拶した。「クゥイラ・バ！」その声が僕たちのもとに届いたときには、男はすでに谷の奥深くに続く小道に消えていた。

商業の中心地として知られるクリールの町に着くとすぐ、僕らは宿を探し、暖炉の前でゆっくりとくつろいだ。急な温度差にやられてクラウディアは風邪をひいてしまっている。村々はちょうどグアダルーペの聖母マリアを崇める儀式・テスキナーダの準備の最中だ。これはトウモロコシを煮て醱酵させたテスキーノというビールを酔っ払うまで飲んで騒ぐ祭りで、通りでは音楽に合わせて人々が踊り、皆、笑いながらおしゃべりや遊びに夢中になっていた。こういう祭りはふつう、ビールがなくなるまで何日も果てしなく続く。

翌朝、気温計はマイナス13℃を指していた。寒いが雲ひとつない空が、今日はいい天気になると約束している。朝、僕は薄焼きパン《トルティーャ》にインゲン豆と卵をのっけてほおばった。風邪をひいたクラウディアにはレモンのお湯割とミカンがひと袋。彼女は、今日一日ベッドで過ごし、熱が下がるのを待つということ。そのとき、僕の体のなかでも、それとは別のなにかが熱く燃えていた。胸騒ぎのような説明できない何か。サイドバッグをはずし、バイクを宿屋の前に押していく自分に、僕は気がつく。目も眩むばかりに輝く太陽が朝の凍てつく寒さを和らげるなか、一番いいカメラを手に、僕はバイクに飛び乗った。今日こそずっと待ち焦がれていた出会いがあるはず！　僕は自分がどこまで走るのか予測がつかず、念のためにタンクを満タンにした。荷物をはずされ自由の身になったエンデューロは野山を自由に飛び跳ねるカモシカのようだ。長く伸びた谷を抜けて、手つかずの自然のなか、インディオたちが舞い踊る集落から漂ってくる陽気な雰囲気に胸を躍らせ、僕は走った。目の前に現れるいくつもの分かれ道を右へ左へと、体が向くほうへ全速力で進む。荷車が走った跡を追って川を渡り、フットレストに足をかけ、立ったままの姿勢で山道を駆け上がる。

しばらく行くと、露店の店先で埃だらけの地面にしゃがんでコーラを飲むインディオたちが見えてきた。彼らの仲間に加わることにして、僕はカウンターのおばあちゃんにレモン水を注文する。一杯、５００ペソ。いつもの半額の値段だ。メキシコ人のオヤジが、喉の奥を震わせながら舌先も軽く、ゆっくりと「R」の音を発音し、低い声で僕に話しかける。僕はなんともいえない幸福感に満たされていて、何かに集中することができなくなっている。だけど方向を示しながらオヤジが言った最後のひと言だけは僕の耳にしっかりと残っていた。「El《エル》 sendero《センデロ》 es《エス》 libre《リブレ》, por《ポル》 ti《ティ》」オヤジが去ったあと、辞書を引いた。

「道は開かれている。君のために」

雷に打たれたように僕はバイクに飛び乗った。砂埃を立てながら示された方向に突っ走る。右手に谷の奥へつながる道が開き、体のなかの感覚が変化していくのがわかる。鮮明な光を放つ、おとぎの世界に入り込むみたいだ。この周辺には強烈なエネルギー・フィールド（磁場）が集中しているのを感じる。

ここだ、ここに違いない。僕は速度を落とし、小川の流れに沿ってゆっくり走った。踏み分け道をたどり、行けるところまで進む。岩壁に取り囲まれた谷間のくぼ地に立ち、僕はこのエネルギーが自分の体に浸透するように、両手であたりの岩に触れてみた。エネルギーは向こうの丘から来ているようだ。その丘の周りをゆっくりと時計回りに歩いて、エネルギーの根源に近づいて行った。すると、インディオたちが半円をふたつ描いて腰かけていた。ひとつは男たち、もうひとつは女や子供たち。メディスンマン[*1]と思われる背の高い大男が、肩にかけた白い布をたなびかせながら、桶に入ったトウモロコシのビールを器に汲み、ひと口飲んで四方に撒いてから、年老いたインディオに手渡した。受け取ったインディオは、器に残ったビールを飲み、次の者のためにビールをつぎ足す前に、最後のひと口分を地面に空けた。

敬意を示すため、距離を置いて立っていた僕に彼らは手招きし、半円の間に座るようすすめた。僕はたどたどしい口調で訊ねた。「あの……僕、アメリカーノじゃなくってアレマネスです。えっと、フォト・ペルミソ（写真、オーケー）？」

さっきの大男が無言のまま手を上げて、「静かに」と僕に命じ、年老いたインディオたちに「写真、いいですか？」って感じで話しかけた。不審がらせてしまったと思い、僕はカメラを横に置きながら、なんで拒絶されるようなことをしたんだと自分に腹を立てた。

――僕が心の静寂を取り戻し、体内のエネルギーが再び静かに流れ出すのを感じていると、さっきのメディスンマンが僕の前に足を組んで座り、ジーッと僕の目の奥を覗き込んだ。その目は体の内側からにじみ出るように、不思議な光を放っている。まだ若いと見えるこの男は、その目の色と同じに黒い長髪をたなびかせながら、なんとドイツ語で話しかけてきた。長くヨーロッパに滞在していたの

＊1　薬草を用いて病気を治療する薬剤師・医師のこと。メディスンマンは祈禱師・シャーマンでもあり、大いなる精霊の声を人々に告げる祭司の役をも担う。

だそうだ。「長老たちがお呼びだ」

この部族は外の世界との接触を絶ってから400年以上経つという。400年前といえば、イエズス会の宣教師たちがやって来た頃じゃないか。先住民たちに自分の墓穴を掘らせてから虐殺するようなことまでやって支配した時代だ。

「長老たちはいったい僕に何の用なんだ？」

「さあ、それは自分で見つけ出すんだな。オレはただの医者さ。医者であるオレの役目は、人を助け、病気を治すこと。きっとお前にはお前の役割があるのだろう。それを長老たちはお見通しだぜ」そしてメディスンマンは僕しか知らないはずのこと――僕のたどってきた道、そして僕が目指すもの――を見事に言い当てた。「君は、身をもって経験したことをもとに、自分のノリッジを築きたいと思っているだろう」彼は、「知識」という言葉をノリッジと英語で言った。

メディスンマンは、ビールの入った器を僕に差し出した。僕は言った。「バイクで帰らなくちゃいけないんだ。たくさんは飲めないよ」できれば飲まずに器を返したかった。でも、それではあまりにも失礼だし、ビールは、トウモロコシの粒が少し口に残るものの、なかなかの味だった。なみなみとビールが注がれたかぼちゃの器が何度も皆に回され、そのたびに味わいが深まっていく。ここに来てからもう、どのぐらい時間が過ぎたんだろう？　まあ、時間なんて、ここじゃあってないようなものだけど……。

メディスンマンは、長老の待つ洞窟まで僕を連れて行ってくれた。洞窟の暗い部屋に目が慣れたとき、おののきのあまり僕は思わず後ずさりした。その拍子に陶器を踏んづけてしまった。耳をつんざくような音が響き、あたりを取り巻く静寂を一気にぶち壊した。僕は、自分の不手際に恥じ入った。

長老たちは、暖かみをおびた柔らかに輝くオーラに包まれ、威厳に満ちた光を放っている。

以前、悟りを得た人々に出会ったときに感じた畏敬の念、そしてなんだか暖かい気持ちがここでも湧き上がってきた。もしかしたら、彼らはどこかで互いにつながっているのだろうか。長老たちの横顔が、チベットの聖地ラサ、ジョカン寺の一室に座っていた高僧の顔と重なって見える。「俗世間から離れたこの場所に来て、いつでも一緒に瞑想するがいい」と僕に声をかけてくれた高僧。彼の目にはその心の豊かさが映し出されていた。同じ屋根の下で育ったある5歳の少年の目と同じように。ほかの僧たちが、「この少年は生き仏のひとりだよ」と教えてくれた。当時のチベットと同じく、このメキシコ北部の地の果てでも、僕は、平和に生きようとするために身を隠し続けなければならない少数民族の聖地のど真ん中にいた。

メディスンマンは、「長老たちにひれ伏す必要はない」と繰り返し言った。「人間である限り、皆、平等なのだから。宇宙の存在がそうであるように、人間ひとりひとりの存在自体が実は驚異的なものなのだ。大切なのは心。心のなかにはすべてが秘められている。宇宙に存在するすべてのもの、それを我々は自分のなかに見つけることができるのさ。ときには、このノリッジを発見するのにかなり時間を要することもあるのだけどね……」

僕はメディスンマンに言った。「この世に僕は、実在する世界が少なくともふたつはあるはずだと信じているんだ。ひとつは自分たちが生まれ育った、つまり、見たり、触ったり、匂いを嗅ぐことのできる世界。もうひとつは、感じることはできるけど、説明することのできない世界」

メディスンマンはさとすように話した。「これからは、君が感じるそのもうひとつの世界を説く必要はもうなくなる。そもそも、言葉が存在しない世界のことを言葉で説明しようとしたって、ムダなことさ」そう言うなり彼は、僕の夢——旅立った最初の年に僕が見た夢を——地面に描きはじめた。
「この十字《クロス》を見てごらん。人間は宇宙の中心に立っている。そこからどこへ行こうと、人はまったく自由なんだ。手や足をもぎ取られ胴体だけになった人間を目の当たりにしても、お前は怯《ひる》まずに抑圧するものに対して立ち向かっていっただろう。死を恐れず、恐怖に打ち勝ったのはいいことだ。人はよく、『死にたくない』なんて言うけれど、実は死のうとしたって死ねないことを、彼らは知らないでいる。人のなかにあるエネルギーはずっと生き続けるのさ。たとえその姿かたちは変わったとしても。自分が宇宙の一部であることに気づき、それによって死に対する恐怖が失せたとき、人間というものは変われるんだよ。この世の中、一度も馬から落ちたことのない騎手を優れた馬乗りだと崇める者が多くいる。だけど本当は、馬から突き落とされたことのある騎手のほうが、それを経験しただけ、ひとまわり優れているのさ。不安に打ち勝つには、戦士でなくてはね」

メキシコを征服したスペイン人たちは、インディオを奴隷として鉱山で働かせたという記事を読んだ。タラウマラ族の人口はアメリカ最大のインディオ部族・ナバホ族に次ぎ、5万人に及ぶといわれている。彼らのほかにも外界との関わりを絶ち、その存在を知られることなく、ひっそり隠れて暮らす部族がいることを僕はここで耳にした。そういった部族は、自分たちの先祖と同じように、常に大いなる存在と一体であることを望み、ひっそりと生きているという。

「宣教師たちのいう大いなる神、それ自身は、我々も信じている。だけど彼らのカトリック教義、あれは勘弁願いたい。我々は、大いなる霊は万物のなかに存在しているし、どんな小さなものも万物の一部としてつながっていると考えるのさ。そうやってわが祖先もこの世を理解してきた。先祖たちも果敢な戦士ではあったけど、とにかく相手の武器は強すぎた」

午後遅く、最後のビールが飲み干され、集まった人々は立ち上がった。

「マテテラ・バ（ありがとう）」僕は礼を言い、彼らのしきたりに従って右手を差し出し、指でゆっくりと相手の手のひらを撫でた。「アリオシバ（さようなら）」ここでは、相手の手を握れば、その人を支配しようとしていると解釈されてしまう。母親に背負われた幼い子供ですら、僕の髭面《ひげづら》にも物怖じせず真っ直ぐに目を見つめて、おんぶ紐の間から指を差し出して別れの挨拶をする。

メディスンマンは、バイクのところまで見送ってくれた。僕は思い切って彼に訊ねた。「幻覚を促すっていうサボテン、ペヨーテをシャーマンたちが儀式で使うって聞いたことがあるんだけど、それって本当？」

「いや、使わないね。薬としてごく稀に使うことはあっても、あれは絶対に素人が手を出すものじゃない」彼はそう言いながら僕の手をしっかりと握った。堅い握手——そう、ヨーロッパでは、これは強い人格を持つ者の象徴だ。彼は言った。「いつでも戻ってくるといい。この土地は、お前のものでもあるのだから」これまでにも旅のなかで何度も感じたように、そのとき僕は、彼らから敬意を持って受け入れられた喜びに浸っていた。

長老は、僕が薄々感じていたこと——僕は今、自分の進むべき道を歩んでいるということ——を語ってくれただけだった。だが肝心なのは、それだ。将来に関しては、「我々は、必ずまた会う」という以外、彼らは一切触れなかった。

僕は邪魔にならないようにして何枚か写真を撮った。そして、次のチャンスまでカメラを横に置いた。インディオたちは僕のカメラに気づいていないようだったし、それが邪魔だという印象は受けなかった。その後、僕はフィルムをサンフランシスコの現像所に送付した。しかしそのフィルムは、探偵もどきの方法で懸命に探してはみたものの、長い道のりをたどったのち――その映像と同じように――ニューオリンズで忽然と姿を消した。それ以来、僕たちのコレクションは、約400枚のスライド写真が欠けたままになっている。

何日か過ぎ、クラウディアの具合もずいぶんよくなった。トーマスとベアートに会いに、バトピラス峡谷に行くことにしよう。ウリケ峡谷よりもさらに谷底へ下る道だというのに、ここのほうがずっと走りやすい。標高1300メートルの大峡谷を600メートルまで下る真ん中あたりで、僕らはセーターを脱いだ。麓のほうはかなり暑く、花が咲き乱れ、ロバが列になって収穫したみかんやバナナを運んで行く。バトピラス・ホテルに着き、僕たちは部屋を借りた。昨晩から降り始めた雨は48時間ぶっ通しで降るだろうとのこと。篠つく雨とはこのことだ。川は氾濫し、地下室は水浸しになっている。

計り知れない能力を身につけたインディオたち。彼らの生き方について、もっと知る方法はないだろうか。ふと思いついた僕は小さなリュックに荷物を詰めて外に出た。

――そして、ここ数日間、僕は峡谷を歩きまわっている。気分は上々、意気揚々。今日、僕がお供させてもらっているのはインディオの母親と5歳ぐらいの息子で、ふたりのあとを懸命についていくのだが、デコボコ道で思うようにいかない。母親は岩から岩へさっさと登り、息子もピョンピョンあとに続く。そのあまりの速さに、僕の心臓は悲鳴を上げ始める。躍起になって走ろうが、どんなに急ごうが、なかなか親子には追いつけない。これじゃウサギとカメではないか。ゼーゼーと息を切らしふたりのところまで駆けていくと、母と息子は岩の上に座って、「ふふふ」と笑いながら僕を待って

いる。
インディオ・タラウマラ族は、自分たちのことを「ララムリ（足軽な民）」と呼ぶ。彼らは超自然の能力を持つともいわれ、意識的に集めたエネルギーを集中的に使うワザも身につけているのだそうだ。彼らに会いたいと心のなかで念じていれば、その気持ちは、彼らのもとに届くという。そのとき彼らも僕に会おうと思ったら、家族の誰かが迎えに来るのだそうだ。
タラウマラ族の人たちは、たいがい牧草地の近くやトウモロコシ畑、川のほとりや峡谷の近くなどに五つほど住まいを持つという。それは、泥壁の小屋だったり、丘に穴を掘ったものだったり、峡谷にある洞窟のなかだったりする。
タラウマラ族は驚異的な持久力を持つ長距離ランナーとしても世界的に有名だ。彼らは昼夜を問わず、何日も走り続ける。ひたすらシカを追いかけ回し疲労困憊させるのも、彼らにとってはお手のものなのだという。１８９２年にはすでにノルウェーの民俗学者カール・ルムホルツが、タラウマラ族のある男性が手紙を片手にグアザパレスからチワワの町まで山越え谷越え、たった5日間で往復したと書いている。この走者は1000キロ近い道をたったの5日で走り切ったことになる。

彼らの走る様子をじっと観察して、僕は、その謎が少しだけ解けた気がした。これは走るというよりは、足を上げずに地面を滑るといったほうがふさわしい。太極拳で中国の人たちが足をゆっくり動かしながら大地のエネルギーを吸収するのとよく似た感じで、足を軽く回すとでもいおうか。さっそく、僕も彼らのマネをした。だけど、すぐに自分の足につまずいて転んでしまった。そうだよ、僕はチャボチだった。チャボチ——彼らは、白人、特に髭の生えた者をそう呼んでいた。

——場面をもとに戻そう。ここで流れの激しい川を越えることになった。冷たい川は、腰まである深さだ。母親が自分の袋と僕の小さなリュックを持ち、僕は子供を肩車した。向こう岸には岩壁が立ちはだかる。母親はさっさと川を渡り、あっという間に岩に這い上がった。僕は、岩のくぼみをひとつひとつ確かめながら、たどたどしい足取りで進む。ありがたいことに母親が手を伸ばして息子を引き受けてくれた。汗だくになり、僕はやっとの思いで向こう岸の土を踏んだ。

しばらく行くと洞窟が見えてきた。竈《かまど》のそばにはブリキの鍋や甕《かめ》があり、毛布が2、3枚散らばっている。その様子から、ここに誰かが住んでいるのがなんとなくわかるって感じだ。僕がしゃがんでお茶を飲むあいだ、母親は毛布の下から硬い草を引っ張り出して、器用に籠を編み始めた。

そろそろクラウディアの待つ鉱山町バトピラスに戻ることにしよう。途中、また別のララムリと道中を共にできれば、2日ぐらいで町に着けるだろう。もしかするとトーマスたちも来ているかもしれない。

すっかり満足して僕がこの小探検旅行から戻ったとき、クラウディアは花の咲き乱れるホテルの庭で、若いアメリカ人のカップルと楽しそうに話をしていた。クリスティーンとオマーは、アメリカから自転車で走ってきたのだそうだ。彼らは一緒にクリスマスを祝おうと計画を立てているところだった。クリスマスの願いごとを書く紙には、飢えた万年旅行者たちが恋しがる食べ物がびっしり書き込まれていた。どれどれ、このなかで何を調達できるかな……。

1989年のクリスマスイブ。僕たちは川床で焚き火を囲み、バーベキューで祝った。漁師たちがジープで運んできたばかりの新鮮な魚や蟹。世界中の友人の間で好評のクラウディア特製、ポテトサラダ。デザートは8種類の果物が入ったフルーツポンチ。この峡谷で採れた新鮮なものばかり。村の広場から聞こえるメキシカン・バンドの音楽がバックに流れ、皆、われもわれもと踊りだす。なかでもギター片手にさすらうトルバドゥール（流し）の唄は最高で——恋だの友情だの、アカプルコの浜辺だの、いつも同じことしか唄わないと知りながら——あまりの情熱に、つい夢中になって踊ってしまう。

このとき、トーマスとベアートがずっと前にやって来て、すでにここを去っていたことを耳にした。彼らが泊まっていた安宿で何か僕たちにメッセージはなかったかと訊ねると、宿のおばあさんが、「そういえばなんかあったねぇ」と、戸棚からメモを出してきた。そこには、「クリスマスは海辺で過ごそうと思っている。バイーア・エンセナダかシポリテで会おう。それがだめなら、グアダラハラの郵便局にメッセージを残しておく」と書いてあった。残念だ。このパーティ、彼らもきっと喜んだだろうに。

その2日後、音楽がまだ耳に残るなか、僕たちは峡谷のジグザグ道を縫うように山を降りた。雪や泥濘を走り、インディオたちが住む保留地の前を通り過ぎた。保留地とは、インディオたちが国の秩序や労働習慣に慣れるようにと政府が設けたものである。それがいったいどんな結果になるのか、それはオーストラリアや北アメリカの例を見れば明白だ。走りながら、僕は今、自分たちが時間を飛び越え、こっちの世界に移行しつつあるのだと感じずにはいられなかった。そしていよいよアスファルト道路が見えたとき、僕は、ああ、また今日という日に戻って来たんだと実感した。そう、マニャーナのメキシコへ。

1990年4月。まだ、あたりは暗い。周囲に広がる樹海を突き抜けて聳え立つ遺跡。僕たちは今、その頂上に腰かけている。密林に栄え、そして忽然と姿を消したマヤ文明。数多くの謎を残すその遺跡の頂上に。

切石を巧みに組み合わせた巨大なピラミッド群が中央アメリカのユカタン半島からグアテマラ、ホンジュラスにかけて点在する。それらの遺跡から、マヤ文明の驚異的な天文知識や高度な建築技術を垣間見ることができる。メキシコ南部でマヤ文明と出会った僕たちは、その偉大さに圧倒され、ユカタン半島にある小さな国・ベリーズを経て、このグアテマラのティカルまでやって来たのだ。密林に溶けこむように散在する無数の神殿はジャングルのなかの歩道でつながりあっている。

今朝、僕らはあたりがまだ真っ暗なうちにテントから這い出し、懐中電灯の明かりを頼りに散歩に出かけた。お辞儀でもするような格好で歩きながら、足元をよく見ると、手のひらぐらいの毒グモ、タランチュラが地面や石の下にうじゃうじゃと潜んでいた。その後、僕らはピラミッドの急な段をよじ登り、こうして頂上までやってきた。今日は、ここで夜が明けるのを待とう。

朝の静寂へ向かうまでの間、夜鳥たちの鳴き声が響きわたる。東の天空からかすかな光が差しこむと、森の樹冠がうっすらと僕たちの足元に見えてくる。やがてそれを消し去るように、朝霧がヒラミッドの階段にもくもくと立ちのぼってくる。冷たく湿った霧。そこに吠え猿の鳴き声が、かすかに聞こえてくる。その声は、高くなったり低くなったり、ボスの鳴き声に合わせて、仲間たちが、「ハッ！ハッ！」と拍子をとる。するとすぐ近くの神殿の向こうにいる別の群れのボス猿が激しく吠えて応答する。ここが彼らの縄張りであることをヒシヒシと感じながら、僕らはこの音響バッグンの会話に耳を傾けた。

朝日が、あたりを覆いつくしていた霧をかき消し、ジャングルを暖かく金色に輝く光で包んでいく。大地を色鮮やかに染め、木々の緑を鮮明に浮き立たせる。石壁の隙間からそっと顔をのぞかせるようにして咲く薄紫の蘭の花。木の梢ではオウムの鳴き声が飛び交い、眼下に見える枝の間を飛んでいく。ハタオリドリも振り子のように揺れる小さな巣から顔を出して、咳払いをしている。こうして新しい一日が目を覚まし、僕らの旅も、また新しく始まる。予期せぬできごとや新しい土地との出会いが、今日も僕らを待っている。

そろそろ中央アメリカの危険地帯に近づく頃だ。ポプトゥンに向かう埃だらけの道を走り、看板がぶら下がった門をくぐり抜けた。鉄線でつづられた文字が目に入り、僕らはグアテマラの政治情勢を一瞬のうちに悟った。「地獄へようこそ！」看板のうしろには軍の検問所。機関銃がバスの窓ガラスの高さに合わせて向けられたままになっている。

キチェー北部のイシル三角地帯で僕らは武装ゲリラに出くわした。ここで僕は、自由を得るために

８世紀頃栄えたマヤ文明最大の都市遺跡。
緑の樹海に青い空、ところどころに顔を出すマヤの神殿。
グアテマラ・ティカル

戦う男たちに質問するチャンスがあった。ゲリラたちは、村を襲撃して食料やガソリンを分捕るフリをしながら、あとでこっそり村を回って農民たちにお金を払うのだとか。ゲリラたちは農民の助けなしにはやっていけない。そうやってお互いに守り合っているのだという。なんと信じ難いことに、グアテマラはかれこれ30年、アメリカの秘密警察CIAの遊び場になっているというではないか。こんなひどい話を耳にした。「やつらはここで、国民をどうやったらうまく抑圧できるかいろいろ試しているんだよ。それからというもの一万人を越えるグアテマラの国民が殺された。どの殺戮にもアメリカの軍事顧問が関与していないことはなかった」

アメリカのある報道雑誌社の編集長が書いた『バナナ戦争』という本を読むまで、僕は彼らの話を信じることができなかった。インディオたちの村が地図上から順々に消され、畑や家が焼き払われていったのだ。逃亡を試みようものなら、先住民たちは強制収容所に放り込まれ、劣悪な奴隷労働に従事させられていたという。腐敗しきった警察や軍の組織は、ドイツ政府の援助によって武器や戦闘車輛の支給を受けているとも聞いた。やがて、この「焦土作戦」のことが明るみに出て、世界中のあちこちから非難の声が上がった。

そうした国々を走り回っていた僕たちには、そのとき静かにできる場所が必要だった。そんな気分で訪れた古都アンティグア。前回の大地震で町の半分が廃墟となったままの町だ。もくもくと煙を上げる火山の麓には、大昔の石造りの家、石畳の道、大聖堂や色彩豊かな広場。そしてここにはドイツやスイスからの数多くの移民が定住していた。ミュンヘン出身のクラウディウスもそういったなかのひとりだった。いつのまにか居着いてしまい、ここでライブハウスをやり始めたのだという。ちょっと仕事で2ヵ月ばかりアメリカまで行かねばというクラウディウスの代わりに、僕たちは彼の屋敷とライブハウスを預かることになった。

またたくうちにその噂が広まり、世界各地から旅行者が僕らのところにやってきた。ある晩のこと、集まった18人のライダーのなかに、あのトーマスとベアートもいた。屋敷内に寝る場所がない者は庭にテントを張る始末。昼間は屋敷、夜はライブハウスで、ノンストップのドンチャン騒ぎ。平穏どころか、このとんでもない生活が、僕たちをさらにへとへとにした。いい加減にちょっと休まなくっちゃ。

そうこうするあいだに、ダリエン地峡に水上バイクで挑戦する時期が迫ってきた。そこで僕らはトーマスとベアートと一緒にコスタリカでいろいろ実験してみることにした。それが役立ってくれるといいのだけど。ダリエンを征服するには、バイクの改造も必要だ。演習場として僕らはトルトゲーロ国立公園を選んだ。そこは川が海に流れ込む河口部で、カリブ海に沿ってできた天然の運河とうまくつながっていた。

1990年10月28日　コスタリカ・カウイータにて

親愛なる妹モニカへ、

クラウスがテントに届けてくれたコーヒーを片手に、すでに頭のなかでは何度もしたためていた手紙を書き始めたところ、また雨がぽつぽつと降り出しました。今朝まで31時間降りっぱなしだというのに、それでもまだ降り足りないらしく、熱帯雨林が濁った泥沼になってしまいました。

10日ほど前、私たちはカリブ海に面したコスタリカのカウイータ国立公園にやって来ました。太陽が微笑んでくれさえすれば、ここは絵に描いたようなパラダイスです。果てしなく続く、週末を除いては誰もいない白浜、青く澄んだ静かな海。熱帯雨林からひょろりと頭を出した椰子の木が、キャンプ用テーブルのある入江まで続いています。森の枝々には吠え猿や白い顔の猿の群れがぶら下がり、黄色いスモモのような実を私たちのほうに投げてよこします。果実が私たちに命中したことはないのですが、テントはベトベトした果汁のシミだらけです。ましてやこの可愛らしい猿たちの吠える声ときたら、たまったものではありません。どうやらテントの真上が彼らのお気に入りの場所のようで、朝4時44分になると、目覚まし時計のように吠え始めるのです。浜辺にはハゲタカも住み着いていますが、幸い私たちには興味がないようです。さっきもサギが2羽、カニをくわえて飛んでいきました。浜辺は色とりどりのカニでいっぱいです。蚊が少なくて過ごしやすいのですが、その代わりに陰険なアリがいて、「外は雨だから」とばかりテントに居座って、家主の私たちを噛もうとします。そして食事の時間になると、呼んでもいないのに必ずハエがテーブルに集まってきます。まぁ、大自然の真っ只中にやって来て文句を並べても仕方がないのですが。ただ、ちょっとこれは遠くから眺めるだけのほうがよかったかもという動物もいて、それに比べたらまあテントの居候たちなんて可愛いものです。モニカは、スカンクを間近で見たことがありますか？　スカンクには本当にお手上げです。追い払おうにも、強烈な悪臭のする分泌液をふっかけられでもしたら、クラウスはきっと私をテントに入れてくれないはず！

今回、クラウスが計画中の冒険は辞退しようと思っています。トーマスは、「ワニに食われたほうが、ホンジュラス人に殺されるよりはマシさ！」と、人聞きの悪い冗談を言って私をからかいますが、とにかく、クラウスは一年前にバハカリフォルニアでトーマスとベアートと会って以来、どうしてもパナマとコロンビアの間に立ちはだかるダリエン地峡を走るつもりでいます。そこに道路はなく、あるといえば数え切れないほどの川とけもの道ぐらいなのに……。そのためクラウスは、バイクを水上走行用に改造しようとしていて、今、私たちはこのコスタリカでそれを試運転している最中なのです。東海岸北部には、湿原と原生林の森を通る全長120キロのニカラグアに通じる運河があって、なんとそこにはワニがいるというではありませんか。それも大きなワニが……。

今日は、とてもいい天気。太陽の光がかすかに見え始めた朝の5時半、私は目を覚まし、寝袋を風に当て、テントを逆さまに干してアリを追い出し、アリが齧《かじ》った穴を防水テープで張って、洗濯を済ませ、ちょっとひと泳ぎでもするかと、川へ行きました。暖かい日差しを浴びながら泳ぐのは本当に最高です！

昨日は、少し川から離れた灌木の間にテントを張ったあと、川でひと泳ぎし、トーマスの持っていたフィルターを使って、茶色く濁った川水を汲み、ジャガイモとソーセージ、真っ黒焦げのピーマンとオニオンを食べて、「ああ、なんか疲れたね〜」と話しているうちに眠ってしまいました。夜は、気がつくと砂の地面が毒アリだらけ。おかげで皆、朝早く、それもとても早く起こされてしまいました。

えっと、手紙の続きに戻ります。これはホンジュラスにいたときに起こった話です。
ある晩、少し酔っ払ってうとうとしていると、川のほうから声と足音が聞こえてきました。――ハッと気づくとテントは男たちに囲まれていて、ピストルのカシャッという音がします。

「しまった！　不意打ちだ！」クラウスがそう叫ぶのと同時に、外で怒鳴り声がしました。

「三つ数えるうちにテントから出ろ！　さもないと撃つぞ！　ワン、ツー、スリー……」ろくすっぽ服らしい服を着ていなかった私は、とっさに寝袋にもぐり込んだものの、外のざわめきは増すばかりです。暗闇のなか、急いでTシャツと短パンを着て、もしかして逃げるチャンスがあるかもとブーツを履きました。外からトーマスの声がします。

「おい、お前ら、早く出て来いよ！　思いっきりヤバイぜ！」パニックになりながらテントから飛び出してみると、トーマスはトランクス姿のまま手を頭に組んで立っているではありませんか！　あっという間に、私たちはピストルや手榴弾をぶら下げた迷彩服の兵士たちに取り囲まれました。パッと懐中電灯で顔を照らされて目が眩みよく見えないものの、少なくとも8人の兵士が、私たちに銃をつきつけているのがわかります。兵士たちは、目に恐怖を浮かべています。16歳から20歳ってところでしょうか。

ふたりの兵士がうしろからテントを切り裂いてなかに入り込み、そのうちのひとりが時計をポケットに押し込み、ほかに何かないかとガサゴソと探しています。制服を着た、どうやらこの隊の司令官だと思われる男が私たちを制止したままで、動きが取れません。

「お前たち、一般観光客に何をするんだ！　オレのオヤジはテグシガルパのドイツ大使館大使だぞ！　オヤジは、オレたちがここにいることだって知っているんだからな！」

クラウスのこのひと言で、急に司令官が動揺し始めました。暗闇での、この些細なできごとが外交官がらみの面倒な事態に発展するとは、司令官本人も考えていなかったのでしょう。それでも取り締まりという名目で、トーマスのサイドバッグをチェックするあいまに、司令官は私たちの腕時計を盗んだ無線係の兵士を灌木のうしろに引っぱって行って殴りとばしています。そうこうするうちに私の財布も消えていることに気づき――その日に限って現金が200ドルと50ドル分の現地通貨・レンピラが入っていたというのに……。私は思わずカッとなり、鉄砲片手にいきがる兵士に、「いったい、これってどういうこと⁉」とわめきちらしました。

「軍隊っていつから泥棒になったんだい⁉」クラウスの言葉に司令官はハッとした様子で、「いや、それは違う」と言って、何がなくなったのかを訊ね、申し訳なさそうに首を横に振り、「好きなようにやつらを調べてください」と兵士たちを指差しました。

無線係が――灌木のうしろに盗んだ品を捨てたあと――私たちのところにやって来て、「まず、私を調べてください」と申し出ました。彼は、私の持っていたのとそっくりの財布から200レンピラとドル紙幣を何枚か見せはしたものの、無線係の相棒が「これは彼の父親が経営する店の金です」と言い張ってらちがあきません。クラウスも、ボディチェックなど何の意味もなさないと悟ったようです。すったもんだのあげく、どこからともなく時計と空っぽの財布が突然、ぽっと姿を現しました。でも、どれだけがんばってもお金だけは出てきません。

バン！――

そのときです。突然、澄んだ夜空の向こうから銃声が聞こえ、その辺に散らばっていた兵士たちも、ズババババーッ！　と四方八方に反撃を開始しました。私たちはバイクに隠れるようにして毒アリがうようよする地面にうつ伏せになりながら、「どうか、タンクにだけは弾が当たりませんように！」とひたすら祈り続けるしかありませんでした。

司令官がなんとか部隊を落ち着かせて、あたりは平静をとり戻しました。どうやらあの銃撃は、敵軍の威嚇射撃だったようです。

　あたりが静まるや、私たちはなくなったお金を返してほしいと司令官に迫りました。

「最後のチャンスだ！　いいか、盗んだ者は、金をうしろに投げろ！」司令官が、兵士たちを輪になるように並ばせながら叫びました。三度目の試みでようやく、193ドルがひょっこり出現し、それを司令官が三度数えて、私たちに手渡してくれました。やがて兵士たちは兵営へ帰っていき、「あぁ、ビックリした」と思っていたところへ警備のためだと言って兵士が3人ほど戻ってきました。安眠もなにもあったものではありません。

「そんなこと言ったってクラウディア、お前、グーグー鼾かいて寝てたぞ！」その翌日、誰かがそう言って私をからかいましたが、鼾をかいて寝るなんて絶対にありえない！　バイクのうしろに隠れ、毒アリがうようよする地面にうつ伏せになりながら、私は、本当に自分が映画のシーンにでもいるような気分でした。ただ、出演した映画がランボーまがいの銃撃戦だったことだけが不満で仕方ありません。そもそも、このことを誰かに話すのはこれが初めてで、どうやら私は最近になってようやく、このできごとをなんとか自分のなかでうまく消化できたという気がします。

　事件のあと、太陽が昇り始めた頃、私たちはまず鍋を火にかけて何度もコーヒーを沸かして3人で飲みました。あの兵士たちはバイク欲しさのためだけに、私たちを皆殺しにすることを厭わない人たちです。制服姿の兵士たちは、誰ひとり部隊章とか隊号標識をつけていませんでした。トーマスとクラウスは、そういう彼らが「死の騎兵隊」と呼ばれる殺人隊であることは一目瞭然だったと話しています。

　私たちは味もわからないままベーコンエッグを食べ、うだるような暑さのなか、100メートル先の川に着けばまた紐をほどかなくてはいけない荷物をバイクに積む作業に取りかかりました。土地の人々は、「どうやってバイクで川を渡るのかな？」と興味津々の様子で、サイドバッグを運ぶのを手伝ってくれました。

たった今、カウイータの町から帰ってきたところです。ドイツ大使館に電話をかけてみたら、モニカからの荷物が大使館に届いているとのこと。私の誕生日のプレゼントを忘れていなかったのね！今ここに荷物があってすぐに開けることができれば嬉しいのに！　ついでにもう一度バースディパーティを開いちゃおうかしら!?　ところで私が30歳になったこと、モニカは気づいていましたか？　クラウスは、「お前もやっと一人前の女になったな」などと言っています。

モニカの元気な顔を見に、ちょっとドイツに立ち寄ることができればいいのにと思います。たわいもないおしゃべりをしながらドミノで遊んだり、一緒にコーヒーを飲んだり、将来について話し合うことができたら。そう思うと、ちょっと胸が痛くなります。将来――それはいつも白紙として私の手元にあります。はてさて、明日はいったいなにが起こるのやら。

心を込めて、キスとハグを送ります。クラウディアより

コスタリカ。カウイータから目と鼻の先にある大西洋岸の港町リモンに着いたとき、水上走行の予行演習のため、仲間たちはすでにフロートに空気を入れている最中だった。フロートは縫いつけたコーヒー袋でカバーされていて、そのなかにはチューブが入っていた。フロートをふたつの板でつないでバイクに取りつけるつもりだ。トーマスとベアートは、途中で知り合ったカナダ出身のマイクとい

う男を連れていた。

4台のバイクに取りつけるフロートは、運ぶのにかさばるだけでなく、かなりの重さになる。そこで、現地で調達可能な自然材料で浮体をつくり、使ったあとはそこに置いていこうと考えていた。ここには発泡スチロールのように軽いバルサの木が山ほどある。あるフィンカ（農家）で僕は、長さ4メートル、直径40センチの木の幹を2本分けてもらった。4、5年しか経っていない比較的若いバルサの幹は鉈でバサバサと切れる。フィンカの主は、どうせ川に流されちゃうんだから持っていけよと、その木を僕にくれた。彼は、氾濫が起これば、その木が川をせき止めるのではないかと心配していた。そして、「新しい苗なんて植えなくてもいいから」と僕に言った。どうやら地元の人たちにとってバルサの木は雑草みたいなものらしい。

わずか数日足らずで、バルサ材は乾燥した。その間、僕たちはほかの準備を終え、後輪にはちゃんとパドルも装備した。まずはトーマスたちが試しに走らせてみた。

「大丈夫。うまくいったぞ！」僕たちは、皆、興奮しながら彼らの姿を見守り続けたが、しばらくすると思ったよりもスピードが出ないことに気がついた。ギアを4速に入れてアクセル全開にしても、早歩き程度のスピードしか出ない。その代わりガソリンの消費量はハンパじゃなく、おまけに後部からはビュンビュンと大きな弧を描いて水が跳ねあがった。まるで消防車の高圧ホースそのものだ。

毎日のように僕たちは観光客から疑わしげな目で見られていた。高速モーターボートで国立公園にやって来る観光客たち。彼らは、クラウディアがバルサの大木を肩に担いで飄々と作業場へ運ぶ姿をバシャバシャとカメラで撮影した。きっとスーパーガールが出現したと思ったに違いない。バルサが羽根のように軽いことを、彼らは知らないのだから。バイクの重さに耐えていたバルサ材は、一夜のうちに思いっきり水を吸っていた。僕は慌ててバイクのスペアタイヤに空気を入れて――ボートが潜水艦になってしまわないよう――くくりつけた。

なんだかんだいいながら、ここではいろんなことを学び、駆動力に限界があることがわかった。時速5キロでは、急流に立ち向かうこともできない。それでも、なんとかトルトゲーロまでたどり着きたい。高速モーターボートならたったの2時間で行ってしまう70キロの距離を、僕らは一週間かけて進むことにした。

クラウディアは、陸地を走って僕たちに同行し、最後、細い砂利道に差しかかるあたりでバイクを預け、僕のところに乗り込むことになっていた。国立公園は美しく、ほかの観光客のように早送りモードではなく、スローモーションで楽しむことができる。色とりどりの鳥や猿を観察しながら行くと、低い枝にナマケモノがぶら下がっていて、後方から噴射する水を不思議そうに眺め、僕たちと競争し始めた。夜は岸辺にテントを張って寝ることにしよう。懐中電灯で川の水面を照らしてみる。ふたつの赤い点は、カイマンというアリゲーター科のワニの目だ。あっちにもこっちにも赤い点々。岸辺にはワニの子供たち。それを見て、率先して泳ごうとする者はいなくなった。――そして、水上ルートで目的地まで着いたのは、結局バイク3台だけだった。マイクのマシンは水を吸いすぎて途中で降りてしまった。僕たちは小さな貨物船に荷物を積み、出発地点のリモン港へ送り返した。

クリスマスは、皆で陸の反対側にある太平洋側の磯浜に集まり、波に洗われて白くなった流木の根でクリスマスツリーをつくった。根を上にして流木を地面に立て、根の枝のような部分に海の漂着物や貝殻、ヒトデ、サンド・ドラーという花模様のウニ、そして鳥の羽根をぶら下げた。ツリーに火を灯し、その真正面で大きなキャンプファイアも焚いた。クリスマスイブには何人かの旅行者仲間が集まり、そのなかには、4輪駆動車でコロンビアへ行く途中のベルリンっ子ルッツもいた。彼は、「このあと車を船で輸送しなくちゃいけない。どうせまた皆と南アメリカで会うんだから、いらない荷物は預かってやるよ」と声をかけてくれた。それなら、ジャングルを走破するのに不要な荷物は持たずにすむ。

聖夜は、泣いたり笑ったり、ワイワイ言いあって過ぎていった。皆で一緒に準備した料理を楽しみ、グリルに残った最後の肉も平らげ、骨は野良犬に振る舞った。薪が残り少なくなって、あれほどきれいだったクリスマスツリーも燃えてしまった。

そこへ僕たちがキャンプを張らせてもらっている地主のオスワルドが現れ、「おい、鎮痛剤、持ってないか?」と訊ねた。彼の指は、血だらけの布で巻かれている。救急隊員だった自分を思い出し、僕はオスワルドに、「ちょっと指を見せて」と言った。「デカい貝を採ろうとして挟まれたんだ」6センチほどの傷口がポッカリと口を開け、指の骨と関節がはっきり見えていた。「医者には行けない。なにせ次の診療所は、ここから120キロ先の町にしかないんだ」

ルッツが急いで野営用のベッドを組み立て、車のヘッドライトで照らした。ほかの仲間たちがオスワルドの気をまぎらわそうとウィスキーを飲ませる。僕は消毒した針やピンセットを使って傷口を縫い合わせ、副木《そえぎ》を当てた上から包帯を巻いた。

やがて傷は次第に回復した。傷痕もほとんど残っていない。これでまた海に潜れる。海人であるオスワルドの腕に、彼の一家の生計はかかっているのだ。

パナマ、ダリエンに到着。僕たちはグランドホテルに集まり――といっても、ベッドの代用として木の枠が並べられただけのバラック小屋だけど――電動鋸のあとが残ったままの丸太に腰かけ、コーヒーを飲みながら作戦を練った。クラウディア、トーマスとベアートのほかに、双胴船型《カタマラン》の旅を体験しようとはるばるやって来たグアテマラのクラウディウスも一緒だ。今日、彼は竹を切る手伝いをしてくれることになっている。新しいフロートの水平安定装置として長さ4メートルの竹が16本必要だ。今度のフロートは、パナマシティのタイヤ会社で頑丈につくってもらった合成物質でできている。念のため、僕たちはブーツやズボン、そしてシャツの袖口などにテープを張り、虫が体のなかに入りこまないようにした。頭の先から足の先までしっかりカバーして、蒸し暑さを我慢したほうが、皮膚に入り込んだ吸血虫を焼くよりずっとマシだ。この湿度一〇〇パーセントのうだるような暑さに皆、息をするのもままならない。朝起きてコーヒーを飲んだだけというのに、すでにもう汗だくだ。

町を出発し、ダリエン地峡の手前の村、ヤビサに着く直前に雨が降り出した。ここに来て初めての雨。これはあまりいい兆候じゃない。この一帯で雨が降らないのは、年にわずか3週間から5週間だけだという。最初の予定だと、僕らはもうコロンビアとの国境の丘に着いているはずだった。雨季に入れば、タイヤが滑り、バイクでの走行が難しくなる。雨が降りだして2分も経たないうちに後輪が粘土のような泥濘にはまり、すっかり身動きができなくなった。エンジンはオーバーヒートを起こし、こんな道は真っ平ごめんだねとばかりに動かなくなった。トーマスとベアートのマシンはエンデューロに比べ馬力は強かったものの、クラッチが降参の悲鳴をあげた。そうしてあれよあれよという間に4台とも前に進む力を失った。

次の大雨が来る前に川の分岐点までたどり着くためには、めちゃくちゃ急がなくては間に合わない。

BRIDGESTONE

パナマ・コロンビア間にあるダリエン地峡一帯で、パンアメリカンハイウェイは南北に分断されている。そこを水上マシンで行ってみよう。

どうやらコスタリカでの予行練習に夢中になっているうちに僕らは時間を使いすぎたようだ。そこで試して効果のなかったパドルの代わりに、今度は船のスクリューを使ったちょっと複雑な推進装置を使ってみよう。僕たちは、スクリューとバイクをうまく結合するため、工場を探すことにした。ドイツからの移住者である工場主は、土と泥濘と水面の続くジャングルを、バイクとバイク・エンジン駆動の筏で突破しようとする冒険野郎たちのやることを黙って見守ってくれた。そういう彼自身、なんでも自分の手でつくってしまう器用な男で、僕たちの突拍子もないアイデアが実現するようにと作業場を提供してくれたのだ。まず、僕のバイクを試作車としてプールを借りて試すことになった。プールのなかで最高速度を測ることはできなかったけど、それでも僕たちは自分たちの努力の結果に大満足だった。2ヵ月間汗水垂らして4台のバイクを改造し、最後の試運転をパナマ運河で行なった。パナマ運河の大部分は湖で、水門が階段式に運河とつながっている。ここでは残念ながら船外機用のスクリューしか手に入らず、それでも進むことは進むが、あまりに非能率で燃費が悪かった。だから筏で物資輸送することはあきらめ、小型バスを借りて、クラウディウスにヤビサまでに必要なガソリンやその他の荷物、そして5人のメンバーが4週間過ごせるだけの食料を運んでもらった。

時間はどんどん過ぎていく。クラウディアがフロートに空気を入れているあいだ、僕とクラウディウスは丸木舟に乗ってトゥイラ川へ竹を探しにいくことにした。パナマ湾に注ぐこの川に面して広がる湿原地帯は、ちょうど満潮になりつつある。海の高さが6メートル上がれば、海水は大陸内部に流れ込む。干潮になれば水は再び海に向かって流れ出す。岸辺は見事な沼沢地になっていて、足を踏み入れると「ズボッ」とはまってしまう。竹はてごわく、太い幹はどんなに力いっぱい挑んでも、僕らの鉈で切れるほどヤワではない。汗をかいた手は血豆だらけだ。

「うわーっ、よせ！」突然、クラウディウスがうしろによろめいた。手を振り回し、透明人間とでも戦っているみたいだ。つまずいてくぼみにはまり、顔を手で覆ってしゃがみこんでいる。黒雲のようにその頭上に群がっているのは、なんと殺人バチ《キラービー》*1だ！　今度は、僕が見つかってしまった。ハチの大群がこっちにやって来る！　なんとか逃げようと低木にぶら下がった瞬間、茨の棘がふくらはぎに突き刺さった。殺人バチの大群は、編隊を組んで僕に突進してきたかと思うと、「ブーン！」と大きな羽根音を立てて、僕の目の前で停止した。コイツらに刺されたらオシマイだ。キラービーという名のとおり、やつらは超攻撃的だ。とっさに僕は、「ブーン！」と、彼らの羽根音を真似することを思いついた。ハチの大群は、一瞬、「えっ、今のはなに？」とビックリした様子で、次の瞬間には回れ右をしてその場を去っていった。

それにしても、ここは燃費が悪くても筏で水上を走ることにして正解だった。ジャングルは容赦なく鬱蒼としている。長い年月をかけて重なり合った木々にはツルや茨が絡み、あちこちに大きな穴や獲物を狙う罠が隠れている。棲息しているのはダニやハチだけでなく、蛇やサソリ、そして毒グモだってうじゃうじゃいる。さすがにエル・タポン・デル・ダリエン――「ダリエンの通せんぼ」と呼ばれるだけのことはある。通り抜けるのがほとんど不可能な地峡のおかげで、ここから先に伝染病が広がるのも防ぐこともできたという。それにもかかわらず麻薬の密輸入や金鉱掘りの男たちは、この未開の地に足を踏み入れる。

「他人の領域に首を突っ込みさえしなければ、危険な目に遭うことはない」これが、このジャングル

*1　セイヨウミツバチのこと。

の掟だ。ジャングルに入ったまま戻ってこなかった者のことが、ここではよく話題にのぼった。

そう、足を踏み入れるのが許されているのはインディオたちだけなのだ。小柄なインディオたち、彼らは体中にイレズミを入れていた。さあ、やっと出発だというところへインディオの男が岸辺に現れ、カタマラン型の筏を物珍しそうに眺めていた。まるで仮面でもかぶっているみたいに、男は顔にもイレズミを入れていて、よくよく見るとTシャツとズボンの模様が男の体に直接描いてあった。上流にある村、トゥイラに行きたいと思っていたが、そこに着くのは無理のようだ。

いよいよ大粒の雨が降りだした。日に日に雨は強さを増し、洪水のように激しくなるばかり。豪雨のなかで天然のシャワーでも浴びる以外、ほかにすることはない。以前、メキシコ・チワワで出会ったタラウマラ族のメディスンマンは、僕に言った。「目的地に着くこと。それはさほど大切ではない。いいかい、大事なのは、そこに着くまでの道だよ」

コスタリカ・パナマの水上走行そのものは、うまくいっていた。なにより、僕たちは思いっきり楽しんだ。だけど雨季にさしかかり、土砂降りの雨が降り続いた。そんなとき、よりにもよってクラウディアの親知らずが炎症を起こし、僕とクラウディアは、この計画を断念した。もし、彼女の歯が炎症を起こしていなかったなら、きっと僕たちは、ダリエンのもう少し先まで進んでいただろう。だがクラウディアは、「工具箱のペンチで痛い歯を抜いてあげようか？　どれでも、好きなやつ、一本選びなよ」という僕の申し出を受け入れようとはしなかった。彼女は言った。「そうじゃなくって、ねぇ、クラウス。今回は、本当にあきらめようよ」

まあそんなわけで、僕たちはパナマシティに戻り、そこから飛行機でベネズエラに飛ぶことにした。トーマスとベアートは、クラウディウスと一緒にもう少し続けてみるという。彼らと別れるのは名残り惜しかった。皆、重いバイクでのダリエン通過は無理だとわかってはいた。僕たちは、『成功を祈るぜ！』と言って、彼らと別れた。ちなみにこのダリエンを越えようと7年もかけて走破したやつがいるらしい。

9 南アメリカ

1991年3月――1995年1月

ベネズエラ・コロンビア・エクアドル・ペルー・ボリビア・チリ・アルゼンチン・ウルグアイ・パラグアイ・ブラジル

ベネズエラのグランサバナの大自然を満喫、知り合った農場主のもとでしばらく過ごす。コロンビアのメデジンを経て、ペルーのクスコにインカ文明の遺産を見に行く途中、テロリストと鉢合わせ。酷寒の白銀色の世界、ウユニ塩湖を踏破。強風の吹き荒れるパタゴニアでは、2台のオートバイをくっつけて帆を張り、ウィンドツーリング。風がピタッと止まれば、道端に座って読書にふける。帆走1150キロののち、つなげていたオートバイを離して再び単独走行。ブラジルでは、アマゾンの雨季に立ち往生。アマゾナス州の首都マナウスに向かい、オートバイのエンジンで駆動した大きなボート「アマゾンのジュマ」で水上走行。

1991年3月下旬。ベネズエラの首都カラカスの近くで皆と再会。南アメリカへ車を輸送したルッツも、そのすぐあとに到着。次がトーマスとベアート。興味津々で僕らは彼らの話を聞いた。

「あのあと何日かダリエンにとどまってトゥイラ川を下ってはみたけど、そこから先は引き返すしかなかった」そうして、彼らも僕たちのように、バイク共々飛行機でここに来たという。山腹にあるフィンカ（農家）の前で焚き火を囲みながら、僕らはこれからの計画を語り合った。ベアートはベネズエラに移住して家具職人になるという。トーマスは、「俺は、ブラジルにある自分のフィンカまで行く。コーヒーや胡椒の栽培をするのさ」と話した。４輪駆動車を持つルッツだけは、「俺はその前に仕事を見つけなくちゃ。なにせこの車はガソリンを食うのってなんの……」と、皆がそれぞれの道を進むことになった。

僕とクラウディアも、この先どうやって南アメリカを回るか決めなくてはならない。地図を広げると、僕らを待っているのは――世界最長の山脈、地球上で最も乾燥した砂漠、世界最大の熱帯雨林や湿原地帯、草原地帯、塩湖、そしてその周りはぐるりと海岸。長く山岳地帯からご無沙汰だったこともあり、アンデスが一番魅力的に見えた。だけどコロンビアの前に、その反対側にあるグランサバナへ足を伸ばすことにしよう。

道の険しいグランサバナの丘陵地帯は、ほとんど調査されていない。ここまでやって来るのは大胆不敵な冒険野郎か、一攫千金を夢見てダイヤや金塊を探し求める男たちぐらいのもの。「パピヨン」という昔の映画に出てくるような脱獄囚が、世界最悪と噂の独房に、今日でも５００人ほどぶち込まれているという。釈放された者のほとんどは、黄金郷《エルドラード》というその名のとおり、金鉱掘りたちの取引所がある町に居着いている。僕たちが泊まった安宿の部屋の壁には、誰かの発掘結果と金の換算率がなぐり書きされていて、その横にガールフレンドの名前が大きなハートで囲んであった。採掘した黄金で彼女の心をつかもうと夢みる男が残した落書きだろうか。僕の読み方が正しければ、彼の名はアウグスト、金鉱のある場所はエルペルノ。ちっちゃな小屋のなかで秤《はかり》の前に座っている取引人の男が言

カリブ海
パナマ
サンタマルタ
カラカス
大西洋
メリダ
ベネズエラ
メデジン
ロライマ山
グランサバナ
ボゴタ
ガイアナ
スリナム
仏領ギアナ
コロンビア
ア
エクアドル
ン
パスト
キトー
ネグロ川
ソリモンエス川
マナウス
アマゾン川
デ
ベレン
ベルリ
プルス川
フォルタレザ
ス
ペルー
ラブレア
ポルトベーリョ
マディラ川
シングー川
山
ワスカラン山
ブラジル
レシフェ
マチュピチュ
チチカカ湖
リマ
脈
クスコ
サルバドール
イリマニ山
ナスカ
ラパス
ユンガス渓谷
ボリビア
パンタナール大湿原
ポトシ
スクレ
ウユニ塩湖
ア
大平洋
パラグアイ
パラナ川
リカンカブール山
サンパウロ
リオデジャネイロ
アタカマ砂漠
サントス
チリ
アスンシオン
イグアス滝
ン
アルゼンチン
ウルグアイ川
パラナ川
デ
アコンカグア山
メンドサ
サンティアゴ
ウルグアイ
ブエノスアイレス
モンテビデオ
ス
大西洋
パンパ
ビラリッチャ
山
コロラド川
ネグロ川
チロエ島
トレーレウ
バルデス半島
脈
パタゴニア
フィツロイ山
フォークランド諸島
エル・カラファテ
マゼラン海峡
マゼラン海峡
フエゴ島
プンタアレナス
オートバイ
船
飛行機
帆走走行
水上走行

った。「アウグストなら知ってるよ」ジャングルの踏み分け道を突き当たりまで行けば、アウグストの巣窟パヤパルが見つかるという。

金鉱採掘はたいてい家族経営で、鉱夫のほとんどは協同組合に属していた。どの金鉱にも地面に柱を4本打ち込み、防水シートをかぶせただけの幸運への入口、すなわち坑口があった。そこにはハンモックもぶら下がっていて、真ん中の坑口から採掘場へ降りていくようになっている。ここでも皆、アウグストの名前は知っていたが、どこにいるのか知っている者はひとりもいなかった。突然、現れたときと同じように、忽然と姿を消す者がきっとたくさんいるのだろう。パブロという別の金鉱掘りが、「オレのところへ来れば?」と僕を誘ってくれた。

彼のところの坑口は直径1メートルの円形になっていて、空洞がそのまま下へまっすぐに伸びていた。パブロと彼の仲間たちは、砂金が混ざる鉱床にぶつかるまでひたすら黄土色の地面を掘りつづけたという。マッチョな鉱夫がふたりがかりで大きなケーブルウィンチを操り岩屑や土をバケツで汲み上げていく。それらはあとで、ふるいにかけられる。バケツがぶら下がっている台には親指ぐらいの太さの紐が結びつけてあった。鉱夫は僕に、「おいお前、その台へ乗りな」と言い、僕がそこに腰かけると、彼はその台を下へと降ろした。僕は聞いた。「おーい、これっていったいどこまで下がるんだい?」

「40メートルってとこかな?」そしてあたりは暗くなった。足元からドドドドッというエアハンマーと発電機の音が響きわたる。窒息しそうな狭く暗い場所で、電球の光で照らしてみると、石英鉱脈が横に伸びているのに気がついた。その鉱脈をたどっていくと、鉱夫がふたり、無防備な恰好で、下へ下へと土を掘り進めていた。バケツ100杯の土を汲み上げると、金鉱石がバケツ一杯分採れる。そ

グランサバナの金鉱採掘場。鉱夫
ちの日給は10ドル。家族を養う
め、彼らは身を粉にして働いてい
グランサバナ・ベネズエラ

こに含まれる砂金はわずか1・2グラムほど。地上に運ばれた金鉱石は、砕いて水銀と混ぜ、ガスの炎を使って摂氏60℃に加熱する。回収した水銀をさらに加熱し蒸発させてしまうと純金が残るという寸法だ。今日の彼らの収穫は12グラムだった。その3分の1は協同組合に、あとの3分の1はパブロに、そしてその残りを12人の鉱夫たちが分けるのだそうだ。ここでは、黄金の輝きに魅せられた恍惚状態の金鉱掘りを何人も見かけた。ひどい重労働に対してわずかな金しか手に入らないこの世界に、僕がのめり込むことはなさそうだ。

その代わりに僕たちが酔いしれたのは、壮大なグランサバナの大自然だった。

夜は高原奥地に流れる滝のど真ん中にある岩盤の上にテントを張った。片方では水しぶきを上げ急流に沿って水が流れていく。その反対側では、岩盤から滝が真っ直ぐ150メートル下

わぁー、いい気持ち！

に落ちていく。またそこには、テプイと呼ばれる雄大な卓状台地《テーブルマウンテン》があちこちに点在していた。山頂台地の隔絶された世界で、独自の進化を遂げた生物たちが棲息するテプイ。インディオたちは言った。「あそこには、悪魔が住んでいるのさ」そういったわけで、彼らは山頂に人間が登ることを許さない。まあ、こんな垂直に切り立った崖をよじ登るのは、どっちにしても神業ものだ。だけどロライマ山だけは、ときどきインディオの酋長が例外の許可を出すとのこと。僕たちもその許しがもらえた。そこはベネズエラ、ブラジル、ガイアナ三国の国境地点でもある。登るのはかなりハードで、何日もかかるそうだ。それでも行ってみる価値はあるはずだ。
　そしてその道中、僕たちはこのロライマ山にしか棲息しない植物や生き物をいくつも目にした。巨大な岩盤には深いクレバスがあり、迷路のように峡谷や洞窟、細い道が伸びている。地面のあちこちに水晶が散らばっていて、動物や巨大キノコの形をした奇妙な岩が突き出ている。まったく知らない、よその惑星にでも来たみたい。つまずいた瞬間、僕は足元に親指の爪ぐらいの、ピンク色の腹をして黒いマントを羽織ったようなカエルを発見した。このカエルはピョンピョン跳べない代わりに、なんと登攀術を身につけていた。さらにこのカエル、山を下るときには小さな子供のようにでんぐり返りながら降りて行く。テプイの崖っぷちから落差900メートルのクケナンの滝が隣のテプイに落ちていくのが見えてきた。世界最長1キロの落差を誇るエンジェルの滝もここからは遠くない。

テプイは、ほとんど一年中、雲に覆われている。気候の変化が激しく、数分後にはまったく別の空模様に変わることがあるという。それにつれて気温も30℃以上変わる。たった一時間の間に雹《ひょう》あり暴風ありで、青空が顔を出したと思えば、次の瞬間には激しい雷雨がやってくる。雷があたり一面の岩にぶつかり、そこで発生した稲妻が火の玉みたいになって下へ転がっていく。雷鳴のごろごろと鳴る音が岩壁の裂け目に入り込んで、ぞっとするような気味悪い笑い声をあげる。夜になると雨が降り、最初は暖かかったというのに、突然凍てつくほどの寒さに変わってしまう。雲の姿が消え、水晶が月の光に反射する。目の前の谷がダイヤモンドのようにキラキラと輝く。

そのあと僕たちは、何日もかけてバイクで山を駆けた。途中でおっかない男たちとも出くわした。指名手配中の奴らもいた。彼らはトタン屋根の小屋に住み、ダイヤモンドの発見を夢見ながら川床に集積した小石をふるいにかけていた。

「一番いいのは、ホワイトブルーか乳白色のダイヤだ」ように70歳を超えたと思われるルイジという爺さんが教えてくれた。イタリア生まれのこの爺さんは、かれこれ43年、ずっと川床を掘ってはふるいにかける生活を続けてきたという。爺さんは言った。「今日は調子がいいぞ。この手の水晶が見つかるってことは、あたりにダイヤもあるはずだ。水晶の色も合っている。だがな、これを全部ふるいにかけて原石を見つけるには2日もかかるんだ。仕事は大変だし、背中も曲がっちまった。それでもここの生活は最高さ。空気もうまいし、泥棒もおらん。家に鍵をかける必要もない。鍵をかけようにも扉がないわい」

たしかに爺さんの小屋は、前も後ろも開きっぱなしだ。

「わしにはここが一番。ここで死ねたら本望さ」ルイジ爺さんは自分が自分のボスだと言い、自家製のパンを分け合う鳥たちを友として、自然と一緒に生きていた。そこには見たこともない珍しい鳥が何十羽も飛んで来た。

「アマゾン盆地からやって来るのさ。名前もつけてやったわい」滅多に人と会うことがない爺さんは、そんな鳥たちと会話して暮らしていた。夜になると鍋を火にかけ、豆のスープを炊いた。それに彼はパスタを放り込む。このパスタだけが唯一、爺さんの故郷イタリアを思い出させるものだった。「あとは全部忘れちまった。自分の国の言葉さえも……」

アンデスの麓の町メリダで出会ったトゥリオもそんな男のひとりで、周辺の山のことをまるで自分の庭のように知り尽くしていた。彼は広大な土地を所有し、家畜を飼い、有機栽培の農場を営んでいた。トゥリオは、アマゾンのインディオたちとの生活が長く、白人とつき合うことにためらいがあるようだった。それでも僕たちは、旧知のようにすぐに仲良くなった。

予定を大幅にオーバーして僕らはトゥリオのところに厄介になっていた。家畜の世話をし、原始林のなかで育った果物や野菜を採りに行くのはとても楽しい。風力や水力を使った小さな自家発電機があり、トゥリオが趣味で使っている作業場の圧搾機を動かしていた。ここは、僕たちが今までそうっと胸に描いていた夢をそのまま絵に描いたような農場だった。ある日、その敷地を見て回っていたとき、山の背に咲き乱れる花畑でトゥリオが言った。「お前たちに素晴らしいものを見せたいんだ」原生林が麓の谷まで伸びていて、後方にはアンデスに続くなだらかな斜面があり、頭上では鷹が旋回している。左下を覗くと、トゥリオの農場があり、彼の家が岩に寄り添うように建っていた。トゥリオが聞いた。「どうだ、気に入ったかい?」そこは、長い間旅するなかで、僕が久しぶりに、「ここが一番」と思った場所だった。

「よし。そんじゃ自分たちの居場所を見つけたってことだ。さっそく、明日から家を建てる準備を始めよう」

「えっ……!?」たしかにトゥリオの誘いは魅力的だ。だけど、僕らは本当にそんなところまで来てしまったのだろうか? ここに家を建て、新しい人生をスタートするために、何年もかけて旅をしてきたのだろうか? 正直なところ、最高に居心地のいい場所を見つけたとき、これと同じ問いを自分に投げたことが何度もあった。旅を始めたばかりの頃、ネパールでも、オーストラリアのアウトバックやフィリピンの島やカナダの北西部でも……。それでも僕らの心のなかでは、「まだ旅を続けたい」という気持ちが勝っていた。冷静になって考えれば、いつだってそこへ戻ることもできるのだし……。いつかは小さな木の家を建てられる土地を持ち、そこからいろんな場所へ足を伸ばしてみるのもいいかもしれない。でも、まだその時期には達していない。

その結論に、トゥリオは少しがっかりしたみたいだった。もう何年も、先に進もうという意欲を失ったことはない。この足で素晴らしい地球を、自分たちのやり方でもっと見て回りたい。僕らは、そう考えていた。

コロンビアの北西部サンタマルタ近郊のタイロナ国立公園で、カリブ海の美しい砂浜とトルコブルーの海に別れを告げた。目の前には海から飛び出したアンデス山脈がそそり立っている。アンデスは高いところだと標高5800メートルを超える。山の斜面には絶えることなく霧が立ちこめている。このアンデスを山越え谷越えしながら、大陸の南端にあるフエゴ島まで突き抜けてみよう。大陸の果てまで6000キロの道のりだ。

とりあえず、次の目的地はコロンビアの工業都市メデジン。できればそこでバイクのオーバーホールもしたい。なにせロスアンゼルス以来、僕らは一度もエンジンの整備をしていない。ここにはメデジン・カルテルと呼ばれる麻薬犯罪組織があって、ドイツ大使館は危険度の高いこの犯罪都市を避けるようにとさとした。どうしても町へ行かなくちゃいけないときは、空港からヘリコプターをチャーターしてホテルまで乗せていってもらうのだそうだ。最近までカルテルが悪徳警察や軍を相手に内戦を繰り広げていて、おびただしい数の犠牲者を出したらしい。政治腐敗の蔓延は、南米の抱える大きな問題だ。特に外国人は彼らの絶好のカモだということも耳にした。

メデジンの中心街に着き、土砂降りにあう前にホテルの軒下に滑りこんだ。それからしばらく道には滝のように雨水が流れ、交通は完全にストップした。物見高い通行人がこっちにやって来て、質問を浴びせる。小柄の老人が僕らに聞いた。「メデジンにはどのくらい滞在する予定かい？」

「バイクの修理に最低2週間はかかると思います。でもその前に、修理できる場所も探して、部品も買い揃えなくちゃ」僕がそう言うと、となりで聞いていた人たちがとても喜んだ。

「最近、外国人の姿をさっぱり見かけなくなっていたんだ。メデジンはほんのちょっとばかり危ない町だから、ホテルに帰るときはいつも違う道を行くといい。赤信号では絶対に止まっちゃいけないよ。ピストルを構えた奴らに襲われるかもしれないからな」

そんな町ではあったが、僕たちは2週間、ワイワイガヤガヤ楽しい日々を過ごした。見ず知らずの人にレストランでご馳走になったり、クリスマス前ということもあって、通りすがりの人に抱きしめられたり、踊りの輪に加わることもあった。僕たちは、ここは大丈夫だとカメラをぶら下げて夜の街に繰り出し、町のイルミネーションやクリスマス市場、綿菓子屋や焼き栗の屋台の写真を撮った。いつも誰かが僕たちに注意を向けてくれていて、たった一度、得体の知れない奴に襲われそうになったときも、すぐに通りがかりの人が間に入って助けてくれた。

いま、メデジン・カルテルには麻薬犯罪組織を構成するファミリーが20ほどあるという。僕は、コロンビアの麻薬王パブロ・エスコバルの従兄弟と話すチャンスがあった。彼は、コロンビアがコカインの大量生産を始めるまでの経緯《いきさつ》を話した。アメリカ政府は中米で実入りのいいバナナ産業の権利をせしめた上に、コロンビア産のバナナやコーヒーの品質にケチをつけて、だんだん値段を下げたので栽培する価値がなくなってしまった。彼は言った。「そこでオツムのいいコロンビア人は、生産価値のなくなったバナナをやめて、コカインに切り替えて倍の値段で売りさばいたのさ」

パブロ・エスコバルは懐が深いヤツだ――コロンビアの人々は、よくそう言った。「スラム街に家を建てたのも、学校や病院を建てたのもエスコバルだ」

事実、エスコバルはメデジン市民の英雄と呼ばれていた。その頃メデジンでは、アメリカの麻薬取締局DEA（Drug Enforcement Administration）がふたりのコロンビア人を連行した話で持ちきりだった。そして、のちにこの事件はコロンビア中に強い抗議の波を引き起こした。

僕たちはバイクの修理を終え、最後にもう一度馴染みのカフェに行った。気の利く給仕がいつもどおり、クラウディアにはブラック、僕にはミルク入りのコーヒーを運んでくれる。そして今日は、僕たちのお決まりの席にもうひとり、小柄な爺さんが座っていた。

「で、どうだった？」彼は、そう話しかけてきた。「2週間、過ぎちまったな。そろそろ出発するんだろ。お前さんたちにと、これをつくったんだ」彼は、布包みからコロンビアの典型的なアドベハウス（日干し煉瓦の家）のミニチュアを取り出した。なんとまぁ、豆粒のようなちっちゃな日干し煉瓦までひとつひとつ形づくられている！　ましてやそのミニ煉瓦、本物みたいにちゃんと竈《かまど》で焼いてあるではないか。そのとき、僕はやっと思い出した。彼は、僕たちがメデジンに着いたばかりのとき、一緒に雨宿りした爺さんだった。彼は、「気をつけてお行き！」と僕たちの手を握りしめた。小さい通りを走り、メデジンの町を出た僕たちは、コーヒー農園の真ん中にどっしりと構えたアドベハウスや窓辺に咲く美しい花を眺めながら、アンティオキアの集落を通り抜けた。

コロンビア南部の町パスト。町の西部では外国人を人質に取って身代金を要求するゲリラが身を潜めているという噂だ。あたりには情緒豊かな風景が広がっている。見わたす限り段々になった野原には色とりどりの花の絨毯が敷きつめられていて、それが丘の向こうまで続いている。ちょうどその真ん中に村がポツンとあって、午後の日差しを反射して大聖堂が銀白色に輝いていた。食堂では、歯のないおばあちゃんが僕たちを冷えたコーラでもてなし、「しばらくここに滞在してくれないかい？」と言った。

「長いこと、ここで生きてきたけど、今までリュックを背負ってやって来たアメリカ人を見たのは一回だけなのさ。でもね、わたしゃ、ど～しても金髪の孫が欲しいんだよ」あまりにもおおっぴらな、

コロンビアの田舎道に公共の交通手段は見えなかった。
人は皆、こうして貨物や動物の間に乗っていた。

このばあちゃんの発言に、僕もクラウディアも思わずプッと吹き出した。

僕たちは後ろ髪を引かれながら、楽しい思い出のいっぱい詰まったコロンビアをあとにした。それまでとは打って変わり、エクアドルはなんだか暗い雰囲気が漂っていて、通りを行く人々も鼻っぱしらが強そうだ。この国の上空を飛行機で横断したこともあったが、空から見るあまりにも無残な森林破壊の現状に、僕は思わず身震いした。アマゾン盆地は石油採掘のせいですでに取り返しのつかないことになっていて、場所によっては地下水の上に分厚い石油の層ができていた。野生動物が絶滅した地域では、なんと観光客にアルコール漬けの動物標本を見せていた。原住民たちは、蚊がいなくなってよかったと喜んでいたが、これも石油で土壌が汚染されたことで起こった現象だった。

ペルー。この国は、また別の問題を抱えていた。1992年の春、ここはまだコレラが蔓延したままだった。そして人々は、「センデロ・ルミノソ――輝く道」と呼ばれるペルーの武装組織に不安と恐怖を膨らませていた。ペルー国境で、忠を押すように僕たちは言われた。「何があっても道の途中で停車しちゃいけない。強盗、といってもそのほとんどが私服警官なんだが、奴らは旅行者を身ぐるみ剝ぎ取ってしまう」

そんなこともあって、僕たちは海沿いのパンアメリカンハイウェイを避け、内陸の国境近くを通過した。こちらのハイウェイは、北はアラスカから南はフエゴ島まで伸びていて、誰が何を勘違いしたのか、「夢の道」という名がついていた。実際のところ、その道の大半は、退屈で死にそうな直線道路が工業都市をつなぎながら伸びているだけで、疾走する大型トラックや無謀なドライバー、彼らをカモにする警官や軍隊がウロウロしているだけだった。走ってきた山道がこのハイウェイに差しかかったところで、うしろを走っているクラウディアが、「助けて！」とライトをパッシングしてきた。なんと、その横を走る大型トラックの助手席から、男が身を乗り出して手を振り回し、クラウディアに、「止まれ！」と合図をしているではないか！　僕は速度を落とし、助手席の男に伝えるようトラックの運転手に叫んだ。「あとで停まるから、うしろを走ってくれ！」こんな荒野で停まったら、何をされるかわかったものじゃない。あたりには屋根なしの藁小屋がなぐさめ程度にポツリポツリと立っているだけだ。大きなガソリンスタンド。あそこなら大丈夫だろう。

なんと驚いたことにトラックの運転手は、ニコニコ顔で僕たちのところへ駆け寄ってきてドイツ語でしゃべりだした。「俺、ラファエルっていうんだ。もしよかったら俺んちに泊まりに来ないか？」ペルー人のこの男は、河川工事技師の資格取得のため、ドイツのドレスデンで勉強したのだという。彼は言った。「そのときちょうどカールマルクス・シュタット（旧東ドイツの都市。現ケムニッツ）

で機械工学を勉強していたうちのかみさんと知り合ったんだよ」ラファエルはキューバ人の奥さんと3人の子供と一緒に、ピウラで一軒家を構え、養鶏工場を経営していた。

ペルーの首都リマに行く途中、雪に覆われたアンデスのコルディジェラ・ブランカに立ち寄った。ペルー最高峰のワスカラン山の麓から標高6000メートル級の山々に続く登山ルートが始まっていて、そのなかには、有名な登山家たちが世界で一番美しいと絶賛するアルパマヨの姿もあった。ただしこの山岳地帯の名を世界に知らしめるきっかけとなったのは、1970年に数万人の犠牲者を出した大地震だろう。マグニチュード7・7の大地震によりワスラカンの北峰が氷河と共に大崩落を起こし、大土石流がユンガイの集落を襲った。当時、町の人口は約一万8000人だったが、そのほとんどが生き埋めになったという。町の広場にあった4本のヤシの木だけが、土石流で消えた町の上にニョキリと頭を出していた。生き残った者のひとりが僕たちに教えてくれた。

「向かいの丘によじ登って何とか生き残れたのは、たったの240人だけだった。今、そこは墓地になっていて、キリストの像が犠牲者たちの眠るほうを向いて立っている」

近くのワラスという高原の町へトレッキングに出かけようと準備をしていたときのこと。突然、あたりが真っ暗になり、「バン！　バン！」と銃声が響きわたった。その音にびっくりして通りを歩いていた者は一目散に民家の軒下に逃げ込んだ。そのとき、僕たちは誰かが持っていた携帯用のラジオで、民主主義の選挙のもとで選任されたフジモリ大統領が、国会を閉鎖し、国会議員たちに強制退職を命じたことを知った。ペルー国民は、自らを独裁者と名乗ったも同然のフジモリ氏の行為を「アウトゴルパ（自主クーデター）」と呼んだ。

そこで僕たちは、農村部の貧困問題が深刻化し、農業失業者がリマなどの大都市へ職を求めて移住

故郷を捨てた人たち。ペルーの首都リマ・プエブロス・ホーベネスで。

した結果、都市部の移住者人口が急激に増えてしまったという話を耳にした。この悲劇の陰で大もうけしたのは、そういった無垢な農民を町へ連れてくる運び屋たちだそうだ。霧の立ちこめる夜中、奴らは農民をバスやトラックに乗せてこっそり町へ運び込むという。そうやって、リマの周辺には、プエブロス・ホーベネス（スラム街）がどんどん増加していったのだそうだ。

昨晩もまた、そういった5000人の農民たちが町の外れでトラックから降ろされているという噂を耳にした。農民たちは、パンアメリカンハイウェイから目と鼻の先にあるゴミ処理場に陣取っているという。

その日の朝、僕はそこに行って、どうして彼らが少なくとも生きていけるだけの農作物が実る田畑を捨てて大都市に押し寄せるのか、その動機を訊いてみようと決心した。

しばらく走ると、遠くに立ち並ぶムシロ屋根の群れが見えてきた。アーチ型の屋根をしたムシロのテントが各家族にひとつずつあてがわれているらしく、その前には赤白赤の国旗が翻っていた。

「昔からのペルーの慣わしでは、一度、休耕地に国旗を掲げたなら、少なくとも24時間はその土地を守る義務があるんだよ」

ホアンという名のスラム代表者が僕に教えてくれた。すべてを合法化するために、どの土地もちゃんと区画され、道路と家屋との間にはちゃんと法で定められただけの距離が置かれていた。そこでは公共設備の場所もしっかりと確保されていた。そういったなか、新入りの農民たちは、武装軍団に襲われはしないかと気をもんでいた。ゲリラに変装した特殊部隊がスラムを襲った大虐殺事件が、今でも彼らの記憶に生々しく残っているらしい。

故郷を捨てた者たちは、この郊外地区を新しく築き上げ、衛生設備を整えて、学校や病院を建てることを心から望んでいた。それだけじゃない。彼らは手工業を営み、それらが輸出できるように、ちゃんと労働組合をつくることまで考えていた。5000人が住むこのスラムに、現在存在するものといえば、ハイウェイの向こう側にある水道の蛇口がひとつだけだ。

ペルーはインカ帝国が残した偉大な遺跡で有名だ。インカ遺跡は、アンデス山脈に位置するクスコが中心地だ。そこへ行くには、例の武装組織センドロ・ルミノソの支配地域を通らなければならない。このゲリラ組織のメンバーは8000人にも及び、支持者の数はその数倍にもなる。彼らの目的は、既存の社会とその秩序をぶち壊し、ペルーを毛沢東主義の国に建てなおすことである。センドロ・ルミノソは従わない者に対し、容赦なしに過激な残虐行為をとることで有名だ。

インカ遺跡の宝庫であるナスカからクスコまでの地域は、警察が好き勝手に振る舞っていた。だけど、どうしても僕がそこを通らなくてはならない理由がふたつほどあった。ひとつは、この道がコンドルの巣コルカ谷につながっていること――野生のコンドルを間近で見ることが子供の頃からの夢だった僕にとって、ここを外すことは考えられない。そして、もうひとつは、ナスカの地上絵。灰色の砂漠に、帯状や放射線状の線が何キロにもわたって続く絵。そこには謎の幾何学図形や巨大な動植物などの絵が描かれてあり、空の上からでないとその全体像をつかむことができないという。

――そして今、僕はセスナ機に乗りパイロットの横に座っている。夕日に輝くナスカの地上絵を、いろんな角度から撮影できるように、何度か上空を旋回してくれることになっていた。だが思ったよりも早く空が暗くなり始めた。そしてそのときはじめて、僕は操縦士が鳥目《とりめ》だと知った。彼は無線で軍の基地に連絡を取り、車のライトで滑走路を照らしてほしいと頼んだ。

「まだ高度が高すぎるよ！　あと5メートル下がって！」僕がそう叫ぶよりも早く、操縦士は高度を下げてしまった。僕は恐怖のあまり体中の血が凍ったんじゃないかと思った。「ドスン！」尻餅状態で地面に衝突した勢いで、機体は一瞬宙に浮き、二度目の衝突で後部はめちゃくちゃになった。そして三度目にぶつかったとき、セスナは、傾いた翼を引きずりながら、こと切れたように停止した。6人の乗客は皆、無事だったが、飛行機はスクラップ状態だ。白い制服の男が、「町まで乗せてってやるよ」と、オープントップのジープに乗るよう声をかけてきた。だけどその途中、この制服の男がセンデロ・ルミノソの最高指導者であるグスマンを捕まえるため、フジモリ政権によって養成された政府軍の一員であることがわかった。次の交差点で僕は飛び降り、暗闇に走って逃げた。どんなことがあっても、自分が警察や軍の協力者だと思われるのだけは、僕には耐えられなかった。

何日かして山奥のレストランで食事をしていると、身だしなみのいい男がふたり、僕たちのテーブルに座ってあれこれ話しかけてきた。「政治について、あなたはどうお考えですか？」一見無邪気な学生のようなふたりだけど、彼らがテロリストで、僕たちのことを調べにきたのは明らかだった。僕は正直に言った。「ごまかさなくてもいいよ。僕らは、君たちの支配地域に足を踏み入れていることを自覚しているし、心の準備だってできているさ」それを聞いたふたりは、懸命に毛沢東思想の素晴らしさを説き始めた。そういう彼らに僕は中国で目にした抑圧行為や少数民族に対する残虐行為――毛沢東思想がもたらした数々の災厄を話して聞かせた。彼らは返す言葉も見つからない様子でレストランを立ち去っていった。そのとき僕はセンデロ・ルミノソが連行したという160人の子供たちの行方について聞くのをうっかり忘れてしまった。噂によると、子供たちはアマゾン奥地でテロリストとして養成されているとのことだった。

1992年5月。ボリビア。ここで人工衛星写真つきの大きな地図を手に入れた。地図には、道路が通行可能かどうかなど詳細が明記されている。ボリビア西部には、地表に亀裂ができて、昔、海底だった部分が盛り上がってできたアルチプラーノという標高4000メートルの高原地帯があり、深い峡谷がアマゾン盆地の東部まで続いている。そこまで降りて行ってみよう。深く緑の生い茂る暖かい場所へ。そうしたらまた、濃い空気だって吸える。太平洋に面するナスカの平原地帯をあとにしてからというもの、僕らは何週間もとびきり標高の高い場所にいて、薄い空気ばかり吸っていた。ましてや南半球は冬の真っ只中で、6月の凍てつく寒さは――たとえ紺碧に輝くチチカカ湖やレアル山脈の白く輝く山並みがどんなに美しかったとしても――僕らをそう長くは引きとめておかなかった。

ボリビアの大都市ラパス東部に白く聳える標高4650メートルのクンブレ峠。ほんの20キロほど走っただけで標高が1500メートルも下り、あっという間にユンガス渓谷に到着した。急峻な山道にはアマゾン特有のもわっとした霞《かすみ》がもたれかかり、たまに霧が晴れて目の前の視野が広がると、また新しい風景が始まっていたりする——例えば、万年雪の山を抜けたと思ったら荒涼とした高原が出現したり、そうかと思えばいろんな植物が生えている熱帯雨林が広がっていたり。標高2000メートルの高地周辺ではバナナやコーヒー、そこから下ではアンデスの民の愛用品コカの葉、パイナップルやサトウキビが栽培されていた。

ユンガス峡谷は、バスが急峻な崖から転落するたびにその名を新聞にとどろかせる単線道路として恐れられていた。この道は、かつてウルグアイ軍の捕虜につるはしとシャベルを持たせてつくらせたものだそうだ。今でもドライバーたちは山崩れに備えてシャベル持参でユンガスへ向かう。谷底を覗くと、落差が数百メートルもある恐怖の絶壁だったりする。おまけに山の上から勢いよく滝が落ち、路肩がもろくなって地滑りが起きる。かくして道端にはたくさんの十字架が立ち、この山道のヒドさを物語っていた。何度も寿命が縮まりそうな思いをしたあと、僕たちはどこにも表記されていないこの交通ルールを知った。「この道、ところにより左側通行！」

アマゾン盆地の方から重い荷物を積んだトラックが山に身を寄せるようにして上がってくる。彼らは山側のほうを好んで走る。上から下ってくる対向車はたいてい荷物を積んでいない。対向車は左側の窓から身を乗り出して、断崖までのスペースをチェックしながらガードなしの道を待避所までバックしていく。思いっきり気を引き締めて走らなくちゃ。細い道は岩のせいで、カーブがやたらに多い。そんなひどい道だが、周辺の美しい景色が夢の世界へと僕らを誘う。

ズルッ——そのとき突然、前輪が滑った。粘土のようなヌルヌルした泥濘——2輪車にとって、それは悪夢そのものだ。凍った道路を走るみたいに、バイクは真っ直ぐ断崖絶壁に向けて滑り出した。

僕はすっかりビビッてバイクをコントロールできなくなった。とにかく重すぎる。今回、残りの1台をラパスに置いてきたため、僕らはふたり乗りで走っていたのだ。こういう状況では、自分の人生が映画のシーンのように目の前に流れる――そんな話をどこかで聞いた。なのにどういうわけか、僕の映画は違った。それこそまさにホラーとしかいいようのない、危機一髪のシーンが目に飛び込んでくる。体中の力が抜け、うしろのクラウディアに申し訳ないという気持ちでいっぱいになる。

「クラウディア、頼むからお前だけでもバイクから飛び降りてくれ！」僕みたいに体が固まっていないといいのだけど……。もろくなった路肩に前輪が滑り……僕は目を閉じて、宙に浮いた体が谷底へ落ちるのを覚悟した。

「あれっ？　おかしいな……。ここはどこだ？」しばらく経ってから僕は、自分が深さ10メートルほどの岩の隙間に挟まっていることに気がついた。そのすぐうしろは絶壁になっている。首の骨を折ってもおかしくないほどの高さから落ちたというのに、そのとき僕はどうしようもなく脳天気なことを考えていた。「前かがみになって宙に浮いたと思ったら、なんでこの映画、終わっちゃったんだ？」飛び降りたとき、バイクは道端に突き出た岩に引っかかったらしい。そしてクラウディアは引っかかったバイクのうしろに乗っかったままで、荷物と一緒にぶら下がってブラブラと揺れていた。なんとまあ――。僕は大きく深呼吸をした。森の新鮮な土の匂いが鼻に抜ける。

その後も大雨に降られ、なかなか先に進むことはできなかった。アマゾン盆地に近づくにつれ、もっとひどい泥濘にはまっていく。僕らは何度も何度もバイクを掘り起こし、荷物を数百メートル先まで運び、へとへとになって道端の倒れた木に腰かけた。

「そんなに一生懸命になるほど、旅って価値があるものかい？」

そう訊ねる人もいるだろう。僕らにとって、その答えは、「イエス」だ。誰かに命令されてやっているわけではない。でも、時間だってエネルギーだって、自分たちの好きなように使うことができる。こうしてジャングルのなかで野生のレモンを齧るときこそ、僕たちは自分たちに与えられた恩恵を強く確信する。なにせ、種だらけで果肉の硬いレモンの汁は、どこで栽培したものよりも、ずっとずっとうまいのだ。

その後、僕らはジャングルの泥濘で、何百匹もの蝶々が集まって色とりどりの絨毯をつくるのを眺めて過ごした。本当はジャングルの奥まで行くつもりだったけど、雨のせいで計画はお流れになってしまった。

輸送船に乗り換えることにしよう。船外機つきの丸木舟は、川へ砂金を洗いに行く乗客のほかに大量のビール瓶を積んでいた。途中で急流に差しかかり、いつもならこういう冒険が大好きな僕も、バイクと荷物が川に落っこちないかと気が気でない。次のジャングルの村で降りることにしよう。驚いたことに、そこの先住民たちはポイポイと爆薬を川に投げ込んでいた。爆発の力で圧力波ができ、周囲に浮かび上がる魚が下流へ流れてくるのを待って捕まえるつもりなのだ。もちろん、こういう漁は禁止されている。だけど、こんなところまで調べに来る人間はいない。

ユンガスに通じる道へ進むために、ここからまた補給船に乗せてもらった。次の川に着くまでの15キロを下るのに3日はかかるとのこと。そうこうしているうちに主要な山道も豪雨で流されてしまい、トラックは長い列をつくって雨がやむのを待っていた。そうやって、僕たちは何日も過ぎてからようやくラパスに戻った。

すり鉢状の街と呼ばれるラパス。電気の明かりがキラキラ光る滝のように下へ下へと流れていく。

その底の部分は、高所得者が住む地域だ。すり鉢の真ん中あたりに市街地があり、高層ビルと古き良き手工芸の町の一角がごちゃ混ぜになっていた。ここにはブルハという魔女たちが今もいて、呪術用具やその材料——例えばペンダント、薬草、リャマ（ラクダ科の哺乳類。ラマとも呼ばれる）の胎児のミイラなど——を売っている。それらはエルアルトの市街地を囲むすり鉢の上の部分、すなわちインディオたちが住む貧民街で、今でもカリャワヤ呪術師という人たちが使っているのだそうだ。透視能力に優れた彼女たちは病気の治療や予防をするだけじゃなく、念力ひとつで人も殺すという。呪術師たちはコカの葉から予兆や予知を読み取ることもでき、なんと泥棒探しにも貴重な存在なのだそうだ。

エルアルトを通ってラパスを抜け、どっしりと聳えるイリマニ山の冠雪を堪能しながら走った。バックミラー越しに、イリマニ山が高原地帯アルチプラーノのうしろに隠れ、だんだん小さくなっていくのが見える。そこから僕たちは高原に別れを告げ、低地へと下っていった。その荒涼とした風景はドラマチックこの上なしって感じだ。いくつもいくつも山の背を越え、クレーターや地殻の亀裂があちこちに点在する壮大な迷路のなかを走るうち、だんだん自分たちが大きな岩砂漠のちっぽけな砂のように思えてきた。次の山に差しかかると、いつも麓まで降り、干上がった川床を渡らなくてはならなかった。どの山も違う色をしているということは、それぞれ違った鉱物が分布しているのだろうか。それと同じように、バイクで走る砂利道も、黄色から赤へ、黒から緑、そして白へと変化した。

トラックが走るには不向きの道なき道で、僕たちは毎日のようにリャマのキャラバンに出くわした。一度にせいぜい40キログラムしか荷物を担ぐことができないリャマやアルパカ（ラクダ科の哺乳類）だが、アンデスの峠を越える運搬には欠かすことのできない存在だ。男たちは荷物を担いだ20～30頭

ボリビア・アマゾン盆地で。ひどい泥濘につかまる。

リャマのキャラバン。アンデスを越える荷物の運搬に、欠かすことができない。

のリャマを率いて、背中には細長い木を一本ずつ背負って歩いていく。草木のない高地を通るとき、ついでに建築用木材として売っていくのだという。

髪を三つ編みにしたインディオのおばちゃんたちが、人里離れた草原に、この毛のふさふさした可愛いアルパカの群れを放牧させにやって来た。このあたりの生活は500年前にアメリカ大陸が発見された頃と変化はなさそうだ。太陽の燦々と輝くボリビアの首都スクレには目を見張るような美しい公園があって、まるでそこだけ時間が止まったような別世界が広がっていた。女性たちの着ている民族衣装——山高帽に傘をブワッと広げたようなスカート姿——それだけが、ここがボリビアだということを思い出させた。

昔から銀の町として有名なポトシは、スクレと違って、細い通りの壁は朽ち果てていた。ポトシは、標高4829メートルのセロリコ鉱山

銀鉱山で働く鉱夫たち。空腹を抑え、高山病に効くというコカの葉を口に頬張って作業をしていた。彼らの平均寿命は、わずか40歳足らずだという。ボリビア・ポトシ

の麓にある町。1545年以降、金・銀がここで多量に産出された。今日になってもまだ錫や銀が見つかるとのことで、山は坑道で穴の開いたチーズのようになっている。僕はクラウディアぬきの探検を実施しようと、ヘルメットをかぶりカーバイドランプを手に暗くて狭い鉱山のなかへ入っていった。そこでは大人に混じって12歳の子供も働いていた。頭をぶつけそうな坑内で、手押し車を引いた採鉱夫が身を屈めて反対側からやって来る。通路が細すぎて手押し車が通れない場所は、鉱物を袋に入れて運び出す。僕は腹ばいになって、四つに分かれている坑道口のひとつに入っていった。縄にぶら下がって足元の見えない真っ暗闇に降り、そこからさらに縄梯子を伝って別の坑道に入ったりするうち、足がアスベストの埃が混じった灰色の泥水に浸かっていた。

途中で、ティオという鬼の姿をした泥人形も見つけた。そこで働く男が教えてくれた。「テ

ィオは、大地のなかに住む守り神なんだ。土から取れる鉱物はティオのものだから、彼のご機嫌を損ねないようにたばこやコカの葉、それに酒を捧げたりして坑内の無事を祈るのさ」その坑道の一番奥深い底で、僕はエンリケという採鉱夫と会った。彼は、かれこれ一年近くその坑道の銀鉱脈を追ってここまで穴を掘ってきたという。まだ39歳というわりにはやけに老けてみえる。

「山で働き始めてかれこれ27年。オレは死ぬまでここで掘り続けるぜ」採鉱夫の平均寿命は40歳足らず。彼ももう、それほど長くはない。エンリケもほかの採鉱夫と同じように、空腹を押さえ、高山病の症状を軽くするというコカの葉を口に頬張って作業を続けていた。エンリケは数日前から見え隠れしている銀のお宝を楽しみにしながら、「これで300ペソは稼げるはずだ」と喜んだ。鉱山労働者に会ったら土産にでもしようとポトシで買ったダイナマイトを一本、僕はエンリケにプレゼントした。さて、火山の熱でよく暖まったことだし、そろそろ凍てつく外界へ戻ることにしよう。

大自然の驚異と呼ばれるウユニ塩湖。その奇景は、どんな言葉を使っても表現しきれない。塩湖はチチカカ湖よりも大きく、その表面が数10メートルにもなる塩の層に覆われている。誰かが言った。「ガイドなしでは危ないよ。塩の地面には空気の穴が開いているし、岸辺は塩が溶けてヤワくなっている」だけど地形図があれば、行けないことはない。傾斜路を降りていくとはるか彼方まで、これって雪じゃないの？　と思えるような銀白の世界が広がり、湖面は140キロにわたって、塩の結晶でできた直径1・5メートルぐらいの蜂の巣模様を描いていた。最初のうちはあちこちに延びている轍に沿って走った。湖面に50センチほどの水たまりができ、ところどころで轍は消えてなくなっている。そのうち塩の上を駆けるのが楽しくて、僕たちは我を忘れスラロームを描きながらバイクをぶっ飛ばして楽しんだ。蜂の巣模様の結晶がビュンビュン目に飛び込んでくる。エンデューロは、まるでフィギュアスケートの音楽に合わせるように踊りだす。広大な湖面でふたつの点となり、追いかけあっては離れ、また並んでは走ることを繰り返す。うしろに聳えていた山々がしだいに小さくなり、地平線にくっきりと浮かんだかと思ったら、突然、「ポトン」と音を立てるように姿を消した。そして前方に新しい山が頭を出し、近づくにつれて、だんだん円錐火山のシルエットになった。

そこに突然、今晩泊まろうと思っていた島がひょっこり出現。棘の長さが30センチもあるサボテンとサボテンの間にテントを張り、鍋を出してアルパカ肉のステーキを焼く。オレンジ色の太陽がゆっくりと白銀世界のうしろへ姿を隠し、そこに繰り広げられる壮大な色彩のグラデーションを一時間半眺め続ける。もうひと晩ここに泊まって、静寂の世界を堪能することにしよう。

やがて僕たちはチリとアルゼンチンにつながる三国国境地点に向かってコンパスを定め、2、3日で着けることを願って走りだした。パスポートには、ボリビアを出てからチリに入るまで、その間に11日ほど空白ができるだろう。そこに広がるのは、高度3600メートルから5200メートルの無人地帯。道もなく、地質学者が鉱物を集めにやってくる山へ続く轍の跡があるだけだ。ガソリンや飲み水を充分蓄えてやっては来たが、人の住まない地帯に長く留まるべきではない。

干からびた湖や岩山をいくつも越え、砂漠を突き抜けて、果てしなく広がるパンパ草原を駆け抜ける。思わず息を呑むほど美しい火山の景色をうしろに、ピンクフラミンゴが湖で餌をすくいとっている。チリ国境の町ラグナ・コロラダまで行けば、安宿もあるしガソリンも調達できる。そう教えられて行ってみると、宿は壁と屋根があるだけの天井の低い小屋だった。それでもまあ、夜の寒さからは身を守れそうだ。「ガソリンは売り切れだ」と言っていた宿の管理人が翌朝、「5リットルでよかった

ボリビア・ウユニ塩湖。蜂の巣模様の不思議な白銀空間。

ら」と、ガソリンを分けてくれた。一瞬、「アレ？」と思ったものの、まあとにかくガソリンの予備はあったほうがいい。それがふつうのスタンドの4倍の値段であったとしても。酸素の少ない高地なので僕たちは、いつもより50パーセントほど多めに消費量を見積もった。

軟らかい地面の下にはゴツゴツした火山岩が隠れていて、つい轍を見失う。そんな大草原のパンパを走るのは至難の業。耳がちぎれそうに吹き荒れる風になぎ倒されそうになる。風がうしろから吹こうものなら、すぐに埃が僕たちに追いついて襲いかかる。目やら鼻やら口のなかまで砂だらけ。それならと雪の上を走り続けているうちに、僕はエンデューロもろとも雪に沈んで埋もれてしまった。過熱していたエンジンは冷えはじめ、ついには凍ってしまった。躍起になって揺さぶってみても、エンジンはうんともすんともいわない。これじゃ進めない。もう僕らには、この困難に立ち向かうだけの力は残っていない。心臓は酸欠でバクバクと音を立て、肺はどれだけ息を吸っても酸素が足りないと悲鳴を上げる。おまけに冷たい空気が針のようにチクチクと胸を刺す。これが最後の試みだとばかり、僕とクラウディアは並んで雪の上に仰向けになり、足でハンドルとうしろのサイドバッグを押し上げ、倒れていたバイクを起こした。

日没のちょっと前、別の塩湖へと通じる長い坂道が見え始めた。僕は叫んだ。「轍だ。車が走った跡が見えるぞ！」それを聞いて、ぐったりとしていたクラウディアはバイクそっちのけでさっさと坂道を下りだした。きっと、高山病にやられたんだ。数百メートル下に降りれば、少しはラクになるはず。一度降りた後、彼女のバイクを取りに、僕は自分の轍に沿って果てしなく続く山の斜面を登った。一度でも足を休めてしまったら、もう歩き出せなくなってしまう。右足、左足と機械のように足を動かす。ダウンジャケットとウインドブレーカーの隙間には、氷の膜が張っていた。

やっとの思いで山の上にたどり着き、ホッと息をついて僕はエンデューロに腰をおろした。消耗しきった体力が戻るまで、ちょっとここで休むとしよう。

その塩湖の前に着いたとき、石の廃墟があることに気がついた。ここなら風の心配はなさそうだ。壁と壁の間にテントを張り、鍋の火で暖を取りながら、ヘトヘト状態で寝袋にもぐり込む。翌朝、水を探しに出かけ、温泉が湧いているのを発見。天然の湯船は、浸かるのにちょうどいい深さだ。ここで、2、3日疲れを癒すとしよう。大気中の湿度が極度に低い高地では、マイナス45℃という驚異的な寒さもそれほど苦には感じない。だけど食器を洗いながら手元を見ると、フォークが手にくっついてしまっていた。手の皮がところどころ裂けてはいるものの、血は出ていない。皮膚が麻痺してしまわないよう、僕らはあちこちに保湿用クリームをすりこんだ。

目の前に広がるのは山岳地帯。地図で、軍の駐屯地につながる未舗装道路があるのを見つけて向かった。軍の司令官は僕たちに話しかけながら、湯気の立つ暖かいコーヒーを出してくれた。そこで暖まったあと、ずっと先に見えている最後の峠に向かって、標識の立った轍の道を走る。そこにはチリとの国境線が赤い柱で示されているとのこと。

途中で僕は予備のガソリンを使い切った。よかった、クラウディアのタンクにまだ5リットル残っていて。ところがクラウディアのタンクも空だった。そういえばあのとき駐屯地で誰かがガソリンホースをいじくり回していた。どこからか降って湧いた5リットルのガソリン――そうか、僕は、それを自分で買い取っていたのだ。

仕方がない。1台は、国境の検問所に置いていこう。残りわずかなガソリンで、なんとか国境の向こう側、チリの町サンペドロまで着けることを祈りながら走っていくと、高地からリカンカブール火

チリ・月の谷。この地で地球探検11周年を祝う。

山の山腹へ通じる砂利道にぶつかった。そこから2000メートル下には世界で一番乾燥した地帯アタカマ砂漠が広がっている。サンペドロに着くまでの最後の40キロはエンジンを切ったままバイクを転がしていくことができた。

翌朝早く、僕たちは預けたバイクを取りに戻り、その名前のとおり月面のような不思議な景色が広がるという「月の谷」へ向かった。夕日に赤く染まった砂山に青白い月が昇り、しばらくすると、夜空に少しずつ星が輝きだした。

1992年8月13日。煌々と輝く星空の下で地球探検11周年を祝うとしよう。

高地と比べ、月の谷は暖かくて酸素も十分にある。今夜はやっとゆっくり眠れそうだ。そして僕らは思い切って最後にもう一度リカンカブール山をバイクで上がり、三国国境地点パソ・デ・ジャマからアンデスの峠の左端ルートを通ってアルゼンチンへ入ろうと決めたのだった。

アルゼンチンの南端にある峠道パソ・ルドルフォ・ロバロに到着するまでの間は、チリとアルゼンチン間の山塊を何度も行ったり来たりした。その間には——野生馬の群れ、国立公園、湖水地帯、南米最高峰アコンカグア、それに多くの火山など——夢のような風景があちこちに広がっていた。

チリ南部のチロエ島から本土のチャイテンへ渡り、僕らはそこで再び文化生活に別れを告げて、パタゴニアの大自然のなかへ飛び込んでいった。ここから先はアウストラル街道が始まっている。この未舗装路は、かつての独裁者ピノチェト大統領がチリ最南端に資材を運ぶために着工させたもので、それに従って原生林が次々と切り開かれていた。チリを旅する間、自然保護地区であろうが国立公園であろうが、どこに行っても森の木を切るチェーンソーのおぞましい音が響いていた。それでもブルドーザーが進入していない手つかずの森では、本来の自然を満喫することができた。露出した岩の隙間を溶けた氷河の水が音をたてて流れていく。だけど年々、この氷河も姿を消しつつあるとのこと。ここでも露骨なほどに温暖化の現象が現れていた。

それとは対照的にアルゼンチン側の原生林には自然が多く残されていて、環境保護政策に基づいた管理が公園などにも行き届いていた。だがその代わり、ここで僕らはそれとは別の現象と向き合うことになった。夏になるとアルゼンチン・パタゴニアには、容赦なく、そしてとめどなく大風が吹き荒れるのだ。バイクごと飛ばされそうな横風が吹き、風速120キロの突風が僕たちをシートから引きずり降ろそうとする。風との戦いは集中力との戦い。風圧に負けないようにうまく体でバランスをとりながら突風を受け止め、それと同時に未舗装路の深い轍を見失わずに走らなくちゃいけない。文句を言っても始まらない。身をもってパタゴニアを知ろうと思ったら、この風を避けて通ることはできないのだから。町と町との距離は離れていて、あたりにはガソリンスタンドや警察署ぐらいしか見当たらない。あとは幽霊屋敷と化した廃墟ぐらいのものだろう。そんな屋敷の前には、南から吹きつづける暴風のため、風にならって横に伸びきってしまった木が生えていた。

パタゴニアは、太古からの大自然の姿を残している。これほどとてつもなく巨大な大地がこの地球にあるなんて！　青白く輝くペリト・モレノ氷河。これも大自然の生んだ驚異のひとつだろう。生きている氷河と呼ばれるペリト・モレノは、アンデスの方からゆっくりゆっくりと移動し続け、その氷塊は凄まじい轟音と共に湖面へと崩れ落ちる。その近くには雄大なフィッツ・ロイ山が黒雲をたなびかせながら聳え立っている。山は、まるで煙を噴く煙突のようだ。近くまで来たところで突然暴風が吹き荒れ、僕たちは慌てて大きな岩陰に逃げ込んだ。どれだけ雄大な大地といったって、この風、こりゃヒドすぎる。ハッキリいって、もう、うんざりだ——どうやったらこの忌々しい風を愉快で楽しいものに変えられるんだ？　しばらく頭をひねっているうち、僕は、いいことを思いついた！

フィッツ・ロイ国立公園へ向かう90キロの悪路でも強風が私たちを見事になぎ倒した。だんだん、真っ直ぐに走ろうとするほうがおかしいと思えてくる。ハンドルを握る腕を取られ、気がつくと砂利道を外れた溝に追いやられていた。それでもどうにか山の麓のキャンプ場に到着。穏やかな夜だというのに、その晩、私は夢のなかでも風と戦い続けていた。

翌朝、目が覚めると、珍しくクラウスがもう起きていた。出発を急がない日の朝、彼はよく寝袋にもぐり込んだまま、2、3時間は起きてこない。だがその日の朝は、目を輝かせながら私の顔を覗きこみ、「おはよう」の代わりに、「おい、今度、オレが何をつくろうとしているか知ってるか？」と私に訊いた。答えを出すのに長く考える必要はない。なにせ私はクラウスを知り尽くしている。

生きている氷河と呼ばれるペリト・モレノ氷河。アンデスのほうからゆっくり移動し続け、
その氷魂は轟音と共に湖面へと崩れ落ちる。アルゼンチンで。

フィッツ・ロイ山。

「おいクラウディア、パタゴニアの風は、帆を張って走るのにはもってこいだ！」

その後、何日か山を歩くなかで、アイデアがいろいろと思い浮かんだ。まず、クラウスと私のバイクをくっつけて4輪にし、ハンドルをコントロールできるようにすれば、もう風になぎ倒されることはないだろう。追い風を受け止められるようちゃんと帆を張れば、きっとうまく走行できるはず。そうと決まれば話は早い。あとは材料と作業場を手配するだけ。私たちは急いで荷物を積み、ルータ・クアレンタ（国道40号線）――アルゼンチンでもとりわけ人通りの少ない未舗装路をエル・カラファテの町に向かって南に走った。そこで私たちは、アドリアンという名の機械工と知り合った。「俺んちの工場使えば？」と言うアドリアンの言葉に甘えることにして、クラウスは工場にあった屑鉄のなかから必要なものを選び、切ったり曲げたり穴を開けたりしてフレームに取りつける部分をつくった。2台のバイクに固定した連結部によって、ハンドルが一緒に動くように改造された。その間、私は針と糸を手に帆づくりに取りかかった。帆柱には伸縮可能な塩化ビニールの水道管を使い、サイドバッグに固定できるようにしよう。

アドリアンは、暖かく私たちの作業を見守ってくれた。私たちは彼に、このことを誰にも話さないよう頼んでいた。もし警察にでも見つかったら、計画が丸潰れになるかもしれない。

その2日後、連結したバイクに乗り、そうっと町を出ようとしたとき、驚きのあまり私は息が止まりそうになった。なんと警察部隊が総勢で道路に立っていたのだ。彼らは、いきなりこちらに向かって敬礼をし始めた。アドリアンの親友が警察官だったなんて！　彼らは笑いながら、「お前たち、気をつけて行けよ！」と手を振って私たちを見送ってくれた。町を抜けて一本道に出たところで一度エンジンを止め、バイクに帆を張った。南西から力強く吹く風に煽られながら帆を上げるのは至難の業で、私たちはとりあえず半旗の状態でいくことにした。それでも帆は風になびき、バイクはアスファルトの道をスイスイと滑るように走りだした。帆走、大成功！　なだらかな坂を下るとき、メーターは時速60キロを示していた。

正午を過ぎた頃、工事現場に差しかかり、デコボコしたカーブだらけの迂回路を30キロも進むはめになった。ここは帆を降ろして、エンジンで行こう。そのときになって初めて、この「ウィンドツーリング」には予期せぬ問題があることに気がついた。

「おい、もっとアクセルを踏めよ！」「ちょっとクラウス、もうちょっとゆっくり走ってちょうだい！」「お前が早く走ればいいんだよ！」「もう、いい加減にしてよ！」1台のバイクにふたりの船頭、ふたつのエンジン、おまけに四つのブレーキはいくらなんでも多すぎた。このジレンマを解決しなければ一寸先にも進めない。だが実際、その解決法はきわめてシンプルなもので、カーブをうまく曲がるためには、外側の操縦者がスロットルをあけるか、内側の操縦者がブレーキを踏めばいいのだとわかった。さぁ、もう一度やってみよう。さっきよりずいぶんマシにはなった。それでもまだ、アドレナリンが噴出するような場面が何度もあった。

午後になって風が弱まりだした頃、エスタンシア・リブルンという名の大きな牧羊場に到着した。今日は、ここに泊まるとしよう。牧場の主は、「今は毛を刈る季節じゃないからここを使うといいよ」と、毛刈小屋にテントを張ることを許してくれた。私たちはまだ日も暮れないうちから、今度こそ意地悪な風をやっつけた夢でも見ようと寝袋にもぐり込んだ。そしてその晩、スペイン語で風を「ビエント」というのにちなみ、このセーリング・バイクに「ビエントゴニア」と名をつけた。

翌朝、風はいつもどおりに吹いていた。ただ問題は、それが南からまっしぐらに吹いてくること。

アスファルト道路の幅も十分にあることだし、今回は帆を使って風を斜めに受けて走ることにしよう。ところが、アスファルトの道で転倒しないようにバイクを押さえながら、力をふりしぼって帆を揚げているうちに塩化ビニールの帆柱が曲がってしまった。力を入れすぎたらしい。それから間もなくバキバキーッと耳をつんざく音がして帆頭が折れてしまった。ヘルメットをかぶっていてよかった。そうでなければ自分たちの目に刺さっていたかもしれない。だけど折れたのは、人の足ではなく帆柱。風に耐える強力なものに直せばいいだけだ。次のガソリンスタンドまで私たちは1台のエンジンだけを使い、もう片方をサイドカーのように転がしていき、そこで一度、この双胴《カタマラン》マシンを分解した。ここから先はしばらく向かい風が続く予定。南に向かってフエゴ島に行ってみよう。

国境での検問はあってないようなものだった。私たちはチリとアルゼンチンを行ったり来たりして走り、パイネ国立公園を訪れた。美しいのは山や川や湖だけでなく、ここには驚くほどさまざまな動物が棲息していた。走っていると、よくグアナコ（ラクダ科の動物）や小型のダチョウ・ニャンドゥが道を横切っていった。頭上ではコンドルが塔のような山の周辺を旋回している。マゼランペンギンの住むコロニーでは、浜辺でピョコンとお辞儀をするひょうきんなペンギンを見て、私たちは膝を叩いて笑った。

マゼラン海峡に面するプンタアレナスの町で郵便物を受け取り、塩化ビニールの帆柱を伸縮可能な排気管と取り替えた。帆や帆柱などは全部でわずか10キログラムしかなく、荷物として簡単に持ち運ぶことができた。

南米大陸の最南端フエゴ島のラ・パタイア国立公園に到着したのは、2月も終わりの頃だった。アラスカのサークルから果てしなく長い道を下ってきたところが、火の島《フエゴ》と呼ばれるフエゴ島だ。この季節、公園には人影ひとつ見えなかった。私たちはビーグル海峡の近くにテントを張り、野生のカモだけを相手に孤独を楽しもうと決めこんだ。毎晩、パチパチと燃える焚き火で、とろけるようにやわらかいステーキを焼き、アルゼンチン産のワインを片手にくつろいだ。そのおかげで、底冷えする寒さもしのぐことができた。小川の水は、沐浴には冷たすぎたため、鍋で暖めたお湯を入れたプラスチックの特大容器を使い、灌木の陰でシャワーを浴びた。

帰路につき、フエゴ島をあとにする。北に向かって戻るということは、今度は追い風が吹くはずだ。ビエントゴニアに帆を張るのが待ち遠しい！　再びパタゴニアに戻り、リオ・ガジェゴスという町のコイアイケ牧羊場に滞在。私たちの訪問を喜んだガウチョ（牧童）が小さな部屋をあてがってくれた上に、とびっきりのご馳走まで用意してくれた。夜は彼らと一緒にマテ茶を啜《すす》り、いつまでもおしゃべりをして過ごした。驚いたことに彼らは、9年前にここで馬やラバを調達し、アラスカに向かって旅立ったエミールとマリーのことを話題にした。私たちは、エミールがサイドバッグに貼ってくれた蹄鉄を見せ、この5年間、これのおかげで自分たちが幸せな日々を過ごしてきたことを語った。自らも遊牧生活を送るガウチョたちの間で、エミールとマリーの話は尽きなかった。とにかくガウチョというのは、ほかに類を見ない人たちである。彼らは毎年、8頭ほどの馬を率い、こっちのエスタンシア（牧羊場）からあっちのエスタンシアへと大草原を渡る。

あるとき、私たちはすり切れたズボンに分厚いポンチョ姿のガウチョと出会った。大きな帽子とブーツで決めたガウチョは、ほかでは絶対見かけないタイプの男だった。彼は、私たちとひと言ふた言交わし、革袋から紙と刻みタバコを取り出してクルクルッと一本巻き、それをさもうまそうに吸い始めた。どの馬も手製のくつわをしていて、革の鞍も実によくできている。その何もかもを知り尽くしたかのような、落ち着き払ったガウチョの姿は、言葉では言い表せない新しい憧憬を私たちのなかに目覚めさせ、それはそのあともずっと心のなかに焼きついていた。

翌朝、再度バイクを双胴に組み立てているところへ人が集まってきた。フエゴ島からブエノスアイレスまで、3000キロにわたり国道3号線が走っている。しかも舗装道路。これは帆走にもってこいである。それにしても風、風はどこ？　この季節は大草原パンパを強風が吹き荒れると聞いていたのに、不可解なことに風はピタッと止まったままだ。それでもまあ、時間は充分にある。それから4週間、私たちは道端に座って読書にふける毎日を過ごした。手元にあるのは、ハインリヒ・ベル[*1]、ガルシア・マルケス、そしてギュンター・バルラフ[*2]の本。気長に風を待つことにしよう。

さまざまエスタンシアを泊まり歩くのも楽しかった。ハイウェイには「次のエスタンシアまであと○○キロ」という看板が出ていて、荒れた農道が、風にさらされない低地にひそむオアシスへ続いていた。大きなエスタンシアにも、ガウチョがひとりしかいないような小さなエスタンシアにも、それぞれの魅力があった。ある日、風に乗って80キロほど走行したあと、午後遅くにダート道を越えてエスタンシアに着くと、一度に3人のガウチョに笑顔で迎えられた。

「テントはここに張りな」そう言って風がしのげる納屋に案内し、私たちがそこに荷物を降ろすあいだに、彼らは夕食の準備を始めた。テントのすぐ隣でガウチョが羊を台の上に仰向けに寝かせ、喉仏

＊1　ハインリヒ・ベル　（1917―1985）。ドイツの作家。1972年にノーベル文学賞受賞。

＊2　ギュンター・バルラフ　（1942―）。ドイツを代表するジャーナリスト。トルコ人を装いトルコからの移民労働者の世界に潜入したルポなどがある。

パタゴニア。風がやめば、読書をしたり手紙を書いたり、周りの石ころを眺めたりして過ごした。

にナイフを入れた。血抜きをすることによって肉の臭みが取れるらしい。毛皮が剝がされて肉がさばかれると、犬が内臓部分のおこぼれをもらおうと尻尾を振って飛んできた。2時間もすると、肉を焼く匂いがあたり一面に立ちこめ、私たちは思わずつばをゴクンと飲み込んだ。質素な木のテーブルを囲み、ガウチョたちは、私たちがあっという間にご馳走を平らげるのを見て、「こりゃ、お見事！」と大喜びだった。

風が吹けば、風と同じ速さで地面を滑るように進むので強風を感じることはなかった。突然の強風に危うくハイウェイから降りそこないそうになったり、追い風に煽られて大忙しで進むこともあれば、アスファルトの道路から落ちないようにハンドル操作に骨を折ることもあった。寝そべりながら走ることも多く、そのときはハンドルを足で操作した。そうやってのんびりとパンパを眺めながらバイクで滑るのは最高だ。ときには風が、「ねぇ、遊ぼうよ」と私たちに誘いかけてきた。最初は、帆が引きちぎれそうなぐらい強く吹きながら、私たちがバイクに乗るや急にそ知らぬ顔をしてみたり、「あぁ、やんじゃった」と思っていると、突然うしろから吹いて、私たちのどちらかを置いてきぼりの目にあわせた。風が凪《な》いだ日は、国道のど真ん中で、ぐるぐる円を描きながら地面を踏み鳴らし、「風を呼ぶダンス」を踊った。幸い、私たちを観察する者は誰もいなかった。

このあたりを走る車はほとんど見当たらず、多くても一日に5台から10台、私たちの横を通り過ぎていく程度だった。遠くを走るトラックがわざわざ近くまで走り寄ってきて、口をポカンと開けて私たちを眺めることもあれば、ビエントゴニアにビックリして急ブレーキを踏む運転手もいた。幸い暴風が吹き荒れることもなく、私たちは時速40キロのペースで走った。この速さだと道に迷う心配もない。そして検問所や町に差しかかるときは、帆をたたみ帆柱も下げた。通りがかりの人々は、バイクが連結していることを知らずに、どうすればこんなにぴったりくっついて走れるのかと不思議がった。走行中、私たちのどちらかが「ちょっと眠くなっちゃった」とうしろのリュックサックにもたれて居眠りする姿を見て、彼らは言葉を失った。

風の吹かないある日のこと。私たちは早々と帆走を切り上げてエスタンシアに泊めてもらった。その敷地に入るや、立派な領主の館が目に飛び込んできた。数多くの別館が並び、家畜小屋や庭は、数千頭にも及ぶ羊の牧場につながっていた。この農場を経営する若い夫婦は私たちの訪れを喜び、「今日はシュラスコ[*1]にしよう」と言って炭火を起こし、串刺しにした肉を焼いてご馳走してくれた。木造の部屋を一室あてがってもらい、その晩遅く、私たちは古いベッドに沈むようにして眠った。

翌朝になっても風は吹きそうになく、私たちはもう一日ここに留まって羊たちを柵に入れる手伝いをすることにした。そこでは農夫たちが羊たちの目の周りの毛を剃ってやる作業をしていたが、手元がくるって羊の顔から血が飛び出すことがあった。毛を刈っている農夫は言った。「羊というのは、本当に肝っ玉の据わった動物だ。殺されるっていうのに自分の死を騒がないっていえばいいのかな。静かにそれを受け止められるのは、こいつらしかいないんじゃないか。大雪に襲われたってへっちゃらさ。顔を寄せ合い、輪をつくって、背中に2メートルも積もるなかをじっーと我慢して耐え抜くんだから」

また別のところで私たちは、立派な葦毛馬に乗ったガウチョが家路につく場面に出くわした。ポツンと立つ彼のエスタンシアは、壁のペンキがはげ落ちていた。白髪頭の老人の名はセニョール・ホル

＊1　いろいろな肉を鉄串に刺し、岩塩をまぶし、炭火でじっくりあぶった南米の肉料理。

「羊というのは、本当に肝っ玉の据わった動物だ」　羊の毛を刈るガウチョたちと。

へ。今ちょうど牧草地の点検を終えて2日にわたる馬の旅から戻ったばかりだという。70歳を過ぎたホルヘがこの小さなエスタンシアの番人になったのはつい最近だという。私は聞いた。

「こんなところにひとりで寂しくない？」

「いや、楽しいね。町の生活は俺には合わなかった」ホルヘは、純真な心を持った馬や羊と生活しながらここで野菜をつくっているほうが自分にとってはよっぽど幸せだと語った。「寂しいことはないさ。妻は2週間に一度、美味しい食べ物を届けてくれるし。あっ、そうだ。お前たちも今晩このオンボロ小屋に泊まっていけよ」

私たちは招待されたお礼に、自分たちの鍋で栄養たっぷりのスープをつくり、ホルヘをもてなした。台所の暖炉の前で赤々と燃える火を見つめながら過ごしているうちに身も心も休まり、まるでもう何年も前からホルヘのことを知っていたかのように、夜がふけるまで彼の話に耳を傾けた。
大西洋側の町トレーレウに着いたとき、ここで私たちは帆走《ウィンドツーリング》をおしまいにした。北部に向かうにつれて交通量が増え始めていたのだ。帆走最後の日、私たちは帆柱を立て、帆を広げた。その日、ビエントゴニアは全力で疾走した。動物保護区として有名なバルデス半島までの道のりは、再びエンジンを駆動させて進んだ。ここは数多くの海洋哺乳類が棲息することで有名だ。ペンギンのコロニーやゾウアザラシの群れが間近に見られるだけではなく、シャチがアシカを襲って上空に放り投げるシーンにも出くわした。総計1150キロの道のりをクラウスとコンビで帆走したあと再びソロに戻って走るには、慣れるまでしばらく時間がかかった。それでもまあ、またすぐにアクセル全開の走りを思い出し、私たちはその数日後タンゴの発祥の地ブエノスアイレスに到着した。ここには2ヵ月間滞在の予定。

1993年9月、ブラジル。アマゾン盆地の端にあるマデイラ川に沿った町ポルトベーリョ。僕たちは、町の広場で冷えたビールを飲んでいる。蒸し暑くて、埃だらけの道を突っ走った一日の終わりには、これが最高だ。「アンタルティカ——南極」というビールの缶には、その名にピッタリのペンギンマークがついている。テレビではちょうどブラジル対ウルグアイ戦のサッカー中継が放送されていて、たった今、ブラジルは2対0で1994年ワールドカップの出場権を獲得したところだ。うしろからは、トラックの荷台の上で演奏中のサンバが響いてくる。若者たちが何人かで集まって、広場の周りをブラブラしながら今日のお相手をお探し中だ。これはもう、ブラジル中どこに行っても見られる求愛の儀式のようなもの。男たちは見るからに控えめで、ここで主導権を握っているのは明らかに女性。実際、人口も女性のほうが多い。彼女たちは、体のラインにピッタリの服装で、思う存分自分の魅力をアピールし、サンバのリズムに合わせて腰を振りながら歩いていく。ブラジル人の男が僕に言った。「アマゾナス州の首都マナウスに行けば、9対1の割合で女性が断然に多く、おまけに男の半分はホモだ。君、そんな金髪の長い髪でマナウスに行ったら警察にエスコートでもしてもらわないと危ないよ」そんな話は、実際、自分で行って確かめてみないと信じられない。そもそも、本当にマナウスまで行けるかどうかが問題だ。唯一の横断道路であるトランスアマゾニカは、もう何年も工事が頓挫したままで、主要な橋も流されてしまっていた。

パンタナール大湿原に着いたのは乾期で、魚たちは狭苦しそうに、わずかに残った水たまりで口をパクパクさせていた。土埃が太陽の光に当たって乱舞するなか、大きく伸びをするワニや鳥たちにとって、こういった魚は格好の餌となる。日照り続きがこの地帯に火事を起こし、その火が間近に迫るなか、僕たちは急いで北に向かってバイクを走らせた。

どうもブラジルのガソリンには何かが混じっているようだ。エンジンがガタガタ音を立て始め、キャブレーターのなかが詰まって、シリンダーとピストンとの隙間が黒いネバネバした液体でくっついてしまった。夜になり、僕たちはポルトベーリョの教会のなかにハンモックを張り、そこでエンジンも分解して内部を清掃することにした。急がないと朝には教会のミサが始まってしまう。

だけどそれよりも何よりも、アマゾンの世界が僕の頭から離れようとしない。アマゾンと呼ばれる熱帯雨林地帯はアメリカ合衆国がすっぽり入ってしまうほどの大きさで、もちろん、そんな大きなジャングルをバイクで突っ走るのも夢だったが、実際には行き止まりの道ばかりでどうしようもないと聞いていた。どう考えても、これはやっぱり水路をボートで行くしかないだろう。僕はメモ帳を取り出し、ほんのちょっと想像力を働かせて、「葉っぱの屋根つきボートなんかいいかも」と、その図をスケッチしてみた。そうやって今までの経験をもとに、頭のなかで思いつくアイデアを図に落として、細かい部分を詰めていった。もう一度、水上走行ができるなら、今度はちゃんとしたボートにしよう。シンプルで、しっかりした仕組みのものがいい。あまり燃料のいらない、それでいて、急流に耐えられるものにしなくては。このデカいアマゾンの熱帯雨林を探検するには、それが一番。ああ、なんてすごい夢だ！　だけどそんなこと、本当にできるのかな？　それとも、これもいつものハチャメチャプロジェクトのひとつかな？　ちゃんとしたボートをどうやってつくるかも知らないし、持ち金もそろそろ底をつきかけている。この大密林はあまりにも奥深く、そして孤独だ。それでも――やっぱり、夢はあきらめちゃいけない。とりあえず、あれこれ試して準備するうちに、きっとその先が見えてくるだろう。

期待に胸を膨らませながら僕らは大きな地図を覗き込んだ。今、僕たちがいるポルトベーリョを流れるマデイラ川は、ボートで走行するには幅が広すぎるし、ましてや流れも速い。急激な熱帯雨林の減少は、ここにも及んでいた。その反面、ここから西に２００キロ行った先に流れるプルス川は、川幅がもっと狭く、手つかずのジャングルを蛇行しながら流れている。プルス川は全長３１４８キロ、ペルーに源を発し、アンデスの山麓を流れながら小さな村落に水を供給し、４週間のさすらいのあと、南米アマゾンの巨大支流ソリモンエス川に注ぎ、マナウスでネグロ川と合流する。これはもうプルス川を下っていくしかない。これこそ僕たちが進むべき川だと思っていた矢先、ここポルトベーリョからプルス川沿いの村ラブレアまで続く道があることを僕たちは知った。

クラウディアも僕と同じように、ユーコン川をヤブドゥで下った冒険が恋しいらしく、今度の猛反対は前回よりもずっと控えめだ。彼女が反対するのももっともなこと。まあそれはともかく、僕たちは、ユーコンでの経験から、詳細な地図なしで川を下ることはできないことを思い知らされていた。さらにクラウディアは、「地図がなかったら一緒には行きませんからね」と言い張った。

「そんなこと言ったってお前、星の数ほどあるアマゾンの支流が全部載ってる地図なんてあるわけねぇだろ！」僕はブツブツ言いながら、地図を探すことにした。船舶局に問い合わせると、係員が、「そういえば、そんなものあったよな。あそこの棚に入ってるはずだけど、棚の鍵がないんだよ」と言う。そんなわけでさっそく、僕は彼と一緒に棚をこじ開けた。すっかり黄ばんだ書類の奥底に分厚いバインダーが見つかり、表紙には大文字で、「ＲＩＯ・ＰＵＲＵ́Ｓ」（プルス川）と書いてあった。係員は親切に、「持っていってコピーしてきな」と、地図を貸してくれた。

舟をつくるんだったら、絶対、木製じゃなきゃダメだ。当然、エンジンはまたエンデューロのを借りるとして、今度は大きな羽根車を三つ――両脇に細いのをふたつ、幅広いのをうしろにひとつ――取りつけよう。部品は、ポルトベーリョで手に入れる。うしろの羽根車は、バイクの後輪のリムを駆動軸にして、太いベルトで羽根車に連結する方法でいこう。ほかの部品はジャングルで見つければいい。

フェリーでマデイラ川を渡った。ウマイタの町までは、アスファルトの道がつながっている。給油できる最後のガソリンスタンドで従業員に尋ねてみると、「ここからラブレアまでなんてチョロイもんだ。２４０キロだから2時間もあれば充分だよ」と、ずいぶんいい加減なアドバイスをくれた。たしかに最初のうちは順調だった。粘土質の道路はかなり傷んで穴ぼこだらけだったが、道は乾燥していた。そう、この手の道を走るとき、乾いているかどうかが重大なポイントだ。丸太を並べただけの危ない橋を渡るには、ありったけの集中力が必要で、平衡感覚のテストを受けるみたいだ。大きな川では、橋はすでに崩れ落ちていて、チップを払ってポントンという浮き橋に乗り、向こう岸まで渡る。渡し守のオヤジは言った。「ラブレアまでの道は5年前に工事が終わったけど、それ以来、放りっぱなしで乾期しか走れないよ。それも車高の高いオフロード車じゃないと無理だね」

たまらなく蒸し暑く、毛穴からは汗が噴き出している。脱水症状にならないように何度も休みながら進み、日が暮れるまでになんとか走りきった。途中の村落でお世話になり、家のひさしにハンモックを張らせてもらった。村の人たちは、「まったく、マラリアには参るよ」と嘆いていた。実際にはマラリアだけじゃなく、小児麻痺やハンセン病が住民の体を蝕んでいた。

翌朝早く、村を出発。黒雲が太陽を隠し、涼しい風が吹いたと思ったら、突然、あちこちから雷の音が響きわたり、ハリケーンのような突風が木を揺らし始めた。蛇口をひねったみたいに空からざあざあと豪雨が降ってくる。ついにアマゾンの雨季の幕開けだ。僕たちはそのど真ん中に突っ立って、前にもうしろにも進めないでいた。雨水で溶け出した粘土がタイヤにくっつき、シャーシも泥だらけ。タイヤにへばりついた泥を落とさなくては。やがて、100メートルほど進んだところで雨は小降りになった。だけど道路はひどい状態。1メートルまた1メートルと戦うように進むしかない。場所によっては、地面自体は硬い部分もあるが、表面は液体石鹸みたいにヌルヌルしていて、バイクは自分の重みでどんどん深い轍にはまり込む。うだるような暑さで脳みそが膨張し、今にも頭が破裂する寸前だ。僕の頭は、もうすっかり機能することを放棄していて、さっき川を渡ったときも、飲み水を汲むのをうっかり忘れていた。体中の毛穴は開ききって、レザーパンツは絞れば水がポタポタ落ちてきそうだ。フラフラしながら、泥濘だらけの道端にある灌木に横たわると、虫やらスズメバチやらがうじゃうじゃと寄ってきて僕を襲った。だけど、それを追い払う力すら残っていない。クラウディアは、川へ水を汲みに行った。歩くたびにクラウディアのブーツの裏に泥がこびりついて、聞こえる靴音が次第に重さをましていくようだった。

次の川には浮橋がなく、高さが8メートルもある木造の橋も崩れる寸前で、「生きていることにウンザリしちゃった人向きの橋」って感じだった。とにかく1台目のマシンを運ぼうと、足元の大きな穴や、板の外れているところを避けて進む。2台目を運ぶ最中、ちょうどスリル満点の綱渡りってところで、ついにブラジルの粗悪ガソリンがその正体を現した。アクセルが戻らないと思っているうちに、過熱しすぎてクラッチが切れなくなり、どんどん速度が増して気づいたときには、世にもおぞましいホラーシーンがひとり勝手に展開し始めていた。そのとき、僕はとっさに考えた。「そうだ、キルスイッチ*1を押そう！」——バイクはエンストを起こし、重いマシンは停止した。タイヤは細い橋板の上にのっかっているものの、その左右には大きな穴がぽっかり開いている。宙ぶらりんになった足をバタバタさせながら、何か足の支えになるものを探す。だけど、ない。なにもない。ずっと下に川が流れているだけだ。必死になって僕は、その横の橋板に届くよう、ガバッと足を開いた。助けに駆け寄ってきたクラウディアと一緒に、なんとかバイクを安全なところまで引きずったものの、そこから足は一歩たりとも動かない。ぐったりと木にもたれかかり、心臓が最後の鼓動を打つのを待つ。「ドクン」という音が耳に鳴り響いたまさにそのとき、僕の大動脈は親指の太さまで膨れあがっていた。

バシャッ——クラウディアが、沸騰しきった僕の頭に水をかけ、パタパタと冷たい風を送った。ゆっくりと意識が戻るにつれて、インディオたちがジーッと僕を見ているのに気がついた。

そうこうするうちに泥濘が乾き始めた。あとちょっとは進めるかもしれない。するとまたまた空に雨雲が姿を見せ、頭上に黒雲を広げ始めた。僕らはアクセルを全開にし、行けるところまで突っ走ろうとしたが、すぐに暴風が僕たちに追いついた。ふと見ると道端に小さな小屋があり、インディオの若い家族が、「こっちにおいでよ」と言っている。僕らはそこでイノシシのスープをご馳走になった。

出発して4日目、ついに道路の終点ラブレアにたどり着いた。目の前を川幅500メートルのプルス川が蛇行しながら流れていく。アマゾン盆地一帯は雨季のあいだ、徐々に水位が上がっていき、やがて川は氾濫するという。ボートをつくるのがムリなら、貨物船で行くしかない。そうじゃないと、ここから先へは進めない。スペイン人の宣教師のもとで僕らは部屋をあてがってもらった。体力を取り戻すのに、一週間はかかるだろう。部屋の空気を入れ替えよう――そう思ってドアを開けると、目の前に、まるで絵本から飛び出してきたような色とりどりの羽根飾りをつけたインディオの酋長が立っていた。たちまち入口はインディオたちで埋め尽くされた。彼らは泥だらけのバイクを、「こりゃ何だ?」って感じで珍しそうに眺めている。黄熱病の予防接種を受けるためにジャングルからやってきたのだという。挨拶代わりにインディオたちは、僕を囲んでクンクンと匂いを嗅ぎ始めた。これには参った。恥ずかしいことに、僕たちはここ何日かシャワーを浴びていない。だがあとになって、彼らが匂いを嗅ぐのは友情のしるしだということを知った。匂いを記憶すれば、あとで、「この人とは友達だ」ということが思い出せるほど彼らの嗅覚は優れているのだそうだ。

ヨアキム神父が、耳寄りな情報を提供してくれた。

「この町には、とても才能のある発明家がいます。あなたの計画を相談するのにはもってこいの突拍

＊1　強制的に点火プラグの発火をオフにすることで、エンジンを非常停止するスイッチのこと。

子もない男です。マノエルという名の家具職人で、彼の父親はこのあたりではちょっと有名な舟大工でした」今までの疲れが嘘のように一気にどこかへ吹っ飛んだ。僕は、「えっ、それって本当？」とハンモックから跳び降り、「アハハ、参ったな」と笑う神父に、「お願いです。その人を紹介してください」と迫った。

それからいくばくも経たないうちに、僕たちはマノエルとキッチンのテーブルに座っていた。がっしりした体つきの男はまだ若く、家には奥さんと6人の子供たちもいた。彼らは僕たちに、「子供は何人ぐらい欲しいんだい？」と訊いた。この質問は、これまで訪れた先でもよく耳にした。子宝に恵まれることは、どこの民族においても幸福の象徴だ。「いつかは、欲しいと思っています。だけど、まずどこかに定住してからと考えています」

奥さんのファーティマは言った。「今、お腹のなかにいる子が最後よ。もうこれ以上は生まないわ。アマゾンでは珍しくないことだけど、お義母さんは18人も生んだのよ」ファーティマは、これ以上子供を増やすよりも、6人の子供たちを皆、マナウスの町に送ってちゃんとした教育を受けさせたい、それにはかなりのお金がかかると言った。マノエルとファーティマは、この近辺の人々と比べ、かなり斬新な考えを持つ夫婦だった。マノエルの家は、村で唯一、自宅に深井戸を持つ家庭でもあった。井戸があれば、一年中清潔な飲み水が手に入る。家の隣にある家具工場では、威勢よく職人たちが働いていた。そこには彼が自分でつくった機械もあった。それを見て、僕はこの男が天才的なひらめきの持ち主だと察しがついた。電力は、自家製ディーゼル発電機で供給する仕組みになっていた。

マノエルは、僕たちの計画に興味を示した。アマゾンでは双胴船《カタマラン》の造船技術は、ほとんど知られていないという。マノエルは僕に訊ねた。「それにしてもお前たち、なんでそんな面倒臭いことをするんだい？　貨物船に乗せてもらえばもっと早く、そんでもって安くマナウスまで着けるぜ」

僕が、自分たちで設計したパタゴニアの帆走バイクの写真を見せると、マノエルは僕たちのことをすぐにわかってくれた。「そうか、お前ら冒険野郎だな。おいクラウス、とびっきり最高のボートができるよう、俺が手伝ってやるぜ」そう言いながら、マノエルは3種類の木を使って船をつくることをすすめた。

「チーク材は機械との結合部分に、2種類の特別なマホガニー材を船のボディとデッキ、そして屋根枠に使うといい」村の外れには製材所が2軒あり、そこの社長はラブレアのなかでも指折りの金持ちだという。最初、彼らとの交渉はてこずったが、なんとか彼らもこの計画に加わることになり、材木の切れ端をタダで、そのほかの材木も特価で分けてくれた。それでも足りないものはマノエルが自分の倉庫から提供するとのこと。羽根車に必要な車軸は、方々探し歩いた末に、中古の水道管を使うことに落ち着いた。メッキがかかってはいるものの、それほど頑丈ではない。車輪の輻《や》には太い針金を使い、その端に自転車のスポークのようにネジを切った。車軸に使うボールベアリングは手に入らず——とにかくこれは水中ではうまく機能しないということもあって——硬木を彫ってネジで調節可能な軸受を自分でつくることにした。

あっという間にボートは、それらしい姿になった。マノエルは双胴の一体目を仕上げた時点で、「二体目はお前たちだけでやってごらん」と言って、ワーグナーという名の若い助手を僕につけてくれた。厚板をつなぎ合わせる段階で、マノエルは舟大工が持つ古くからの技術を披露した。手で紡いだ麻紐で船体に水漏れ止めを施す。そのおかげで、のちにジャングルのなかを航行する間、手動ポンプを使う必要がないほどボートは水密なものになった。耐えがたい暑さのなか、船にヤスリをかけ、ニスを塗るというハードな作業が続けられた。そして夜、涼しくなると僕は、ああでもないこうでもないと言いながら紙に設計図を描き、夜が明けたらそれを作業場で実行できるように頭をひねった。あまりの暑さに肺がひねりつぶされそうだ。何か飲もうものなら、自分がまるで瞬間湯沸かし器になった気分になる。それでも作業は着実に進歩を見せていた。それを見学に来る人たちも、「おっ、できてきたじゃないか！」と励ましの声をかけてくれた。いよいよ進水という日、彼らは、ボートを川に運ぶのを手伝ってくれた。僕は何日もかけて四苦八苦しながらバイクの後輪をベルトでつなぎ、ようやく羽根車を作動させることに成功した。

何もかもがうまくいっているのに、僕はなんだかとても神経質になっていた。時間があっという間に過ぎていく。ブラジルの滞在ビザは1993年11月24日に切れてしまう。観光ビザは、たった一度だけ3ヵ月の延長が可能で、それが切れたらこの国を去らなくてはならない。それなのに、まだするべきことが山のように残っていて、ボートには屋根すらついていない。そのとき、「屋根、つくってあげるよ」と、救いの手を差し伸べてくれたのはマナウスの先住民アプリナ族の女性たちだった。彼女たちは3種類の葉を編み込み、「こうすると雨と太陽をしのぐだけじゃなくて、涼しい風が通るのよ」と教えた。クラウディアが彼女たちと作業を進めるあいだ、ビザの更新にポルトベーリョまでひとっ走りしてくれるブッシュ・パイロット（辺境を飛ぶベテランパイロットのこと）を探しに行った。

――パイロット自らが改造したというセスナ機に乗りこみ、僕は560キロの魚が入った巨大冷凍ボックスの上に横たわった。搭載した荷物だけじゃなく、自分の体重も重量オーバーじゃないかと思えるほど太ったパイロットがなにやらムニャムニャとお祈りをささげ、三度目の試みでようやくセスナは重い腰をあげた。何度かエアポケットに落っこち、パイロットが胸元で十字を切るものの、あま

「こうすると、雨と太陽をしのぐだけじゃなくて、涼しい風が通るのよ」
——屋根作りを手伝ってくれたアプリナ族の女性たち。

り役には立っていない。僕は、窓から下を覗き込んだ。空の下には緑色の絨毯が波のようにうねり、まさに手つかずの熱帯雨林が広がっていた。ところどころに小さな点となってインディオの村落らしきものが見え隠れしている。果てしなく続く緑の一面に、小川が渦巻き模様を描いていて、その上空を時速３００キロでいくら飛んでも、地平線はさらに先に延び続け、緑の絨毯がどこまでも広がっている。その絵は環境保護団体が訴える「破壊されきった熱帯雨林」のイメージからはほど遠いものだった。これまでアマゾンの上空を縦横無尽に飛びまわってきたパイロットが言った。「確かにジャングルの端からジワジワと木は伐採されつつあるが、その中心となる部分はまだ大丈夫だ。ちなみにこの密林を伐採しているのは、主にヨーロッパの大企業さ。例えばドイツのフォルクスワーゲン社とか……」アマゾンの住民たちは、こういう外資企業の侵蝕に閉口しきっているという。

僕たちはヨーロッパの森林を見事に切り倒してしまった。アメリカでもかなりの規模の樹木が姿を消し、カナダでは海岸から海岸へと根こそぎ伐採が進んでいる。それに比べアマゾンの住民たちは、家を建てたり家具や舟をつくったりするとき、本当に必要なだけの木を切り、大切に使った。広大な面積の密林が忽然と姿を消すのは、明らかに不法に伐採した木材の密輸を行なう伐採企業による仕業だ。それ以来、機会があるたびに僕は、「アマゾンももうオシマイだ」などと言わず、まだ残っている木を保護していこうと、人々に訴えることにした。

スタンプがまだ乾いていないビザを片手に、僕は飛行場へ戻る道を走った。セスナ機はすでにスタンバイに入っている。それなのに突然、警察が滑走路の前に立ちふさがった。「免許証どころか身分証明書すら持ってないやつに操縦させるわけにはいかない。ましてこのセスナには登録記号がついていないじゃないか！　すべて没収だ」

このセスナ機が盗難機で、麻薬輸送のために使われていると疑われたのだ。クラウディアがラブレアで首を長くして待っているというのに、足止めを食らうなんて！　やれやれ、参ったな。夜になり、僕は格納庫の作業台にハンモックを張った。夜警は、「あっ君、今日ここに泊まるの？　じゃあ、オレ、ちょっと出かけてきてもいい？」と言って僕の手に自動小銃を握らせた。さらに彼は言った。

「もし誰かが来たら、質問してないで、すぐぶっ放すんだよ」

そしてその晩、ハンモックに寝そべって眠ったのは、自動小銃だけで、僕は目をつぶることすらできなかった。朝早く、軍のお偉方を引き連れてパイロットが戻ってきたと思ったら、セスナのドアを開け放して、大慌てで薬を積み始めた。「ラブレアでコレラが発生したんだ。燎原の火のような勢いで感染が広まっている！」

それから20分後、僕らは空の上を飛んでいた。

マノエルの家に戻ると、井戸の周りは水を汲む人で溢れていた。そのときプルス川の水はすでに汚染されていた。急いでボートを仕上げることにしよう。僕らは、120リットルの航空燃料を調達し、同じ分量のガソリンと混ぜ、最後に残ったありったけの現金で食料を買い込み、それをハッチから詰められるだけ船底に押し込んだ。ブラジルはインフレが一日に1パーセントの割合で進んでいて、現金を持っていてもきっとマナウスに着く頃には何の価値もなくなっているはず。それならジャングルを抜ける途中で物々交換をしたほうがいい。

別れのときには、ボートづくりに協力してくれた人たちが総勢で集まった。丘の上にある市場には人だかりができていて、皆、こっちに向かって手を振っている。まさに劇的な瞬間。ここに着いたときに比べ、川の水位はかなり上昇していた。僕らはラブレアに2ヵ月半もお世話になった。意気揚々と自分でつくった舵輪を握り、あたりを一周し、川を下る。そして減速する寸前、クラウディアに舵輪を預け、僕はメカのほうに集中した。気になるところがまだいくつかある。だけど心配していた羽根車は3輪ともスムーズに回転し、快適な速度で滑るように川を下った。うしろに見えていたラブレア教会の塔が、カーブを曲がったところで姿を消した。満ち足りた気持ちで、僕はあたりを見回す。苦労の甲斐があったというものだ。ボートは、最初に僕がスケッチしたものとよく似ていた。実際、それは、もっと美しくでき上がっていた。静かなリズムを刻みながらボートは蛇行し、大きな波模様を残して先へ進む。エンジンがアイドリングするなか、排気ガスが排気管を伝って甲板の下へ抜けていく。それから一時間後、僕はエンジンを切り、浮き島のようにボートを川にプカプカ浮かせてみた。地図によると、今、僕らはラブレアから15キロほど進んだあたりだ。プルス川はほとんど流速がない

Juma da Amazonia

マナウスをめざしてジャングルを行く「アマゾンのジュマ」。

というのに、水上走行は思ったよりもはるかにスムーズだ。これからは、ひとつのモーターだけを駆動させて、もうひとつは逆流のときだけ使うことにしよう。

クラウディアはコーヒーを淹《い》れ、手品のようにケーキを出してきて、テーブルに皿を並べた。さぁ、バカンスの始まりだ！　陽気にそんなことを言って騒いでいると、急に土砂降りが僕たちを襲い、川が波立ち始めた。

「こんなところで船酔いしちゃったりしてね！」ふざけていると、どこからともなく大きなエンジン音が聞こえ、川を曲がったところで、突然、雨の向こう側から四階建ての客船がヌッと姿を現した。ここでは川を遡行する客船が優先だ。急いで回避しないと正面衝突してしまう！　僕は、力いっぱいキックして、ギアをローに入れクラッチを放した。

ブチッ！　しまった！　クラッチを放すのが早すぎて、チェーンが切れてしまった。ギアを3速から1速に変速したとき、3倍の力がかかったのだ。変速チェーンが外れて川に落ちる直前、僕はなんとかそれを拾い上げた。その間、客船は波を立てながら僕たちの横をすり抜けていった。屋根枠がガタガタと音を立ててボートはひどく揺れたが、それでもこの「耐久力テスト」はうまく突破した。一時間後にはチェーンの修理も終わり、僕らはさらに進んだ。夜は隠れた支流の浅瀬にボートを停めることにしよう。そうすれば、物見高い船長が高波を立てながら近寄ってきて僕らをハンモックから甲板に放り投げることもないだろう。パチア川の河口に近づき、僕は漁船に網を引き上げてボートを通してくれるよう合図した。その瞬間、金属がぶつかるような音がして、ボートは突然前に進まなくなった。――なんと、衝撃で前のスプロケット（歯車）が破損してしまったのだ。碇泊するのにもってこいの小さな入江があり、漁師たちが手を打って歓迎してくれた。次の村でスプロケットを交換するまで、後部の動力を使えば何とかなるだろう。そうしながら一日目がなんとか順調に終わった。僕もクラウディアもこの船旅に大満足だ。

翌朝、パチア川を下調べに行ってみた。川幅が狭まっていて、幅4メートルのボートが通るにはスレスレの箇所がいくつかある。川は次第に小さな湖になり、真ん中に浮く小島を迂回し、トンネルのように鬱蒼と覆いかぶさる木々を潜り抜けるように支流へと入る。そこを抜けるともうひとつ湖があり、砂浜でぐるりと輪ができていた。その向こう側に家が一軒建っている。おばあちゃんが出てきて、「よく来たわね」と、甘くて赤いアサイー[*1]のジュースを差し出した。「この果汁を飲むと、またアマゾンに戻って来れるって言い伝えがあるのよ」

「こんなにたくさんのピラルクを一度に見たのはこれが初めてだよ」出てきたおじいちゃんはそう言ってアマゾンのイルカと呼ばれるピラルクを指差した。「ピラルクの肉は柔らかくて美味しいと有名で、漁師が銛で突いて獲るものだから、怖がって人間のそばへは滅多に近寄ってこないんだ。それなのに君たち、体長が5メートルもあるピラルクを10匹もお供に連れてやってくるとは。これはきっと何か良いことがあるに違いない！」

ピラルクはペアでやって来ては、ボートのうしろにできる波と戯れながら遊んでいた。羽根車がグルグル回るのをマネしてピョンピョン跳ねたり、夜はボートの底から大きな泡を吐いたりして、いつも僕たちのそばにいた。あるときピラルクは、クラウディアが甲板で洗濯しているところへひょっこり顔を出した。「バシャッ！」びっくり仰天するクラウディアの横で、ピラルクは勢いよく宙返りを

＊1　アサイーは、ブラジル・アマゾンが原産のヤシ科の植物。実はブルーベリーに似ている。

して尾ひれで水しぶきを飛ばし、あっという間に彼女をびしょぬれにした。

黄色く濁ったプルス川に比べ、この支流の水は透明だった。あたりには自然がつくった水上植物園が広がっている。水苔のなかに咲き乱れる花々、木から垂れ下がるツル、鬱蒼と繁るシダや蘭の花。夕暮れが迫る頃、蚊やほかの吸血昆虫が寄ってくる前に、急いで蚊帳をボートに張った。ラブレアにいたとき、使い古しのネットでクラウディアが縫ったものだ。150メートルに及ぶ針仕事のおかげで、ボートの上でもゆっくり料理をすることができた。12ボルトのバイクの電池を使い、照明も明るくした。

朝、まだ早いうちに、僕たちは蚊帳を外し、川の中央まで出たところでボートのエンジンを止め、川の流れに身をまかせてぼんやりと過ごした。何よりここで贅沢なのは、大量のサラミやチーズ。それを涼しい屋根の下に保存しておき、朝になるとちょっとだけ取り出し、オムレツに入れて焼いた。手作りの薄焼きパンとオリーブを添えて朝食といこう。

クラウディアは、甲板の手すりから身を乗り出して、赤いペンキでボートの名前を書いている。滅びゆくアマゾンの原住民部族の名にちなんで、「アマゾンのジュマ」号と名づけることにしよう。かつてジュマ族はアマゾンに数多く居住していて、とても勇猛な戦士たちだったという。1960年代に侵入してきたゴム採取業者に対し、ジュマ族は自分たちの土地を護って果敢に抵抗した。そのときジュマ族は人食いだという誹謗が流されたのだという。ある日、カヌタマという村に住む住人たちがジュマ族を襲い、今、その生存者は9人しかいない。幼い女の子と残りは年寄りばかりだそうだ。生殖能力のある男もひとり残っていたらしいが、つい最近、ジャガーに襲われて死んだと聞いた。「ジュマという名前をつけてくれてありがとう」彼らはそう言って、水瓶と300年も昔からジュマ族が所有し続けてきたという石斧を僕たちにプレゼントしてくれた。

カヌマタの村落に着くと、村の半分の住人が集まってきて、村長がガソリンを20リットルもプレゼントしてくれた。それをバイクに給油し、さらに先に進む。アマゾンの住人たちはジュマに大喜びで、僕たちよりも噂のほうが早く次の村に到着していた。インディオたちは、丸木舟で僕たちのもとへやって来ては話しかけ、食べ物を交換したり、ジャングルの果物や魚、美味しい根菜などを持ってきてくれた。彼らは川が枝分かれするところや支流の河口付近の大きな筏の家に住んでいた。筏の家の前には庭も一緒に浮いていて、そこで鶏やら子豚を飼っている。岸辺にはキャッサバの畑。あとは魚を獲って生活していた。彼らが高々と網を投げる姿は、とにかくカッコよかった。そのなかのひとりが言った。「昔は死ぬほど魚がいて、放っておいても丸木舟にピョンピョンと魚が飛び込んできたもんだよ」

ある日、ひっそり隠れた場所を流れる川を抜けると、そこは氾濫地帯だった。最初の湖を横切るのに2時間はかかっただろうか。向こう岸には枯れた樹木が水面から枝を伸ばしている。僕たちはその枝につかまりながら丸木舟に乗った夫婦とおしゃべりをした。

「偏頭痛がしてしょうがないのよ」そう嘆くおばちゃんに僕がアスピリンを差し出すと、そばにいたおじさんは僕が医者だと思ったらしく、「叔父が胆石で死にかかっているんだ。君、一緒に来てくれないか」と頼む。だけど胆石には、僕も手が出せない。彼らは、「ジャングルの奥深くには、薬草にとても詳しいインディオたちが住んでいるんだ。雨がよく降るこの時期だけ、そこに行くことができるのさ。まあ、道に迷わなければの話だけどね」と教えてくれた。

「次の湖の3分の2を越え、木立を右に行きなさい。筏の家を3軒通り過ぎたところでトタン屋根の小屋が見えるから、そこでもう一度道を聞くといいよ」この説明はわかりやすかった。途中、トタン屋根の小屋にいたおじいさんが僕たちを見つけ、パラというナッツを集める手を止めた。そしてこっちをジロジロと見ながら、「そんな化け物みたいなボートで押しかけたら、インディオたちはきっとびっくりして逃げるぞ」と呟いた。そんなはずはない。これまでだって、ひっそりと身を隠しながら生きている部族の人たちを訪れて、心が通わなかったことは一度もない。もつれた毛糸のように鬱蒼としたジャングルのなか、水に沈んだ樹木の間をすり抜けながらさらに進むと、丸木舟に乗ったインディオがこっちを見ていて、うしろの一番大きい木のてっぺんを指差した。あっちのほうに彼の家族が住んでいるらしい。クラウディアが舵輪を握った。水面に隠れた樹木をうまく避けて前に進んでいった。僕はクラッチに手を置き、いざとなったらすぐ羽根車を止められるように待機した。こんな鬱蒼としたところで羽根車が長い枝に引っかかりでもしたら、ジュマはバラバラになってしまう。

指差された方向に進むと、竹の棒の上に壁のない家がいくつも建っているのが見えてきた。誰も住んでいないようにひっそり静まり返っている。年寄りがひとり、僕たちに目もくれず、割れた鏡を覗き込んで、わずか2、3本の顎髭をピンセットで引っこ抜いていた。歯は一本しか残ってない。年をとりすぎていて彼だけ逃げられなかったのかな？　そんなことを考えているうちに、大きな屋根の下に女性や子供がわんさと集まっているのが見えた。女たちはものも言わず籠を編んでいる。挨拶をしても返事はない。ここに来たのはやっぱりマズかったのかな。――すると、隠れていた男たちが姿を現し、恥ずかしそうに挨拶をして僕たちを酋長のところへ連れて行った。酋長の名はアバピア。小柄だが、彼が強い人格の持ち主だとひと目でわかった。僕たちは敬意を表しながら、この部族を攻撃するつもりはなく、ただしばらくここで静かに過ごしたいという気持ちを伝えた。それを聞き、酋長は僕たちに訊ねた。「君たちは神の存在を信じているかい？　そして、君、酒は持っているのかい？」僕は答えた。「一番目の質問は、イエス。二番目はノー」それを聞いた酋長の顔が急にパッと明るくなり、笑顔で言った。「よかろう。じゃ、今日はここに泊まっていきなさい。だけどひと晩だけだぞ」そして酋長は僕たちに話した。「神を信じるのは正しいことだ。神は有り余るほどのものを与えてくれる。酒は、一度、皆を代表して試したことがあるけど、あれはよくなかったな」そう言いながらジャングルの一部となっている自分の住まいを指差した。彼らはアプリナ族に属する一部族で、外界との唯一のコンタクトといえば、寄付の古着を持って彼らのもとを訪れ、読み書きや簡単な計算を教えていくふたりの宣教師だけだという。すり切れたシャツやズボンから、ここに宣教師が来てから、もうずいぶん経っていることがわかる。

ちょっとあたりを散歩させてもらおう。アプリナ族の家は、高床式に底上げされた厚板の上に屋根がのっかっているだけのもので、部屋と部屋は小さな橋でつながっていた。住民たちは、さっきと比べてずいぶん打ち解けた様子で、「こっちへ上がっておいでよ」と僕たちに合図し、ボーロ・デ・ゴマというケーキを出してくれた。マラリアなどの病気に効く薬は、ジャングルに行けばあるという。アマゾンの豊富な植物と、どの植物が何に効くのかを熟知している彼らの博識には驚いた。インディオたちは、毎日4時間ほど狩り、魚釣り、そして野生の果物や野菜の収穫に時間を費やし、それを皆、とりわけ年寄りや病弱な者たちと分けあって生きていた。家の近くには小さな菜園もあり、トウモロコシやキャッサバが植えられている。ここで初めて口にしたパームの実は芽キャベツの味がした。またある木の実は、皮つきの焼き芋のようだった。彼らはそういった食物を神からの贈り物として大切に扱っていた。彼らの世界では、「貪欲」とか「物質主義」という概念は存在しないように思えた。

アバピア酋長は、部族の長老たちが集まる場にも僕たちの参加を許してくれた。「ポルトガル語がヘタで申し訳ない」酋長はそう言いながら、「もうすぐ大きな祭りがあるんだよ。いろいろな部族がここに集まるから、君たちもあと一週間いなさい。民族衣装を着た者たちが踊るのも、伝統的な儀式もきっと気に入るはずだ」僕たちは祭りに招かれたことを心から嬉しく思ったが、もうすぐ切れる観光ビザと、イマイチ調子がよくないジュマのことが気がかりだった。

ここで旅をやめて、一生彼らと過ごそうか——そんな誘惑が僕の頭のなかでだんだん強くなっていった。僕たちが消えたところで、しょせん、「ドイツ人旅行者2名、アマゾンの奥地で行方不明」と書かれた書類がドイツ公文書館に保存され、いつかその紙もカビだらけになるだけのことだろう。翌朝、アバピア族の人たちが僕たちのところに来て、手作りの籠やジャングルのフルーツをプレゼントしてくれた。

「絶対にまた戻ってきて！　今度は、少なくとも一年は一緒に過ごすのよ。そのときは、ここの言葉や習慣を覚えてね」

きっと戻ってくる。そう約束するまで、彼らは僕らをつかんで放そうとしなかった。

後ろ髪を引かれる思いで僕たちはジュマに乗った。そうだ。これでいいんだ。僕は、自分の心がそう言うのを感じた。以前にも増して羽根車がガタガタと音をたてるなか、長い航路をひたすら進み、ついに羽根車の車軸がボキッボキッと3箇所ほど折れたところで、なんとか本流にたどり着いた。200キロ先にあるベルリに到着するには、一週間はかかるだろう。ハンモックに寝転がりながらボーっと川を見つめていると、流木に留まりながら僕たちを追い越そうとするサギがいるのに気がついた。僕は小さな帆を張って、流木に乗ったライバルをジュマで追い越してやった。岸辺で吠え猿が叫んでいるのが見える。羽根を広げた鳥たちで覆われ、糞で真っ白になった小島の前を通り過ぎる。寄り道して以来、ピラルクの姿は見えなくなっていた。その代わりに今度は小さなイルカの群れが僕たちについてきた。イルカと追っかけこしていた魚がぴょんと逃げて甲板に乗りかかったり、突然、ヒューッと口笛みたいな話し声が聞こえてきたりした。野生のガチョウが羽根をバタバタさせながら僕たちの鼻の先を横切っていった。

ベルリでは村役場の人々がボートの修理を手伝ってくれた。できる限りジュマを修理しなくては。これまでアマゾンで出会った人たちは皆、僕たちに好意を持って接してくれた。それなのにこの村では、ソリモンエス川を下るという話を始めると、皆が、「コイツらバカじゃないか？」という顔で僕らを見た。

「ソリモンエスを下るだって⁉　君たちはこの川がアマゾンで一番危険だってことを知らないのかい？　ましてや今は嵐の季節だぜ」この川では海洋貨物船ですら立ち往生し、その何艘かは岸辺に押し戻されて転覆したという。さらに彼らは言った。「突然襲う、高さ5メートルの波と一緒に川底へ引っ張り込まれてオシマイだ。深い川底には渦巻きが潜んでいる。そんな嵩の低いボートで川を下ろうなんて、そういうのを自殺行為というんだよ」だけどジュマをここに置き去りにするわけにはいかない。ジュマには楽しい思い出が詰まりすぎている。

「じゃあ、救命胴衣を貸してください」クラウディアが頼むと、今度は、皆、ゲラゲラと笑いだした。「心配するなって！　川に落ちたらピラニアがしっかり面倒みてくれるから！」もちろんそんなことがあってはならない。だけどここから先、川に潜ってボートを修理することはできなくなる。ソリモンエスはピラニアで有名な川だ。川に指をちょっとつけただけで、数秒後には骨だけになることだってあると聞いた。

しょんぼり肩を落として僕たちは村を出た。ソリモンエス川に差しかかる前のこと、「DEUS ME LIVRE（神よどうかお助けを）！」と名のついたボートに乗った男がそばを通りかかった。男の名はアントニオ。彼は、「そんじゃあオレが最後の晩餐をふるまってやろう」と、食事に招いてくれた。奥さんお手製の亀のスープ。そこで僕らはアントニオがこの道16年の船乗りで、ソリモンエスのことなら、どこに分流、落とし穴、小島が隠れているか熟知していることを知った。アントニオは、「心配するな」と、ひとつずつソリモンエスの難所を図に落としながら、僕たちのための特別ルートをつくってくれた。ちょっと遠回りになるけど、このルートで行けばたいていの危険は避けられるという。そしてアントニオと彼の家族は、「じゃ、気をつけて行けよ！」と、ジュマのロープをほどき、僕たちとは反対の方向へ去っていった。

ほとんど気づかないまま、僕たちはソリモンエスとの合流点に入っていった。川岸を離れるにつれて、流れが増していくのがわかる。迫りくる小島が、先方の景色を遮断している。向こう岸はあまりにも遠くてよく見えない。僕たちは大河の真ん中にポツンと放り出されたまま、気心の知れたプルス川が遠ざかっていくのを眺めた。思わぬところに隠れた分流がたくさんある。両側に麻畑が続く水路に一度入り、日が沈む頃、僕たちはまたソリモンエス川の主流に戻った。川は少々荒れてはいたものの、アントニオに教えてもらった碇泊場所があるという小島に向かってジグザグと、波を斜めに受けながら進んだ。両方のモーターを使えば、20分でそこまでいけるだろう。北風がやわらかく僕たちの頬を撫でている。急に天気が変わらないといいのだけど。そうなったら、僕らはもうこの世とおさらばだ！

間もなく、一定の間隔で波が押し寄せてくるようになった。ジュマの方向を変えなくては。時間のロスにはなるが、波を斜めに受けて進んだほうが安全だ。だが僕は、ターンする勇気を失いかけていた。さっきよりも波は高くなっている。ここで方向を変えれば、砕け散る波がジュマを叩きのめしてしまうかもしれない。ドスンと音を立てて波が甲板の下にぶつかり、大きくボートを揺さぶった。まだ3分の1しか進んでいないというのに迫りくる高波を目の前にして、僕らはただ茫然と立ち尽くした。船首にぶつかって砕けた波が、次々と甲板に押し寄せてはバーンと音を立てる。ジュマがバランスを崩さないよう、足を踏ん張りながら僕が舵を握るあいだ、クラウディアはバラバラになりそうな屋根の柱を一生懸命押さえる。ボートは、めきめきと音を立て、押し寄せる水の圧力で船首が川下に沈んでは浮かび、そこでまた思いっきり波に打たれた。僕たちは恐怖におののきながら、あまりの轟音に耳はすっかり麻痺してしまった。島はまだまだ先だというのに、あたりが暗くなってきた。それでも、ジュマは持ちこたえた。再び回転し始めた羽根車は、浅瀬に着くまでしっかり大活躍。バイクのヘッドライトで船が碇泊している入江を見つけ、ようやく僕たちはほっと肩を撫で下ろし、ジュマを接岸させた。

翌朝、日の出前に僕らは出発した。今日中にソリモンエス川の北側の川岸に着くには、気温が上がって風が吹き始める前に出発したほうがいい。まずひとつの小島の裏側までたどり着き、ふと顔を上げると日の出の柔らかい日差しのなか、ジュマのうしろに虹が出ているのが見えた。水面は鏡のように波も音もない。風上に向かって進んでいく。ここが、この川で一番川幅の狭い場所だ。それでも川幅は5キロ。アマゾン河口のデルタ地帯まで行くと、さらに250キロまで広がるという。まるで海に放り出されるのと変わらない。こんなに穏やかな瞬間が訪れるなんて思ってもみなかった。

それから何日かは、もう危険を冒すのはやめて、少しでも雲がかげり出したらすぐにどこかに避難しようと決めた。やがて僕たちは、フィンカ（農家）の前を通り過ぎた。放牧された牛が姿を現し、最初の町マナカプルが見えてきた。波止場にはびっくりするほど大勢の人たちが集まっている。喧騒、ゴミ、悪臭。その後、大河の合流点に達して、ソリモンエスの濁った川から、今度は透けるような美しいネグロ川に移ることができた。巨大な遠洋漁業船が行き交うなか、僕たちのジュマは豆粒のようだ。そして、川をもうひとつ渡り、嵐を三つばかりくぐり抜けたところでようやく、アマゾナス州の首都マナウスに到着した。ちょうどカーニバルの季節で、すごい人だかりができている。突然、ジャングルから大都市に出て来て、僕たちはここで何をしたいのかわからなくなった。川は汚れて異臭を放っている。

観光ビザはすでに切れていた。ジュマとお別れする気にもなれない。

「いくら領事館でも、6ヵ月以上、取りに行けなかった郵便物を取っておいてはくれないだろう」そう思いながら、とりあえずドイツ領事館に行ってみることにした。——名誉領事は、手紙を預かってくれていただけでなく、領事館の仕事と並行して大手のドイツ船舶会社の代理を行なっているというではないか。僕らは大至急、ハンブルクへファックスを送った。あっという間に返事が届く。

「来週、当社のチャーター船がマナウスに着くそうだ」領事は、「それにしても、君たちよくやったね。ボートは、チャーター船に乗せてドイツまで運んであげよう。当然、経費は会社持ちだ。もしほかにも手助けが必要だったら、いつでもここに来なさい」と言った。思わぬ幸運に、僕たちは口をぽっかり開けたまま突っ立っていた。——ああ、また夢がひとつかなったんだ。これでジュマを手放さなくてもすむ。いつかドイツに戻ったとき、ジュマをライン川からケルンに走らせて、この世界旅行を終えることができるかもしれない。おっと、これは夢の見すぎかな……。

――そして今、僕たちはマナウスの空港でマイアミ行きの飛行機を待っているところだ。マナウスの警察署長は期限切れの観光ビザを見ながら、「そんな旅をしてきたのなら、遅れて着いても当然だ」と、自らの手でチョコチョコッと有効期限を書き変えてくれた。船舶会社だけでなく、どの官庁の係員も輸出許可や税関申告といった面倒な手続きをホイホイと敏速にやってくれた。貨物船に乗せるため、ジュマはできるだけ解体し、屋根も切断してコンパクトに収納した。やがて積み込み作業もスムーズにいき、ジュマは、貨物船上部の四つのコンテナにしっかりと固定され、ヨーロッパへの旅路についた。解体のときに手元に残しておいた舵輪は、クラウディアが持って行く。彼女は、ボートをベルギーのアントワープで受け取って安全な場所に保管するため、マイアミからさらにフランクフルトへ飛ぶことになった。クラウディアと僕は、バイクをマナウスで預け、3ヵ月後にそこで再会することにした。

その3ヵ月の間、僕はサンフランシスコに飛び、旅行記事を書いたり、アマゾンについてのスライド講演会を行なったりしながら、ラブレアの人々のための募金活動やスポンサー探しをした。精巧な工具のある小さな工場をつくって彼らを支援したかったし、アマゾンの熱帯雨林保護や植林活動のための援助金を集める活動もした。

1994年7月、予定通りに僕はサンフランシスコからマナウスへ戻った。マナウスの空港の税関局長は僕のことを覚えていて、黙って通してくれた。彼は、僕のカバンのなかに何が入っているかをよく知っていた。ドイツから戻ってくるクラウディアの手荷物も、ラブレアに送るための工具や寄付の品々のせいで重量オーバーしているはず。彼女のフライトは遅れるとのこと。その待ち時間に僕は、ガソリンタンクを一度切断し、タンクのなかをコーティングすることにした。ワールドカップの真っ最中で、ブラジルチームは次から次に敵を倒して突き進み、国中が盛り上がっていた。通りは国旗の色で塗りつぶされ、道端に置かれたテレビの前でサッカーファンたちが叫び声を上げて観戦していた。クラウディアが戻る直前、ブラジルは見事にワールドカップで勝利をおさめた。町中が祭りで大騒ぎになり、その間は、何日も店や会社が閉まったままだった。やがて僕らは曳航船を見つけ、アマゾンの河口近くにあるベレンという町に向けて出発した。そこからまたバイクでの走行が始まる。

大西洋の海辺で陽気なサンバのリズムに合わせて、僕たちはリオデジャネイロに向かって南に進んだ。途中、バイアの町で中央アメリカを共に旅したトーマスに会うことを僕たちは心から楽しみにしていた。だが町に着いたとき、トーマスの姿は見当たらず、彼の友人という男が教えてくれた。「トーマスは、土地の権利について誰かから言いがかりをつけられ、挙句にフィンカを去って、スイスへ帰ってしまった」

ブラジルでは残念ながらこういう類の話は珍しくない。そういう自分たちもブラジルという国にすっかり魅了され、できることなら住んでみたいとまで思ったが、そんな理由からここに土地を買うことをためらった。トーマスの相棒ベアートはベネズエラで元気に家具工場を営んでいるとのことだった。

これまでにも何度か僕たちは、「テレビに出ないか」とか「雑誌のインタビューを受けてほしい」

という誘いを受けていた。だが、できる限りそれを断り続けてきた。というのも、テレビに出ると顔が知られるだけでなく、取材班に取り囲まれながら走らなくてはならない。「君たちは皆の夢を実現しているのだから、それを今度は皆と分け合わなくては」などと言われても、「夢」というのは、僕たちを自由に好きなところへ行かせておいてくれない限り、実現不可能だ。マスコミなどで有名になった暁には、人々は心を開いて僕たちを迎え入れてくれる代わりに、「おい見ろよ。あいつらだぜ！」と言いながら、指を差すようになってしまう。

でも今度ばかりは例外だと、僕らはテレビに出演することにした。そう決心した第一の理由は、ブラジル人の冒険や旅行に対する情熱が並たいていのものではなく、僕たちの心を揺り動かしたこと。そして第二の理由は、僕らのバイクの製造元がサンパウロに営業所を持っていて、「旅のドキュメンタリーフィルムに参画したら、無料でバイクのオーバーホールをさせる」と承諾してくれたからだ。そうして、「ファンタスティコ」という、旅人たちの喜びや悲しみを放映する番組に出演することが決まった。話し合いはスムーズにいき、3日間のスケジュールでリオからサンパウロに向かって走るあいだに撮影することを取り決めた。シナリオは5分単位のシーンで編集され、一週間にわたって僕たちの旅の様子が毎日ブラウン管から流れるとのこと。後日、これはテレビ局もびっくりするほどの反響を呼んだ。視聴率から計算すると約8千万人ものブラジル人がこの番組を観たという。サンパウロのような大都会で僕たちに気づく者がいるなど、そのときは夢にも思っていなかった。だけど、それから2ヵ月間、どこにも姿を現せないほど僕たちは有名人になって、水着姿でビーチを散歩していてもすぐにバレてしまった。彼らは、僕たちがジャングル訛りのポルトガル語を話すのを耳にし、「こりゃ参った！」と大笑いした。人々は、僕たちを抱きしめ、「しっかりやれよ」と励ましてくれた。

バイク会社の社長もちゃんと約束を忘れずにいてくれた。工場のスタッフのなかには日系移民の姿もちらほらと見られた。すっかりブラジル人になった逞《たくま》しい日系のスタッフは、手に入らない複雑な部品の複製《コピー》まで手がけてくれた。F3・チューニングショップのメンバーはシリンダーやシリンダーヘッドを加工してくれたのだけど、その素晴らしい技術のおかげで、エンジンはその後、5万キロの道中で一滴もオイルを無駄に消費することはなかった。

エンデューロの修理を終え、僕たちはサンパウロ近郊の町サントスの港から南アフリカ・ダーバン行きの貨物船に乗りこんだ。大きな大陸をまたいだ引っ越しは、きっとこれが最後だろう。港ではブラジルで仲良くなった友達が埠頭で手を振っている。数々の楽しい思い出がよぎるなか、僕たちは4年の歳月を過ごした南アメリカ大陸をあとにした。そしてここから待ち受けているのは、7780キロにわたる海の旅。貨物船の巨大なエンジンを見て、そのあまりの大きさに僕が口をぽっかり開けているあいだに、クラウディアは厨房でコックと一緒にケーキを焼いていた。クロアチアやポーランド、そしてビルマ人の船乗りたちと共にクリスマスや新年を祝いながら、輝く太陽の下、まるで豪華客船でクルージングでもしている気分で暗青色の海を渡り、次の出発点、アフリカへ進んで行った。

10 アフリカ

1995年1月——1997年3月

南アフリカ・スワジランド・レソト・ナミビア・ボツワナ・ジンバブエ・モザンビーク・マラウイ・ザンビア・タンザニア・ケニア・ウガンダ・ルワンダ・ザイール（現コンゴ民主共和国）・中央アフリカ・カメルーン・ナイジェリア・ベニン・トーゴ・ブルキナファソ・マリ・ニジェール・セネガル・モーリタニア・モロッコ

アパルトヘイト廃止直後の南アフリカの大農場で過ごしたあと、ナミビアのナミブ砂漠へ。コイマシスでは自然再生に取り組む友人農場主のもとで、カオコランドではヒンバ族の土地で過ごす。オカバンゴ湿地のサファリキャンプでアルバイト。ルワンダの霧深い森に棲むゴリラを見に行く。ザイールから中央アフリカに向かってこの上なく悲惨な道を走る。ジャングルを抜けてようやくピグミー族の住むリグアに着く。この頃、ドイツへ帰ることを決心する。西サハラの砂漠を横断。モロッコに到着。ジブラルタル海峡対岸の町に夕闇が迫り、町の灯がぽつぽつと点灯していくのを感無量の思いで眺める。もうすぐ故国だ。

1995年1月初旬、僕たちは南アフリカ・ダーバン港の土を踏んだ。アフリカ大陸周遊を始める

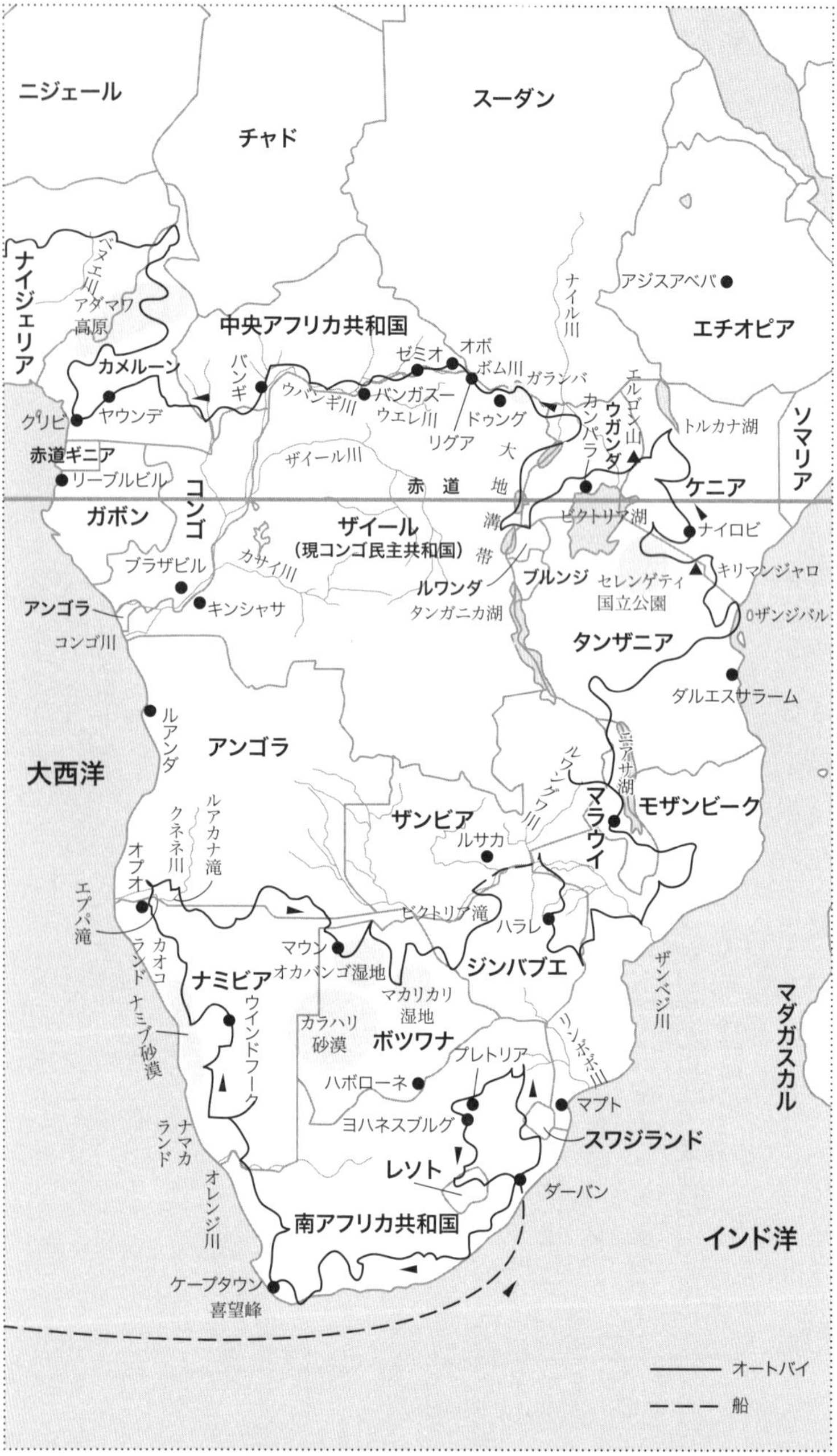

ニジェール
チャド
スーダン
ナイジェリア
ベヌエ川
アダマワ高原
カメルーン
中央アフリカ共和国
エチオピア
アジスアベバ
ナイル川
クリビ
ヤウンデ
バンギ
ゼミオ
オボ
ボム川
ガランバ
ウバンギ川
バンガスー
ウエレ川
ドゥング
リグア
エルゴン山
カンパラ
ウガンダ
トルカナ湖
ソマリア
赤道ギニア
リーブルビル
ザイール川
赤道
大地溝帯
ケニア
ガボン
コンゴ
ザイール
（現コンゴ民主共和国）
ビクトリア湖
ナイロビ
ブラザビル
カサイ川
ルワンダ
ブルンジ
キリマンジャロ
セレンゲティ国立公園
アンゴラ
キンシャサ
タンガニカ湖
ザンジバル
コンゴ川
タンザニア
ダルエスサラーム
ルアンダ
アンゴラ
大西洋
ニアサ湖
ルワングワ川
マラウイ
モザンビーク
ザンビア
ルサカ
クネネ川
ルアカナ滝
オプオ
エプパ滝
ビクトリア滝
ハラレ
マウン
オカバンゴ湿地
ジンバブエ
カオコランド
ナミビア
ナミブ砂漠
ウインドフーク
マカリカリ湿地
カラハリ砂漠
ボツワナ
ザンベジ川
マダガスカル
リンポポ川
プレトリア
ハボローネ
マプト
ヨハネスブルグ
スワジランド
ナマカランド
レソト
ダーバン
オレンジ川
南アフリカ共和国
インド洋
ケープタウン
喜望峰
オートバイ
船

前に、どうしても新しいファイバーグラスタンクをつくる場所を見つけなければならない。これまで修理を重ねてきたタンクは容積が30リットルから24リットルに減ってしまい、ガソリン漏れも多くなっていた。ヨハネスブルクで僕は、軽飛行機を製造する会社がガソリンタンクも生産していることを知った。ドイツ人の経営者のペーターが、どうすれば高品質なファイバーグラスタンクを製造することができるか、そのワザを僕に伝授してくれることになり、僕は一ヵ月かけて設計図を描き、その形を考え、最後には38リットルのタンクをふたつつくり上げた。複雑な作業はペーターのもとで働く黒人スタッフが手を貸してくれた。ほんの2ヵ月前、マンデラ・ネルソン氏が大統領に就任したばかりの南アフリカ。少数白人支配の人種隔離政策《アパルトヘイト》を廃止したことで国内の情勢がさらに混乱し、大統領も安泰な立場にいるとはいえない状況だった。殺戮や拷問、手足の切断などは日常茶飯事。わずかな白人たちは、ひっそり隠れて過ごす日々が続き、さらに黒人の間でもさまざまな闘争が起こり始めていた。どこに行っても「自分は人種差別主義に反対だ」という白人がやけに目立った。まあ、それが本心なのかどうか、僕らには疑う理由はないのだけど。なかには僕たちにどうやって「カッファー」を扱うべきかを教え込もうとする者もいた。カッファーというのは、オランダ系白人のボーア人たちが黒人に対して使う蔑称で、今では使用禁止語になっている。

南アフリカ共和国は、野生動物が棲息する自然公園があちこちにある魅力的な国だ。それでも、僕たちはこの国で暮らしていなくてよかったとつくづく思った。とにかくここに来てからずっと、自分の肌の色を思い出さない日はない。ブラックアフリカと呼ばれるこの地帯で、白人はどこでも歓迎されるとは限らない。僕たちは、それを学ばなければならなかった。危険なので、タウンシップと呼ばれる黒人住居区へ足を踏み入れることはできなかった。幸い僕らは、対立関係が比較的穏やかなクラインカルーという町を見つけた。南アフリカ南西部にあるこの町では、農業や畜産が盛んで、大きな農場がいくつもあった。

晩冬のある朝早く、僕らはそんな大農場を発った。前日の午後ここに着いたとき、僕たちは白人の農場主に片隅にテントを張らせて欲しいと頼んで一泊させてもらったのだ。農場主は僕たちをうさんくさそうに見ながら、しぶしぶ許可をくれた。どんよりとした霧が立ちこめ、底冷えのする日。ちょっとバイクを走らせたところで雨も降り出した。5分も走って、防水ジャケットを着ようと隣の農場の納屋に駆け込んだ。そこへブレイクという名の農場主が現れ、「コーヒーでも飲んでいけよ」と、代々家族が受け継いできたという大きな屋敷へ招いてくれた。驚いたことに、ここの窓に鉄格子はついていない。部屋にもアラーム装置らしきものは見えない。南アフリカではふつう、こういう大農場の主は使用人を信用せず、あちこちに頑丈な鍵をかける。だけどブレイクのところには、鍵のかかっている戸棚はひとつもない。

「2、3日ここに泊まっていけばいい」彼はそう言って隣の家屋に部屋を用意してくれた。ブレイクは最高級のモヘアが採れるアンゴラヤギの飼育をしていて、もう何度も――ときにはオーストラリアやニュージーランドで開催される――国際的なコンテストに優勝したことを自慢げに語った。夜はベランダに座って、南アフリカの伝統的なバーベキュー、ブラーイを楽しみ、羊の餌のなかに混ぜているという臘梅《ろうばい》の香りがほんのりする極上の羊肉をご馳走になった。ブレイクの奥さん、ピッパは、黒人の教師と共に隣の家屋で、自分の子供や農場で働く労働者の子供たちに勉強を教えていた。ここには穏やかな空気が流れ、彼らは率直に、そして心を開いて僕らに接してくれた。ケープタウンの町も、ちょっと見た感じではブレイクのところのように平穏に思えた。ここには主に黒人、そしてカラードと呼ばれる白人との混血グループが住んでいた。このカラードというグループは、白人社会から黒人同様に人種差別を受ける一方で、自らは黒人たちを踏みつけるように振る舞っていた。

ケープタウンの南にある喜望峰で、僕たちはヨッヘンという名のドイツ系南アフリカ人と知り合った。彼はナミビアのナミブ砂漠の持つ多様性や、そこに秘められた姿がいかに美しいかを語り、僕たちに、「絶対見逃しちゃいけないよ」と地図をくれた。彼はオススメの場所を地図に印しながら、「このなかに人種差別する奴はひとりもいねえ。オレが保証する」と友達たちの住所も書いてくれた。

ナミブ砂漠を楽しみに進む途中で、ナマカランドに寄り道をした。広大無辺に広がる岩石砂漠の美しさは圧倒的だ。僕らは砂漠のど真ん中で、コカブーンという巨大なアロエの木の下にテントを張った。この木はなんとも不思議な形をしていて、ここにいると進化する前の地球にタイムスリップしたような気分になってくる。ナマカランドからナミブ砂漠にかけて、太古、地球に存在したといわれるゴンドワナ大陸の面影を残す大自然を楽しむことができそうだ。ヘルズ・クルーフ（地獄の峡谷）という地名のとおり、切り立つ岩ばかりのグネグネした道をすり抜け、高層ビルの高さほどある岩山の前を通り、国境沿いに流れるオレンジ川にたどり着いた。北側の川岸には岩壁が聳え立ち、その岩肌からは堆積した地層が露わに姿を見せている。これを見ると、地球の層構造がどういうふうになっているのか想像がつく。この川の向こう側がナミビアだ。次の川に着くまで、南から北に向かってナミビアを突き抜け、アンゴラとの国境にあるクネネ川まで走らなければならない。

標高約２０００メートルのゲムスベルク峠からナミブ砂漠を見下ろすと、何度も繰り返された地殻変動によって地面に亀裂が生じているのがはっきりと見えた。１００万年前に生じた地球大進化の一場面が、こんなところで、あたかもスナップ写真のようにさりげなく姿を現していた。そのうしろに

南アフリカ・ブライド・リバー・キャニオンで。

は小石の海が広がり、真ん中の平らな部分には一枚岩が見えた。岩の下にはちょうどテントがすっぽり入るくらいの穴が空いていた。真っ赤な日輪が地平線の向こうに沈み、頭上に丸天井のような星の世界が広がり始める。一見、生命というものを持たないようにみえる砂漠は、僕たちに静寂の世界をもたらした。自分の吐く息以外に聞こえるものといえば、風化した一枚岩からさらさらとテントの上に落ちる終わりのない砂時計のような岩屑だけ。僕たちは砂丘の上を散歩した。しばらく行くと、このあたりを散歩するのは僕たちだけじゃないことに気がついた。砂漠の砂が、複雑な模様や形をつくりながらゆっくりと歩き回っていたのだ。そして砂は、高さ350メートルにもなる砂丘をつくっては風に吹かれ、そしてまた折り重なりながら別の形をつくりだすのだった。

コイマシスという小さな町に着き、ケープタウンで知り合ったヨッヘンの友人ウルフと彼の家族を訪ねた。ウルフの先祖は、ナミビアがまだドイツの植民地だったウィルヘルム皇帝の時代にナミビアへ移住して来たという。ウルフは、「オレも旅は好きだけど、やっぱりここに戻ってきてしまうんだ」と言った。このコイマシスという町の名は、ブッシュマンという通称で有名なサン族が名づけたもので、「善良な人々の集まる場所」という意味があるそうだ。サン族は定住型の民族ではないため、白人移民たちに追いやられてしまったという。コイマシスには、ナミビアのなかでも比較的地味豊かな土壌が10万ヘクタールもあり、白人移民たちが、何世代にもわたりナミビアの重要な収入源となるカラクル羊を飼育していた。ウルフは、ナミビア特有の鳥とコレステロールがゼロに近いといわれるアフリカ・ダチョウの飼育をしていた。羊の飼育によって荒れ果てた大地が自然の姿に戻るようにと、彼は農場の柵を少しずつ取り壊していった。そのおかげで絶滅危惧が唱えられていたヘビクイワシなどの猛禽類が、再び姿を現した。その前は、牛や羊がヘビクイワシの巣を踏み潰してしまっていたとのこと。隣の谷には野生馬の群れが住み始め、オリックス（カモシカの一種）、ハイエナ、豹も姿を見せるようになった。

夜になるとウルフと星空の下で火を囲み、スプリングボック（カモシカの一種）のももを火で炙って食べた。そうしてぼんやり空を眺めていると、雲が形をつくっては、どこかへ消えていく。ウルフは言った。「僕の故郷が美しいのも今のうちだけさ」慢性的に水不足のナミビアでは、観光業が盛んになるにつれてホテルやバカンス村が貴重な地下水を汲みあげ、地下水面が下がりきっているのだそうだ。観光客がシャワーだなんだと使う水である。ナミビアの首都ウィントフークでも最近、旱魃のために水がなくなり、金持ち白人たちは自家プールの水でコーヒーを淹《い》れていた。

海辺の町スワコプムントでは、ドイツ植民地時代の面影が色濃く残っていた。ウィルヘルム皇帝通

ナミブ砂漠。このあたりを散歩するのは僕たちだけじゃないことに気がついた。

り沿いには立派な建物や手入れの行き届いた庭。コーヒーサロンには上品なケーキや美味しいドイツのパン。伝統的なビクトリア風の衣装に船の形をした帽子をかぶった漆黒肌のヘレロ[*1]女性が、肉屋で流暢な南ドイツ訛りを操り、「今日は何にします？　シュヴァインツ・ハクセ（豚の骨つきスネ肉）、プファルツァー・ザウマーゲン（豚の胃の詰め物）、それともローストブラートヴルスト（粗挽きソーセージ）？」と訊ねてきても、僕らはもう驚かなかった。

ナミビア北部にあるカオコランドでは、今も伝統的な生活を続ける半遊牧民のヒンバ族としばらく生活を共にした。ナミビアとアンゴラの国境に住む彼らは、アンゴラの公用語であるポルトガル語を流暢に喋り、女性たちは赤土にバターを混ぜたものを全身に塗っていた。その饐《す》えた匂いはチベットの遊牧民たちのことを思い出させた。ヒンバの女性たちは、なめし革のスカートを身にまとい、首飾りやブレスレットで飾りたてていた。そして髪は長い皮紐でグルグル巻きにし、足首には足輪をつけ、歩くたびにチャラチャラと音がしてとてもおしゃれだった。首飾りや腕輪は、前回の戦争の残り物、弾薬のケースでできていた。これはアンゴラからこの地に何百万もの爆弾が投下されたときのもの。それ以来国境には、山のように地雷が埋まったままだった。それを聞き、僕たちもここからアンゴラへ入国するのをあきらめた。

そしてここでは、また別の問題が起こり始めていた。ナミビア大統領ご自慢のプロジェクト、クネネ川のダム建設工事が再開されたのだ。再開は、これで五度目とのこと。世界銀行が出資するというこのプロジェクトの必要性については、さまざまな議論が飛び交っていた。ここで敗者となったのは、広大な牧草地や伝統的な墓が川底に沈められてしまう遊牧民ヒンバ族である。ダムはエプパ滝を突き抜けていて、滝の上端に聳え立つバオバブの大木も深さ50メートルのダム湖の底に沈んでしまうとい

ヒンバ族の女性は、とってもおしゃれ！

う。

ヒンバ族の若者たちと行き来を重ねるうちに、僕たちはいろんな話を聞いた。小枝と牛糞でつくったドーム型の小屋。台所は青空の下。女性たちは瓢箪に牛乳を入れ、それがバターになるまで振る。主食は、自分の畑で取れるトウモロコシと羊肉で、特別な日にだけ牛肉が出されるとのこと。ヒンバ族にとっては、家畜の多さが部族の誇りであり、豊かさの象徴である。現金はまだ支払いの手段となっていないようだが、あの様子だと、その価値観が変わるのもきっと時間の問題だろう。ナミビア政府は、この近辺の経済の中心地であるオプオに定住するヒンバ族に褒美を出すと言って彼らを定住に誘い、彼らが「文明社会」に同化する政策を打ち出していた。この政策はすでにずいぶん前から実行さ

＊1　ヘレロ族。ナミビアとボツワナに在住する遊牧民のこと。

れていたが、それはなんとも残酷な行為のように僕の目に映った。防空壕のようなコンクリートの建物があてがわれ、近くにはコーラや酒を扱う店があるだけで、周囲は白人が持ち込んだゴミの山のスラムになっていた。そこでは、かつて誇り高かったヒンバ族の若者が道端で観光客を呼びとめ、シルバーのアクセサリーや革の衣類を売りつけ、小銭と引き換えに写真を撮らせ、それを断る観光客には石を投げつけていた。

でも、郊外に住むヒンバ族たちは今のところ、まだ幸せそうに暮らしている。ヒンバの女性たちは、「その隙間がなんとも美しい」といわれる円錐状に研いだ歯を見せながらよく笑い、首飾りも円錐状の形をした貝殻をぶら下げていた。この貝はめったに採れなくなっていて、アンゴラの海岸からは消滅したという。それを耳にしていた僕たちは、その貝をスワコプムントの土産物屋で見つけ、別れ際に彼女たちにプレゼントした。彼女たちは、驚きと喜びで、とても嬉しそうに笑った。彼らはほかの未開民族がどういう生活を送っているかに驚くほど興味を示し、僕たちの生活スタイルもたちまち理解したようだった。ヒンバ族はとても感情移入に長けた民族で、僕たちがどうやって旅行を続けていくか、所持金がなくなったらどうするのかなど、いろいろと知りたがった。僕たちは、自分たちが生きていくのに本当に必要なものはごくわずかで、節約して過ごせば、次の目的地ボツワナのマウンまではなんとか行けるはずだと話した。

「そこのサファリパークでアルバイトを探し、また旅の資金を蓄えるのさ」そういう僕の話を耳にしたヒンバ族の首長が話しかけてきた。「おい、サファリパークよりもっといいアイデアがあるぞ！」そう言ったあと、首長は僕たちを焦らすように嗅ぎタバコの缶を取り出し、親指の付け根にタバコをポトッと落としてゆっくりと鼻を近づけた。そして息を吐きながら、そのもっといいアイデアについ

「一番デカい雄牛を1頭やるよ」と言ってくれたヒンバ族の首長。

て話した。「トラックを1台用意しな。わしが一番デカい雄牛を1頭やるよ。オプオの屠殺場まで持っていけば1000ドルにはなるはずだ。そしたらもう、働かなくてもいいだろ？」このあまりにも寛大な申し出に僕たちは驚いた。首長の言葉は、涙が出るほどありがたかった。だけど、この灌木地帯でトラックを見つけ、オプオの町まで雄牛を運ぶのは不可能だった。

ヒンバ族のもとを去り、埃だらけの道を走りながら、僕たちは何度もこの首長の姿を思い出した。道はしだいに夢のように美しいクネネ川の岸辺へ続き、大木の下で休憩をとるたびに、この地がダムで埋もれてしまうなんて信じられないと話した。事実、数キロ先ではすでに自然環境を無視した強引な工事が始まっていて、かつてクネネ川の水が落差80メートルのルアカナ滝に流れ落ちた場所は、ブルドーザーで破壊され、コンクリートのダムに変わっていた。ルアカナに近づくにつれて人々はよそよそしくなり、ヒンバの若者が僕たちを止めて、「頭痛薬をくれないか」と言った。その朦朧とした目つきからして、鎮痛剤依存症に侵されているに違いなかった。写真撮影を条件に、ここを通る観光客が皆、この男にアスピリンを与えているのだとすれば……。

ボツワナに入国。ここには野生動物保護区域のなかでも数少ないオートバイの進入を許可する公園がある。アフリカではライオンに襲われるという理由からバイクでの走行を禁止する場所が多かった。自然公園の規定はどこもさまざまで、ジンバブエのマナプールス国立公園は徒歩しか許されていなかったが、その代わりにガイドなしで自由に動き回ることができた。もちろん、それには危険がともなうケースもあった。それでも僕らはこの公園を大いに楽しんだ。南アフリカの公園には柵が張り巡らされていて、あちこちに監視の目が光っていたのとは対照的だった。

ある日、クルーガー国立公園でジープから身を乗り出し、年老いた雌ライオンの写真を撮ろうとしていた僕は、抜き足差し足で近寄ってきたライオンに飛びかかられ、危機一髪のところで頭を引っ込めた。その後、ザンビアのルアングア国立公園でも、僕は別のライオンに取っ捕まりそうになった。それはクラウディアが六度目、最後の帰省休暇でドイツへ帰っていたときのこと。夜遅く雨が降り出し、僕は寝ぼけ眼で雨除けを取りつけようとテントから首を出した。するとテントの真横で横たわっていたライオンが、僕の顔を見ながら大あくびをし、舌なめずりをしてゴロゴロと喉を鳴らした。「うわぁ、ヤバイ！」僕は心臓が止まる思いで、慌てて頭をテントに引っ込め、入口をしっかり閉めた。アウト・オブ・サイト、アウト・オブ・マインド（視野から消えれば、思念からも消える）。なんとかライオンは、僕のことを忘れてくれた。

モハンゴパークでは、砂埃を巻き上げて突進してくるゾウの群れとも鉢合わせになった。池に向かいながらドシンドシンと突き進むゾウをどうにか避け、僕たちは呆然と彼らのうしろ姿を見送った。60頭はいただろうか。列になってまるで軍隊のように並びながら通り過ぎていった。雌ゾウが一瞬大きく頭を振ってこっちを向き、鼻を高く上げて威嚇したが、幸いそのまま立ち去ってくれた。ゾウたちは池に突進し、水を飲んだり、鼻で水をかけ合ったり、泥の上で転がり回って楽しんでいた。ゾウの赤ちゃんは、自分より少し大きい子ゾウのマネをしたり、土手で滑って危ういところを母親に鼻で助けられたりしている。

夜は、オカバンゴ川の岸辺にテントを張り、蚊帳越しに月の光の下でカバが水から上がって草を食む姿を眺めた。僕たちの頭上の木には大きなフクロウが2羽とまっていた。うしろからは「ここはオレ様の縄張りだ」とばかりに叫ぶライオンの声が聞こえ、その近くで雄ゾウが2頭、唸りながら取っ組み合いをしていた。

　なんとも幸運なことに、僕たちはふたりとも、ボツワナのオカバンゴで最も有名なサファリキャンプで仕事を見つけることができた。1000平方キロメートルにも及ぶ面積の、アフリカでも一番美しい自然公園のひとつである。ここにはアンゴラ高地から流れ出る透き通った水でできた湿地帯があり、そのおかげで、緑の多い豊沃な大地に動物が集まってくるとのこと。動物が群れている所ではいつも何かしらが起こり、ここで僕たちは動物のさまざまな習性を知ることができた。何週間もなんの防御もせずに野外でテント暮らしをすることは僕たちにとって、なんとも貴重な体験だった。オカバンゴでは、どんな種類の武器も持つことは禁止されていた。

　サファリキャンプの敷地は、湿地帯の真ん中の島にあり、オープンスタイルの大きなレストラン兼カフェバーやツリーハウスのほか、小屋やキャンプ場などが設置されていた。車輛で乗りこむことは許されず、旅行者たちはセスナ機でここまでやって来た。上空から眺めるオカバンゴ大湿地は壮大だ。あちこちに小島があって、水牛やアンテロープ（カモシカの一種）、ゾウにシマウマ、キリンにヌー（カモシカの一種）の群れが見える。大地の脇をいくつもの水路が横切り、モコロという丸木舟に乗った船頭が長い棹を使って滑るように進んでいく。モコロは湿地帯で一番便利な交通手段だし、動物のそばへ忍び寄るのにも最適だが、ワニやカバがいるところでは危ない。マラリア原虫を媒介するハマダラ蚊に次いで、アフリカで一番たくさん犠牲者を出すのはカバだと聞いた。

　クラウディアはカフェバーで客の相手をしながらキャンプの経理もこなしていた。ここでは丸木舟に乗ってオカバンゴ・デルタを訪ねる長期ツアーに参加する60人の客を世話するため、40人のスタッフが働いていた。僕は施設のメインテナンス担当で、すべてのものを修理し、この世で一番クレージーなカフェバーのテーブルや椅子もデザインした。ひっくり返したモコロをバーのカウンター代わりにして、その横に背もたれと肘掛つきの椅子を天井からぶら下げたのだ。キャンプに柵はなく自由な雰囲気で、いつもなにかしらワクワクするできごとがあった。ゾウの群れがテントの立ち並ぶ周辺を占領していて、椰子の木を揺すって実を採ったり、灌木の葉っぱを食べたりする。僕たちのテントは、高さ4メートルのシロアリの丘から少し離れた、水草と川の間に立っていた。毎朝、散歩がてらに僕らを起こすのが日課の雄ゾウがいて、ドシンドシンとテントの横を通り抜けるとき、いつも必ず立ち止まって長い鼻を蚊帳に押しつけ、クンクンと匂いを嗅いでいった。目を覚ますと、すぐ目の前に木の幹のような足が見えることもあった。ゾウは、僕たちがミサゴ（タカの一種）が朝食をとりに来る様子を観察できるようにと、いつも早めに起こしてくれた。ミサゴは優雅に空中で円を描きながら魚を探し、一瞬のうちにかぎ爪でしっかり摑み上げ、また空高く飛んでいった。インパラ（カモシカの一種）やイボイノシシが通り過ぎ、ヒヒが踊りながら去っていくのを、外でシャワーを浴びながら眺める。キャンプ場では観光客が動物に餌を与えないよう厳重に呼びかけていて、ここのヒヒはこれまでに見たヒヒらしくなく、人間に餌をたかりに来なかった。セスナ機で着いたばかりの参加者たちに、このサファリのことを説明するのも僕の仕事だ。欧米からの参加者が多く、そのほとんどがアフリカ未経験者。キャンプに着いたあと、彼らは、「この冒険ツアーを自己責任のもとで参加する」と書かれた書類に署名することになっていた。そうこうするうち、僕は小グループを引き連れてスペシャル・ツアーのガイドもやるようになった。

——今、僕はフランス人のエメリックという新入りにキャンプの仕事を教えている最中だ。エメリックは新薬を開発した祖父の遺産を相続し、気の向くままに世界を放浪してきたという。彼はズバ抜けたブラックユーモアのセンスの持ち主で、僕たちはすぐに意気投合した。そして今日もツアー参加者を出迎えるため、スピーカー片手に滑走路まで出かけた。荷物は丸木舟の船頭に預け、僕は皆に言った。「丸木舟でキャンプに向かう途中、カバに襲われる恐れがあります。貴重品はお手元から放さないようにお願いします」

今回のグループは、野生動物を間近に見るのも初めての参加者ばかり。5分ほど説明を聞き、彼らはここが動物園ではないことに気づいたらしく、「危険なところに来てしまったぞ」と不安がっている。だけど心配は無用。ガイドと同じ行動さえとっていれば大丈夫。

「僕が走ったら、皆さんも走ってください」参加者は若いメンバーばかりで子供もいない。僕とエメリックは、今回は大物の近くまで案内できるかもと密かに期待をしながら動物の居場所をチェックし、滑走路の端にゾウの糞が落ちているのを見つけた。そこで僕たちは立ち止まり、ゾウの行動パターンや、万が一、ゾウの群れに囲まれてしまったときにはどうするかを説明した。「まず、しゃがんでヒヒになったマネをしてください。体のあちこちを掻きながら葉っぱを齧り、そこで間違ってもゾウの好きなナッツを食べるフリをしてはいけません。でないとゾウは怒って何をするかわかりませんよ」さらに、ゾウとは目が合わないようにすること、彼らに絶対服従の態度を見せること、ゾウが匂いに気づかないようにそっと風下から逃げること、何があってもパニックに陥らないことなどを説明した。そして、僕はゾウの糞を手に取って匂いを嗅ぎ、それを持って行くことにした。参加者のひとりが聞いた。「ちょっと……それ持っていって、どうするんですか？」僕は、皆に匂いを嗅がせてそれが決して悪い匂いではないことをわかってもらうことにした。そしてもしもというときに、これを自分の体に塗れば、ゾウは襲いかかってはこないと説明した。それに続いてエメリックも巨大な糞を手に取り、メンバーに話した。「皆さんは持っていかなくていいです。毎日、草原にいると、まあ、そういう危険と向き合うこともあります。だけど今日、皆さんが、危ない目に遭うことはありません」

　僕たちはガチョウのように一列縦隊で前に進んだ。エメリックは一番うしろにいる。ふと振り向くと、参加者が8人とも片手にゾウの糞を持っているのが目に入った。僕は思わず吹き出しそうになったが、なんとか笑いをこらえ、無表情を決め込んで前に進んだ。ちなみにこのトリックは、ゾウの生存数調査に来ていた生物学者に同行したとき、小型飛行機のなかで教えられたのだ。ゾウの群れについて行くには、糞の匂いをふりまくヒヒに成りすますのが一番。だけど参加者のなかでひとりだけ、「なんてバカげたことを！」と、それを拒んだオーストラリア人の女性がいた。

　そのとき突然、2頭のゾウが行く手を塞いだ。

「ストップ！　しゃがんで静かに！」――そっとその様子を窺う――ゾウが進行方向を変えさえしなければ、きっとスレスレのところを通っても人間の匂いには気づかないはず。そのとき突然、左のほうからドドドッという音が聞こえ、30メートルあるかないかという場所に雄ゾウがもう2頭、藪のなかから姿を現した。ヤバい場所から出てきたぞ！　あの2頭が迫ってきたら逃げ場がなくなる。「落ち着いて！　もっとしゃがんで！」そこにもう1頭、ゾウの親分が登場。足を踏み鳴らし、鼻や耳を振りながら、突進してくる。僕はさりげなく自分の腕にゾウの糞を塗る。エメリックもそれに続く。参加者たちは、それを見て目を皿にし、自分たちの腕にも糞を塗り始めた。僕はゆっくり腕を動かし、なんとかこの親分を落ち着かせようとする。そのとき例のオーストラリア女がパニックになって、ほかの参加者の糞を自分の髪や顔に塗りたくりながらバタバタと暴れだした。巨大ゾウがこっちを見下ろしてドンと立ちはだかる。ゾウの親分は、あたふたするオーストラリア女の頭をベタベタした鼻で撫で回し、匂いを嗅ぎ始めた。その間、僕たちは、柱のように立ちはだかるゾウの足を見上げながらそうっと安全な場所へ這って逃げることにした。女は固まったままだ。やがて巨大ゾウは、こっちに振り向き、「いい加減にしろよ！」と僕らを見下ろし、満足げに鼻息を立て、ほかのゾウたちのもとへ戻っていった。

キャンプに戻り、自作のブランコ椅子に腰かけながらツアーメンバーたちと乾杯。クラウディアが皆にグラスを運び、「今日は特別にもう一杯サービスよ」と言って、そっと僕にウィンクした。

その後、キャンプを去るまでの数週間、僕たちは現地のスタッフや生物学者から動物の習性について実にさまざまなことを学んだ。「君たち、いったい何をしたんだい？ ビックリするほど売り上げが伸びたんだけど」キャンプの経営者はそう言って僕らの働きぶりに大満足だった。どうやって売り上げを上げたのか、彼はそれを知らない。

次はジンバブエやモザンビークに行ってみようと東に向かう途中、僕たちはナイパン国立公園に通りかかった。乾燥した塩低地にバオバブという木が群れをなして生えている。アフリカを象徴するこの巨樹は、幹のなかに水脈があり、スポンジのように水を蓄えている。そのことをよく知っているゾウたちは、乾期になると木のそばに寄って来る。いろんな形を持つこの大木とその多様さに僕らは大感激。なにしろ、この不思議な姿の大木に出入口をつくって、住居やパブにしたものまであったのだから。

道路から南に40キロほど走ったところで、7本のバオバブが肩を寄せ合いながら生えている場所に到着した。この木は、それにちなんで「セブン・シスターズ」と呼ばれていた。僕たちはこの大木のあまりの太さに驚きながら、重なり合って生えている幹の周りを歩いてみたり、木になっている実を

「セブン・シスターズ」と呼ばれるバオバブの巨樹。
184センチのクラウスの身長と比べてみてください。ボツワナで。

低地へ行ってみようと決めたのだ。その低地とは、マカリカリ塩低地のすぐ近くとしかわかっていない。

し込む頃、僕たちはまた次の目的地へ出発した。怪物のようにでかいバオバブの木が群生するという

採って食べたりした。そして、この木の風下にテントを張った。バオバブの枝の間から朝日の光が差

2日間、300キロの放浪ののち、僕たちはくぼ地のど真ん中にテントを張った。友人たちは口を揃えて言っていた。「現地ガイドと一緒じゃなきゃ、あそこは見つかんないよ。とにかくだだっ広いんだ。クレバスに落ちて行方不明になった旅行者だっているんだぜ」だけど方向感覚において、僕らは絶対に大丈夫。それよりもっと困ったのは、ヨーロッパ人があちこちに張り巡らした柵だった。これには、うんざりするほど回り道をさせられた。ボツワナでは牛肉はダイヤモンドと並ぶ重要な輸出品で、柵は家畜に口蹄疫が蔓延するのを防ぐためだという。

ある日、何百キロにわたるカラハリ砂漠を横断していた5万頭のヌーの大群が、あともうちょっとで川というところにたどり着いた。だけど、そこに立ちはだかったのが、この忌々しい柵。喉が渇ききったヌーたちは、川を目の前にしながら哀れな姿で命を落とすしかなかった。

こういった回り道を、僕たちは無駄だとは思わなかった。どこに柵があって、どこにその抜け穴があるかを僕たちは知るようになり、砂にはまったりしながらも砂丘を駆けてこの地域を突破し、なんとか窮地を抜け出せた。そんなことのおかげで、この地の果てに住む人々とも出会うことができた。彼らの住む丸い小屋。猛獣から家畜を守るため、尖った木の柵で包囲されている家畜小屋。そうして小さな塩低地を駆けながら、モパネ（マメ科の木）や黒檀《エボニー》の森で道に迷ったりした。

そうこうするうちに、ついに目的地にたどり着いた。バオバブの枝が明るく澄んだ満月の下で黒い

美しい落日。ボツワナ・マカリカリ塩湖で。

シルエットをつくり、あたりを取り巻く白い塩低地に浮き彫りにされているのをうっとりと眺める。葉のない枝を揺する風は、まるで砕ける波の音のようだ。満月の光を受けた枝が不気味な影をつくっている。

僕たちのところに村長が訪ねてきて、やけにうやうやしい挨拶をして帰っていった。村人たちは、ソワソワしながら僕らを見ては目を大きく開け、聞いたことのない言葉でわあわあ言っている。僕らのことを知っているのかな？　そして、恐る恐る僕らに近づいて、言った。「君たちがここに来ることをサン族のひとりが予言していたんだ」あるサン族の男が踊りながらトランス状態に入り、この先起きるできごとを次々と述べたのだという。そのうちのひとつが、「僕たちの到来」だったらしい。

「満月のある日、旅を続けるカップルが、遠くから大きなバイクに乗ってやって来る。この土地の者ではない」それを聞いて、びっくりしたのはこっちのほうだ。これはもう一年も前の話だという。一年前といえば、僕たちはまだ南アメリカだった。その話をした3人の村人たちの皮膚は真っ黒で、歯と白目だけが暗闇のなかで光っていた。彼らは言った。「これでほかの予言も本物だってわかったよ。今までは、『そんなデタラメばっかり！』って誰も信じてなかったんだ」

この低地は、サン族が大切にするふたつの聖地のうちのひとつだ。

僕はサン族が代々にわたって何千もの壁画を残したもうひとつの聖地、ツォディロ・ヒルズで彼らと出会う機会があった。そのとき僕はカラハリ砂漠で先に進むのをやめようと何度も断念しかけていた。サラサラした砂と灌木だらけのカラハリは、実際、僕の手に負えるものではなかったし、ほかの大陸のどこよりも困難きわまる砂漠だった。クラウディアは最初から、「私は行かない」と言い、オカバンゴ川のキャンプで僕の帰りを待っていた。棘だらけの灌木が繁るなか、4駆のジープが残した深い轍のあとがカーブを描きながら伸びている。深い轍にはまりながら走るしかない。10分ごとに休み、筋肉の緊張をほぐして、刺さった棘を抜きながら行かねばならないぐらいハードな道のりだ。そこでサン族に出会ったとき、僕は一緒に焚き火で温まってもいいかと尋ねてみた。彼らは、「ああ、いいとも」という感じでうなずき、自分たちも一緒に火を囲みながら腰かけた。皆が僕をジーッと見つめている。そのとき僕は無言のまま、心のなかで、「ここにクラウディアがいたら、彼らと何日か一緒に過ごせたのに……」と考えた。すると彼らは、「あぁ、今度は彼女も連れておいで。ここでずっと一緒に過ごそうよ」と僕に話しかけた。彼らは僕の考えを読み取り、それに対して答えたのだ。ノンバーバル（言葉を使わない）コミュニケーション——これはもう何度も経験した。だけど今回は一方通行だ。僕が考え、彼らがそれに言葉で答える。そのうちサン族の男たちは、僕の考えていることを追っかけて遊び始めた。僕の頭のなかで考えがまとまる前に、それにピッタリ合う反応を示すのだ。僕が長老の顔に刻み込まれた深い皺を見つめ、「写真を撮りたいけど、カメラはよくないよな」と思っていると、顎を両手で支え、砂にうつ伏せになっていた長老が目をつぶったままボソボソと話し始める。ほかの者たちはふんふんとうなずき、「写真撮ってもいいってさ」と教えてくれた。

低地で数日を過ごし、持ってきた飲み水も切れそうだ。そろそろ先に進まなくては。

ジンバブエ高原東部から僕たちはモザンビークを見下ろした。この国は、30年にわたる紛争が終結したとはいうものの、内戦中にすべてを破壊しつくしてしまい、立ち上がれないほどひどい経済状態になっていた。僕たちは、英国にやとわれていた元傭兵と知り合い、バイクでこの国を抜けることができるよう軍用地図をコピーさせてもらい、そこに道を印してもらった。彼は、「モザンビークの土地は、いざとなればアフリカ全土をまかなう穀倉地帯になれるぐらいとても豊かなんだよ。だけど何百万と地雷が埋まっていて、それを掘り出さないと農夫たちは仕事にかかれない。だから農場は、荒れ放題で灌木が生い茂っている。お願いだから地雷のわんさと埋めてある木のうしろは走らないでくれ。それならまだ穴ぼこだらけの道を走るほうが安全だ」そう言って僕たちのことを心配した。

モザンビークの人々は、僕たちがポルトガル語で話すのをとても喜んだ。そして、「オレたちはきっとこの国をまた復興させてみせる」と、決意を口にした。充分な飲料水すら手元に届かない状態だというのに、彼らが挫けずに強く生きる姿に僕たちは心底感激した。日照りが続き、サンベジ川は干上がり、ジンバブエのビクトリア滝からの水もほとんど流れて来なくなっている。アメリカの援助団体の船も足踏み状態で、食料も届かない。橋という橋は片っ端から爆破されていて、あちこちに爆弾で吹き飛ばされた鉄道車輛が転がっていた。線路は巨大なスパゲッティのように空を突き上げている。その間を松葉杖の子供が足を引きずりながら歩いていく。片足はない。人々は食べられそうな木の根草の根を探してさまよっていた。寄付されたはずの衣類が、なぜかここでは金を出さないと手に入らず、それを買えない者たちは木の皮で身を覆っていた。野菜の栽培ができるようにと、あるヨーロッパの団体が援助をしたものの、人々は収穫まで待つことができなかった。種を蒔かずに食べてしまうほど、ここの人たちは飢えていた。おまけにこの暑さ。あまりにも過酷な境遇を見るにしのびず、僕たちはマラウイの高原地帯に向けて先に進むことにした。

モザンビーク滞在最後の日、僕たちの目の前で大惨事が起こった。ここでは、こういう事件は日常茶飯事とのこと。若い母親が、家の庭に落ちていた金属らしきものを拾って捨てようとしたその瞬間、バーン！　と爆発音が響きわたった。地雷だ。そのとき僕たちにできたこと。それは彼女の腕を包帯で縛り、ジープの運転手を見つけ出し、国境の向こう側にある病院へ連れて行ってやるぐらいだった。残ったほうの腕に、母親は小さな子供を抱いていた。

国境を通り越したとき、僕たちはニアサ湖（マラウイ湖）の西側をマラウイに抜けてタンザニアに行こうと決めた。本当なら、太古のアフリカの姿が残る野生動物の楽園といわれる湖の北側を通ってモザンビークからタンザニアに入りたいと思っていたが、とにかくこの暑さには耐えられない。その代わり、今でも活発なレンガイ火山のある、ナトロン湖とマサイ草原を楽しみに行くとしよう。

ここにも道らしき道というものはなく、けもの道や、マサイ族の踏み分け道をたどるようにして進まなくてはならない。世界中に名の知れたセレンゲティ国立公園は、タンザニアとケニアの国境にあるはずなのに、はてさてどこにあるのやら見当たらない。もしかして地図にだけ載っているとか……？　広大無辺な大地は、どこを見回しても柵はなく、動物たちは草原だけでなくあちこちに散らばって過ごしていた。今はちょうど雨季と乾季の境目。何万頭ものヌーとシマウマが移動する時期だ。ライオン、チータ、ハイエナ、ジャッカル、おまけにハゲタカも姿を現した。ンゴロンゴロ自然保護区にあるクレーターの南側を轍に沿って走り、僕たちははるばる北側の巨大な火山の山腹までやって来た。そこには、ずっと遠い昔から野性動物とうまく折り合いをつけながら生きてきたマサイ族の小さな集落があった。

小枝を粘土で固めた丸い小屋には平らな屋根がついている。女たちは青い布をまとい、頭や首を色とりどりのビーズで飾り立てていた。男たちは赤や白の格子模様のケープをまとって、大きく穴を開けた耳たぶにはフィルムのケースを挟みこみ、そのなかにはライオンや悪霊から身を守るための薬草などが入っていた。スラリとした身体を赤い布に包んだマサイの男たちはどこに行くにも槍を放さなかった。誇り高い戦士という名で有名なマサイ族は、バイクのミラーで自分の姿を見るのが好きで、とても外見を気にする民族だった。そして彼らは、いつも僕たちの安全を気にかけてくれた。

「危ないから水たまりには行くんじゃないぞ！」そう言われていたものの、動物たちが水を飲みにやってくるこの溜まり場は、いつもスリル満点だった。

これまで僕たちは、いろんな自然公園の水たまりの近くで動物たちの行動を観察していた。だけどそれはいつも見張り場や車のなかとか、安全な場所からだった。何時間も、動物たちの敏速さや狡猾さ、そして、どの動物が生き残るかが決まる闘争の瞬間を、僕たちは食い入るように見守った。ナミビアのエトーシャ国立公園で、何頭かのライオンが1頭のサイと生死をかけて闘う姿に出くわした。激しい戦いののち、サイが無残に引き裂かれる姿は残酷ではあったが、それは自然の摂理でもあった。

マサイ族の戦士をうしろに乗せて、ちょっとお出かけ。

ジンバブエのワンゲ国立公園では、背中に白い模様のついたクドゥというアンテロープの子供が水を飲むところをワニが襲い、水のなかに引っぱり込んで、ガツガツと呑み込んでしまうシーンにも出くわした。

それはそうと、ここでも僕とクラウディアは、野生動物界の正真正銘の王はゾウだということで意見が一致した。南インドのケララ州に滞在してからというもの——僕たちがこの探検旅行のロゴとしてタンクに張ったステッカーもそうだが——彼らが鼻を空に向かって高く上げる姿は、幸運のシンボルでもある。ゾウは何があっても動揺しないで、自分の目的地に向かって真っ直ぐ突き進んでいく。

大自然のなかでテントを張るときは、ライオンなどの捕食動物に襲われないよう、何かしらの対策をとらなくてはならなかった。ある日、けもの道を進んだところで大きな水たまりを発見した。集落も人影もない場所には木が何本か

宝物のおもちゃを手に、ケニアの子供たち。

生えていて、うしろには完璧なほどに美しいレンガイ火山の山頂が見える。これぞまさに絵本に出てくるアフリカ大自然のなかの楽園だ。今日は、ここに泊まるとしよう——そこから10 0メートルほどの場所に野営の準備をして、テントとバイクを棘のある木の枝で囲んだ。これはマサイ族の若い戦士たちが牛の群れを連れて野宿をするときのやり方を真似たもので、そのなかから見ていると、信じられないほどたくさんの動物が目の前を通り過ぎていった。マラブーという名の大きなコウノトリも水を飲みにやって来た。コウノトリは、冬になるとヨーロッパから寒さをしのぎにここまで飛んで来るのだ。夜になるとジャッカルの鳴き声が聞こえ、ハイエナが僕たちの野営の周りに忍び寄る足音がし、「ヒヒヒヒッ」と笑い声を上げながら向こうへ去っていった。朝になると、そこへ美しいシルエットを描いてキリンが1頭姿を現した。前足を広げながら水たまりに口を近づけてゆっくり水を飲む。シマウマは、シマ模様の壁をつくって子供たちを取り囲み、敵から守っていた。動物たちの群れと共に僕たちもゆっくりとバイクを走らせることにしよう。動物たちは、バイクで走る僕たちを気にも留めない様子だ。

次の日の夜は豹の棲息地の近くにテントを張った。後方には標高5895メートル、アフリカ大陸の最高峰・キリマンジャロが聳え立っている。ケニアでは何度も赤道を横断し、キリンヤガ山の周りでコーヒーや茶を栽培する農園を抜けた。そこからさらに大地溝帯《グレートリフトバレー》に広がる公園やピンクフラミンゴが棲息する湖を訪れ、そのあと粘土質の未舗装道路を、エルゴン山の向こうに続くウガンダへと北へ進んだ。のどかな集落や針葉樹と広葉樹の混じった密林をいくつも通り過ぎ、白ナイル川の源流であるアフリカ最大の湖、ビクトリア湖に沿って走る。ようやく僕たちはウガンダの首都カンパラに到着し、世界各国からアフリカを訪れる旅行者たちのキャンプ場と化したウガンダの元独裁者イディ・アミンの旧宅でテントを張った。

ここで僕たちは南アフリカ人の友人、マヤに再会した。ヨハネスブルクでローリング・ストーンズのコンサートに行ったとき、「君たちのこと、雑誌で見たよ」と話しかけてきたのがきっかけだった。僕たちはマヤと、1996年の3月中旬にカンパラで会う約束をしていた。何週間か遅れて到着した僕たちを、彼は待っていてくれた。マヤとは一緒にザイール（現コンゴ民主共和国）を旅する予定。だけど、その前にちょっとルワンダへ寄っていこう。

雨に濡れながら私たちは自然保護官のあとについて歩いた。ふたりの兵士が銃を肩にかけ、そのうしろに続く。靴は、一歩ごとに泥にはまりこむ。たった今、保護官のひとりが、「ほら！」と、まだ湯気の立つ糞を見つけて指差したところだ。私たちは地面を這って、あちこち落ちている糞を追いながら進んで行った。昨晩、彼らはここで過ごしたのだろう。そのあとを探し求めているうちに、気がつけば自分たちもゴリラになった気分で地面を這うような姿勢になっていた。

何年か前、ルワンダの霧のなかに棲息するマウンテン・ゴリラの映画を観て以来、このやさしい目をしたビッグな動物に自然のなかで会うのが私の夢だった。

内戦が続くなか、国民同士が殺しあうこの国に足を踏み入れるべきかどうか悩み、戸惑いつつもルワンダの土を踏んだ。何度も軍の検問所を通ったが、兵士たちは礼儀正しく、汚職らしき行為もない代わり、ちょっと先に進むたびに荷物を全部道に広げて寝袋や食料、サイドバッグの中身を見せなければならなかった。キヴ湖に行く途中、クラウスが難民キャンプの写真を撮ろうとすると、これまで礼儀正しかった兵士たちは急に顔色を変えた。

不意に自然保護官が立ち止まり、唇に指を当てながら、蚊の鳴くような声で、「ゴリラが近くにいます。カメラの準備をしてください」と言った。そう言うやいなや、彼は私の腕を摑んで引っ張り、近くの灌木を歩き始めた。ハッと気がつくと、目と鼻の先に、背中が銀白色のゴリラがこっちを向いて座っていた。突然現れた私にビックリした様子で目を大きく広げ、胸をドンドンと叩き、灌木の向こうへひとっ飛びして、そこから人騒がせなやつ、つまり私をジーッと眺めた。

土砂降りは少しずつ霧雨に変わり、やがて雨はやんだ。その後、濡れた葉っぱや樹木の間に霧がもうもうと立ちこめ、少しずつゴリラの家族が姿を見せ始めた。雌が2頭、それぞれ小さな赤ちゃんを連れている。そしてちびっ子ゴリラが2頭と成長した雄が1頭。彼らはシルバーバックと呼ばれる、背中が銀白色をした雄ゴリラをボスとし、ひとつの家族として棲息していた。シルバーバックは、い

なんて私たちと似ているのかしら！

つの間にかまた落ち着きを取り戻したようで、おいしそうに葉っぱを噛みながら、さりげなく横目で私たちを観察していた。保護官が教えてくれた。「絶対にゴリラと目を合わせないようにしてください。地面を見ながら、カエルが喉に突っかかっているような咳をするんですよ。ついでに葉っぱを噛むマネをすればなお結構。間違っても動物を指差したりしないように。それをゴリラは攻撃ととります」巨大な動物であるにもかかわらず、ゴリラが温和な性格の持ち主だと映画やレポートを通じて知っていたこともあり、怖いと思うことは一度もなかった。

　なんて私たちと似ているのかしら！　私は夢中になって、特徴のある彼らの鼻やそのしぐさを観察した。雌ゴリラが控え目なのと対照的に、ちびっ子ゴリラたちは、気前よく私たちにいろいろパフォーマンスを見せてくれた。2頭は力比べとばかりにドンドン！　と胸を叩きながらボスのマネをして大きく叫び、その勢いで、

ザイールは、アフリカのなかでバイク走行が最も困難な国だ。

「おっとっと……」とうしろにのけぞり、そのついでに連続でんぐり返りして着地した。そういうちびっ子たちの可愛い姿を目の前に、時間は流れるように過ぎていった。このちょっと悲しげな目の動物にめぐり会うことができて感激すると同時に、彼らがずっとこのまま、霧の森のなかで静かに生きていけることを祈らずにはいられなかった。

1996年4月。ザイールは、アフリカのなかでバイク走行が最も困難な国だ。道路網が各地でどれもこれも老朽化したままになっている。かつてはアフリカ随一の発展国と呼ばれていたというのに、モブツ大統領が30年以上それを放りっぱなしにしたものだから、通行できる橋もほとんどなくなっていた。昔、道路だった場所が年々、何千キロにもわたって密林に変化していて、年が経つにつれてこの国を横断するのがだんだん難しくなり、今では、それを試みる冒険野郎はごくわずかになっていた。僕たちは向こうから走ってくる車輌を見つけると、質問を浴びせ、あらゆる忠告をすべてメモした。即製の筏や橋をつくりながら進まなければいけないことや、乗り物を途中で乗り捨てる以外どうしようもなかったという話も耳にした。冒険野郎たちは、なによりこの国に汚職がはびこっているのにうんざりしていた。迂回することが不可能なブタという地方では、トラック運転手が、なんと1600ドルも通行税を請求されたという。友人のマヤと一緒に3人なら、互いに助け合って進めるかもしれない。滞在ビザもあと一ヵ月は大丈夫。それまでに中央アフリカ共和国へ続く1000キロの道を走破しよう。

ザイールの国境で、早くもドラマは始まった。ルワンダへ寄り道したあとウガンダの北端を走っていた僕たちは、灌木のなかの小さな国境地点を通ってザイールに入る道を選ぶことにした。まず、日干し煉瓦の小屋に住むという税関係員を探し、ちゃんと手続きを踏んでウガンダを出国したことを証明するため、パスポートに判を押してもらわなくてはいけない。国境はジョセフ・コニという狂信的な指導者が率いる「神の抵抗軍」という反政府ゲリラたちがスーダンからやって来ては、通行者に奇襲攻撃をしかけるとの噂だった。彼らの得意技は、犠牲者の耳や唇を切り落とすという残虐さ。完全防備の護衛兵にエスコートされて危険地帯を走るなか、道端に転がる燃え尽きた車輌が、このルートの危険さを物語っていた。

なんとか僕たちは係員を見つけた。そして面倒がるその男を出入国管理局——といっても小さな小屋だけど——へ誘い出すことにも成功した。それなのに係員は、「残念だけど、スタンプ台が乾いてしまって判が押せない。この踏み分け道を真っ直ぐ走って行きなさい。1キロも行くと道の終わりにザイール側のオフィスがあるから」と言った。——幸いザイール側の管理局のスタンプ台は干からびてはいなかった。だが判を押す前に係員は、予備のインクを買うための寄付を請うだけでなく、「入国手数料として420ドル頂戴します」と手を差し出した。やっぱりこう来たか。だけど最初から、僕はそんな金は払わないつもりだった。もちろん彼らがちゃんと僕らを扱ってくれれば、そのお礼として最後にチップを渡すことは当然だ。そうこうするうちに別の役人がやって来て、あれやこれやと説明し始めた。これは、僕の錆びきったフランス語を思い出すのに絶好のチャンス。この先、フランス語は大切だ。南アフリカと東アフリカでは主に英語が通じたが、ここからモロッコまではフランス語が公用語になる。役人たちは例外なくとても親切だった。いつものアフリカの税関吏の傲慢さはまったく見られない。僕は言った。「カンパラのザイール大使館で入国ビザを申請しひとり50ドルを支払ってきました。国境で別途手数料を請求されることはないと聞いていたので、手持ちの金はありません。ヨーロッパまでの道はまだまだ遠く、僕たちは一文無しの状態です」そう訴えながらも僕たちは、1銭も払わないとは言わなかった。

「モブツ大統領が給料を出してくれないので、こうやって副収入を得るしかないのです」そう嘆く彼らのデスクの背後には、大統領の写真が飾ってあり、その下には「国民に仕えることは名誉である！」と書いてあった。こりゃダメだ。パスポートは引き出しに、国民に仕える者は、自分の小屋へ帰っていった。どうやら、僕たちの忍耐力を試そうとしているようだ。空が暗くなり、地面が雨で濡れだした。こうなったら急ぐことはない。雨がやんで地面が固まるまで、どっちみち先には進めない。ここでテントを張ってもいいか聞いてみよう。そうして僕らは税関の真正面に陣取り、野営の準備を始めた。テントを張り、グツグツと鍋の音がして夕食の準備ができる頃、係員がスタンプの押されたパスポートを持ってやって来た。「わが国へようこそ。お代はいらないよ」翌朝、僕たちはTシャツ、ボールペン、ライター、タバコを土産に配った。僕たちは、ジャングルの奥深くに住む人々はヨウ素が不足していると聞いていたから、お土産としてヨウ素入り食塩をフィルムのプラスチックケースに小分けにして持ってきた。このケースも耐水性だから重宝するだろう。

初めのうちはなんとか先に進めた。思ったよりも順調に、目標地点のタバコ工場に到着。大企業は自社の周辺の道路を整備しているため、伝道教会と並んでこの国で機能する唯一の情報伝達機関としての役割も果たしていた。「ザイールではあそこのタバコ工場に泊まらせてもらうといいよ」途中で知り合った旅行者たちが教えてくれた、このアドバイスは何よりも役に立った。スタッフは笑顔で僕たちを迎え、「ここに泊まりな」と、清潔な部屋をふたつあてがってくれた。持参したアンテロープの肉を調理場で料理してもらうように頼んだところ、僕らの前に出されたのは貧弱なミートボールが3個だけだった。たしかに肉はめちゃくちゃ旨かった。どうりで3個しか残らなかったわけだ。これでしばらく贅沢ともお別れになることを、そのとき僕らはまだ知らずにいた。

道路はみるみるうちにひどくなった。ここは、ザイールのトラックルートがおしまいになる地点。次の集落から集落へは、キロ数でなく何週間とか何ヵ月という単位で表示されていた。粘土質の道には、深くて大きな穴がいくつもあり、場所によってはトラック1台がスッポリ入るような大穴があいていた。そんなときは助手席の男がトラックから降りて、杖で穴の深さを確認してから先に進む。重い荷物を積んだトラックが穴にはまろうものなら、動輪が動いて脱出できるようになるまで、いつまでも掘り続けなくちゃいけない。

そうこうするうちに僕たちは、しっかり踏み固められた自転車道を走っていた。それは、自転車の轍が刻みつけた道で、地面にスラロームを描くように伸びていた。

ザイールでは、もうずいぶん昔に、貨物の運送手段がトラックから自転車に変わっていた。日で歩ける距離の運送なら人々は荷物を頭に載せて運ぶ。そのほかの品物はすべて、一生懸命ペダルを漕いで、国境の果てまで運んでいく。途中、そんな自転車の行列に遭遇した。自転車運送屋のなかには女性もいて、彼女らはクラウディアを見て、「あらまぁ！」と喜んだ。彼らは言った。「ウガンダと商売したほうが、中央アフリカやスーダンよりずっといい」そういうわけで彼らは自転車に、20リットル入りの容器を五つほど積み、ウガンダにパーム油を輸出していた。さらにはその売り上げで新しい自転車や部品、そして石鹸とか塩といった日用品を買い、それらを帰り道で売りさばきながら帰るのだと言う。そして僕たちに、最新の道路情報を提供してくれた。それはずっと昔に使われていた道路をたどる轍のあとで、自転車道といっても周囲に自分の背の高さほどある草が生い茂った肩幅ぐらいの細道だった。「ファラジェという町への近道を教えよう」と言って自転車の男がグングン前に進むなか、その姿が見えなくなってしまうほど草が生い茂っていた。まるでバイクで緑の海を泳いでいるって感じだ。轍はあるのかないのかわからないほどだけど、地面は固く平らで、幸い穴ぼこや斜面はない。ギアはローのままで、早く走るのは無理だが、それでも一定の速度で着実に前へ進んでいく。

やがて周囲の景色が緑の大草原から低灌木の森に変わり、その合間にポツポツと円い粘土小屋が見えるようになった。トウモロコシ畑や木陰の揺り椅子から人々は僕たちを見つけては手を振った。ザイールの低地をなんとか走破し、北部の高地に近づくにつれて地面は花崗岩質に変わり、急にバイクで走るのがラクになった。これなら雨季でも大丈夫。だけどこの降り方だと、南部は、きっとひどい泥濘になっているだろう。

ちょっと大きな町に出ると、あちこちに厄介な警察や軍の検問所が立っていた。やれ通行税だなんだと声をかけられないよう、僕らはなるべくそれを避け、ほかに方法がないときは、立ち止まらず突っ走った。ファラジェを越え、中央アフリカとの国境町バンガスーに向かうときのこと。唯一ガソリンが手に入るというドゥング村につながる橋がなくなっていた。そうかといって川岸の斜面はあまりにも急だ。まして、川は深すぎる。遠回りして南に走れば一週間はかかるだろうし、そこに着く前にガソリンだって切れてしまう。北に向かって走ればガランバ国立公園に着けるとはいうものの、そこは表向きバイクの進入を許可していない。だけど公園までいけば、そこから渡し舟でドゥング村につながる道へ出られるとのこと。僕たちはマンゴーの木の下に陣取り、膝を突き合わせて、「どうする、やってみる？」と相談した。——やっぱり、やってみよう。ふと足元を見ると、僕たちのいる木の周りはゾウの足跡でいっぱいだった。ゾウもマンゴーが好きらしい。

　ガランバ国立公園で僕たちは、南アフリカ出身のフレーザーと奥さんのキャシーに出会った。ここで働き始めて12年だというこの夫婦は、ふたりともパイロットとして働きながらかなりエキサイティングな人生を送っていた。さまざまな哺乳動物のなかにはシロサイもいた。１９８４年以降、公園のサイの生存数が15頭から32頭に増えたのは、彼らの努力の賜物だ。サイの大敵は、スーダンからやって来る密猟者たちだ。闇市場に持って行けばサイの角は4万ドルにもなると、密猟しようとする者があとを絶たなかった。密猟者のほとんどは飢えをしのぐために命がけでここまでやって来るという。取り締まりの警備員が10人でひとつのグループをつくり、チェコやユーゴスラビア製の自動小銃を片手にパトロールにあたっていた。もし密猟者とのコンタクトに成功すれば、一部隊につき１２０ドルの報酬が与えられ、密猟者から取り上げた武器ひとつにつきさらに50ドルが分け与えられるという。ここの人々にとっては、かなりの財産だ。コンタクトというのは、密猟者を射殺することを意味し、

ガランバ国立公園。タキピというガイドがエスコートしてくれた。

殺された動物の肉は警備官たちの夕食と化し、密猟者の死体は肉食獣の餌として放置されるという。

ここで僕たちは居心地のよさそうなゲストハウスを見つけ、数日泊まることにした。ある日、マヤと僕は陸軍大佐と一緒にジープでスーダンとの国境へ新兵たちの訓練を見に出かけて行った。そこでは60人の若者がトレーニングを受けていた。彼らは、シャツやズボンだったことがわからないぐらい着古されたボロを身にまとい、ライフルの代わりに木の棒を担いでいた。上司が新兵たちに足踏みを命じる。動きの鈍い者は、罰として野営の周りをでんぐり返りしながら一周しなければならない。ちゃんと命令に従ったものは、ホウロウの食器を取りにいくことが許される。台所は屋外にあり、僕たちがユーコン川でフロートにしたのと同じドラム缶を半分に切断し、鍋として使っていた。こっちのドラム缶には米の飯、あっちのドラム缶にはレッド・

ビーンズ、三つ目の缶には水牛の肉が入っていた。僕とマヤはお客ということで大佐と一緒にひと足早く食事をとることが許された。

「おっ、うまい！」驚いたことにコックは稀に見る才能の持ち主だった。横を見ると、マヤもうまそうに音を立ててスジ肉を食べている。それを近くで見ながら、この丸っこい肉の正体が水牛の括約筋で、1頭の牛を屠《ほふ》れば、ありとあらゆる部位をひとつ残さず調理するということを、僕はここで知った。

管理事務所に戻ったあと、タキピというガイドが同行することになった。自然公園を横断中、猛獣に襲われないよう、彼がカラシニコフ自動小銃を持ってエスコートしてくれるというのだ。荷物をクラウディアとマヤのバイクに分散し、タキピには僕のうしろに乗ってもらった。サバンナを走り出すや、この季節、草の少ない草原に雨が降り始め、真っ黒な地面はたちまちスケート場のようにツルツルになった。こうなったら地面が乾くのを待つしかない。僕らは適当な場所を見つけてテントを張った。タキピはマヤのテントでカラシニコフを抱いたまま、いつの間にか大鼾をかいて眠ってしまった。危ないと思ったのは、水牛の群れがドドドドッと雪崩みたいにテントの横を通り過ぎていったときぐらいで、翌日の走行はすこぶる順調だった。自然公園の渡し舟がガランバ川の向こう岸へバイクともども僕たちを運んでくれたおかげで、あとは中央道路につながる道を見つけて、ドゥング村への道を急ぐだけになった。

村への入口まで来たところで4駆車が2台、修理用の架台に乗っかっているのが目に入った。その横にはカップルがふた組、キャンプ用の椅子に腰かけていた。

「バンガスーのほうから走って来たのだけど、ああ、もうこりごりだ。こんな道、見たことない！」

彼らは、モブツ大統領をはじめ、ザイール、さらにはこの世のすべてに文句を言った。車のシャーシは折れ、タンクは何度も地面に擦れたらしく、ガソリンが漏れている。彼らは呟いた。「ウィンチを何度も使って、なんとかここまで来たけど、車体もボロボロだ」お互いに道路の情報交換をし、どうすればゼミオという国境町まで到着できるかを教えてもらった。バンガスーまでは、過酷な道をひたすら耐えて走るしかないとのこと。なんとか、それとは別の国境越えの方法を探さなくちゃ……。

ドゥングの伝道教会で僕たちはどのバイクもガソリン満タンにし、予備のタンクにも給油した。ここで支払ったガソリン代は、世界旅行のなかで一番高かった。まあ、運送手段のことを考えると、当然の値段なのだけど。なにせ陸路での運送が不可能になると、ガソリンは空輸で運ばれて来るという。市場に出かけ、現地産のコーヒーや缶入りのトマトソース、手作りのピーナッツ・バター、米、パイナップル、野菜などを買い足した。この国では贅沢品とよばれるものばかり。ザイール側には食料を調達できる場所が少ないと聞いていたので、僕らはウガンダから一ヵ月分の食料を持参してきていたのだが……。人々はとても親切で、喜んで適切な道を教えてくれた。伝道教会から伝道教会へと、スーダンと中央アフリカの国境を挟む三角地帯へ着くまでは、順調に進むことができた。途中、僕たちはお世話になった宣教師たちのために郵便配達を引き受け、ときには5キログラムの郵便物をバイクに積むことさえあった。シスターたちは、「まぁ、なんて敏速な郵便屋さん！」と言いながら、椰子の樹液からつくったワインをご馳走してくれた。

道は心配していたよりも順調だった。聞いていた「悪名高いザイールでの冒険」に突き当たることもなかった。僕たちは、国境越えをする者たちの間ではあまり知られていないルートに挑戦することにした。すすめられたゼミオまでの迂回路を進む代わりに国境に沿って走り、近道をしてしまおうというのだ。実際、僕らはゼミオからその近道を通って自転車の運送屋がここにたどり着くのを目撃していた。どこをどうやって走ってくるのか、それはやってみないとわからない。

——道は草が生え放題で、細い轍があるだけだ。ギアをセカンドに入れ、ゆっくりと進む。大きなキノコの形をしたシロアリの巣に引っかかると大変。膝丈ぐらいの巣は草むらにひっそり隠れていて、それにサイドバッグがぶつかりでもすれば勢いでバイクごとひっくり返ってしまう。ときどきトウモロコシや落花生畑が見え、小さな小屋に住む人々が僕たちに手を振りながら、「はい、どうぞ」と飲み水や顔や手を洗う水を持ってきてくれた。ここに住むのはザンデ族。かつては小帝国を築いていたという。彼らは鉄を見つけ、それを鉄製武器にする技術を身につけてほかの部族を虐げていたのだが、イギリスが介入してそれをやめさせたとのこと。女性たちは、いくつも小分けにした縮れ髪を硬く三つ編みにしていた。それはまるで、頭からアンテナが生えているみたいだった。

アフリカ大陸の地理上の真ん中に近づくにつれて、なんだかアフリカ奥地に深く入りこんで行く気分になる。そしてモザンビークの貧困地のように、ここの人々も木の皮を身にまとっていた。何も身につけるものがない男は、大きな鉈で大事な部分を隠しながら歩いていた。高床式の丸い小屋には藁のとんがり屋根が載っていて、家畜小屋や食物庫もすべて粘土の壁でできている。そこで僕は、木の幹をくりぬいた大きな太鼓の演奏を聴いた。皮を張る円筒の先が細くなっていて、素晴らしい音が鳴り響く。ハープみたいな小さな撥弦楽器と唄がそれに伴い、歌えや踊れの大賑わいのなか、夜が更けていく。僕は、心をかきたてる美しい音色にうっとりし、これまた素晴らしい歌声に言葉を失くした。脇に抱えて音色に変化をつけて叩き、話し言葉の音調をなぞりながらメッセージを伝達するトーキング・ドラムもあった。

幸いバイクの走行も順調だ。ただ、ここ何日か自転車乗りの姿を見かけていない。どうもこのルートはあまり使われてないようだ。

「うわっ！」突然、鬱蒼と茂るジャングルの低いトンネルをくぐりぬけたところで、見るからに危なつかしいタイプの男が僕らの前に立ちはだかった。頭はもじゃもじゃで、麻薬中毒のように目が据わっている。男は左手で自分の頭に載せた寝台の台枠を摑み、もう片方の手には獲ったばかりのサルの頭をぶら下げていた。クラウディアはそれを押しつけられ、「うわぁああ！」と顔をそむけた。

パシという町に着いたとき、誰ひとり、昔はあったという道を憶えてはいなかった。聞き出せたのは、70キロ行った所に最初の川の渡し場があって、そこから50キロ行ったところにふたつ目の渡し場があるということだけだった。おまけに、どっちの川にも橋はなく、流れが速く、岸辺は急な斜面になっているとのこと。自転車運送屋だって渡るのはムリだ。彼らは「どろぼう道」と呼ばれる「ジャングル道」を通って、リグアまでの60キロを走って行くという。リグアは国境を越えた最初の集落で、15本ほど小川を渡ったところにある。そこまで行くとバンガスーからつながっているスーダン・ストリートにぶつかるというのだ。ンボモという村にある国境は、ボートなしでは渡れないらしい。二日三晩、どうしたものかと僕たちは考えた。クラウディアは言った。「戻りましょうよ。教えてもらった迂回路を行けばいいじゃない」

だが、マヤと僕の意見は「ジャングルの冒険」で一致していた。そして最終的に、僕らは3人で力を合わせてこのジャングルを突き抜けることに決めた。

いざ出発。たったの1キロジャングル道に入り込んだところで、エンジンが過熱し始めた。バックミラーやハンドル、そしてフットレストにまでツルやらツタが絡まり、棘に刺され、内出血やらすり傷が絶えない。モトクロス用のブーツを履いているというのに、猟の罠として張り巡らされていたロープに引っかかって、右足がサイドバッグの下に引きずり込まれそうになる。バイクを停め、僕は肩を落として呟いた。「みんなが言うとおりだ。やっぱり無理じゃねえのか」

それでも僕たちはあきらめなかった。マヤと僕は、そこから2・5キロ先まで歩いてみた。絶対無理というわけではなさそうだ。カーブは狭く、蛇が這うようなどろぼう道の途中には木が倒れているばかりか、花崗岩がゴロゴロしていた。木が生えていない場所には草が生い茂っている。クラウディアのところへ戻る道すがら、僕たちは邪魔な草や木を鉈で刈り払った。さっき歩いて行った場所までバイクを押してみる。そこまで行けば、目的地までの42分の1をクリアしたことになる。もちろんリグアまでの道のりが60キロだという前提が正しければの話だけど。マヤのバイクが先頭を行き、次にクラウディアのバイク、そして僕のが一番うしろにつく。僕は前もって1キロ先まで歩いて行き、バイクが倒れないで走れるように草木を刈った。そこをまずマヤが自分のバイクで行き、戻ってきてはクラウディアのバイクを途中半分まで引き受ける。残りの半分を僕が受け持ち、クラウディアはバイクを押したり支えたりしながら手助けする。この調子でなんとか最後までたどり着けるだろう。これ以上の妨げが、行く手をふさがない限り——。

夜になるまでに、僕たちは6キロの道のりを克服した。まだ最初の川は見えて来ない。だけど、これならなんとかいけるだろう。僕らは皆、上機嫌だった。ジャングルでは休まず500メートル進めれば、それはもうすごいことだった。というのも、あちこちに木が倒れていて、そうなるとバイクを木の向こうに渡すか、草を刈って迂回するかしか方法はない。3人じゃなかったら絶対に無理だったと思うことが何度もあった。休憩ごとに、バイクを持ち上げながら、昨晩煎っておいたピーナッツを

「どろぼう道」を行く。ザイール（現コンゴ民主共和国）。

ひと握りずつ分けて食べる。朝のシリアルと夜の半人分のスパゲッティ、ツナ缶とトマトソース以外、食料はほとんど尽きてしまっていた。

最初の川は心配するに及ばなかった。チョロチョロ流れる小川ってところだ。そのかわり二番目の川はかなりてごわく、おまけにその前哨戦として、急な下り坂が80メートルも川まで続いていた。木の根っこがゴロゴロと転がっていてタイヤが滑り、ついあらぬ方向へぶつかっていく。川にはマングローブのように根が伸びた木が生えていて、バイクが通れるようにまずそいつらを幅1メートルほどに切らなくてはならない。半クラッチ状態でバイクを1台ずつ押していき、向こうの川岸でそれを引っ張り上げる。荷物は降ろして、ひとつずつ運ばなくてはならない。そのとき突然、川を渡っていたマヤが叫びながら後ずさりした。

「うわぁーっ！」知らずに軍隊アリの列を踏んでしまったのだ。一目散に引き返して来たものの、すでにアリたちは攻撃を始め、大きなハサミで突き刺すようにマヤの皮膚に思いっきり爪を立てた。軍隊アリが何千匹も群れているところでは、これはもう逃げるしかない。なにせ、ヤツらは目の前にある物なら何だってチョキチョキ切り刻んでしまう。そして、別のアリが切ったものをせっせと巣に運んでいく。

飲み水の補給も必要だし、久しぶりに洗濯もしようと、僕らは川辺にテントを張った。そろそろ体も洗わなくちゃ。ひと晩もすれば洗濯物は乾くだろうし、なによりも川を渡ったときにズブ濡れになったブーツを干さなくてはならない。

ところが、驚いたことに濡れた洗濯物に招き寄せられたのか、大量のハチが寄ってきて洗濯物にとまりだした。そして日が沈むと同時に、一斉にどこかへ帰って行った。すると今度は、蛾《が》の集団がやって来て、明朝、ハチが交代勤務にやって来るまで洗濯物を占領した。僕らは、どこもかしこも虫に刺された痕だらけ。なかでもてごわい相手はファイア・アンツ（火のアリ）と呼ばれるアカカミアリだった。このアリは草むらに潜んでいて、通りかかる僕たちに飛びかかって攻撃する。ある朝、目が覚めてびっくり、なんとテントの入口にかけてあった蚊帳がみるみるうちにシロアリに食いちぎられ、テントの床はハキリアリがチョキチョキと爪ぐらいの大きさに切り刻んでいる。おまけにその切れ端を頭に載っけて列を作り、どこかへ運ぼうとしている。僕たちがわが家を救済しているところへ、槍や手製の散弾銃を手にジャングルの住人たちがやって来た。彼らは饐えた匂いが漂うゾウの肉を運ぶ途中らしく、「ゾウの美しい牙を10ドルでどうだい？」と、僕たちに売りつけようとした。女性たちは、皆、顔に同じ模様のイレズミを入れていた。

出発してから5日目。倒れた大木を30本ほど越えたのち、気がつくと僕たちは国境の川岸に着いて

槍や手製の散弾銃を手に、ジャングルの住人たちがやって来た。

いた。渡し舟の姿はない。向こう岸まで渡れそうな舟の代わりになるものはないだろうかとあたりを探してみると、廃棄寸前の丸木舟が見つかった。

舟に入った亀裂を粘土で応急処置し、空いた容器と長い枝で舷外浮材《アウトリガー》をつくって、今にもひっくり返りそうな舟に取りつけた。

クラウディアが一番乗り。向こう岸の大木に舟をロープでつなぎ、早い流れに押し流されないようにしなくては。下流では大きなワニが、「どうか誰か落ちますように」と待っている。次に荷物を運び、川を渡るごとに粘土で舟を補強した。丸木舟はかろうじて、この重くてデカいバイクを載せて固定できるほどの大きさだ。向こう岸の急な斜面は、行ったり来たりで踏み荒らしたせいで滑りやすくなっていて、バイクは少し離れた場所に下ろさなければならない。3人でバイクを持ち上げ、引っ張ったり押さえたりしているうちに、ロープが伸びてちぎれそうになった。

そうやって全身全霊を集中させてバイクを運ぶ真っ最中、何かピカッと光ったなと思った瞬間、「ツツーッ！」と、凄い勢いで白い稲妻が水面を走った。そして「バン！」という爆発音と共に丸木舟の縁を伝って僕のバイクを貫通し、あっという間に稲妻は僕たちにも飛び移って体を貫通した。光を放つ稲妻が僕らの体を通過していくのがわかる。ホンの一瞬のできごとだった。そして稲妻は空中を走り、近くの木を突き抜けて、忽然と姿を消した。それと同時に耳をつんざく轟音が鳴り響き、あたり一面にツンと鼻をつく匂いだけが残った。雷だ……。僕らはひとり残らず雷に打たれたというのに、その後も黙々と作業を続け、荷物を全部運び終わって、よろよろと岸辺にへたり込んだ。そして、皆が口を揃えて言った。「おい、閃きを得るっていうのは、コレのことじゃないか！」

体力が戻るまで、ひと晩休んでから先に進むことにしようと思ったのも束の間、その晩、別名吸血

丸木船にアウトリガーをつければ、バイクだってOKだった。

鬼と呼ばれるツェツェバエとの戦いで、その場は悪夢に一変した。ヤツらのすばしこさにはお手上げだ。ツェツェバエはハエの一種だというのに、ジーンズを二重にした厚さの生地でも容赦なく突き刺す。同じ場所を何回も刺すのだからシツコイったらない。あとになって聞いた話だと、この近辺の村は、ツェツェバエのせいでごっそり人口が減少したという。このハエが媒介する眠り病の病原体のせいで命を落としたというのだ。そうこうしているところへ一番乗りの自転車運送屋がやってきて嬉しそうに言った。「川の斜面を整備してくれたんだね！　おまけに渡し舟の船頭もやってくれるの？」自転車運送屋たちは、「お代だよ」とキャッサバの根っこにサトウキビ、さらにはオレンジをプレゼントしてくれた。

その後、10日ほど走っただろうか。ピーナッツ畑や人の姿が見え始めた。ここの人たちは、小柄なだけじゃなく、なんだかヤケにガッシリしている。彼らは僕たちをマンゴーの大木の下で迎えようと走って椅子を持ってきてくれた。ブッシュマンやホッテントット、つまりサン族やコイ族と同じように、彼ら、ピグミー族もブラックアフリカを代表する原住民の子孫だ。僕たちは彼らと向かい合わせで座り、お互いにジーッと穴のあくほど見つめあった。彼らは言った。「森を抜けてオートバイでやって来たのは、お前たちが初めてだ」

ついにリグアの道までたどり着いた！　それにしても、道はどこだ、道があるって聞いてきたけど……？　彼らは言った。「ああ、道？　そういえば、昔はここにあったらしいよ」

ピグミー族の村人たちは、野外教会にある小さな屋根の下にテントを張るといいと教えてくれた。そこに熟した大きなバナナを頭に載っけた女性が通りかかった。彼女からバナナを分けてもらう。バナナは換算すると、一本1ペニヒ（約0・8円）。あまりの空腹に、笑顔で僕らを見守る聴衆の前で、僕らは次々とバナナを口に放り込んだ。彼らは、「はい、これ食後のデザート」と言って、平べったいパンも差し出してくれた。

オボに到着。若いドイツ人宣教師の家族がコーヒーとケーキでもてなしてくれた。ンボキという村に着くまでに必要なガソリンも、こっそり入手することができた。国連の難民支援機関事務局のスタッフが、無線で蔵タンクに残っている最後のガソリン60リットルを確保しておくと約束してくれたのだ。国連のスタッフたちは、スーダンから流れ込む亡命者たちのコーディネーターとして働いていた。かつては存在したゼミオまでの道は、水たまりだらけだった。スーダンからの難民たちが僕たちを追い越していく。ここはバイクよりも歩くほうがずっと速い。次の伝道教会を訪ねながら、困難な道を何日もかけて先に進む。滅多に客など来ない僻地に住む宣教師たちは、僕たちに慈悲深く接し、食料貯蔵庫からとっておきのご馳走を持ち出してふるまってくれた。

バンガスーの町からは、すでにブルドーザーがゼミオの手前まで道を切り開いていた。これを支援しているのは世界銀行で、スーダン国境への道を切り開く最中だという。手つかずのジャングルを貫通し、そこに高速道路を引く計画である。バンガスーや首都のバンギへ飛ばして走れるのはいいが、この調子だとあと数年で、優に1000キロにわたる樹木が切り倒されてしまうだろう。そして伐採された木は、この新しくできた道を通ってカメルーン港まで運ばれ、そこから大きな貨物船で、この工事のスポンサーである世界の国々へ運ばれることになる。

中央アフリカ共和国の首都バンギはどこに行っても射撃の穴だらけで、すっかり荒れ果てていた。トラベラーズチェックの両替に入った中央銀行も、ロビーの床面に爆撃で大きな穴があいていた。僕たちはドイツ大使館へ出向き、大使館内の安全な場所にテントを張らせてもらえないかと相談した。

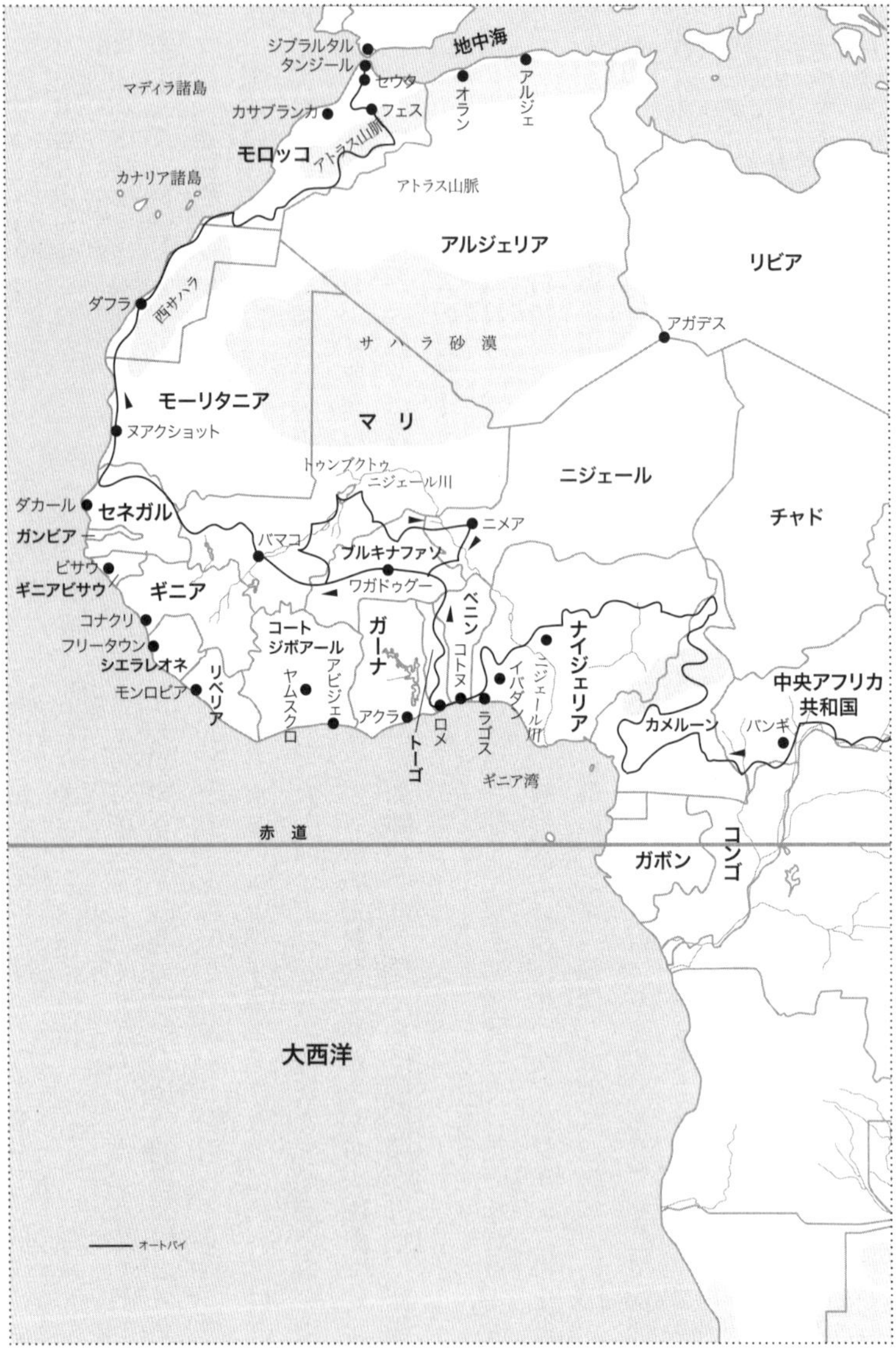

ジブラルタル
タンジール
地中海
セウタ
オラン
アルジェ
マディラ諸島
カサブランカ
フェス
アトラス山脈
モロッコ
カナリア諸島
アトラス山脈
アルジェリア
リビア
ダフラ
西サハラ
アガデス
サ ハ ラ 砂 漠
モーリタニア
マ リ
ヌアクショット
トゥンブクトゥ
ニジェール川
ニジェール
チャド
ダカール
セネガル
ニメア
ガンビア
バマコ
ブルキナファソ
ビサウ
ワガドゥグー
ギニアビサウ
ギニア
ベニン
コナクリ
コート
ジボアール
ガーナ
ナイジェリア
フリータウン
コトヌ
シエラレオネ
リベリア
ヤムスクロ
アビジェ
イバダン
ニジェール川
中央アフリカ
共和国
モンロビア
アクラ
ロメ
ラゴス
カメルーン
バンギ
トーゴ
ギニア湾
赤 道
コンゴ
ガボン
大西洋
オートバイ

夜、大使に連絡がついた。郵便物も届いているとのこと。郵便物はケルンの公安局からで、封筒には新しい国際免許証が入っていた。今まで持っていた免許証は、なんとまあ、14年も前に有効期限が切れていた。

アフリカ中部は、どこに行っても混沌としていた。未舗装路だらけなのに検問所の部分だけは舗装されていて、制服姿の係員が追いはぎに豹変していた。なかでも一番ひどかったのはカメルーン。

次々とトラックを追い越しながら海岸線を走っていると、生まれてこのかた見たこともない巨大な木が運ばれていくのを僕は目撃した。森の乱伐はもうずいぶん前から始まっていて、森が消えるのと同時に動物も消滅しつつあった。ちなみに、ここの道路のスポンサーは欧州連合。つまりこの道路の開発は、ヨーロッパの人々の税金で支援されていた。その恩恵にあずかるのは主に各国の財閥グループで、ここの場合は、主にフランスの財閥とのこと。

その後、雨のなか、カメルーンの港町・クリビ近郊の小さな浜辺で休暇をとった。バンギからは単独で行くといって別れたマヤとも、もう一度ここで会う約束をしていた。マヤと僕たちは、ハードだったけど楽しいときを共に過ごした。マヤもまじえて、ここでプラネット・アース・エクスペディション（地球探検）15周年を祝うとしよう。――ほかの大陸と比べ、僕らはかなり速いスピードでアフリカを駆けてきた。ゆっくり体を休めて過ごす場所が少なかったのが、その一番の理由だ。

そして、ここでとうとう僕たちは一大決心をした。一年後にはドイツへ帰ろう。実際、マナウスでジャングル・ボートのジュマをヨーロッパに送ったとき、いつかは帰ると漠然と考えていたわけだし……。とにかく、僕たちはここでその日を決めた。「一年したら日本へ行くよ」そう言って、旅立つ準備を始めたように。

帰る日を決めたことで、これまでの旅のスタイルは一気にガラリと変わった。それまでは、旅をするために旅していたのだが、今度は急に、ドイツへ帰るために先へ進むようになった。そうはいっても、まだ家に着くまでにはいくつもの国を越えなくてはならない。

ナイジェリア横断。これは問題なくいった。紛争続きのナイジェリアでは、国境を越えられなかった旅行者もたくさんいた。

トーゴでは、アリスというスイス人が住むチロル風の家に一ヵ月ほど泊めてもらった。ここに住み始めて17年になるアリスは、「ありとあらゆる政治的な混乱を体験したわ」と言った。夜になると僕らは、彼女の手に汗をにぎる紛争体験談に耳を傾けた。ベニンとトーゴの国境沿いにある海岸町は、ブードゥー文化の発祥の地だった。旅の途中、この危険な黒魔術のさまざまなバリエーションを見ることがあった。アリスが経営するレストランには、リベリア出身のダンサーたちがいた。彼らは大虐殺の生存者で、命からがら自国から逃げてきた難民たちだった。ダンサーたちは白人の旅行者相手に、太鼓のリズムに合わせ、母なる大地アフリカを偲びながら遠い目で懐かしげに唄った。そしてレストランの外では、警官たちが彼らのギャラを巻き上げようと待ちかまえていた。ダンサーたちは滞在許可すら持たない不法労働者だ。ああ、なんということだろう……。

僕たちは2年間、アフリカ大陸を駆けてきた。いろんなものを見たり、読んだり、聞いたりしながら、この異なる文化を少しでも理解することができればと走りまわってきた。そこでは、ずっと昔から自分の部族の絆を大事にして生きてきた人々にも出会った。彼らは、突然やって来た白人たちが勝手に引いた「国境」という線のために、生活基盤を失い、途方に暮れながら、あてどなくさまよっていた。ヨーロッパをモデルにしてつくられた都会の町では、すっかり心がすさんでしまった者たちが、何の恥じらいもなく手を伸ばして小銭をせがみ、「どうして君たちは金持ちなのに、俺は食べ物すら買えないほど貧しいんだい？」というなまなざしで僕たちを見つめた。

お金というものは、それ自体を食べることはできない。だがそれは、食べていく権利が誰にあるのか、それを決める力を持っている。

援助隊で働くヨーロッパ人が、アフリカでその文化の違いに苦しみ、頭を抱える姿も目にした。そういう彼らは西洋のメガネを通してアフリカを観察し、その文化や価値観を彼らに植えつけようとしていた。そもそもブラックアフリカの人々が生活の質を問うとき、お金は何の基準にもならない。彼らは、自然がもたらしてくれるもの――それを大切に考える。これまでだって何か問題があれば、アフリカの人々は自分たちを取り巻く環境のなかでなんらかの解決法を見つけ、質素に生きてきた。そんなところで援助隊のメンバーが、高度に工業化された国のルールを押しつけても、ことが余計にややこしくなるだけじゃないだろうか。

欧州の多くの国々がアフリカに足を踏み入れ、自分たちの都合がいいようにアフリカを再分配してしまうまで――それによって、太古からつちかわれてきた自然とのまじわり方やそのバランスを崩壊させてしまうまで――アフリカ社会は機能していた。もちろん、それまでにもアフリカ諸民族の紛争、国と国との侵略戦争がなかったわけではない。だけど、それは限られた地域のみで行なわれていたわけだし、彼らはごく質素な武器で決着をつけてきた。だが、植民地分割により大陸全土の構造を一変させてしまった欧米のやり方は、それとは比べものにならないほど残虐なものだと思う。そしてそういう欧米風の思考は、ジンバブエのザンベジ周辺からサハラ砂漠にかけて存在する多くのエリートたち――いわば、脳を白く洗脳されてしまったブラックアフリカンたちのなかに、今でも深く根づいていた。

古くからアフリカに伝わる伝統や風習――例えば、女性の割礼、魔術信仰、儀式としての幼児殺害などは、西洋的思想を持つ者にとって、たしかに受け入れ難いものではある。だけど、この世のなかでいったい誰に全世界の人々に西洋的な観念を押しつける権利があるというのだろう？　西洋文化が世界にもたらしたものといえば、大量殺戮兵器に大規模な環境破壊、消費文化や物質主義、異なる思想を持つ国民の征服などなど。アフリカ大陸に住むほとんどの人間は、そういったものに興味はないし、参加したところで勝ち目のない彼らは、最初からそういった世界的競争に参加しようとなど夢にも考えていない。

そういうものの見方が、いくつかの問題を解く鍵になってくれるのではないだろうか。ダーバンに着き、アフリカの旅が始まって以来、僕たちは、ルワンダの残忍な民族紛争を含め、さまざまな問題を見守ってきた。ルワンダでも領土の略奪が紛争の発火点となっていた。当時僕たちは、実に多くの問いを投げかけられた。生存者や目撃者が話す残虐な行為は、僕たちに深い衝撃を与えた。

そういったなか、インフラを破壊され、経済は壊滅状態となったザイールのザンデ族のもとで、僕はアフリカに小さな希望を見出した。ザンデ族の人々は自分たちのルーツを思い出し、昔からのしきたりに従って、再び幸せに暮らし始めていた。彼らは飢えることなく、誇り高く堂々と、同時にほかの人々に対しても尊敬の念を持つことを忘れずに生きていた。最初の頃に訪れたアフリカ南部のスワジランドでも、おなじ印象を受けた。王制国家であるスワジランドの部族は誇り高く、そして力強か

マリでは、よく見かける風景。

った。彼らのなかにはふたつの文化を見事に融合させて生活している者もいた。そこで知り合った銀行の支店長と一緒にランチをしたとき、彼はビシッと決まったスーツ姿で土間に胡坐をかいて座り、直接、手でご飯をすくって食べていた。

レソトでは——ここも君主制の国だったが、スワジランドのように異文化はうまく融合されていないように思えた。ここではいろんな経済援助機関が現地の人々の生活に干渉しすぎていて、ほかのアフリカ諸国と比べてひとり当たり最も高額な支援金が支給されていた。その結果、国民たちはすっかりそれに依存した生活を送るようになっていた。それはレソトだけでなくほかの地域でも目にした光景である。

かつて植民地保有国のお偉方が分割した国境線に従って生活を強いられる者たちは、自分たちの故郷に帰れないまま、部族の一員として生きることも、心の支えであった独自文化のアイデンティティーも奪い取られ、路頭にさまよう運命を背負って生きていた。

その国の強者と呼ばれるものが植民地時代のご主人様のあとを継ぎ、新たなアフリカの支配者となった。そのため、どの国境間にも「軍隊」という新たな部族が誕生してしまった。軍隊なしでは、独裁者と呼ばれるモブツ[*1]やイディ・アミン・ダダ・オウメ[*2]、ボカサ[*3]と彼の共犯者たちですら、ほかの部族の上に立つことも、何のためらいもなく自国の資源を根こそぎ奪い取ることもできなかったはずだ。彼らの後継者たちだって、やっていることはさほど変わりない。

サハラ砂漠南部、サバンナ地帯のサヘルでは、援助隊のスタッフとして働くベルナーとスザンナと共に、ジボにあるトゥアレグ族難民キャンプを訪れた。

砂漠の民であるトゥアレグ族のもとで過ごし、そこで僕はもう、なんだか家に帰ったような気分になった。彼らも国境紛争の被害者であり、大昔から自分たちの暮らしていた土地が五つの国に分割されてしまい、その地を追われて大虐殺されたという。だが彼らは、それを黙って受け入れる代りに情け容赦なく敵を反撃し、ニジェールのアガデスを通過する者を襲撃するという噂だった。それでも僕たちは、武装イスラム集団によるテロが相次ぐアルジェリアを通過するのを避けるために、アガデスを走り抜けて、タマンラセット経由でサハラ砂漠を越え、リビア、さらにはチュニジアへ行こうと思っていた。

サヘルを荷車の跡を探しながら進む途中、定住化しつつある遊牧民フルベ族の人々と出会った。大きな首飾りをぶらさげた女性が長い杵でキビをつき、色鮮やかなゆったりしたガウンを風になびかせながら、大きな陶器の水瓶を頭に載せて運んで行った。駱駝市では、ターバン姿のかっこいい男たちが、少しでも値切ってラクダを手に入れようと躍起になっている。彼らは砂だらけの床にしゃがんで細長いパイプ片手に中国製のお茶にどっぷり砂糖を入れ、注ぎ足しながら啜《すす》っていた。

ニジェールの主都ニアメでアルジェリアのビザを申請したものの、アルジェリア大使館で一ヵ月も待たされた上、発行してもらえなかった。彼らが言うには、ニアメのドイツ大使館もアルジェリア人にはビザを発行しないじゃないかというのだった。こうなったらブルキナファソとマリを通ってセネガルからモーリタニアに出るしかない。――本当は、サハラ人民解放軍の活動が激化するこの一帯は避けたかったのだけど。

数週間後、僕たちは大西洋沿岸にあるモーリタニアの首都ヌアクショットに到着した。

さぁ、ここからいよいよサハラ砂漠が始まる！　目の前に広がる広大な砂漠と無人地帯。そしてその真ん中には、地雷で防御したモロッコ軍が監視する境界線があるという。モロッコのダフラまでの1000キロにわたる砂漠地帯は、北部から南部への走行のみが許可されていて、場所によっては軍の護衛つきコンボイで走らなくてはいけない。南部から国境を越える走行は禁止されている。という

＊1　ザイール（現コンゴ民主共和国）の軍人、独裁者。ザイールの元大統領。モブツの不正蓄財は総額およそ50億ドルといわれ、西欧諸国、西アフリカ、モロッコ、ブラジルなどに、豪華別荘や古城・豪邸を保有し、隠し銀行口座を設けていた。

＊2　ウガンダの軍人出身の元大統領。反体制派の国民約30万人を虐殺し、「アフリカで最も血にまみれた独裁者」と称された。

＊3　中央アフリカ共和国の元大統領。独裁者。1972年には終身大統領を宣言し、1976年には国号を「中央アフリカ帝国」と改名し、自ら皇帝として即位した。

モーリタニア、西サハラ

ことは、不法を承知で地雷の隙間を縫いながら通過するしかない。だけど実際、そんな長距離を走るのに充分な食料やガソリンをバイクに積むことは無理な話だ。そうかといってこの辺を走る車輛はほとんどなく、誰かと一緒に走行するというわけにもいかない。僕たちは運よくここで、４ＷＤ・ウニモグでしょっちゅうサハラを横断するというカップル、ディーターとグレーテに出会った。彼らが荷物を預かってくれるという。そうとなれば、さぁ、行こう！　まず海岸線に沿って70キロほど浜辺を走り、漁師町をあとにして、そこからひたすらディーターのサテライト・ナビゲーションに従って進む。こういう機械に頼って走行するのは僕も生まれて初めてだ。ナビゲーションは、どこに淡水井戸があるのかを、１メートルのズレもなく表示することだって難なくやってのけた。要するに座標軸の指すほうへ走ればいいってわけだ。だけど今までずっと頭のなかにコンパスを描き、磁

モロッコ。岩砂漠に砂丘。オアシスにアトラス山脈。
長かったアフリカ大陸の旅の終りにはもってこいだ。

石片手に走ってきた僕たちにとって、この最新式システムよりも自分たちのやり方のほうが面白いことは明らかだった。

砂漠はうっとりするほど美しく、海岸線に沿って進む僕たちは、波の砕ける音に耳を傾けながら眠りについた。ときには砂丘の麓、またあるときは燃えるような太陽から身を守ろうと、一本ぽつりと生えた木のわずかな陰にテントを張ったりした。やわらかい砂にはまって立往生することもあったが、ここでは、砂漠走行だけが唯一の娯楽と呼べるものだった。そのとき、クラウディアのバイクが砂にはまった。タイヤの空気を少し抜いてみることにしよう。ひと呼吸し、彼女は思いっきりスロットルを開く。

「ビュ〜ン！」あまりの勢いにバイクは砂上をぶっ飛び、止めようにも止められない。これまで僕たちが乗り越えて来た砂漠や砂道と比べれば、ここは楽勝だ。砂丘を登っては降り、岩砂漠を越え、深い砂だまりにはまっては這い出す。

サハラは世界で一番デカいお砂場だ——そう聞いてはいたものの、それがまさか本当だったとは！そして僕たちは、モーリタニア最北部で列車の線路に突き当たり、そこからモロッコの国境へと進んだ。地雷のことを聞いていた僕は、国連の監視所で訊いてみた。彼らの知っている限りでは、3年前に国境を越えた者が地雷を踏んで以来、事故は起きていないとのこと。そして、モロッコ軍が100メートル間隔で監視所を置くという国境線に着く直前、小さな看板が立っているのに気がついた。「地雷に注意！」立ち止まっていると、肩に軽く銃を担いだ兵士が駆けてきて、僕らに言った。「ここを通すわけにはいかない。国境線に沿ってガンドゥズという井戸のある村まで走りなさい」

国境の地雷帯に沿って70キロの道のりを進み、翌朝、軍用基地にたどり着いた。基地の前では、60台ほどの車輌がもがくようにして深い砂だまりと闘っている。せめて週末だけでも冒険家になろうとやって来た野郎たちが、ヨーロッパの車検には絶対に合格できないオンボロ車をアフリカに持ち出そうとしている最中だった。向こう側にはアスファルト道路が延びていたが、そこに一歩足を踏み入れるまでにモロッコの国境兵たちは、焼けつくような暑さのなか、僕たちを面白半分に監禁した。水とパンだけで過ごすはめになった僕らは、それから3日後、解放された。

モロッコは、思っていたよりも豊かな独自の文化を持ち、人々も親切だった。色鮮やかな市場《スーク》を歩きながら、僕たちは圧倒されっぱなしだ。おとぎの世界のような風景が続き、岩砂漠に砂丘、オアシスにアトラス山脈——長かったアフリカ大陸の旅の終わりには、まさにもってこいである。

モロッコの最北端、スペイン領のセウタという町に到着。モロッコ側の税関では何時間も足止めを食らったが、スペイン領の国境税関にバイクを押していくと、係員がひと言、「ドイツ人？」と訊いただけで、「はい、どうぞ」と通してくれた。

ここまで帰って来ちゃったなんて、まだ信じられない——その晩、僕たちは修道院の前にある丘の上にテントを張った。

アフリカで見る最後の日没。ジブラルタル海峡の対岸に夕闇が迫り、アルヘシラスの町の灯がぽつぽつと点灯していくのを、僕は、感無量の思いで眺めていた。

11 帰郷

1997年3月——9月

スペイン・ポルトガル・フランス・ベルギー・オランダ・ルクセンブルグ・ケルン

ヨーロッパに戻り、再び「時間」という束縛があることを思い出す。南フランスに友人・エミールとマリーを訪問。ブラジルから運送してもらったボート「アマゾンのジュマ」の待つベルギー・アントワープへ走る。ジュマを修理したのち、ベルギー、オランダの河川と運河を通り、ライン川に入って、ケルンまで水上走行。1997年9月20日、故郷、ケルン大聖堂の尖端が目に入る。クラウディアがクラウスにエンジンを切るように叫ぶが、それよりも早く、16年間行動を共にしたオートバイのエンジンが旅の終わりを悟るかのように自ら停止する。（1981年8月13日〜1997年9月20日　16年間、クラウス・無帰国、クラウディア・一時帰国6回。全走行距離25万7000キロ）

ここで世界旅行は終わりに近づき、この本も幕を閉じることになる。

この旅をかけがえのないものにしてくれたのは、実際のところ、行く先々で出会った人々、そして、本のなかでは到底すべてを語り尽くすことのできない彼ら自身のストーリーだった。人々は僕らにエネルギーを分け与えただけでなく、彼らに手を差し伸べられることで、僕らは自分の道を歩むべきだと、どれほど勇気づけられたことだろう。喜びや悲しみを分かち合った人々は、まるで自分たちの大家族みたいだった。夢を、夢で終わらせてしまわないよう力を貸してくれた人々に、ここで心から礼を述べたいと思う。これは、世界各国で作業場を提供してくださった方々に対しても同じである。

あまり長く書き続けたため、原稿の提出が予定よりも遅れ、その間に娘のアナ・クラウディアが誕生した。ヘルムート・コール首相が辞任発表をした一時間後、この世に生まれてきたアナ。ちょうど今日で生後８週間になる彼女は、僕がコンピューターに向かってこれを書く間、ずっと膝の上で眠っている。アナの誕生は実に多くの喜びをもたらしてくれた。妙なことにアナは、旅よりも暖かい部屋で過ごすのがお気に入りらしい。だけど彼女だって、いつかは旅の楽しみに気づく日が来るかもしれない。いつか僕らが、また旅に出ることになれば……。おっと、ここで終わってはいけない。僕たちは、まだドイツに到着してなかった。

ヨーロッパは蜂の巣のような道路網で僕たちを迎えた。町の全体像がつかめず、交差点で立ち止まっては自分たちのいる場所を何度も確認した。なるべく小さな道を走ろうとするのだが、気がつくとまた大通りに放り出されていた。ポルトガルの古き良き時代を偲ばせる山岳街道はヨーロッパの規定に沿うために整備の最中で、小さな集落はその美しさを失いつつあった。だがヨーロッパ内の国境がなくなると聞いて、僕らは大いに喜んだ。そうなれば検問所だってなくなる。ただその代償として、どこに行っても統一化された規格の表示板がやたらと目についた。「ポルトガルへようこそ！」「スペインへ……！」「フランスへ……！」

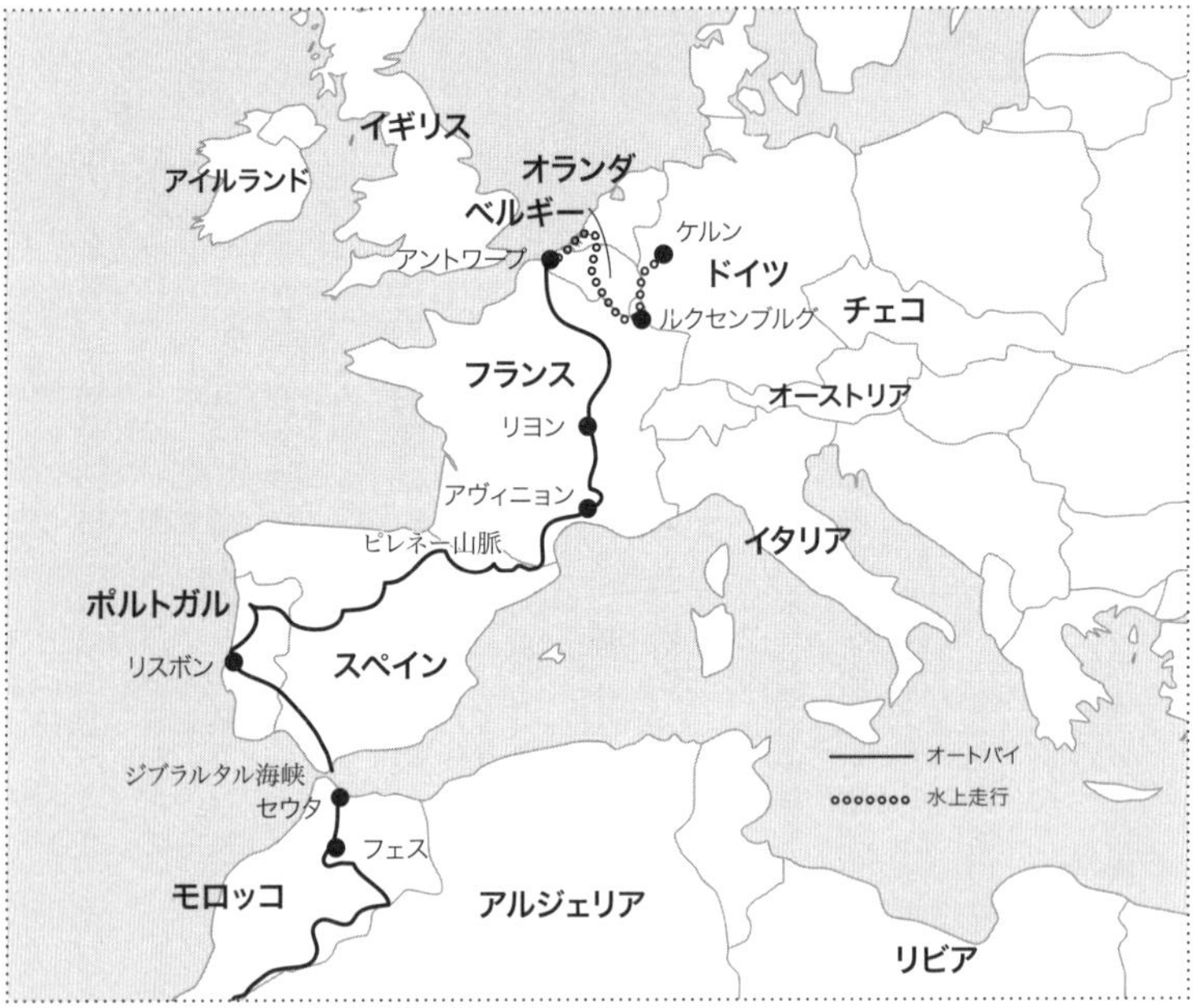

4月初旬の南フランスは寒く、とくに雪が残るピレネーの山麓ではガタガタ震えながら過ごした。キャンプ場が閉鎖中のため、夜は静かに眠れそうな森の奥とか小川のそばにテントを張った。夜になると警察に叩き起こされ、何度も立ち退くように命じられた。そうだった。ここにはなにごとにも秩序ってものがあったんだ。またそれに慣れなくちゃ。ラテン系ヨーロッパ人ですら、人生を楽しむことを忘れてしまったみたいだ。時間という観念が、また僕らを支配し始めるのかな？　やれやれ、参ったな。

メーターが1キロごとにカウントされて故郷へ近づくにつれ、不安はさらに大きくなっていった。ドイツを飛び出した当時は、遠く離れた土地に大きな不安を覚えていたというのに……。さまざまな国を訪ね、いろいろな文化に触れて暮らすうちに、それらが僕らの故郷となり、安全とか保障というものが自分たち自身のなかにあることを発見した今となっては、祖国ドイツがとっつきにくい他人のように思えてしょうがない。それがいったいどういうことなのか、わかってくれる人は少ないだろう。「でもそれって、わかるよ」友人エミールとマリーはそう呟いた。彼らは南フランスに家を買い、修理して住んでいた。アラスカを発ってから9年も経つというのに、それがつい昨日のようだ。エミールは相変わらず立派な男爵髭を生やしていて、マリーは出会ったときと同じ暖かい笑顔で笑った。彼らはフランスに戻ったあと、本を書き、ヨットで地中海を横断し、モンゴルを自転車で周遊していた。そして目下、アメリカ大陸を馬で一周することを計画中だと言った。彼らは、そういう冒険旅行をもとに、フランスでスライドショーを行なっていた。将来は僕たちも、そうやって生活していけばいいのかもしれない。どこかステキな場所を拠点にして、そこからまた足を伸ばす。そして旅にまつわる記事でも書きながら細々と暮らす――だけど今、僕たちは何よりも家族というものを持ちたいと思っている。それがこの長旅を中断しようと思った理由でもある。これからも僕たちは新しい冒険を探していくことだろう。僕の頭のなかでは今でもダイダロスが飛んでいて、そのスケッチだってできている。ただその前に、しばらくドイツに住んで働くことが、僕たちにとっての新しい挑戦だ。複雑な心境を拭い去ることはできないけど、世界を駆け巡るあいだだって生き延びられたのだから、ドイツでだって、なんとかやっていけるだろう。そうだ、ベルギーに行けば、「アマゾンのジュマ」が僕らを待っている。

エミールとマリーのもとで一ヵ月ほど過ごしたあと、ベルギーのアントワープまで最後のバイク走行をした。アントワープの広大な港。3年半もボートを預けておいた格納庫の扉が開かれた。ジュマは、そこでずっと待っていた。信じられない――ビニールカバーはすっかり汚れて真っ黒になっていたが、ジュマ自体は健在で、当時クラウディアがそうしてほしいと願ったとおり、椰子の葉や羽根車が格納庫の壁にかけられていた。僕たちがジュマに再会できたのは、すべてターミナルマネジャー、エティエンのおかげだ。エティエンの事務所を訪れ、部屋に入っていくと、彼は驚きのあまり椅子から転げ落ちそうになった。

「おお、ついに来たか！　長いこと世界中をぶらぶらしていたっていうのは君たちのことだね!?」喜びながらエティエンは、すぐにジュマの倉庫の隣に準備作業用の場所を確保してくれた。

当時、マナウスからチャーター船がアントワープに到着する日の朝、クラウディアが港に姿を現したのをエティエンは昨日のことのように覚えていた。

「クラウディアはね、自分に何が必要なのかちゃんとわかっていたよ。うちのスタッフが折れて彼女の言うとおりにするまで、彼女は一歩たりと譲らなかったんだから」クラウディアは、「そんなことないわ！」と首を振った。実際、彼女は、ずいぶん手を焼かせたらしい。

彼らフランダース人[*1]は、ジュマを修理することに大賛成で、「だったら手伝うよ」と申し出てくれた。ジュマは、どこもかしこも修復が必要だ。3年も乾燥した場所に放置したため、熱帯林の板は縮み、隙間ができて、詰めてあったものも取れそうになっていた。とにかく骨の折れる仕事だ。クラウディアは麻の繊維を5キロほどアマゾンから持ち込んでいた。ボートのボディと甲板はヤスリをかけてニスも塗り、羽根車のガードや天井はつくり直さなくては。それに必要なマホガニーやチーク材は、ある材木店の社長が、「オレも根っからのバイク好きでね」と言って、僕らに提供してくれた。また、ある船舶会社の社長は、アマゾンで羽根車の車軸として使っていた古い水道管を新しい材料と取り換え、細かい作業が必要なフランジ[*2]やベアリング、そして施錠装置の加工に力を貸してくれた。

作業は、6週間に及んだ。僕らは、作業場から100メートルほど先にあるキッチン、トイレ、簡易宿泊所つきの古いはしけに住み、春に吹き荒れるベルギー特有の大風や雨のなか、毎日12時間のハードな肉体労働をこなしていった。あとは屋根を張り替えるだけ。あまりの風の強さに、僕たちはジュマを倉庫のなかに移動させた。アマゾンで手伝ってくれたインディオたちは、ここにはいない。ヨーロッパの細い水路でも方向転換ができるよう、前とうしろに舵を設置し、バイクをジュマに取りつけた。

やった。ついに完成だ！　今日はめずらしく、おひさまも顔を出している。ジュマは荷台の低いトラックで倉庫から運び出され、港のクレーンがあるところまで牽引された。波止場で働く者たちは皆、手を休めてそれを見守った。ジュマが走行するか沈没するか、賭けをする者もいた。きれいに塗り替えられたジュマ。羽根車は赤く、金属部分は白、木の部分は琥珀色に輝いている。大きな波に揺れながら、いよいよ係船ドックに下ろされる。僕はハッチに入って水が入り込まないかどうかを急いでチェックした。大丈夫、水は洩れていない。エンジンをアイドリングして暖める。ギアをローに入れてゆっくりとクラッチをつなぐと、羽根車がバシャバシャと音を立て、ジュマは流れるように前へ進んでいった。

午後には出発だ。港を出たあと、巨大な外航船の横をすり抜けてジュマはアルベルト運河に入り、その日の夕方、最初のヨットハーバーに到着した。修理を手伝った友達がそこまで会いに来てくれている。試運転をしながら、2、3日ここでパーティといこう。

＊1　オランダ南部、ベルギー西部、フランス北部に住む人々のこと。ここではベルギー人を指す。
＊2　管と他の管、または機械部分と結合する際に用いる鍔《つば》型の部品。

航行可能なヨーロッパの河川はどれも水路や運河と連結していて、ケルンまでのルートは自分たちの好きなようにアレンジできることがわかった。それじゃ、まずマース川と東運河をさかのぼって、そこからマルヌ・ライン運河を下り、モーゼル川に入ることにしよう。テュルンハウトからマースリヒトまでは、自転車道や散歩道に沿って小さな水路を選ぶことにした。

珍しいタイプのボートが航行する姿を見て、人々はかなり驚いた。グループで走っていたサイクリストたちが呆気にとられて隣の自転車とぶつかったり、ジュマを見ながら走っていた女性が自転車ごと水路に落っこちて、同伴者に川から引っ張りあげられるなど、僕たちは人々の注目と喝采を浴びた。彼らは手を振り、「よっ、お見事！」と声をかけてくれた。

水門をくぐり抜けるジュマの姿。これは今まで見たことのない光景だ。アマゾンにはトンネルもなかった。クラウディアが舵をしっかり握り、僕はエンジンの速度を調節しながら、といっても、ほとんどアイドリング速度で航行していった。ジュマにはバックギアもブレーキもついていない。だが僕らには、ある小型船の船長にもらった警笛がある。

内陸水路のハイウェイと呼ばれるベルギーのアルベール運河を避けることはできない。ジュマがそこを快適に通過できるはずはなかった。大型船の波に踊らされて羽根車が浮き上がり、水面上で空回りしたかと思えば、圧力で川底に沈められそうになってエンストを起こした。高い壁で囲まれた運河の周りには道路や橋、原子力発電所があり、電線やら鉄線などが、町や工場にぶら下がっていた。心地よいアマゾンのジャングルの音の代わりに聞こえてくるのは、ガタンゴトンという貨物列車や轟音をたてる飛行機、サイレンや車のタイヤが軋む音。リエージュ近郊でようやく水上の交通も穏やかになり、ベルギー南部のアルデンヌでは美しい山や森、牧歌的な風景や大農場、そしてお城を背景にしながら進んでいった。

ヨットハーバーに着くと、ジュマは人気の的だった。家族や友達も、僕らに会いに来た。「これを見逃しちゃもったいない。少なくとも何日かは一緒に楽しもう」そう言って、グアテマラのクラウディウスもはるばる家族と一緒にハーバーまで駆けつけた。グアテマラ滞在中、クラウディウスと僕は、誰にも邪魔されないところにテントを張ろうと断崖近くの灌木にひっそりと隠れ家をつくって寝泊まりした。そのとき僕たちは二度も強盗に襲われ、鉈を片手に無我夢中で追い払ったのだった。

途中、しばしば小学生や観光客、失業者たちが水門のところに立っていた。好奇心旺盛な彼らから注目を浴びるのは楽しかったし、「元気でやれよ！」と励ましを受けるのも嬉しかった。だけど、ノックもなしに野次馬たちが無断で僕らの水上ハウスに上がってくるのは、厚かましいというのか、無礼というのか……。おまけに彼らは挨拶もせず、僕らの顔にビデオカメラを向けた。

ちょうどマイル標石がⅢを示し、ジュマは東運河の最後の水路からマルヌ・ライン運河に昇降したところで、このクルージングもハイライトを迎えた。右に進めばパリに、左の階段式運河をくぐればフランスのトゥールやモーゼル川に通じている。モーゼル川はマース川よりも川幅がずっと広く、週末以外はゆっくり過ごせそうだ。天候に恵まれた1997年の夏、人々は週末になるとモーターボートやジェットスキーで川にくり出し、僕たちの目が回るほどジュマの周りを旋回した。観光客が写真を撮れるように、旅客船が大波をたてながらこっちに近づいて来て、ジュマがひっくり返りそうになった。

9月1日、月曜日、ルクセンブルク。ここから先、ボート用の狭い水路を通過することは難しくなり、僕らは貨物船が航行する大運河へ乗り出した。だけど若い監視員が、僕らを通そうとしない。
「船舶書類、登録証、船舶保険、免許証、そういったものを一切持たない君たちが通れるわけがないだろう。こりゃ罰金ものだね」僕は落ち着きを失わず、この屁理屈こきが冷静さを取り戻すのを待ってから、おもむろに口を開いた。「ちょっと法令全書をめくって、モーゼルやラインなど、ヨーロッパ河川の規定条項欄に例外中の例外っていう項がないかどうか探してもらえませんか？」それを聞いた係員は頭から湯気が出そうに怒り、上司に無線で問い合わせようとした。上司は食事中とやらで連絡がつかない。それでも4時間ほど待ったところで赤信号が解除された。船舶局がゴーサインを出してくれたのだ。そうして、ついにコンツのヨットクラブに到着し、ここで僕は長年離れていた故郷ドイツの土を踏んだ。不思議な感じだ。地面は固くしっかりしているのに、なんだか足がおぼつかない。果たしてドイツは、僕らを通してくれるだろうか？——不安に駆られつつ、僕は自転車に飛び乗った。自転車は、クラウディアの妹パティが、「あると何かと便利でしょ」とジュマに積んでくれたものだ。その日以来、僕は航行許可を求めて、エッチラオッチラと鬱蒼とした「条項のジャングル」を渡り歩いた。

やがてドイツの海運省と水上警察から連絡が入った。「ほかの国が君らに通過を許可したのなら、ドイツだって許可しなくては！」どうやらお役所は、僕らを杓子定規で扱うのはよそうと思ってくれたらしい。

そこからは、蛇行するモーゼル川を下ってブドウ畑を抜け、コブレンツへ進んだ。城の廃墟や観光地をあとにして、ライン川とモーゼル川が合流する三角地帯《ドイチェ・エック》を通過。

「三角地帯は危ないから気をつけたほうがいい」モーターボートの操船者たちがそう言っていたこと

ケルン大聖堂が見えた。帰ってきた！

を思い出した。はてさてどうなることやら。ワクワクしながら走っていると、突然、高波を立てて凄いスピードで水上警察が追いつき、僕らは波に押されて川に放り出されそうになった。

「戻りたまえ！」そんなこと言われても無理だ。僕らは、そのまま先へ進む。彼らが、横に並んで走れば話だってできるのだけど。警察は30分ほど僕らを尾行していたが、その後、こっちに向かって手を振りながら引き返していった。無線で連絡が入ったのだろう。これで先に進める。

ライン川は、巨大な貨物船やら水中翼船などで往来が激しく、川のあちこちで大型観光旅客船がレースを繰り広げていた。ここは彼らと張り合っている場合ではない。沖のような高波の立つウンケル湖。そのあとすぐバート・ホネフの港に到着。これでケルン到着まで、ライン川の半分を航行したことになる。ひと晩ここに泊まって、明日また続きを進もう。

これで旅が終わるなんて！　そろそろ、それを事実として受け入れる覚悟をしなくては……。

1997年9月20日、土曜日。ローデンキルヒェンで最後のカーブを曲がると、ケルンの大聖堂の尖端が目に飛び込んできた。胸に熱いものがこみ上げてきて、僕は思わず風に向かって大声で叫んだ。クラウディアは舵を握っている。途中、エンデューロが動かなくなるたびにクラウディアは、「よしよし、なんとかケルンまで持ちこたえてちょうだい。そうしたら、もう走らなくてもいいから」と励ましていた。岸壁に家族の姿が見え、若かりし頃の友人が港口で待ってくれている。僕らはスピードの出しすぎだ。クラウディアが叫ぶ。「エンジンを切って！」僕がギアに触れるよりも早く、エンジンがおのずと静かに停止した。――もう、エンジンはかけずにいこう。

エピローグ――日本語版によせて

クラウディア・メッツ

ジャングルボート「アマゾンのジュマ」でライン川を航行し、ケルンに到着してから、早くも10年の歳月が過ぎ去った。1997年9月20日、この美しい秋晴れの日のことを私たちが忘れることはないだろう。なぜならこの日を境に、何もかもが一気に変わってしまったのだから。

ケルンへの帰還は、世界一周旅行の必然的な結末というだけではなく、何よりもこれは自分たちの意思で選んだ選択だった。理屈でいえば、このままずっと旅を続けていくことも可能だったわけだし、そうなればいずれは新しいオートバイを調達することになっていたかもしれない。この先、新しく発見すべきものはまだいくらでも存在しただろうし、かつて訪れた場所のなかにも再発見するにふさわしい所があったはずだ。16年の年月と共に、オートバイに乗った放浪生活がすっかり身についた私たちは、そういったなかで本当に幸せだと感じていた。

それでも私たちは、この世界のなかで自分たちの子供が大きく育っていくのも見てみたいと考えていた。それは同時に、こういう生活に自ら終止符を打つことを意味していた。近い将来、母になるであろう私にとって、そうなれば当分はオートバイに乗れないこともわかっていた。せめて初めのうちだけでも、ちゃんとした屋根の下で暮らしたい。とにかく女性が子供を生める年齢には限界がある……。

これを機会に、もう一度家族のもとで過ごしたいという気持ちも湧いてきた。ここ数年、いささか家族をなおざりにしてきたことでもあるし、両親だっていつまでも若いままではいない。

クラウスに一般社会へ戻る意思がないことは、もうずいぶん前からわかっていた。その代わりに彼は、この冒険に満ちた体験をもとにお金を稼いでみようと考えていたのだ。旅の途中、いろいろな雑誌にフォト・ルポルタージュ（写真つきの記事）を発表し、収入を得ていた私たちは、その経験からこういう冒険談の市場が広がりつつあることを知っていた。そしてここ数年の間に、「スライドショー」という業界がドイツ全国で人気を博しつつあることも旅行者たちから聞いていた。そういったなかクラウスは写真撮影に努力を重ね、年月と共に経験豊かな写真家となっていった。もちろん本も書こうと考えていた。当時私たちは、どうしても皆に話して聞かせたいという気持ちでいっぱいだった。

旅のできごとを細部にわたって記述できるようにと、クラウスが少なくとも全三巻のシリーズものを書こうと考えていたのは最初から明らかだった。そのために彼はずっと日記もつけていた。そして私も、自分が感じたことをぜひ書きとめておきたいと思っていた。なんといっても私は、道中のできごとの多くをクラウスとは別の視点で見てきたのだから。

まったく異なった性格の私たちが、こういった「ふたりきりの生活」を送るのに大切だったのは、相手の領域に入り込みすぎず、自由を尊重しあうことだった。アルゼンチン側のパタゴニアに土地を購入し、そこに家を建てられるだけの資金が貯まるまで、思い切ってしばらくドイツに住むということで、私たちの意見は一致していた。

ケルン到着後、私たちはさらに一週間ほど自分たちのボートで過ごし、とりあえず郊外に住む私の母親と義父のもとへ移った。遅くとも3ヵ月後には再び自分たちだけで、新しい定住生活をなんとかやっていこうと考えていた。だが、「一般市民」になるというのは、私たちが想像していたよりもはるかに困難だった。やがて冬が訪れ、雨がしのげる暖かい場所にいられるのが何よりありがたく、私たちは毎晩、これまで撮りためたスライドの整理を続けた。こうして思い出に浸っている間にも時間は刻々と過ぎていった。私たちは当面の資金を確保するため、自分たちの体験談をドイツのある雑誌に売ろうと決めた。そのためのインタビューが数日間にわたって行なわれたが、文章ができあがって掲載用の写真が決まるまでには、しばらく時間が必要だった。

そうこうするうちに私はひとり目の子を身ごもった。大枚の保証金を要求するアパートの大家を相手に、自分たちに適当な部屋を探すのはなかなか難しかった。なんとかそれをかたずけ、私たちの冒険人生記が雑誌記事として登場するや、新居の電話が鳴りやまなくなった。テレビやラジオ局、雑誌に映画会社などの編集者たちが、私たちを自分たちのメディアにとりこもうと考えたのだ。人金や名声という予期せぬ扉が、こちらに向かって一斉に開かれたかのようだった。その頃、ドイツの出版社から話し合いに招かれ、私たちはその場で今すぐにでも執筆契約しようという提案を受けた。彼らから提示された前払い金があれば、半年は静かに執筆に専念できるし、それでも家族の新メンバーのために住居を整える時間は十分に残るはずだ。そういった経緯で、私たちは、共著で一冊の本を書くという提案に応じることに決めた。

そして、その原稿が仕上がる2ヵ月ほど前、娘のアナ・クラウディアが誕生した。私たちは、数々のマスメディアにも登場し、クラウスはスライドショーの準備をしながら、それをとびきり特別なものにしようと考えていた。人々が自分の夢を追って生きていくよう、彼らを揺り起こそうと考えていたのだ。その間にも私たちは何度か引っ越しを繰り返した。定まった場所に住むことは、私たちにとって、とにかく容易ではなかった。

娘のアナが11ヵ月になった頃、私たちはドイツ全国を回る初めてのツアーに出た。中古のキャンピングカーを購入し、スライドショー用の機材を積み込むと、車のなかは身動きができないほど狭くなってしまった。アナはステージの隅に置いた旅行用のベビーベッドのなかで眠り、やがてよちよちと歩くことも覚え始めた。だが毎日のように新しい会場でステージに立ち、決まって朝になってから寝床につく生活は、私にとってあまりにも大変すぎた。

その後まもなくふたり目の子を身ごもった私は、ついにこのツアーに同行することを断念した。夢中になる観客が増え続けるなか、クラウスは、これを機にぜひ彼らと共にこの冒険の旅を分かち合いたいと考えていた。そのおかげで自分たちの未来の夢を実現させるための資金も増えていった。いうまでもなく、クラウスはツアーに出かけたまま、ショーの世話役や無償で働く大勢のスタッフたちと過ごすことが多くなり、さらに彼がドイツ語圏の周辺国にまで出向くようになってからというもの、私たちがひとつの家族として機能していくのは目に見えて難しくなっていった。40歳の誕生日を目前にして、次女のモナ・シャルロッテが誕生したが、生後半年のあいだ、モナが自分の父親の顔を見ることは滅多になかった。

その頃、私たちはアルゼンチンへの移住手続きを始めていた。オートバイに帆を張って走り、エスタンシア（農場）のガウチョ（牧童）たちにうやうやしく迎え入れられた90年代初期の頃を私たちはとても懐かしく思っていた。土地が安価というだけでなく、手つかずの自然が残り、きれいな水や空気に囲まれた、広大な土地と人口の少ないパタゴニアは、私たちにとって絶好の移住先だと思われた。

モナが1歳、アナが3歳になったとき、私たちはキャンピングカーを貨物船でブエノスアイレスまで送り、自分たちもそのあとを追うように飛行機に乗りこんだ。アルゼンチンの友人に温かく迎え入れられ、そのおかげですぐその地に馴染むことができた。果たしてこの国が自分たちにふさわしいかどうか、この目で確かめてみようと思ったのだ。私たちはフエゴ島まで南下したのち、再びアンデス側を北に向かって走り、半年ほどかけて1万キロの周遊旅行を楽しんだ。パタゴニアの景観は魂を奪われるほど美しい。だが残念なことに、私たちの滞在中にアルゼンチンは深刻な経済危機に陥り、正確な土地の価格を知る者が誰ひとりいなくなってしまった。焦って決めるのはよくない、今度またゆっくりパタゴニアを訪れ、そのときはサン・カルロス・デ・バリローチェの南部付近で土地を探そう、ということで話は落ち着いた。

やがて私たちのスライドショーは、ドイツ、オーストリアの両国で大人気を呼ぶようになった。そこに漂う昂揚の気分を楽しむために、四度、五度ならず、何度も会場に足を運ぶ観客が出るほどだった。クラウスは、独自の講演スタイルにいっそう磨きをかけ、あふれんばかりの情熱で会場を沸かせた。ショーの幕間や終わりに観客が目を輝かせながら、「今夜は本当に楽しかった」とお礼を述べてくれるとき、彼は自分が何かを呼び覚ますきっかけとなれたと確信するのだった。その際に何よりも大切だったのは、高齢者から若い人たち、すべての社会層の人々に向かって、「君たちが自分の夢を生きようと思うのなら、とにかくその日を決めちまおう！」と語りかけることだった。もちろん冒険には勇気がちょっぴり必要なことも、である。いったい何が、それほどまでに人々を惹きつけたのだろうか、それは多分、私たちもただの普通の人にすぎないという真実であり、それによって誰もが、何らかの形で私たちと同じだと気づいたことだと思う。誰だって自分で決めた人生を送ることができる、それを私たちは行動で示したのだ。

前回の南米旅行から一年半後、再びアルゼンチンを訪れた私たちは、キャンピングカーで真っ直ぐアンデスの麓へ向かった。世界各地から人々が集まって住むエルボルソンという小さな町で家を借り、この近郊で売りに出ている大私有地を見て回ることにした。何世代も前からこの地に住む移民たちがそれを助けてくれた。私たちは、どの文明社会からも隔絶した僻地の一角が手に入ればと願ってはいたが、その反面、孤立して生きるというのは子供たちにはふさわしくないような気がしていた。

エルボルソンの町には父兄がイニシアチブを取るシュタイナー学校がある。それがきっかけとなり、ここで私たちは折り合いをつけることにした。実際、地元に住む人々とのつながりはとても大事だ。その頃、偶然にもエルボルソンからたった15キロほどのところで小さな渓谷が売りに出されていた。そうして2003年、自分たちの土地で過ごす初めてのクリスマスを、質素な家で迎えることができたのだった。

私たちはそこで再びドイツに戻って荷物をまとめ、フランクフルトのアルゼンチン領事館で滞在許可を取得しなければならなかった。それから9ヵ月のち、再度、私たちはこの地に舞い戻った。それと併行して、ジャングルボートや忠実なバイク、家具やその他もろもろの全財産を詰めた大型コンテナが大西洋を渡ってアルゼンチンへ向かった。ドイツとの別れを、私たちはさほどつらく感じなかった。だがこれは、子供たちには結構きつかったようだ。なにせ、この世に永久というものなど存在しないことを、この子たちはまだ知らないのだから。

夏になると、友人や興味本位の客がわんさと私たちのもとを訪れる。これにどう応じるべきなのか、それはまだ試行錯誤の真っ只中だ。とにかく、「有名なこと」が、いつもいいとは限らない。何より私たちは、これまでも、そしてこれから先も、普通の人であり続けるのだから。

もちろん、旅人や旅そのものと私たちの心は、今でもずっと結びついたままでいる。私たちの農場《ファーム》は、南米大陸、私たちにとって最も素晴らしい大陸を旅する拠点としての役割を果たしていて、毎年、夏（1月から3月）になると、ファンのために小グループで、パタゴニアを回る冒険溢れる特別な旅を企画する。

時は流れ、私たちが「チャクラ」と名づけた小さな農場で暮らし始めて、すでに3年が過ぎようとしている。シュタイナー小学校3年生のアナと1年生のモナは、ふたりともドイツ語とスペイン語を話し、ここでの生活にもすっかり慣れた様子だ。彼女たちのお友達で、家中がいっぱいになることもしばしばである。私たちは、聡明で、丈夫な子供を授かったことになにより感謝している。やがて彼女たちが成長し、自分たちの人生経験を積むために巣立っていくまで、その束の間のひとときを家族として思う存分に楽しみたいと思っている。そして、ひょっとすると私が自分だけの本を書く日も、そう遠くはないかもしれない。子供たちもずいぶん大きくなったことだし……。

2008年2月

クラウス・シューベルト

旅すること――それは僕にとって、自分自身をさらによく知るための内面への旅でもある。その際、外面の旅は、絶えず僕らを新たなチャレンジへと立ち向かわせ、目を見開いて感覚を研ぎ澄ますことを強いると同時に、内面の旅をまっとうする良き手助けとなった。生きることに100パーセント没頭する僕に、旅はそうやって自分の直感に従い、即座にものごとを判断する術を教えてくれたのだ。

旅というのは、何にもまさる「学校」である。なにより旅は僕らの視野を広げ、自我の意識を強めてくれる。遊牧民のような暮らしは、絶え間なく変化する環境に順応していけるだけの柔軟性を僕らに求めた。そうして僕らは常に新しい環境にさらされながら、その都度、新しい解決策を生み出していかなければならなかった。そうやってできた膨大な経験の積み重ねが、僕らの人生の旅をさらに豊かなものへ導いていった。

旅人であるがゆえに、途上で分かれ道に立つことも数知れずあった。中間ゴールへ導く道とでもいうのだろうか――どの道を選んでも、そこにはいつも何かしら、僕らを成長させてくれるプロセスがこっそり用意されていた。そんなとき僕らはたいてい、これまでの経験をもとに、進むべき道を直感で選ぶことにしていた。だけどたまには結果から学ぶのも悪くないだろうと、あえて別の道を進むこともあった。

僕の心を大きく揺さぶったこと。それは――地球という巨大な球《たま》が、僕らの乗ったバイクの足元をすり抜けて回っていくのを感じながら、「ああ、自分は宇宙の中心に立っているんだ」と認識したときのこと。そのとき僕はこの惑星に住む者は、皆、誰もがそうやって宇宙のなかの自分自身の中心に立っていて、それと同時に自分の運命を定めているのだとあらためて確信した。

こういう生き方ができるのは、誰もが等しく教育を受けることができ、世界各国に通用するパスポートを得られる恵まれた環境に生まれたおかげだと、僕らは常に自覚していた。たとえ僕らがごくわずかなお金で生きていくことを学ばなくてはいけなかったとしても、そうして自由に生きる自分たちと、生きるための闘いに日々明け暮れる人々の間には天地の差があった。彼らは、そういった人生を歩むなど、考えることすらなかった。

だけどそんななかで、僕らは自分たちにとっての真の贅沢とは、大自然のなかで生きること、この地球の最も美しい場所にテントを張ることだと知った。その代償として、かつて慣れ親しんだ暮らしの快適さを手放すのも苦にはならなかった。そうして僕らの価値観は、さらに増しつづける自由とともに大きく変化していった。

すべての人々に当てはまる人生の秘訣を伝授することなど、僕にはとうていできそうにない。もし伝えられることがあるとすれば、それは――自分の心に耳を澄まし、心に抱く願望に耳を傾け、それをどこかへ押しやってしまわないということだけだろう。今という瞬間は、なおざりにするにはあまりにも尊いものである。なにしろ人生というのは、そういった瞬間がいくつも積み重なってできているのだから。そんなわけで僕ができることといえば、自分たちの人生哲学が与えてくれた可能性を行動で示すことぐらいじゃないだろうか。そして、そんななかで僕たちの心の内面は、外面の旅によって形づくられ、同じく内面の旅も外面の旅によって形づくられていった。完璧な相利共生《シンビオシス》というやつである。

決して旅に出ることだけが大事だといっているのではない。それよりもっと大切なのは、内面の旅を通じ、それぞれが自分の道を――たくさんの小さな小さなゴールがつなぎ合わさって、ひとりひとりを最終ゴールへと導いてくれる道を――見つけ出すことじゃないかと僕は考える。ここでは最終ゴールに到着することもあまり重要ではない。それよりむしろ、そこに進む途中で得た経験のほうがずっとずっと大切だ。なぜならそういった経験を通じて、またすべてが変化していくのだから。

　今の僕らの生活と当時の放浪生活を比べることがあったら、僕は確信を持って言うだろう。幾多の困難にもかかわらず、あの頃のほうがずっと幸せだったと。当時は、定住によって生じる不都合なあれこれに煩わされることも、小さな世界のなかで生きていくために折り合いをつける必要もなかった。だが、そんなことより僕がもっと無念に思うのは、自分たちの手元にあった大いなる自由が少しずつ削られていくことである。そうやって失われた自由が、いつの間にか憧憬になろうとしている……。

　本書は、外面の旅――とりわけ、それに伴う冒険について綴《つづ》ったものである。それはまだインターネットというものが普及していなかった時代のこと。自分の信じる道へ進むため、僕たちに必要だったのは、ほんの少しだけの勇気だった。最初の一歩さえ踏み出してしまえば、あとはひとりでに足が動いていた。本書を読まれた多くの読者が、自分の夢を生きるため、あるいは社会が生み出した現代版奴隷労働から脱却するための糸口をみつけてくだされぱと願うばかりである。

２００８年２月

訳者あとがき

「ダス イスト ヤァ トタル アップゲファーレン！」（おい、こりゃスゴイよ！）

ある日の夕方、仕事から戻った主人が私に向かって大声で叫びました。息子と遊ぶ手をとめ、振り向くと、主人は大きなポスターを手にかざしてそこに立っていました。

「それ、いったいどうしたの？」そう聞く私に主人が答えました。「ドイツ人のカップルで、16年かけてバイクで世界一周したやつらがいるんだってさ！　来月、大学の講堂で彼らのスライドショーがあるから、チケットを買って来た」そのついでに街頭に張ってあった広告用のポスターも引きちぎってきたというのです。ポスターには、帆を張ったバイクに乗る著者、クラウスとクラウディアの姿がありました。

当時、2歳半だった息子は大のバイクファンで、オートバイを見るたびに、「ヤマハ」「ホンダ」「BMW」と社名を言い当てるのが大好きでした。主人は、そういう息子にこのスライドショーを見せようと思ったのです。

そうして数日後、家族で訪れたウィーン国立大学の大講堂は、クラウスとクラウディアのショーを心待ちにする観客で大賑わいでした。ショーが始まるのを待ちながら私は、「そういえば、以前、ここでラテン語の試験を受けたっけ……」と、自分がこの大学に入学したばかりの頃のことを思い出していました。

「せっかくオーストリアで生活をするのだから、ちゃんとドイツ語（オーストリアの公用語）も覚えなくちゃ。いっそのことネーティブと間違われるぐらいペラペラになろう。そうなればこの国の人も、日本人の私を受け入れてくれるはず！」オーストリア人の主人と共に首都ウィーンへ移住した私は、そう決心して日本を飛び立ってきました。その頃はまだ若かったこともあり、私はひたすら単純に、「とりあえずウィーン大学で言語学でもやっておけば、ネーティブぐらいにはなれるんじゃないか」と思っていたのです。当時の私はとにかくドイツ語の読み書きが苦手で、入学する前にドイツ語で読んだ書物といえば、アストリッド・リンドグレン著の児童書、『長くつしたのピッピ』（原書はスウェーデン語）の一冊だけ——いま思うと、この大学入学は無謀な挑戦でした。言語学の必須科目であるラテン語の試験では、答案を書き終える前に顧問教授が「さあ、あと5分です」と言うのを耳にし、「えっ、まだ問題が残っている！　どうしよう……」とパニックになり、震えだした右手を、「震えている場合じゃない」と左手で押さえながら残りの答案を書いたことを覚えています。

なかなか講義についていけず、「いつまでも日本語に頼っているからダメなんだわ。しばらく日本語はご法度にしよう！」そう考えた私は、入学してから最初の1、2年、日本語の本も雑誌も読むのをやめ、日本の両親と数人の日本人の友だちと話す以外は、ほとんど日本語なしの生活を送ることにしました。でも、どれだけ歯を食いしばって勉強しても、大学での成績はいつも「3」。最初の2年間は、「3、3、3、3、3」と耳の形がズラリと並んだ「オール3」の成績でした。そうして朝も昼も夜も勉強の日々が続き、2年の月日が終わる頃、突然、雲が晴れたように成績が上がり、ふと気がつくと、日本語よりもドイツ語のほうが、話すのも、書くのもラクだと思うようになっていました。

「それにしてもラテン語の試験、あれはホント、大変だったな」

当時のことを振り返り、そんなことをぼんやりと思い出しているうちにスライドショーが始まりました。ステージに立つクラウスが冗談をまじえながらいろんなエピソードを語る姿を見て、「ああ、こういう生き方もあるんだ……」と思ったのを覚えています。「一緒に行きたいけど、バイクなんて乗れない！」と嘆くクラウディアに、「君が本当にやろうと思うのなら、バイクにだって乗れるはずさ！」と言ったクラウスの言葉が、家に帰ってからも、ずっと耳に残っていました。

スライドショーではそれと同タイトルの本が販売されていて、本を購入すると、クラウスとひと言ふた言会話しながら本にサインしてもらえるようになっていました。長蛇の列に並ぶ気にはなれず、私は小さい息子と一緒にその様子をただ見ていたのですが、主人は、私が知らないうちにちゃっかりクラウスと握手までして、サイン入りの本を手に入れていました。後日、主人はそれを読み、「おい、ショーも面白かったけど、本にはもっといろいろ書いてあるぜ。ほら、お前もコレ、読め！」と、私に差し出しました。「お前も読め」と言われても、そもそもの愛読書が『長くつしたのピッピ』の私は、厚さが3センチもある本を読む余裕などありません。

それからしばらく経ち、大学が夏休みになったとき、私はこの『さぁ、出発だ！』を手に取り、気がつけば2日間、ろくにご飯も食べずに、夢中で読んでいました。そして、「いつか、この本を日本語に訳せたらいいなぁ。まあ、それこそ、まさに夢のまた夢だけど」と考えました。

1981年8月。「ちょっと日本に住む姉さんに会いに行ってみよう」とドイツのケルンを出発したふたり。クラウス23歳、クラウディアは20歳。10ヵ月後にはドイツの職場に戻るつもりでスタートした旅だった。だが、彼らは途中でその計画を放棄する。

「これまで僕たちは、ずっと突っ走ってきた。……目を閉じると、さまざまな場面の映像がフラッシュバックされていく。そして、それがぐんぐんと速くなって、気がつくとまるで何ごともなかったかのようにどこかに消え去っていく――僕たちは、なにを求めてそんなに先を急ぐのだろう？ ……えぇい、そんな急ぐだけの旅なんかやめちまえ！ 10ヵ月かかろうが、1年かかろうが、3年かかったってかまうもんか！」

――こうして、ふたりは16年もかけて世界を回ることになる。

1997年、25万キロの長い道のりを経て、クラウスとクラウディアは出発したときと同じオートバイで帰路につく。16年の間に彼らが体験したもの――それは、ありとあらゆるものすべて。広大無辺な大自然との対峙、人々との出会い、底知れぬ孤独。砂漠を走り、ジャングルをくぐり抜け、ヒマラヤでは「世界の屋根」を歩く。旅先では、手厚いもてなしを受けることが多いなか、中国では不法旅行者としての扱いを受け、秘密警察に追いかけられながら中国大陸を走り抜ける――。

いつのまにか、私はすっかり彼らと一緒に旅をした気分になっていました。

ぎゅうぎゅう詰めのトラックに揺られ、やっとの思いで訪れた東チベット・理塘《リータン》。そこで遊牧民と出会うシーン。滅多にお目にかかれないタイプの人たちと遭遇し、写真を一枚撮ろうと近づいてみるクラウス。遊牧民にぐるりと取り囲まれて、「もしかして、私たちのほうがよっぽどお目にかかれないタイプの人？」と笑うクラウディア。こういった情景を頭に浮かべながら、私は読む手をとめ、「もしかしたら、幸せっていうのは、こういうことをいうのかな？」と考えました。生きている者同士の心が響き合い、ふとしたきっかけでつながりあう瞬間とでもいうのでしょうか。

チベットの過酷な大地。薄い空気。お風呂だって年に一回。肩の力を抜き、飄々《ひょうひょう》と生きる遊牧民たち。私は、「がむしゃらになって、がんばるのだけが人生じゃないのかもしれない。自分の本当の気持ちをなおざりにしてまで、規則だからとか、ほかの人がこうしているから自分もそうしなくちゃと肩に力を入れすぎることで、逆に自分を苦しめてはいないだろうか」――本書を読みながら、私はそんなことを考えました。いっそのこと、今まで自分が歯を食いしばってしがみついていたものから、一度手を放したほうが、ラクになれるんじゃないか。手放すことによって、今まで気づかなかった本当に大切なものだって見えてくるかもしれない。とにかく、年に一回のお風呂だって死にはしないのだから。そのとき私は、笑いながら遊牧民と過ごす著者の姿に、言葉では表すことのできない何か――何か大切なものがあることを感じ、それと同時に、ハタと気づきました。ネーティブかどうかなんて、もうどうでもいいや。それよりももっと大事なのは、言葉を使って何をするかってこと。これからは言葉をひとつの手段として、まわりの人といろんな知識を共有していこう。

再度、クラウスがスライドショーでウィーンを訪れたとき、私は勇気を出して彼のところまで歩いていき、彼の目を覗き込んで話しかけました。

「ねぇ、クラウス、この本、日本で出したいんだけど、どう？」

「はぁ……？」クラウスは、しばらく私の顔を見てポカンとしていました。一瞬の沈黙ののち、クラウスの顔がパッと明るくなり、私に向かって言いました。「うん！　それって、スゴクいい考えだよ！」

こうして、私と著者とのつき合いが始まりました。とにかく一度話そうということになり、約束の場所でクラウスを待っていると、通りの向こうからやって来たのはなんと、真っ白の大きなキャンピングカーでした。旅行写真家の友人を引き連れてやって来た彼は、「キョウコさ～ん、コンニチハ～」と日本語であいさつし、ドイツに戻ってからもアパート暮らしには馴染めず、生まれたばかりの赤ちゃんとクラウディアの３人でこのキャンピングカーでしばらく暮らしていたこと、彼とクラウディアとは絶妙のコンビで、自分ひとりだったら16年にも及ぶこの旅はありえなかったことなどを話してくれました。

そして三度目に彼らがスライドショーでウィーンを訪れたとき、今度はクラウスとクラウディア一家がわが家に投宿することになりました。娘のアナとモナも一緒です。そこで私は、身長が１８４センチもあるクラウスが子供たちと話すとき、目線がちゃんと合うようにひざまずき、決して上から子供たちを見下げないよう心がけていることに気がつきました。子供たちが遊んでいる間、わが家のキッチンでクラウディアとコーヒーを飲みながらたわいもないおしゃべりをし、そうやって彼らと仲良くなるにつれて、私は、彼らがこの本に登場するクラウスとクラウディアとまったく同じ人物であり、書かれているすべてが彼らの等身大の姿だと確信しました。

ところで、本書のなかでクラウスはこんなことを書いています。

「……近くまで来たところで突然暴風が吹き荒れ、僕たちは慌てて大きな岩陰に逃げ込んだ。どれだけ雄大な大地といったって、この風、こりゃあまりにもヒドすぎる。ハッキリいって、もう、うんざりだ――どうやったらこの忌々しい風を愉快で楽しいものに変えられるんだ？　しばらく頭をひねっているうち、僕は、いいことを思いついた！」（南アメリカ・パタゴニアにて）

吹き荒れるパタゴニアの風にぶっ飛ばされながら、それでも「はてさて、どうやったらこの暴風を愉快なものに変えられるのかい？」という、このクラウスの発想に、私は意表をつかれました。忌々しい風。それにともなう苦境。やっきになって風と戦い、燃えつきてしまうのでなく、バイクに帆を張るというアイデアひとつで、風の流れに乗ることを覚え、それを「待ち遠しくワクワクするもの」に変えてしまったクラウスとクラウディア。私にはこれが、彼らの言う、「皆、誰もが宇宙のなかの自分自身の中心に立っていて、それと同時に自分の運命を定めている」ということのような気がしてなりません。自分を信じて行動すれば、翼を広げた鳥のように、風にだって乗れる――そして、そのチャンスは誰にでもあるのだと。

「生きる」という冒険。これを楽しもうぜ！

これは、著者がスライドショーで本にサインをする際、読者に添えるメッセージです。行く先がどこであれ、風の吹くまま、気の向くまま、行った先々で自分なりの最善を尽くし、思う存分それを楽しむ――そういった彼らのメッセージが本書を通じ、少しでも読者の方の心に届くなら、私にとってこれほど嬉しいことはありません。

本書を翻訳するにあたって、たくさんの方々のご支援やご協力をいただきました。翻訳に関しては、私の尊敬する独語翻訳家の平井吉夫さん、オートバイ、船、飛行機、各地の地理などの専門知識に関しては、世界各地の辺境を旅された農学博士の古賀康正さんに多大なアドバイスをいただきました。両氏の助力なしには、本書は完成しませんでした。膨大な知識を惜しまず私に分けてくださった両氏に敬意の念を示すと共に、心から感謝します。編集の成田守正さん、ブック・デザイナーの山口真理子さん、真生印刷のみなさん、本当にありがとうございました。枝廣淳子さん、松上京子さん、柳浦万里子さん、奥陽一さんからも多くの助言をいただきました。

以前、サブリエ・テンバーケン著・平井吉夫訳『わが道はチベットに通ず――盲目のドイツ人女子学生とラサの子供たち』(風雲舎)を読み、強い感銘を受けた私は、できればこの『さぁ、出発だ!』も同じ出版社から出したいと考えていました。そういった経緯で訪れた風雲舎では、山平松生社長自らが、どこの誰だかわからない私の話に、とても静かに耳を傾けてくださいました。私に自分の夢を追って生きるチャンスを与えてくださったこと、日本よりはるかに遅いテンポで時を刻む国・オーストリアに暮らす私と、アルゼンチン・パタゴニア在住の著者に歩調をそろえ、本書をまとめてくださったご尽力に、ここであらためてお礼を申し上げます。一緒にお仕事ができて光栄でした。

また、長丁場にわたる翻訳作業のなか、暖かい言葉をかけ、私を励ましてくださった山平陽子さん、ライラ・シューベルトさん、本谷英俊さん、牛田光さん、岡田実・江里ご夫妻、湯浅健一さん、加納佐於梨さん、今村輪《めぐり》さん、プージャ・ランパルさん、ダワ・ゲーザーさん、テンツィン・ダルゲー・リンポチェさん、辰野勇さん、今は亡きハインリヒ・ハラーさん、そしてこの本を私にすすめてくれた主人に深い愛と感謝をささげます。

読者の皆様へ、心を込めて。

２００８年２月　オーストリアにて

スラニー京子

クラウディア・メッツ（Claudia Metz）
1960年ドイツ・ケルン生まれ。
クラウス・シューベルト（Klaus Schubert）
1958年同ケルン生まれ。
1997年、16年の長い旅を終え、1冊の本には収めきれないほどたくさんの思い出を胸に帰国。その後しばらく郷里ケルンに滞在。1998年から2001年にかけてドイツ、スイス、オーストリアの各地にてスライドショーを行う。スライドとトークからなる彼らのショーは、45万人の観衆を「遥かなるものへの憧れ」へと駆り立てた。2004年、家族（娘2人）と共にアルゼンチン南部パタゴニアに移住。アンデス山脈の麓、手つかずの自然のなかで暮らす。

スラニー京子（Kyoko Slany）
1969年三重県生まれ。ウィーン大学精神科学部言語学科修了（哲学修士）。
オーストリア・グラーツ在住。

インターネットまたは携帯電話で
『さぁ、出発だ！』《アップゲファーレン》の情報がご覧いただけます。
http://www.16nen.com/

さぁ、出発《しゅっぱつ》だ！
初刷 二〇〇八年四月一日
著者 クラウディア・メッツ
クラウス・シューベルト
訳者 スラニー京子《きょうこ》
発行人 山平松生
発行所 株式会社 風雲舎
〒162-0805 東京都新宿区矢来町122 矢来第二ビル
電話 〇三-三二六九-一五一五（代）
注文専用 〇一二〇-三六六-五一五
FAX 〇三-三二六九-一六〇六
振替 〇〇一六〇-一-七二七七六
URL http://www.fuun-sha.co.jp/
E-mail mail@fuun-sha.co.jp
印刷 真生印刷株式会社
製本 株式会社 難波製本
落丁・乱丁本はお取り替えいたします。（検印廃止）

ISBN978-4-938939-50-2

スウェーデン
ノルウェー
モスクワ
ソビエト
アイルランド
オランダ
ベルギー
ドイツ
ヨーロッパ
アントワープ
ケルン
ンドランド島
チェコ
フランス
オーストリア
ハンガリー
リヨン
ルーマニア
アヴィニョン
イタリア
ユーゴスラビア
ピレネー山脈
ブルガリア
黒海
カスピ海
ポルトガル
イスタンブール
リスボン
スペイン
ギリシャ
トルコ
ドウバヤズット
タブリース
ジブラルタル
タソス島
テヘラン
セウタ
イラク
イラン
フェス
エスファハーン
モロッコ
アルジェリア
エルグシェビ
シーラーズ
大西洋
リビア
エジプト
サハラ砂漠
サウジアラビア
ダフラ
ビルガンドゥーズ
アフリカ
モーリタニア
マリ
ヌアクショット
ニジェール
チャド
スーダン
ダカール
ケーズ
ニアメ
セネガル
ジボ
バマコ
ナイジェリア
ニジェール川
エチオピア
ワガドーグー
バンギ
リグア
ロメ
ガランバ国立公園
ドゥング
クリビ
ヤウンデ
ケニア
ベレン
ルアンダ
カンパラ
ナイロビ
フォルタレザ
ザイール
(コンゴ民主共和国)
キリマンジャロ山
セレンゲティ国立公園
ザンジバル
ダルエスサラーム
レシフェ
タンザニア
ルアンガワ国立公園
アンゴラ
マラウィ
サルバドール
ザンビア
ビクトリア滝
エプパ滝
ハラレ
マダガスカル
オカバンゴ湿地
ベイラ
スワコプムント
マカリカリ塩低地
パウロ
リオデジャネイロ
モザンビーク
トス
ナミビア
ボツワナ
ヨハネスブルグ
スワジランド
レソト
ダーバン
南アフリカ
ケープタウン
喜望峰